Das Schiedsverfahrensrecht der ZPO (1877-1933) unter Berücksichtigung der Genfer Übereinkommen von 1923 und 1927 sowie der Rechtsprechung des Reichsgerichts

Rechtshistorische Reihe

Band 441

PETER LANG
EDITION

York Zieren

Das Schiedsverfahrensrecht der ZPO (1877-1933) unter Berücksichtigung der Genfer Übereinkommen von 1923 und 1927 sowie der Rechtsprechung des Reichsgerichts

PETER LANG
EDITION

Bibliografische Information der Deutschen Nationalbibliothek
Die Deutsche Nationalbibliothek verzeichnet diese Publikation in der Deutschen Nationalbibliografie; detaillierte bibliografische Daten sind im Internet über http://dnb.d-nb.de abrufbar.

Zugl.: Kiel, Univ., Diss., 2012

Die vorliegende Arbeit wurde von
Prof. Dr. Werner Schubert
zur Aufnahme in die Reihe empfohlen.

Umschlagabbildung:
Justitia. Allegorie der Gerechtigkeit.
Druck aus dem 17. Jahrhundert.

Gedruckt auf alterungsbeständigem,
säurefreiem Papier.

D 8
ISSN 0344-290X
ISBN 978-3-631-64009-8

Peter Lang Edition ist ein Imprint der Peter Lang GmbH

www.peterlang.de

Für Anton Petro

* * *

Vorwort

Diese Arbeit wurde im Jahr 2012 von der Rechtswissenschaftlichen Fakultät der Christian-Albrechts-Universität zu Kiel als Dissertation angenommen.

Die Themenbestimmung der Arbeit beruht neben einer vertieften Literaturrecherche auf einem sehr konstruktiven Austausch mit meinem geschätzten Doktorvater, Herrn Professor Dr. Werner Schubert. Während der Bearbeitung des Themas haben mir die häufigen Besprechungen mit Herrn Professor Dr. Schubert sehr geholfen und viel Freude bereitet. Sein Interesse an dem Thema und der regelmäßige Austausch mit ihm haben entscheidend dazu beigetragen, dass ich die Dissertation zügig abschließen konnte. Hierfür danke ich ihm sehr.

Hilfreich waren auch die Diskusionen mit meinem Freund und Kollegen Herrn Dr.-iur. Christoph Oertel. Für die tatkräftige redaktionelle Unterstützung bedanke ich mich bei Herrn Dr.-Ing. Dirk Fischer, Petra Horoschok und Lena Eller.

Abschließend danke meinen Eltern, die mir das Studium ermöglicht und damit Anteil an der Entstehung dieser Arbeit haben.

Die Zeit, in der diese Arbeit entstand, war intensiv von den ersten Lebensmonaten meines Sohnes Anton geprägt. Ihm widme ich diese Arbeit.

Inhaltsübersicht

Inhaltsverzeichnis

Abkürzungsverzeichnis

Abs.	Absatz
AcP	Archiv für civilistische Praxis
a. E.	Am Ende
Anm.	Anmerkung
Art./Artt.	Artikel (Singular, Plural)
BArch	Bundesarchiv Berlin-Lichtenfelde (angegeben werden die Bestandssignatur, Aktenbandnummer, soweit vorhanden die Aktenblattnummer sowie eine Bezeichnung des zitierten Dokuments)
BayObLG	Bayerisches Oberstes Landesgericht
BB	Der Betriebsberater
Begr.-CPO-E 1	Begründung zur CPO-E 1 (Fundstelle: Anhang zum ersten Entwurf einer Deutschen Civilprozeßordnung, 1871).
Begr.-CPO-E 3	Begründung zur CPO-E 3 (Fundstelle: Hahn, Materialien zur CPO 1877).
BGB	Bürgerliches Gesetzbuch
BGBl.	Bundesgesetzblatt
BGH	Bundesgerichtshof
BGHZ	Amtliche Entscheidungssammlung des Bundesgerichtshofs in Zivilsachen
Bl.	Blatt oder Blätter
BT Drucks	Drucksachen des Deutschen Bundestags
bzw.	beziehungsweise
ca.	circa
CPO	Civilprozeßordnung
CPO 1877	Civilprozeßordnung des Deutschen Reichs, 1877
CPO-E 1	Entwurf einer Deutschen Civilprozeßordnung nebst Begründung, 1871 (*sog. Justizministerialentwurf oder erster Entwurf*)
CPO-E 2	Entwurf einer Deutschen Civilprozeßordnung nebst dem Entwurfe eines Einführungsgesetzes, 1872 (*Vorlage an den Justizausschuss des Bundesrates, sog. zweiter Entwurf*)
CPO-E 3	Entwurf einer Civil-Prozeß-Ordnung für das Deutsche Reich mit Motiven und Anlagen, 1874 (*Vorlage an den Reichstag, sog. dritter Entwurf*)
DJZ	Deutsche Juristen Zeitung

DRZ	Deutsche Rechtszeitschrift
erg.	ergänze oder ergänzt
EÜ	Europäisches Übereinkommen vom 21.4.1961 über die internationale Handelsschiedsgerichtsbarkeit
f.	folgende
ff.	fortfolgende
Fn.	Fußnote
FS	Festschrift
GenfAbk.	Genfer Abkommen zur Vollstreckung ausländischer Schiedssprüche vom 26. September 1927
Genfer Übereinkommen	Gemeinsame Bezeichnung für das Genfer Protokoll über die Schiedsklauseln im Handelsverkehr vom 24. September 1923 sowie das Genfer Abkommen zur Vollstreckung ausländischer Schiedssprüche vom 26. September 1927
GenfProt.	Genfer Protokoll über die Schiedsklauseln im Handelsverkehr vom 24. September 1923
ggf.	gegebenenfalls
GmbH	Gesellschaft mit beschränkter Haftung
GruchotsBeitr.	Beiträge zur Erläuterung des deutschen Rechts
h. M.	herrschende Meinung
HansOLG	Hanseatisches Oberlandesgericht
HansRZ	Hanseatische Rechts-Zeitschrift für Handel, Schiffahrt und Versicherung, Kolonial & Auslandsbeziehungen, sowie für Hansestädtisches Recht
Hrsg.	Herausgeber
Int. Jahrbuch I-III	Internationales Jahrbuch für Schiedsgerichtswesen in Zivil- und Handelssachen, Band I-III Nußbaum, Arthur (Hrsg.)
i. V. m.	In Verbindung mit
JO 1923, SSp Nr. 13	League of Nations Official Journal Special Supplement No. 13, Records of the Fourth Ordinary Session of the Assembly, Plenary Meetings, Text of the Debates
JO 1923, SSp Nr. 15	League of Nations Official Journal Special Supplement No. 15, Records of the Fourth Ordinary Session of the Assembly, Meetings of the Committees, Minutes of the Second Committee (Technical Organisations)

JO 1926, SSp Nr. 44	League of Nations Official Journal Special Supplement No. 44, Records of the Seventh Ordinary Session of the Assembly, Plenary Meetings, Text of the Debates
JO 1926, SSp Nr. 45	League of Nations Official Journal Special Supplement No. 46, Records of the Seventh Ordinary Session of the Assembly, Meetings of the Committees, Minutes of the Second Committee (Technical Organisations)
JO 1927, SSp Nr. 56	League of Nations Official Journal Special Supplement No. 56, Records of the Eighth Ordinary Session of the Assembly, Meetings of the Committees, Minutes of the Second Committee (Technical Organisations)
JW	Juristische Wochenschrift
JZ	Juristen Zeitung
Kap.	Kapitel
KTS	Zeitschrift für alle Fragen d. Konkurs-, Vergleichs- u. Treuhandwesens sowie d. Zwangsversteigerung u. -verwaltung
LZ	Leipziger Zeitschrift für deutsches Recht, J. Schweitzer
MDR	Monatszeitschrift für Deutsches Recht
Mot.-Prß-E	Motive zum Preußischen Entwurf, 1864 (Fundstelle: Entwurf einer Proceß-Ordnung in bürgerlichen Rechtsstreitigkeiten für den Preußischen Staat, Berlin, 1864)
m. w. N.	mit weiteren Nachweisen
ND-E	Entwurf einer Civilprozeßordnung für den Norddeutschen Bund, 1870 (Fundstelle: Schubert, Werner (Hrsg.), Protokolle der Kommission zur Ausarbeitung des Entwurfs einer Civilprozeßordnung für die Staaten des Norddeutschen Bundes, Band 5, Frankfurt a. M., 1985)
NJW	Neue Juristische Wochenschrift
Nr. / Nrn.	Nummer /Nummern
PolArch	Politisches Archiv des Auswärtigen Amtes Berlin-Mitte (angegeben werden die Signatur, soweit vorhanden die Aktenblattnummer sowie eine Bezeichnung des zitierten Dokuments)
Prot.-ND-E	Protokolle der Kommission des Norddeutschen Entwurfs, 1870 (Fundstelle: Schubert, Werner (Hrsg.), Protokolle der Kommission zur Ausarbeitung des Entwurfs einer Civilprozeßordnung für die Staaten des Norddeutschen Bundes, Band 5, Frankfurt a. M., 1985)

Prß-E	Entwurf einer Proceß-Ordnung in bürgerlichen Rechtsstreitigkeiten für den Preußischen Staat, Berlin, 1864
resp.	respektive
RG	Reichsgericht
RGBl.	Reichsgesetzblatt
RGZ	Amtliche Entscheidungssammlung des Reichsgerichts in Zivilsachen
RiW	Recht der internationalen Wirtschaft
ROHG	Reichsoberhandelsgericht
Rom I VO	Verordnung (EG) Nr. 593/2008 des Europäischen Parlaments und des Rates vom 17. Juni 2008 über das auf vertragliche Schuldverhältnisse anzuwendende Recht (Rom I)
RR Drucks	Drucksachen des Deutschen Reichsrats
RT Drucks	Verhandlungen des Deutschen Reichstags (Drucksache des Reichstags)
Rz.	Randziffer
S.	Seite
SchiedsmannsO	Schiedsmannsordnung
SchiedsVZ	Zeitschrift für Schiedsverfahren
SeuffArchiv	J. A. Seuffert's Archiv für Entscheidungen der obersten Gerichte in den deutschen Staaten
StGB	Strafgesetzbuch
UN	United Nations
UNCITRAL	United Nations Commission on International Trade Law
UNÜ, UN-Übereinkommen	Übereinkommen vom 10.6.1958 über die Anerkennung und Vollstreckung ausländischer Schiedssprüche
VB Drucks	Die Tätigkeit des Völkerbunds, Auskunftsabteilung des Völkerbunds, Genf (Drucksachen)
vgl.	vergleiche
WarnRspr.	Warneyers Jahrbuch der Entscheidungen, Ergänzungsband enthaltend die Rechtsprechung des Reichsgerichts
WuB	Entscheidungssammlung zum Wirtschafts- und Bankrecht
WM	Wertpapier-Mitteilungen, Zeitschrift für Wirtschafts- und Bankrecht
WRV	Weimarer Reichsverfassung / Verfassung des Deutschen Reichs vom 19. Juli 1919
z. B.	zum Beispiel

Ziff.	Ziffer
ZIP	Zeitschrift für ausländisches und internationales Privat- und Strafrecht, Walter de Gruyter, Berlin
ZPO	Zivilprozessordnung
ZPO 1898	Zivilprozessordnung in der Fassung der Novelle von 1898
ZPO 1924	Zivilprozessordnung in der Fassung der Novelle von 1924
ZPO 1930	Zivilprozessordnung in der Fassung der Novelle von 1930
ZPO 1933	Zivilprozessordnung in der Fassung der Novelle von 1933
ZPO E 31	Entwurf einer Zivilprozeßordnung von 1931
ZZP	Zeitschrift für deutschen Zivilprozess

Einleitung

A. Zielsetzung und Ausgangsüberlegungen der Arbeit

Die vorliegende Arbeit stellt die Entstehung und Entwicklung des Schiedsverfahrensrechts in Deutschland zwischen 1877 und 1945 dar. Es werden dabei die gesetzlichen Regelungen in der Zivilprozessordnung, die Genfer Übereinkommen zu ausländischen Schiedsklauseln und Schiedssprüchen aus den Jahren 1923 und 1927 sowie ausgewählte Rechtsprechung des Reichsgerichts berücksichtigt. Die Darstellung wird durch einen Überblick zu den Entwicklungen seit 1945 ergänzt. Ferner wird der Frage nachgegangen, wie die Einstellung des Gesetzgebers und der Judikatur gegenüber der privaten Schiedsgerichtsbarkeit in der Zeit zwischen 1877 und 1945 zu beurteilen ist.

Diese Betrachtung des historischen Schiedsverfahrensrechts erfolgt vor dem Hintergrund einer wachsenden Inanspruchnahme privater Schiedsgerichte in den vergangenen Jahrzehnten.[1] Insbesondere im internationalen Geschäftsverkehr ist es innerhalb der letzten 30 Jahre zu einem buchstäblichen Wettbewerb der Schiedsorte gekommen.[2] Für viele Branchen nahm und nimmt das Schiedsverfahren eine wichtigere Rolle als die der staatlichen Rechtspflege ein.[3] In grenzüberschreitenden Handelsbeziehungen werden Schiedsverfahren vereinbart, um Schwierigkeiten zu vermeiden, die sich aus den Verfahrensrechten der beteiligten Länder ergeben können.[4] Dementsprechend hoch ist die Beteiligung von Vertragsstaaten an der UN-Konvention über die Anerkennung und Vollstre-

---

1 Vgl. *Schütze/Tscherning/Wais*, Handbuch des Schiedsverfahrens, S. 1; Andere Streitbeilegungsmethoden, die außerhalb staatlicher Gerichte stattfinden, gewinnen neben der Schiedsgerichtsbarkeit ebenfalls an Bedeutung in der wirtschaftsrechtlichen Praxis, wie beispielsweise die Mediation, *Moltzahn*, Wirtschaftsmediation, S. 1. Die Mediation unterschiedet sich prinzipiell von der Schiedsgerichtsbarkeit insofern, als dass die Mediation eine partnerschaftliche Verhandlung der Parteien meint, die durch einen neutralen Dritten moderiert wird, der im Gegensatz zu den Schiedsrichtern keine Entscheidungsbefugnis besitzt, *Sievers*, Mediation, S. 29; *Moltzahn*, Wirtschaftsmediation, S. 5.

2 *Berger*, Schiedsgerichtsbarkeit, lit. A, S. 2, ähnlich *Schütze/Tscherning/Wais*, Handbuch des Schiedsverfahrens, S. 1.

3 So *Ernst Richter* bereits 1927, *Richter*, Schiedsverfahren, S. 1 f., der auf die besondere Stellung Hamburgs für Wirtschaftsschiedsverfahren hinwies; Zur heutigen Bedeutung des Schiedsgerichtswesen in wirtschaftlichen Handelsbeziehungen *Schütze/Tscherning/Wais*, Handbuch des Schiedsverfahrens, S. 1

4 *Schütze/Tscherning/Wais*, Handbuch des Schiedsverfahrens, S. 1.

ckung ausländischer Schiedssprüche von 1958.[5] Das UN-Übereinkommen verpflichtet die Vertragsstaaten, ausländische Schiedssprüche anzuerkennen und im eigenen Land zu vollstrecken.[6]

Diesen jüngeren Entwicklungen der Schiedsgerichtsbarkeit geht eine lange Entwicklung voraus.[7] Dabei wurde das Schiedsgerichtswesen häufig kritisch betrachtet. Seit es staatliche Gewaltmonopole und eine staatliche Gerichtsbarkeit gibt, kann von einer Konkurrenzsituation zwischen den staatlichen Gerichten und der privaten Schiedsgerichtsbarkeit gesprochen werden. In manchen Zeiten waren es überwiegend die Schiedsgerichte, die den Bürger Rechtsschutz zu gewähren vermochten, sei es, weil eine ausgeprägte staatliche Gerichtsbarkeit noch nicht bestand oder die staatliche Rechtspflege überlastet war. Teilweise wurde befürchtet, die Schiedsgerichte benachteiligten die schwächeren Parteien und missachteten geltendes Recht.[8]

Seit dem Jahr 1871 besteht mit dem 10. Buch der Civilprozeßordnung von 1877 ein einheitliches gesetzliches Schiedsverfahrensrecht in Deutschland. Dieses Recht blieb mit mehreren Modifikationen bis in das Jahr 1997 bestehen. Die heutigen Vorschriften wurden durch die vollständige Neuregelung des 10. Buches vom 22. Dezember 1997 geschaffen,[9] die auf dem Modellgesetz der UNCITRAL vom 21. Juni 1985 beruhen,[10] welches zur internationalen Rechtsvereinheitlichung auf dem Gebiet des Schiedsverfahrensrechts beitragen soll.[11] Dem Ziel der Rechtsvereinheitlichung dienten bereits die Genfer Übereinkommen aus den Jahren 1923 und 1927, an denen auch Deutschland beteiligt ist.[12]

---

5 Im Jahr 2011 waren 146 Länder an des UN-Übereinkommens beteiligt, www.uncitral.org/uncitral/en/uncitral_texts/arbitration/NYConvention_status.html, abgerufen am: 5. März 2012.

6 Art. III UNÜ.

7 Vgl. *Krause*, Entwicklungslinien, in: Int. Jahrbuch III, S. 222; Erler/Kaufmann/*Sellert*, HRG, Band 4, S. 1386 f.; *Gernet*, Über den Begriff des Urteils im griechischen Recht, in: Berneker, Zur griechischen Rechtsgeschichte, S. 376; *Haeger*, Schiedsgerichte, S. 5; *Richter*, Schiedsverfahren, S. 1; Siehe sogleich ab S. 37 (Geschichtlichen Überblick).

8 Vgl. *Conrady*, Ist der Schiedsrichter bei der Entscheidung eines Rechtsstreits am das materielle Recht gebunden? S. 1; *Volkmar*, Prozessverordnung 1924, S. 211 f.; Begründung des Entwurfs von 1931, S. 278 lit. H, die einige Fälle des Machtmissbrauchs benennt.

9 Gesetz zur Neuregelung des Schiedsverfahrens vom 22. Dezember 1997, BGBl. 1997 I, S. 3224.

10 www.uncitral.org/uncitral/en/uncitral_texts/arbitration/1985Model_arbitration.html, abgerufen am 1. Juni 2011.

11 *Berger*, Schiedsgerichtsbarkeit, lit. B, S. 10 f.

12 *Alfons* verwies auf das noch frühere multilaterale Abkommen über die Anerkennung und Vollstreckung von ausländischen Schiedssprüchen aus dem Jahr 1889, das als Montevideo Conven-

Die oben umrissene jüngere Schiedsrechtsgeschichte des 20. Jahrhunderts zeigt, dass der Gesetzgeber der privaten Schiedsgerichtsbarkeit einige Beachtung geschenkt hat. Dennoch hat die oben erwähnte, gestiegene Nachfrage nach schiedsrichterlicher Streitentscheidung nicht in dem Maße zu einem Anstieg der Schiedsverfahren in Deutschland geführt, wie dies in anderen europäischen Staaten der Fall war.[13] Zur Erklärung der Ursachen fasste *Klaus Peter Berger* folgende Aspekte zusammen:

(1) Zum einen fehlte es der deutschen Gesetzgebung bis 1997 an internationalem Wiedererkennungswert und Schiedsfreundlichkeit.[14] Dies beruhte unter anderem auf der Lückenhaftigkeit des deutschen Rechts, die es vor allem Ausländern schwer machte, sich im deutschen Schiedsverfahrensrecht zu orientieren.[15] Ferner entsprachen viele Regelungen[16] nicht den Erwartungen, die heute an ein modernes Schiedsverfahrensrecht gestellt werden.[17]

---

tion zwischen mehreren lateinamerikanischen Staaten vereinbart wurde, *Alfons*, Foreign Arbitral Awards, S. 21.

13 *Berger*, Schiedsgerichtsbarkeit, lit. A, S. 2; *Haas*, Anerkennung und Vollstreckung, S. 40; ähnlich auch die Begründung des Gesetzesentwurfs zur Neugestaltung des deutschen Schiedsverfahrensrechts auf Grundlage des UNCITRAL Modell Gesetzes, BT Drucks, 13. Wahlperiode, Nr. 5274, S. 23 linke Spalte, 2. Absatz.
In dem Bericht der Kommission zur Neuordnung des Schiedsverfahrensrechts von 1994 wird Deutschland gar eine „kaum nennenswerte Rolle" als Austragungsort internationaler Schiedsverfahren attestiert, Bundesjustizministerium, Bericht zum Diskussionsentwurf zur Neufassung des 10. Buches der ZPO, Februar 1994, S. 3.

14 *Berger*, Schiedsgerichtsbarkeit, lit. A, S. 2 ff.

15 *Berger*, Schiedsgerichtsbarkeit, lit. A, S. 2 ff.; Ebenso *Raeschke-Kessler/Lehne*, Schiedsgerichtsbarkeit, S. 88 ff., *Raeschke-Kessler*, Internationale Schiedsgerichtsbarkeit, in: NJW, 1988, S. 3051 Nr. 2 und *Schulze*, Schiedsfähigkeit, S. 2 f., dort auch Fn. 14, 15.
Diese Einschätzung wird auch in der Begründung des Gesetzesentwurfs der Schiedsverfahrensrechts-Novelle von 1997 vertreten, BT Drucks, 13. Wahlperiode, Nr. 5274, S. 22 rechte Spalte, 2. Absatz.

16 Genannt werden: Das gesetzlich normierte Zweier-Schiedsgericht nach § 1028 ZPO 1898, das außer Kraft treten des Schiedsvertrags bei Stimmgleichheit (§ 1033 ZPO 1898); die kurze Frist zur Ernennung der Schiedsrichter (§§ 1029, 1031 ZPO 1898); die Unwirksamkeit des Schiedsvertrags im Falle sozialen oder wirtschaftlichen Übergewichts einer Partei (§ 1025 Abs. 2 ZPO 1933); der vollständige Instanzenzug bei der gerichtlichen Aufhebungsklage (§ 1041 ZPO 1930); die Anwendbarkeit deutschen Schiedsverfahrensrechts aufgrund Parteivereinbarung und nicht nach dem Territorialitätsprinzip; Bestimmung der Schiedsfähigkeit nach dem unklaren Begriff der Vergleichsfähigkeit, *Berger*, Schiedsgerichtsbarkeit, lit. A, S. 5 f.; Vgl. auch *Bredow*, Das neue 10. Buch der ZPO in: BB Beilage 2, 1998, S. 2 ff., *Schlosser*, Notwendige Reformen des deutschen Rechts der Schiedsgerichtsbarkeit in: ZIP, 1987, S. 492 f. und *Raeschke-Kessler*, Internationale Schiedsgerichtsbarkeit, in: NJW, 1988, S. 3051.

(2) Zum anderen spielten neben diesen funktionalen Nachteilen des deutschen Schiedsverfahrensrechts aber auch psychologische Aspekte eine wichtige Rolle.[18] Deutschland habe den Ruf, nicht besonders schiedsfreundlich zu sein, da es an politischer Neutralität fehle, so dass aus Sicht der Parteien andere Staaten als Austragungsort von Schiedsverfahren vorzugswürdig erschienen.

Die Hintergründe der von *Berger* angesprochenen psychologischen Ursachen der vergleichsweise geringen Schiedsverfahrenszahlen in Deutschland dürften vielschichtig sein. So könnte ein Grund der Umstand sein, dass Deutschland aufgrund der historischen Last beider Weltkriege international nicht als politisch neutraler Boden gilt, wie beispielsweise die Schweiz, Österreich oder Schweden. Fraglich ist jedoch, ob Deutschland selbst eine ablehnende, restriktive Haltung gegenüber der privaten Schiedsgerichtsbarkeit eingenommen hatte.

Zwar galt Deutschland in verschiedenen Rechtsgebieten schon früher als innovativ, so dass sogar „Rechtsexporte" stattfanden,[19] was eine eher liberale Gesetzgebung Deutschlands vermuten lassen könnte. Gleichwohl wäre denkbar, dass Deutschland in Bezug auf das Schiedsgerichtswesen schon frühzeitig eine ablehnende Haltung gezeigt hat und so zu einem negativen Bild beigetragen hat. Mit dieser Arbeit soll der Versuch unternommen werden, neben der Darstellung der Rechtsentwicklung die Frage nach Deutschlands Haltung gegenüber der Schiedsgerichtsbarkeit zu beantworten.

B. Arbeitsthesen

Um die oben aufgeworfene Frage nach Deutschlands Haltung gegenüber der privaten Schiedsgerichtsbarkeit zwischen 1877 und 1945 zu klären, sollen folgende Thesen geprüft werden:

Teilweise wurde die Nachteile des deutschen Rechts schon frühzeitig erkannt und benannt. So verwies *Günzenhauser* unter anderem auf das im Vergleich zum United States Arbitration Act vom 12. Februar 1925 unmoderne Zweier-Schiedsgericht nach § 1028 ZPO 1898 und meinte, dass das Außerkrafttreten den Schiedsvertrags bei Wegfall eines Schiedsrichters nach § 1033 ZPO 1898 nicht den Erwartungen der Schiedsparteien genüge, *Günzenhauser,* Schiedsverfahren nach deutschem und englisch-amerikanischem Recht in: ZZP, 1930, S. 482, 485.

17 *Berger*, Schiedsgerichtsbarkeit, lit. A, S. 2 Fn. 7.

18 *Berger*, Schiedsgerichtsbarkeit, lit. A, S. 2, so die allgemeine Meinung, siehe *Jaeger*, Umsetzung des UNCITRAL-Modellgesetzes, S. 29 Fn. 74 m. w. N.

19 Beispielsweise ist die japanische ZPO von 1890 zu nennen, der die deutschen CPO von 1877 als Vorlage diente, wenngleich mit einigen Modifikationen, *Kuno*, Japanische ZPO, in: ZIP, 1929, S. 409.

These 1: Der deutsche Gesetzgeber verfolgte zwischen 1877 und 1945 das Ziel, die Schiedsgerichtsbarkeit zu fördern und war insbesondere bestrebt, den Abschluss von Schiedsvereinbarungen und die Vollstreckung von Schiedssprüchen zu begünstigen.

These 2: Der deutsche Gesetzgeber war zwischen 1877 und 1945 insbesondere daran interessiert, die Anerkennung und Vollstreckung ausländischer Schiedssprüche zu vereinfachen.

These 3: Der deutsche Gesetzgeber räumte der Parteiautonomie zwischen 1877 und 1945 eine Vorrangstellung bei der Gestaltung des Schiedsverfahrens ein.

These 4: Die Judikatur war zwischen 1877 und 1945 als schiedsfreundlich zu bezeichnen, insbesondere im Zusammenhang mit der inhaltlichen Überprüfung von Schiedssprüchen auf materiell-rechtliche Fehler, der Vollstreckung von ausländischen Schiedssprüchen sowie der Prüfung der Wirksamkeit von Schiedsvereinbarungen.

C. Gegenstand der Untersuchung

Gegenstand der Arbeit ist das deutsche Schiedsverfahrensrecht in der Gesetzgebung, Rechtsprechung und Literatur. Die Darstellung der Entwicklung findet ihren Schwerpunkt in der Zeit von 1877 bis 1945. Die Untersuchung der oben formulierten Arbeitsthesen beschränkt sich auf die Zeit zwischen 1877 und 1945 und orientiert sich an dem Zeitpunkt des Inkrafttretens der CPO (1877) bis zum dem Ende der Tätigkeit des Reichsgerichts im Jahr 1945.

Unter dem Begriff des Schiedsverfahrensrechts ist das in der CPO (ab 1898: ZPO) geregelte gesetzliche Schiedsverfahrensrecht für private, streitige Schiedsverfahren in bürgerlich-rechtlichen Streitigkeiten zu verstehen. Neben dem Schiedsverfahrensrecht der ZPO werden auch die Genfer Übereinkommen, nämlich das Genfer Protokoll über die Schiedsklauseln im Handelsverkehr vom 24. September 1923[20] sowie das Genfer Abkommen zur Vollstreckung ausländischer Schiedssprüche vom 26. September 1927[21] berücksichtigt. Deutschland ist Vertragsstaat dieser Übereinkommen und wirkte teilweise bei ihrer Entstehung mit. Sie sind Teil des deutschen Schiedsverfahrensrechts geworden.

Nicht zur privaten Schiedsgerichtsbarkeit gehören die schieds*gutachterlichen* Verfahren. Schiedsgutachter (sogenannte „arbitratores“ oder „Arbitratoren“) werden tätig, wenn sie als unbeteiligte Dritte bestehende Verträge nach billiger Entscheidung (§§ 317 ff. BGB) ändern oder ergänzen. Der Schiedsgut-

20 RGBl.1925 II, S. 47.

21 RGBl. 1930 II, S. 1067 ff., S. 1269.

achter kann zudem streitige Tatsachenfragen verbindlich für beide Parteien feststellen.[22] Demgegenüber stellen die Schiedsrichter (sogenannte „arbitri“) nicht nur Tatsachen als Voraussetzungen für Ansprüche fest, sondern entscheiden auch über deren Rechtsfolgen.[23] Ferner sind die Verfahren nach der Preußischen Schiedsmannsordnung[24] und nach den modernen Schiedsämtern nicht Gegenstand dieser Arbeit. Nach der Preußischen Schiedsmannsordnung konnten die Parteien ihre Sache zwar ebenso freiwillig vor den Schiedsmann bringen, wie sie einen Schiedsvertrag abschließen konnten.[25] Allerdings sprachen die Schiedsmänner keine Urteile oder Schiedssprüche, sondern wirkten ausschließlich auf Vergleiche hin.[26] Gleiches gilt für die heutigen Schiedsämter der einzelnen Länder, die ebenfalls keine Entscheidungsgewalt haben, sondern nur auf Vergleiche hinwirken können.[27]

Mediationsverfahren sind ebenfalls nicht Gegenstand der Arbeit. Der Mediator hat keine Entscheidungsgewalt, wie der Schiedsrichter.[28] Mediationen unterliegen nicht den schiedsverfahrensrechtlichen Bestimmungen des 10. Buches der ZPO.[29] Adjudikationsverfahren zählen gleichermaßen nicht zu den Schiedsverfahren. Diese Form der Streiterledigung, die in Deutschland bislang keiner ausdrücklichen gesetzlichen Regelung unterliegt, unterschiedet sich von

---

22 *Habscheid*, Schiedsgutachten, S. 792 ff.

23 *Ernemann*, Vollstreckung ausländischer Schiedssprüche, S. 55; Seuffert/Walsmann/*Walsmann*, ZPO, 12. Auflage, 1933, Einl. 10. Buch Ziff. 2 S. 738 mit umfangreichen Nachweisen zur Literatur und Rechtsprechung hinsichtlich der Abgrenzung von Schiedsrichtern und Schiedsgutachtern.

24 Die ursprüngliche Fassung der der Preußischen Schiedsmannsordnung datiert vom 29. März 1879 und wurde mehrfach überarbeitet.

25 § 12 Abs. 1 S. 3 der Preußischen Schiedsmannsordnung in der Fassung vom 1. Januar 1925.

26 § 25 Abs. 1 der Preußischen Schiedsmannsordnung in der Fassung vom 1. Januar 1925.

27 So beispielsweise nach § 27 Abs. 1 der Schiedsordnung für das Land Schleswig-Holstein vom 10. April 1991, ebenso § 22 Abs. 2 der Schiedsamtsordnung für das Land Rheinland-Pfalz vom 12. April 1991.

28 *Sievers*, Mediation, S. 29; *Moltzahn*, Wirtschaftsmediation, S. 5.

29 Aufgrund der Europäischen Richtlinie 2008/52/EG vom 21. Mai 2008 waren die Mitgliedstaaten der Europäischen Union verpflichtet, bis zum 21. Mai 2011 das Mediationsverfahren nach Maßgabe der Richtlinie in nationales Recht umzusetzen, Art. 12 Abs. 1 der Richtlinie. Ziel der Richtlinie ist es, den Zugang zur alternativen Streitbeilegung zu erleichtern und die gütliche Beilegung von Streitigkeiten zu fördern, indem zur Nutzung der Mediation angehalten und für ein ausgewogenes Verhältnis zwischen Mediation und Gerichtsverfahren gesorgt wird, Artikel 1 der Richtlinie. Der Bundestag hat am 15. Dezember 2011 den von der Bundesregierung eingebrachten Entwurf eines Gesetzes zur Förderung der Mediation und anderer Verfahren der außergerichtlichen Konfliktbeilegung aufgrund der Empfehlung des 6. Rechtsausschusses (BT Drucks 17. Wahlperiode Nr. 8058) angenommen. Seit dem Das Gesetzgebungsverfahren ist bislang nicht abgeschlossen, da der Bundesrat den Vermittlungsausschuss angerufen hat.

Schiedsverfahren vor allem dadurch, dass die Adjudikatoren vorrangig Empfehlungen aussprechen, die erst nach Ablauf einer Frist vorläufig verbindlich werden und weiterhin durch (schieds)gerichtliche Verfahren aufgehoben werden können. Diese Adjudikationsverfahren unterfallen nicht dem Anwendungsbereich des 10. Buches der ZPO.[30]

Ebenfalls nicht in diese Untersuchung eingeschlossen sind Schiedsgerichte öffentlich-rechtlicher Natur, wie z. B. das Reichswirtschaftsgericht, die Miet- und Pachteinigungsämter oder Schiedsgerichte über Streitigkeiten zwischen öffentlich-rechtlichen Einrichtungen.

Zum Schiedsverfahrensrecht im weiteren Sinne könnten auch Schiedsgerichts*ordnungen* gezählt werden, wie z. B. die des Waren-Vereins der Hamburger Börse e. V. Diese Schiedsgerichtsordnungen formen den durch die Parteien frei gestaltungsfähigen Bereich des Verfahrens aus.[31] Sie sind jedoch nicht Teil des *gesetzlichen* Schiedsverfahrensrechts und sind daher nicht Bestandteil der Untersuchung.

Die Untersuchung der Rechtsprechung des Reichsgerichts erstreckt sich auf folgende drei Aspekte:

(1) Die Bindung des Schiedsgerichts an materielles Recht einschließlich der Überprüfbarkeit eines Schiedsspruchs auf materiell-rechtliche Fehler.
Die Gestattung privater Schiedsgerichte betrifft die Parteiautonomie ebenso, wie die Frage, ob sich die Parteien des Schiedsverfahrens das Schiedsgericht von der Beachtung materiellen Rechts entbinden können. Hierzu traf die ZPO jedoch keine klaren Aussagen, so dass in dieser Hinsicht Spielraum zur Rechtsfortbildung durch die Gerichte bestand. Die Art und Weise, wie die Rechtsprechung diesen Spielraum nutzte, kann Aufschluss über die Schiedsfreundlichkeit der Judikatur geben.

(2) Die Vollstreckbarkeit ausländischer Schiedssprüche.
Auch die Frage, ob und wie ausländische Schiedssprüche in Deutschland durchgesetzt werden können, bot bis 1930 Spielraum für eine richterliche Rechtsfortbildung. Erst mit der ZPO-Novelle von 1930 wurden entsprechende gesetzliche Regelungen in die ZPO aufgenommen. Es wird untersucht, welche Rechtsgrundsätze das Reichsgericht im Rahmen der Rechtsfortbildung entwickelte und wie diese anhand der These 4 einzuordnen sind.

---

30 Nach dem Entwurf eines Gesetzes zur Förderung der Mediation und anderer Verfahren der außergerichtlichen Konfliktbeilegung sollen unter anderem auch Adjudikationsverfahren gesetzlich geregelt werden, BT Drucks 17. Wahlperiode, Nr. 5335, S. 11 linke Spalte.

31 § 860 Abs. 2 CPO 1877: Nach dem bis heute bestehenden Grundsatz konnten die Parteien die Einzelheiten des Verfahrensablaufs selbst bestimmen.

(3) Das Schicksal der Schiedsklausel infolge fehlerhafter Hauptverträge. Voraussetzung für die Vollstreckung eines Schiedsspruchs ist, dass dieser auf Grundlage einer wirksamen Schiedsklausel bzw. Schiedsvereinbarung ergangen ist.[32] Ist die Schiedsvereinbarung unwirksam oder sogar nichtig, kommt eine Vollstreckung des gleichwohl ergangenen Schiedsspruchs nicht in Betracht. Problematisch sind daher Fälle, bei denen ein Vertrag unwirksam oder nichtig ist, der zugleich eine Schiedsklausel enthält. Die Untersuchung soll zeigen, ob das Reichsgericht die Schiedsklauseln in fehlerhaften Verträgen eher für wirksam erachtete und sich hieraus Schlüsse über die Haltung der Judikatur im Sinne der These 4 ableiten lassen.

Das wissenschaftliche Umfeld dieser Arbeit besteht aus der Literatur zum Schiedsverfahrensrecht und zur Reform des Zivilprozesses. Zum Schiedsverfahrensrecht liegen verschiedene Ausarbeitungen vor. Dabei handelt es sich um die Kommentarliteratur[33] sowie verschiedene Handbücher[34] zur Anwendung des Schiedsverfahrensrecht der ZPO. Hinzu kommen die Aufsatzliteratur und Dissertationen zu verschiedenen Bereichen des Schiedsverfahrensrechts. *Simon Hayum* untersuchte 1892 den Schiedsvertrag.[35] *Georg Neubauer* legte eine Arbeit zu den Änderungen der Novelle von 1933 vor, die sich insbesondere mit

---

32 Historischer Rechtszustand: § 1042 Abs. 2, 1041 Abs. 1 Nr. 1 ZPO 1933 bei inländischen Schiedssprüchen, § 1044 Abs. 2 ZPO 1933 bei ausländischen Schiedssprüchen (so auch Art. 1 Abs. 2 lit. a GenfAbk); Heutiger Rechtszustand: § 1060 Abs. 2 i. V. m. § 1059 Abs. 2 Nr. 1 lit. a ZPO bei inländischen Schiedssprüchen, § 1061 Abs. 1 i. V. m. Art. 5 Abs. 1 lit. a UNÜ bei für ausländischen Schiedssprüchen.
Nußbaum nannte die Anerkennungsvoraussetzung von Schiedsverträgen mit Auslandsbezug als erstes Rechtsproblem der internationalen Schiedsgerichtsbarkeit, *Nußbaum*, Internationales Schiedsgerichtswesen, in: Int. Jahrbuch I, S. 11; *Hans-Walter Greminger* verwies darauf, dass im Genfer Abkommen keine Bedingungen zur Wirksamkeit von Schiedsklauseln geregelt wurden und hielt dies als eines der größten Probleme des Genfer Abkommens, *Greminger*, Genfer Abkommen, S. 95 unten.

33 Einige: *Endemann*, CPO, 1879; *Wilmowski/Levy*, CPO, 1895; *Gaupp/Stein*, ZPO, 3. Auflage, 1897/1898; *Neukamp*, CPO, 1900; *Struckmann/Koch*, CPO, 7. Auflage, 1900; *Peters/Gronow*, ZPO, 1903; *Gaupp/Stein*, ZPO, 8./9. Auflage, 1906/1908; *Reincke/Wienstein*, ZPO, 6. Auflage, 1910; *Warneyer*, ZPO, 5. Auflage, 1924; *Kann*, ZPO, 1924; *Freudenthal/Sauerländer*, ZPO, 4. Auflage, 1926; *Förster/Kann*, ZPO, 3. Auflage, 1926; *Seuffert/Walsmann*, ZPO, 12. Auflage, 1933/1934; *Baumbach*, ZPO, 15. Auflage, 1939; *Stein/Jonas*, ZPO, 20. Auflage, 1988.

34 Einige: *Teßmer*, Schiedsvertrag, 1912; *Teßmer*, Schiedsverfahrensrecht, 1915; *Staff*, Schiedsgerichtsverfahren, 1926; *Richter*, Schiedsverfahren, 1927; *Schönke*, Schiedsgerichtsverfahren, 1954; *Thomas*, Das privatrechtliche Schiedsgerichtsverfahren, 1957; *Schütze/Tscherning/Wais*, Handbuch des Schiedsverfahrens, 1990.

35 *Hayum*, Schiedsvertrag, 1892.

den Voraussetzungen des Schiedsvertrags beschäftigte.[36] *Wilhelm Ernemann* beschäftigte sich in einer Arbeit aus dem Jahr 1979 mit den Voraussetzungen der Vollstreckung ausländischer Schiedssprüche.[37] *Otto Mathies* und *Bernd Krafzik* haben zu unterschiedlichen Zeiten der Umfang der Inanspruchnahme von Schiedsgerichten untersucht.[38] Ferner veröffentlichte *Ludwig Bärwald* im Jahr 1935 eine Arbeit über den ordre public Grundsatz nach Art. 30 EGBGB in der Rechtsprechung des Reichsgerichts.[39] *Theodor Brodersen* untersuchte den Tatbestand der Unzulässigkeit des schiedsrichterlichen Verfahrens.[40] Mit besonderen Klagearten beschäftigte sich *Wilhelm Kisch* in einer Ausarbeitung von 1933.[41] Mit der Bindung der Schiedsgerichte an materielles Recht befassten sich *Otto Conrady* und *Joachim Kessler*.[42] *Mechtild Berard* untersuchte die Entstehungsgeschichte und Rechtsprechung zu den Aufhebungsgründen wegen eines unzulässigen Schiedsverfahrens oder eines Verstoßes gegen den ordre public Grundsatz.[43] Von *Kornblum* liegt eine Arbeit über die Ablehnung des Schiedsrichters wegen der Besorgnis der Befangenheit und der Auswirkungen auf das Schiedsverfahren vor[44]. *Ekkehardt von Heymann* befasste sich mit der normhistorischen Entwicklung und der Rechtsprechung zu den §§ 1041 Abs. 1 Nr. 2, 1044 Abs. 2 Nr. 2 ZPO 1930, also den Vorschriften, die den ordre public Grundsatz für inländische und ausländische Schiedssprüche in der ZPO ab der Novelle von 1930 regelten.[45] Zu der Entwicklung des ordre public Grundsatzes im deutschen Schiedsverfahrensrecht existiert ferner eine Arbeit von *Ludger Marx*.[46] Neben der Rechtsprechung des Reichsgerichts und der des Bundesgerichtshofs zur Bestimmung des ausländischen Schiedsspruchs erörtere *Horst Wetzmüller*

---

36 *Georg Neubauer*, Schiedsvertrag und Schiedsrichter, 1936.

37 *Ernemann*, Vollstreckung ausländischer Schiedssprüche, 1979.

38 *Mathies*, Die ständigen Schiedsgerichte des Hamburger Großhandels, 1921; *Mathies*, Schiedsgerichtswesen des Großhandels, in: FS Deutscher Anwaltstag 1929; *Krafzik*, Die Spruchpraxis der Hanseatischen Schiedsgerichte unter besonderer Berücksichtigung des Gedankens der Rechtsfortbildung, 1974.

39 *Bärwald*, Der "ordre public" in der Rechtsprechung des Reichsgerichts, 1935.

40 *Brodersen*, Unzulässigkeit des Verfahrens, 1928.

41 *Kisch*, Beiträge zum Schiedsverfahren, 1933.

42 *Conrady*, Ist der Schiedsrichter bei der Entscheidung eines Rechtsstreits am das materielle Recht gebunden?; *Kessler*, Die Bindung des Schiedsgerichts an das materielle Recht, 1929.

43 *Berard*, Die Aufhebung des Schiedsspruchs wegen Verfahrensverstoßes (§ 1041 Abs. 1 Nr. 1 und Nr. 4 ZPO), 1976.

44 *Kornblum*, Probleme der schiedsrichterlichen Unabhängigkeit, 1968.

45 *Heymann*, Der ordre public in der privaten Schiedsgerichtsbarkeit, 1969.

46 *Marx*, Der verfahrensrechtliche ordre public bei der Anerkennung und Vollstreckung ausländischer Schiedssprüche in Deutschland, 1994.

die deutsche Rechtslage und das Genfer Abkommen von 1927.[47] Zum schiedsverfahrensrechtlichen Anspruch auf rechtliches Gehör finden sich bei *Frank Spohnheimer*[48] und *Judit Sawang*[49] Ausführungen, die die Rechtsprechung des Reichsgerichts berücksichtigen. Zu den Aufhebungstatbeständen hat *Marie-Louise von Bernuth* eine Arbeit verfasst, die allerdings die Rechtsprechung nicht behandelt.[50]

Zudem liegen umfangreiche Materialsammlungen zur gesetzlichen Entwicklung der ZPO vor, insbesondere von *Carl Hahn*, *Benno Mugdan* und *Werner Schubert*.[51] Gesetzesentwürfe zum Schiedsverfahrensrecht und Begründungen sind teilweise auch durch das Reichsjustizministerium veröffentlicht worden.

Der Zivilprozess ist in seiner Entwicklung ebenfalls vielfach untersucht worden. Beispielsweise befasste sich *Martin Ahrens* eingehend mit der Geschichte des gerichtlichen Prozesses des ausgehenden 18. Jahrhunderts bis zum Jahr 1877.[52] *Dieter Dannreuther* untersuchte die Entwicklung des Zivilprozessrechts in der Politik des Deutschen Reichs in der Zeit von 1871 bis 1945.[53] Eine auf die Weimarer Zeit konzentrierte Arbeit des Zivilprozesses legte *Schubert* vor.[54] *Anette Köster* befasste sich mit den praktischen Auswirkungen gesetzlicher Maßnahmen zur Beschleunigung des Zivilprozesses und der Entlastung der Zivilgerichte zwischen 1877 bis 1993.[55] *Sebastian Adler* untersuchte die Stellung des Richters im Zivilprozess.[56]

---

47 *Wetzmüller*, Der "internationale" Schiedsspruch im UN-Übereinkommen über die Anerkennung und Vollstreckung ausländischer Schiedssprüche vom 10.6.1958 von New York, 1966.

48 *Spohnheimer*, Gestaltungsfreiheit bei antezipiertem Legalanerkenntnis des Schiedsspruchs, 2010.

49 *Sawang*, Geheimhaltung und rechtliches Gehör im Schiedsverfahren nach deutschem Recht, 2010.

50 *Bernuth*, Die Doppelkontrolle von Schiedssprüchen durch staatliche Gerichte, 1995.

51 *Hahn*, Materialien zur CPO 1877; *Schubert*, Entstehung und Quellen der Civilprozessordnung von 1877; *Hahn/Mugdan*, Materialien zu den Reichs-Justizgesetzen 1898; *Schubert*, Akademie für Deutsches Recht, Zivilprozeß und Gerichtsverfassung; *Schubert*, Zivilprozessreform in der Weimarer Zeit. Einige Zivilprozessordnungen aus der Zeit des Deutschen Bunds finden sich bei *Dahlmanns*, Neudrucke zivilprozessualer Kodifikationen und Entwürfe des 19. Jahrhunderts, Band 3 und Band 4.

52 *Ahrens*, Prozessreform und einheitlicher Zivilprozess, 2007.

53 *Dannreuther*, Der Zivilprozeß als Gegenstand der Reichspolitik im Deutschen Reich 1871 – 1945, 1987.

54 *Schubert*, Zivilprozessreform in der Weimarer Zeit, 2005.

55 *Köster*, Die Beschleunigung der Zivilprozesse und die Entlastung der Zivilgerichte in der Gesetzgebung von 1877 bis 1993, 1995.

56 *Adler*, Das Verhältnis von Richter und Parteien in der preußischen und deutschen Zivilprozeßgesetzgebung, 2005.

Eine detaillierte entstehungsgeschichtliche Untersuchung zum Schiedsverfahrensrecht der ZPO einschließlich der Genfer Übereinkommen von 1923 und 1927 sowie zur Frage der Akzeptanz der privaten Schiedsgerichtsbarkeit in Deutschland liegt jedoch bislang nicht vor. Hier liegt der Schwerpunkt dieser Arbeit.

D. Methode und Gang der Darstellung

Die Arbeit ist in fünf Abschnitte unterteilt. Sie beginnt im (1) Abschnitt mit einer allgemeinen, überblicksartigen Darstellung zu den Ursprüngen des Schiedsgerichtswesens.

Der (2) Abschnitt, der den Hauptteil der Arbeit bildet, beinhaltet die Untersuchung der normhistorischen Entstehung und Entwicklung des deutschen Schiedsverfahrensrechts in der Zeit von 1877 bis 1945. Neben den Gesetzestexten selbst finden die Motive und Protokolle, die zu den verschiedenen Entwurfsarbeiten vorliegen, besondere Beachtung.[57] Ferner wurden die Akten des Reichsjustizministeriums aus dem Bundesarchiv in Berlin ausgewertet, um weitere Einblicke in die Motivlage – die Haltung – des deutschen Gesetzgebers zu gewinnen. Innerhalb des zweiten Abschnitts werden auch die Genfer Übereinkommen (1923 und 1927) behandelt. Um die Haltung Deutschlands diesen internationalen Schiedsverfahrensübereinkommen gegenüber nachvollziehen zu können, wurde auch hier ministerielles Aktenmaterial des Auswärtigen Amtes ausgewertet, das zum Teil im Politischen Archiv des Auswärtigen Amtes in Berlin, zum Teil im Bundesarchiv Berlin einsehbar ist.[58] Unter Berücksichtigung einschlägiger Literatur wird der jeweilige Stand der Reformdebatte im Zusammenhang mit der Gesetzesentwicklung dargestellt.

Im (3) Abschnitt folgt eine Analyse der reichsgerichtlichen Rechtsprechung, wobei die Urteile teilweise im Originaltext eingesehen wurden.[59]

Der (4) Abschnitt beinhaltet eine Kurzdarstellung zu wichtigen internationalen Schiedsverfahrensübereinkommen, Änderungen der ZPO sowie zur Judikatur des Bundesgerichtshofs, jeweils ab dem Jahr 1945. In diesem Abschnitt wird eine Überprüfung der Arbeitsthesen nicht stattfinden, um den Schwerpunkt der Arbeit nicht zu verschieben.

---

57 Es liegen dem Verfasser vor: Die Motive des Preußischen Entwurfs von 1864, die Protokolle des Hannoverschen Entwurfs von 1866, die Protokolle des Norddeutschen Entwurfs von 1870, die Begründungen der CPO Entwürfe von 1871, 1872 und 1874 nebst Protokollen.

58 Die unterschiedlichen Lagerungsorte der Akten beruhen auf historischen Entwicklungen der beiden Archive und lassen sich am besten mit der Hilfe der Archivmitarbeiter nachvollziehen.

59 Die Originalurteile des Reichsgerichts und des Reichsoberhandelsgerichts lagern in der Bibliothek des Bundesgerichtshofs in Karlsruhe und können dort eingesehen oder kopiert werden.

Abschließend werden die Teilergebnisse in Abschnitt (5) noch einmal zusammengefasst.

Abschnitt 1: Zur Entstehung des Schiedsgerichtswesens

A. Geschichtlicher Überblick

Die ersten Schiedsverfahren, also streitige Auseinandersetzungen, die durch Dritte ohne staatliche Hilfe entschieden wurden, sah *Hermann Krause* in den frühen Sühneverfahren der germanisch-fränkischen Zeit.[60] Andere Autoren hingegen sehen erste Anzeichen der Schiedsgerichtsbarkeit erst im 13. Jahrhundert.[61] Vielfach wird das Schiedsverfahren als eine der ältesten oder die älteste Form der Streitentscheidung[62] und als Vorläufer staatlicher Gerichtsverfahren beurteilt[63].

Als Ursache der Entstehung der Schiedsgerichtsbarkeit wird allgemein auf den Zerfall der kaiserlichen Jurisdiktionsgewalt verwiesen.[64] Dem Kaiser oblag ursprünglich auch die Rechtsetzung und Rechtsprechung.[65] Die sich ausbreitenden Gerichtsbarkeiten der ständischen Territorien sowie der Städte verdrängte jedoch schrittweise die kaiserliche Jurisdiktionsgewalt. Dadurch wurde das Bedürfnis nach einer neuen, übergeordneten Gerichtsbarkeit geweckt, die in der privaten Schiedsgerichtsbarkeit gefunden wurde.

Das deutsche Schiedsgerichtswesen wurde im Wesentlichen durch das römische, kanonische und das gemeine Recht beeinflusst.[66] Gemeinsam war diesen Rechtsquellen, dass das Schiedsverfahren eine Parteivereinbarung voraussetzte.[67] Das römische Recht erlaubte es den Streitparteien, sich einem Schiedsspruch außerhalb des staatlichen Gerichts zu unterwerfen (*compromissum*). Es

60 *Krause*, Entwicklungslinien, in: Int. Jahrbuch III, S. 222.

61 Der zeitlichen Einordnung von *Krause* wird entgegengehalten, dass ein Schiedsverfahren immer die privatrechtliche Alternative zu einem staatlichen Verfahren sei. Staatliche Verfahren habe es in der germanisch-fränkischen Zeit jedoch nicht gegeben, sodass die Sühneverfahren nicht als Schiedsverfahren gelten könnten, Erler/Kaufmann/*Sellert*, HRG, Band 4, S. 1386 f.

62 *Gernet*, Über den Begriff des Urteils im griechischen Recht, in: Berneker, Zur griechischen Rechtsgeschichte, S. 376; *Haeger*, Schiedsgerichte, S. 5; *Richter*, Schiedsverfahren, S. 1.

63 *Krause*, Entwicklungslinien, in: Int. Jahrbuch III, S. 220, ähnlich *Steinwenter*, Die Streitbeendigung durch Urteil, Schiedsspruch und Vergleich nach griechischem Rechte, S. 4.

64 Erler/Kaufmann/*Sellert*, HRG, Band 4, S. 1387 f.; *Krause*, Entwicklungslinien, in: Int. Jahrbuch III, S. 222 bis S. 225.

65 Erler/Kaufmann/*Schmidt-Wiegand*, HRG, Band 2, S. 549; Erler/Kaufmann/*Munzel*, HRG, Band 2, S. 564.

66 *Sellert* betont den Einfluss kanonischen Rechts. Im bayerischen Raum soll sich das Schiedsgerichtswesen seit dem 12. Jahrhindert eigenständig entwickelt haben, Erler/Kaufmann/*Sellert*, HRG, Band 4, S. 1388 f.

67 *Krause*, Entwicklungslinien, in: Int. Jahrbuch III, S. 221 f.

bestanden jedoch erhebliche Unterschiede zu einem modernen Schiedsvertrag. Nach heutigem Verständnis begründet der Schiedsvertrag eine den ordentlichen Gerichtsprozess hindernde Einrede. Ferner kann ein ordnungsgemäß ergangener Schiedsspruch durch die staatlichen Zwangsvollstreckungsorgane vollstreckt werden. Diese Wirkungen besaß das römische „Kompromiss" nicht, zumal das römische Recht den Vertrag und den Anspruch mit den entsprechenden Rechtsfolgen noch nicht kannte.[68]

Die von dem Schiedsrichter getroffene Entscheidung zeichnete sich weniger durch eine rechtliche Begründung aus, sie war vielmehr eine Billigkeitsentscheidung, die einen prozessualen Streit vermeiden sollte.[69] Die Entscheidung war auch nicht durch staatliche Hilfe vollstreckbar, so dass sich mit einem wechselseitigen Strafversprechen beholfen wurde.[70] Danach musste die Partei, die sich nicht freiwillig an den Schiedsspruch hielt, eine Geldstrafe bezahlen, die sich üblicherweise in der Höhe an dem Streitgegenstand ausrichtete.[71] Kam die verurteilte Partei ihrer Verpflichtung aus dem Schiedsspruch nicht nach, konnte auf Zahlung dieser Geldstrafe vor den staatlichen Gerichten geklagt werden. Das Gericht prüfte dabei nicht, ob die schiedsrichterliche Entscheidung dem geltenden Recht entsprach, so dass die Schiedsrichter praktisch frei von den Regelungen des Rechts entscheiden konnten.[72] *Rudolf Littauer* wies allerdings nach, dass die Anerkennung des Schiedsspruchs dann versagt wurde, wenn dieser zu etwas Unehrenhaftem verurteilte (*aliquid inhonestum*).[73] Im Laufe der Zeit änderte sich die Entscheidungspraxis der Schiedsgerichte. Die schiedsrichterliche Entscheidung diente nicht mehr nur der friedlichen und streitvermeidenden Lösung von Konflikten, der Rechtsstreit sollte vielmehr im Einklang mit dem geltenden Recht entschieden werden.[74]

Später entwickelte *Justinian* die Möglichkeit einer rechtsgültigen schiedsrichterlichen Entscheidung ohne zusätzliches Strafversprechen, sofern gegen den

---

68 *Krause*, Entwicklungslinien, in: Int. Jahrbuch III, S. 228; Bis zu den Kompilationen Justinians bestand eine Forderung nur, wenn ihr eine Klage (*actio*) zur Seite gestellt war, *Hausmaninger/Selb*, Römisches Privatrecht, 8. Auflage 1997, S. 263 Ziff. II.

69 *Haeger*, Schiedsgerichte, S. 5 ff.; B*ornhak*, Schiedsvertrag, in: ZZP, 1902, S. 2 f. und S. 18. Streitig ist, ob es sich bei dem römischen Kompromiss um einen Vergleich zwischen den Parteien handelt, oder ob es ein Prozess ist, bei dem lediglich die *Richter* aufgrund einer Parteivereinbarung bestimmt werden.

70 *Littauer*, Schiedsgerichtsbarkeit und materielles Recht, in: ZZP, 1930, S. 7 f.; *Kaser*, Römisches Zivilprozessrecht, 1996, § 100 S. 640 Fn. 4; *Krause*, Entwicklung des Schiedsgerichtswesens, S. 48; Haeger, Schiedsgerichte, S. 5 f.

71 *Krause*, Entwicklung des Schiedsgerichtswesens, S. 48; *Haeger*, Schiedsgerichte, S. 5 f.

72 *Krause*, Entwicklung des Schiedsgerichtswesens, S. 49.

73 *Littauer*, Schiedsgerichtsbarkeit und materielles Recht, in: ZZP, 1930, S. 9.

74 *Haeger*, Schiedsgerichte, S. 8.

Schiedsspruch kein Widerspruch erhoben wurde.[75] Dieser Widerspruch war nur binnen einer bestimmten Frist möglich. Wurde kein erfolgreicher Widerspruch eingelegt, konnte aus dem Schiedsspruch auf Erfüllung geklagt werden.[76]

Auch im kanonischen Recht, also in der kirchlichen Rechtsprechung, sind Schiedsgerichte im Sinne außerstaatlicher Verfahren zur Streitentscheidung zu finden.[77] Bereits der *Apostel Paulus* soll zur Streitbeilegung außerhalb der „Gerichte der Ungläubigen", also der staatlichen Gerichte, aufgerufen haben, woraufhin sich eine Schiedsgerichtsbarkeit der Bischöfe entwickelte.[78] Dieses Schiedsverfahrensrecht schloss sich dem römischen Recht an, wobei nach dem „Kompromiss" des kanonischen Rechts der Schiedsrichter vielmehr einen Vergleich zwischen den Streitenden zu vermitteln hatte, als einseitig Recht zu sprechen.[79]

In Deutschland fanden während des Mittelalters gewohnheitsrechtliche Schiedsgerichtsverfahren statt. Die in Gemeinschaften und Genossenschaften gegliederte Gesellschaft zog es vor, Streitigkeiten nicht vor der Obrigkeit auszutragen, sondern innerhalb der eigenen sozialen Gemeinschaft beizulegen.[80] Aus diesem Grund sind frühe, auf gemeinsamen Absprachen beruhende Schiedsgerichte in Markgenossenschaften, Gilden, Zünften, Schifferschaften, Gewerkschaften oder auch Ritter- und Söldnerschaften zu finden.[81] Die damaligen Entscheidungen wurden nach einfachsten Rechtsgrundsätzen getroffen, so dass Juristen nicht benötigt wurden. Vielmehr wurden erfahrende und angesehene Männer berufen, welche die Streitigkeiten durch Herbeiführung einer Vergleichsvereinbarung zu beenden hatten.[82]

---

75 Hierzu mussten die Parteien den Schiedsspruch unterzeichnen, L. 2, 55, 5 pr. Die Verbindlichkeit des Schiedsspruchs ohne Strafversprechen erforderte die Abgabe von Eiden: Die Parteien mussten sich unter Eid verpflichten, den Schiedsspruch als verbindlich zu akzeptieren, die Schiedsrichter mussten unter Eid einen gerechten Schiedsspruch zusagen, L. 2, 55, 4; *Littauer*, Schiedsgerichtsbarkeit und materielles Recht, in: ZZP, 1930, S. 10; *Kaser*, Römisches Zivilprozessrecht, 1996, § 100 S. 640 Fn. 4.

76 *Bornhak,* Schiedsvertrag, in: ZZP, 1902, S. 7, S. 16; *Krause*, Entwicklung des Schiedsgerichtswesens, S. 49; *Krause*, Entwicklungslinien, in: Int. Jahrbuch III, S. 229.

77 *Richter*, Schiedsverfahren, S. 1; *Haeger*, Schiedsgerichte, S. 8 f.; *Mayer*, Schiedsrichterliche Rechtsstreitentscheidung, S. 2 f.

78 *Bornhak,* Schiedsvertrag, in: ZZP, 1902, S. 17; *Krause*, Entwicklung des Schiedsgerichtswesens, S. 50 Fußnote 244; *Haeger*, Schiedsgerichte, S. 8 f.

79 *Bornhak*, Schiedsvertrag, in: ZZP, 1902, S. 17; *Littauer* sah in der christlichen Ethik den Grund für die Tendenz zu Vergleichen in Schiedsverfahren nach kanonischem Recht, *Littauer,* Schiedsgerichtsbarkeit und materielles Recht, in: ZZP, 1930, S. 11.

80 *Richter*, Schiedsverfahren, S. 1.

81 *Richter*, Schiedsverfahren, S. 1.

82 *Haeger*, Schiedsgerichte, S. 9 f.; *Mayer*, Schiedsrichterliche Rechtsstreitentscheidung, S. 1.

Mit der Ausbreitung von Handel und Gewerbe wurden die rechtlichen Auseinandersetzungen komplexer, so dass verstärkt Juristen die Aufgabe der Schiedsrichter übernahmen und vermehrt nach kodifiziertem Recht entschieden wurde.[83] Im 13. Jahrhundert nahm die Zahl der Schiedssprüche stark zu.[84] In Italien hatte sich das Schiedsgerichtswesen insbesondere durch die Einflüsse kirchlicher Rechtsprechung verbreitet.[85] In Deutschland führten politische Entwicklungen dazu, dass streitige Auseinandersetzungen mehr und mehr in die Schiedsgerichtsbarkeit verlagert wurden:[86] Der Zerfall der kaiserlichen Zentralgewalt einerseits und die Machtkämpfe zwischen den Landesherren und dem Kaiser andererseits begünstigten die Entwicklung der privaten Schiedsgerichte.[87]

Weitere Impulse erfuhr die Entwicklung des Schiedsverfahrensrechts durch die Rezeption römischen Rechts seit dem 13. Jahrhundert.[88] Dabei wurden das römische Recht und dessen wissenschaftliche Methoden jedoch nicht unverändert übernommen.[89] So entwickelte sich ein Schiedsgerichtswesen, das den Schiedsvertrag als solchen anerkannte und die Vollstreckung des Schiedsspruchs ohne eine gesonderte Klage vor den staatlichen Gerichten erlaubte.[90] Der Schiedsspruch wurde wie bereits im kanonischen Recht als Vergleich aufgefasst.[91] Die Rezeption des römischen Rechts führte dazu, dass gelehrte Juristen für die Durchführung der Schiedsverfahren benötigt wurden, wohingegen im frühen Mittelalter noch vorwiegend Laienrichter und Geistliche diese Aufgabe wahrgenommen hatten.[92] Während der Zeit des absoluten Territorialstaates im 17. und 18. Jahrhundert kam es zugunsten der staatlichen Rechtsprechung zu einer deutlichen Verdrängung des Schiedsgerichtswesens.[93] Das Selbstverständ-

83 *Haeger*, Schiedsgerichte, S. 11; *Krause*, Entwicklung des Schiedsgerichtswesens, S. 40 ff.

84 *Haeger*, Schiedsgerichte, S. 11; *Krause*, Entwicklung des Schiedsgerichtswesens, S. 40 ff.

85 *Haeger*, Schiedsgerichte, S. 11; *Krause*, Entwicklung des Schiedsgerichtswesens, S. 40 ff.

86 *Haeger*, Schiedsgerichte, S. 11; *Krause*, Entwicklung des Schiedsgerichtswesens, S. 40 ff.

87 *Krause*, Entwicklungslinien, in: Int. Jahrbuch III, S. 221 - 227.

88 *Mayer*, Schiedsrichterliche Rechtsstreitentscheidung, S. 2 f.; *Bornhak* führt das Schiedsgerichtswesen in Deutschland aber nicht auf das römische Recht zurück, sondern hält das kanonische Recht für maßgeblich, *Bornhak,* Schiedsvertrag, in: ZZP, 1902, S. 16.

89 *Krause*, Entwicklung des Schiedsgerichtswesens, S. 50.

90 Schiedsverfahrensregelungen in kodifizierter Form fanden sich vorwiegend im Süden Deutschlands, wie es sich beispielsweise im bayerischen Landrecht von 1518 oder in der Nürnberger Reformation von 1564 zeigt, dazu *Krause*, Entwicklung des Schiedsgerichtswesens, S. 56 f.

91 *Bornhak* wies auf den entsprechenden Reichsabschied von 1594 hin, *Bornhak*, Schiedsvertrag, in: ZZP, 1902, S. 18 f.

92 *Krause*, Entwicklung des Schiedsgerichtswesens, S. 42 f., ähnliche Feststellung bei *Georg Neubauer,* Schiedsvertrag und Schiedsrichter, S. 1.

93 *Bornhak,* Schiedsvertrag, in: ZZP, 1902, S. 26 f., Erler/Kaufmann/*Sellert*, HRG, Band 4, S. 1391.

nis des sich ausbreitenden Territorialstaats widersprach privater Rechtsprechung, da der Staat als die einzig legitime Quelle von Recht und Gesetz angesehen wurde.[94]

Den Tiefpunkt seiner Bedeutung erreichte das Schiedsgerichtswesen Anfang des 19. Jahrhunderts.[95] Die Zahl außergerichtlicher Schiedsverfahren ging deutlich zurück.[96] An ihre Stelle traten gerichtliche Zwangsschiedsverfahren und Zwangsvergleiche. Dagegen existierte die private Schiedsgerichtsbarkeit in Handel und Gewerbe fort.[97] Die Schiedsrichter wurden jedoch an wesentliche Vorschriften der Landesgesetze bei ihrer Entscheidungsfindung gebunden.[98] Gegen die Schiedssprüche privater Schiedsgerichte konnte bei den ordentlichen Gerichten Rechtsmittel eingelegt werden. Damit wurde das Schiedsgerichtswesen auf eine Vorinstanz der ordentlichen Gerichte degradiert, wodurch die Attraktivität der Schiedsverfahren deutlich abnahm.[99]

Eine Wende trat im Verlauf des 19. Jahrhunderts ein, das von den Bestrebungen einer staatlichen Einheit im Sinne einer deutschen Staatsnation geprägt war.[100] Durch den Krieg mit dem revolutionären Frankreich (1792) erlebte das Heilige Römische Reich eine Existenzkrise, die die einzelnen deutschen Länder – allen voran Preußen – dazu veranlasste, näher zusammenzurücken. Dies löste einen Vereinheitlichungsprozess aus, an dessen Ende das Deutsche Reich mit seinen Reichs-Justizgesetzen stand, zu denen die Civilprozeßordnung für das Deutsche Reich von 1877 zählte. Das 10. Buch der CPO enthielt das erste Schiedsverfahrensrecht des Deutschen Reichs. In der inoffiziellen Begründung des CPO-Entwurfs des Deutschen Reichs wird ausgeführt, dass das

> *„[...] Bedürfniß nach schiedsrichterlicher Entscheidung von Rechtsstreitigkeiten unter der Herrschaft aller bisher zur Geltung gelangten Prozeßsysteme bestanden [...]“*

---

94 *Krause*, Entwicklungslinien, in: Int. Jahrbuch III, S. 231.

95 Aus der zeitgenössischen Literatur verschwand das Schiedsverfahrensrecht nahezu völlig. Ein auch später vielfach zitierter Spruch *„mach kein Kompromiß, du verlierst es gewiß“* bringt die damalige ablehnende Haltung dem Schiedsgerichtswesen gegenüber deutlich zum Ausdruck, *Krause*, Entwicklungslinien, in: Int. Jahrbuch III, S. 231, S. 234; *Bornhak*, Schiedsvertrag, in: ZZP, 1902, S. 27; *Haeger*, Schiedsgerichte, S. 13 f.; *Nußbaum*, Ausbau des Schiedsgerichtswesens, in: ZZP, 1912, S. 254 f.

96 *Bornhak*, Schiedsvertrag, in: ZZP, 1902, S. 27; *Haeger*, Schiedsgerichte, S. 13 f.; *Nußbaum*, Ausbau des Schiedsgerichtswesens, in: ZZP, 1912, S. 254 f., Erler/Kaufmann/*Sellert*, HRG, Band 4, S. 1391.

97 Erler/Kaufmann/*Sellert*, HRG, Band 4, S. 1391.

98 *Bornhak*, Schiedsvertrag, in: ZZP, 1902, S. 27.

99 Erler/Kaufmann/*Sellert*, HRG, Band 4, S. 1391 f.

100 *Siemann*, Vom Staatenbund zum Nationalstaat, S. 21 f.

habe.[101] Bezweckt wurde nunmehr eine *„gedeihliche Entfaltung“* des Schiedsgerichtswesens.[102] Der hier zum Ausdruck kommende Bedeutungszuwachs der Schiedsgerichtsbarkeit fand in Frankreich bereits 90 Jahre früher seinen Niederschlag in der Verfassung von 1791, und zwar als Bürgerrecht auf die private Schiedsgerichtsbarkeit.[103]

Im Verlauf des 20. Jahrhunderts kam es zu einem Aufschwung für das Schiedsgerichtswesen. Insbesondere die neu entstandenen Kaufmannschaften[104] forcierten die Schiedsgerichtsbarkeit, indem ständige Handels- und Börsenschiedsgerichte gegründet wurden.[105] Grund hierfür war vor allem der stark angestiegene internationale Handelsverkehr, der Schiedsvereinbarungen wieder als nützlich erscheinen ließ.[106] Parallel trug der Wandel vom absoluten zum konstitutionellen Staat zu einer größeren Freiheit der Bürger bei. Der konstitutionelle Staat sah seine Aufgabe weniger darin, die Bürger zu reglementieren, sondern Rahmenbedingungen für seine selbstverantwortlichen Bürger zu schaffen. In Handel und Industrie waren und sind Schiedsvereinbarungen fortan allgegenwärtig, das Schiedsgericht hatte sich als Gerichtsbarkeit der Kaufleute etabliert.[107]

Durch die CPO von 1877 wurde dem Schiedsspruch die Wirkung eines rechtskräftigen Urteils verliehen, wobei Rechtsmittel nicht statthaft waren. Damit war ein wesentliches Hemmnis beseitigt worden, die der Absolutismus mit sich gebracht hatte, nämlich die Möglichkeit, vor den ordentlichen Gerichten gegen den Schiedsspruch Rechtsmittel einzulegen. Mit der Einführung des BGB mit Wirkung zum 1. Januar 1900 wurden zudem alle bis dahin geltenden landesrechtlichen Bestimmungen zum Zivilrecht außer Kraft gesetzt, so dass ab diesem Tag der Abschluss von Schiedsverträgen im Deutschen Reich einheitlich nach den Bedingungen des 10. Buches der CPO sowie den allgemeinen vertragsrechtlichen Bestimmungen der §§ 145 ff. BGB möglich war.[108]

Diese positiven Entwicklungen des Schiedsgerichtswesens wurden auch in der zeitgenössischen Literatur beschrieben. Im Jahr 1918 wies *Arthur Nußbaum* auf die ansteigende Zahl und Bedeutung von Schiedsverfahren hin. Diesen Zu-

---

101 Begr.-CPO-E 3, S. 489.

102 Begr.-CPO-E 3, S. 489.

103 *Brödermann/Rosengarten*, IPR/IZVR, S. 214 Rz. 734; *Böckstiegel*, Schiedsgerichtsbarkeit in Deutschland, in: SchiedsVZ, 2009, S. 3.

104 Als bedeutend gilt die Berliner Kaufmannschaft, die im Jahr 1820 ein ständiges Schiedsgericht gegründet hatte, vgl. dazu *Krause*, Entwicklungslinien, in: Int. Jahrbuch III, S. 234.

105 Erler/Kaufmann/*Sellert*, HRG, Band 4, S. 1392.

106 *Kollmann*, Internationale Rechtsverfolgung, in: DJZ, 1914, S. 971.

107 *David*, Die wirtschaftliche Bedeutung des kaufmännischen Schiedsgerichtswesens, S. 1.

108 Art. 55 EGBGB.

wachs führte er auf die zunehmende Verbreitung der ständigen Schiedsgerichte zurück, die sich für verschiedenste Bereiche des Handels und Gewerbes etabliert hatten.[109] *Victor Fuchs*, Senatsvorsitzender bei dem Reichsschiedsgericht für die Kriegswirtschaft, stellte darüber hinaus im Jahr 1919 fest, dass es im kaufmännischen Verkehr nahezu die Regel sei, den ordentlichen Rechtsweg auszuschließen und stattdessen Verträge aller Art formularmäßig mit Schiedsklauseln zu versehen.[110] Hierzu dürfte auch die Entwicklung Deutschlands vom Agrar- zum Industriestaat beigetragen haben.[111]

Eine führende Rolle bei den ständigen Schiedsgerichten nahm laut *Ernst Richter* die seiner Meinung nach „unternehmungslustige, weitblickende und selbstbewusste Hamburger Kaufmannschaft" ein.[112] Für die Zeit vor und nach dem ersten Weltkrieg untersuchte *Otto Mathies* die Fallzahlen der Schiedsverfahren. Er stützte sich dabei auf die bei den Hamburger Gerichten niedergelegten Schiedssprüche sowie auf die bei den ständigen Hamburger Schiedsgerichten niedergelegten und ihm zugänglichen Schiedssprüche. In seiner Untersuchung ermittelte *Mathies*, dass mindestens 11% der Handelsstreitigkeiten in Hamburg durch Schiedsgerichte erledigt wurden, wobei wegen der Unvollständigkeit des von ihm ausgewerteten Zahlenmaterials eine deutlich höhere Verfahrenszahl zu vermuten sei.[113] Insgesamt ging *Mathies* damit von einer stabilen Entwicklung des Schiedsgerichtswesens in Deutschland aus. *Leo David* und *Nußbaum* sahen sogar einen Anstieg der Schiedsgerichtsverfahren in der Zeit nach dem ersten Weltkrieg.[114]

Für die Zeit nach dem zweiten Weltkrieg kam *Bernd Krafzik* in seiner Untersuchung der Spruchpraxis Hamburger und Bremer Schiedsgerichte zu dem

---

109 *Nußbaum*, Neuordnung des Schiedsgerichtswesen, 1918, S. 2 und S. 5.

110 *Fuchs*, Ausbau des Schiedsverfahrens, in: DJZ, 1919, S. 423 f.

111 Zur Industrialisierung: *Zechlin*, Die Reichsgründung, S. 62 ff.

112 *Richter*, Schiedsverfahren, S. 1 f.

113 *Mathies*, Ständige Schiedsgerichte, S. 120 ff. und Schiedsgerichtswesen des Großhandels, in: FS Deutscher Anwaltstag 1929, S. 285 ff. Für den Hamburger Bereich schlussfolgerte *Mathies* für die Zeit vor dem ersten Weltkrieg und der Zeit von 1924 bis 1928 keinen Anstieg der Schiedsverfahren, wies aber auf die nur unsicher Zahlengrundlage dieser Beurteilung hin. Aus dem Vergleich zwischen Urteilen der Kammer für Handelssachen am Landgericht Hamburg und den in Hamburg bei Gericht niedergelegten Schiedssprüchen ist abzulesen, dass sowohl vor, als auch nach dem ersten Weltkrieg ca. 11 % der Rechtsstreitigkeiten des Handels durch Schiedsverfahren erledigt wurden. Hinzu komme nach *Mathies* jedoch eine Dunkelziffer auf Seiten des Schiedsgerichtswesen, da nicht alle Schiedssprüche bei Gericht niedergelegt würden, dazu *Mathies*, Schiedsgerichtswesen des Großhandels, in: FS Deutscher Anwaltstag 1929, S. 287 und S. 297 ff.

114 *David*, Die wirtschaftliche Bedeutung des kaufmännischen Schiedsgerichtswesens, S. 9 f., S. 11 f.; *Nußbaum*, Vorwort des Int. Jahrbuchs III, S. 1.

Ergebnis, dass Hamburg bei den Schiedsverfahren des Großhandels eine Spitzenposition innerhalb Deutschlands eingenommen hatte.[115]

B. Fazit

Der historische Überblick zeigt, dass das Schiedsgerichtswesen als Mittel des Rechtsschutzes von wechselnder Beliebtheit und staatlicher Akzeptanz geprägt war. Der starke Aufschwung der Schiedsgerichtsbarkeit im 13. Jahrhundert auf der einen Seite sowie ihr Niedergang während des 17./18. Jahrhunderts auf der anderen Seite lassen erkennen, dass die Haltung des Gesetzgebers gegenüber privaten Schiedsverfahren deren Inanspruchnahme stark beeinflussen kann. Schranken und Hemmnisse wurden von staatlicher Seite geschaffen oder beseitigt, je nachdem, welche politischen Ziele verfolgt wurden. Dennoch konnte sich das Schiedsverfahren im Handel und Gewerbe dauerhaft behaupten. Die Einrichtung ständiger Handels- und Börsenschiedsgerichte führte zu einer stetigen Inanspruchnahme des Schiedsgerichtswesens.

Deutschlands Haltung der privaten Schiedsgerichtsbarkeit gegenüber hat sich je nach überwiegender staatstheorietischer Anschauung gewandelt: Als wenig schiedsfreundlich ist die Zeit des Absolutismus zu bewerten, da diese Zeit von einem Streben nach Staatsgewalt und Staatsraison gekennzeichnet war. Der beginnende politische Liberalismus des 19. Jahrhunderts deutet einen Wechsel zu einer mehr schiedsfreundlichen Haltung an. Vermutlich war das große Bedürfnis der Wirtschaftsunternehmen nach Schiedsgerichten erkannt und akzeptiert worden. Wie sich der deutsche Gesetzgeber und die Judikatur im Einzelnen der Schiedsgerichtsbarkeit in der Zeit von 1877 bis 1945 gegenüber verhalten haben, zeigt die nachfolgende Untersuchung.

---

115 *Krafzik*, Spruchpraxis der Hanseatischen Schiedsgerichte, S. 22 ff.

Abschnitt 2: Die Entstehung und Entwicklung des Schiedsverfahrensrechts (1877 bis 1945)

A. Einführung in den Abschnitt

Dieser Abschnitt befasst sich mit der Entstehung des 10. Buches der CPO von 1877 sowie ihrer Novellen. Dabei wird die Entstehung der einzelnen Bestimmungen des 10. Buches dargestellt, wobei die relevanten Vorentwürfe, veröffentlichtes und teils unveröffentlichtes Material zur Gesetzesentstehung sowie Literaturquellen ausgewertet werden. In der Darstellung ist der Zeitraum von 1864 (Preußischer Entwurf) bis 1945 berücksichtigt, wobei die letzte Novelle des Schiedsverfahrensrechts von 1933 stammt.

B. Die Entstehung der CPO von 1877 und die Novelle von 1898

Die Entstehung des Schiedsverfahrensrechts der CPO ging mit der Entwicklung eines Zivilprozessrechts für das Deutsche Reich einher. Die Gestaltung des Verfahrens vor den ordentlichen Gerichten nahm jedoch einen größeren Raum in den Diskussionen ein, als die des Schiedsverfahrensrechts.

I. Überblick über die Entwürfe zur CPO von 1877

Der CPO von 1877 gingen verschiedene Vorarbeiten voraus. Direkten Einfluss hatten die Entwürfe aus der Zeit des Deutschen Bunds und des Norddeutschen Bunds. Diese Vorentwürfe dienten den Entwurfsverfassern der CPO als maßgebliche Arbeitsgrundlage.

1. Die Entwürfe des Deutschen Bunds (1864/1866)

Der im Jahr 1815 gegründete Deutsche Bund war eine Art föderalistischer, völkerrechtlicher Verein, also ein Staatenbund seiner Mitgliedsländer.[116] Vornehmlicher Zweck des Deutschen Bunds war es, die Erhaltung der äußeren und inneren Sicherheit Deutschlands sowie die Unabhängigkeit und Unverletzlichkeit der einzelnen deutschen Staaten zu gewährleisten.[117] Die Rechtsvereinheitlichung im Bereich des Verfahrensrechts war daher kein Anliegen des Deutschen Bun-

---

116 *Zechlin*, Einheitsbewegung, S. 37 f., S.41 f.

117 Art. 2 der Bundesakte (1815); *Zechlin*, Einheitsbewegung, S. 42.

des. Eine Verfassung, die dem Deutschen Bund eigene Gesetzgebungskompetenzen zuwies, kam nicht zustande.[118]

Aus diesem Grund wäre eine Vereinheitlichung des Zivilprozesses nur durch Erlass von gleichlautenden Landesgesetzen möglich gewesen. Die Einheitlichkeit der Landesgesetze sollte durch ein Modellgesetz gewährleistet werden, das in den einzelnen Mitgliedsstaaten hätte umgesetzt werden müssen. Zu diesem Zweck entstanden der „Entwurf einer Civilprozeßordnung für die deutschen Bundesstaaten" (sogenannter *Hannoverscher Entwurf*) von 1866 und der „Entwurf einer Proceß-Ordnung in bürgerlichen Rechtsstreitigkeiten für den Preußischen Staat" von 1864 (sogenannter *Preußischer Entwurf*). Die Arbeiten an dem Preußischen Entwurf hatten im November 1860 begonnen, während die Kommission des hannoverschen Entwurfs ihre Arbeit im September 1862 aufnahm.[119]

Der *Hannoversche Entwurf* enthielt keine Regelungen zum Schiedsverfahrensrecht. Auch in den vorangegangenen Fassungen der Referenten und der Kommission[120] waren keine Schiedsverfahrensregelungen vorgesehen. In den Protokollen der Kommissionsberatungen finden sich keine Hinweise darauf, dass die Regelung eines Schiedsverfahrens je als Bestandteil der Zivilprozessordnung diskutiert worden wäre.[121]

Der *Preußische Entwurf* enthielt dagegen in seinem 11. Buch (§§ 1361 bis 1389) Regeln zum Schiedsverfahren. Mit diesem Entwurf wurden auch die Motive, die diesem Entwurf zugrundelagen, veröffentlicht.[122]

Ein Vergleich zwischen den Regelungen und der Systematik des 10. Buches der CPO von 1877 mit dem Preußischen Entwurf zeigt, dass der Preußische

---

118 *Aretin*, Vom Deutschen Reich zum Deutschen Bund, S. 164; *Hellweg*, Entstehung der CPO, in: AcP 1878, S. 82; Gaupp/Stein/*Stein*, ZPO, 8./9. Auflage, 1906/1908, S. XV (Einleitung § 2).

119 *Hellweg*, Entstehung der CPO, in: AcP 1878, S. 90, 100.

120 Näheres zum Arbeitsablauf in der Kommission bei *Dahlmanns*, Neudrucke zivilprozessualer Kodifikationen und Entwürfe des 19. Jahrhunderts, Band 2 S. 10 ff.

121 Unter dem Stichwort „Schiedsrichter" wird lediglich während der 92. Sitzung vom 4. Dezember 1862 im Zusammenhang mit der Diskussion zur gewillkürten Zuständigkeit eines ordentlichen Gerichts unter Hinweis auf das gemeine Recht ausgeführt, dass dort die Streitentscheidung auch durch einen Schiedsrichter bekannt sei, *Schubert*, Protocolle der Commission zur Berathung einer allgemeinen Civilprozeßordnung für die deutschen Bundesstaaten, Band 2, S. 553. Dieser Hinweis hatte aber nicht zum Ziel, das Schiedsverfahren auch für den Entwurf einer Civilprozessordnung zur Diskussion zu stellen. Weitere Erwähnung findet das Schiedsverfahrensrecht nicht.

122 Erschienen als „Entwurf einer Proceß-Ordnung in bürgerlichen Rechtsstreitigkeiten für den Preußischen Staat", Decker'sche Ober-Hofbuchdruckerei, Berlin 1864.

Entwurf als besonders prägende Entwurfsvorlage genutzt wurde.[123] Gleichwohl gab es im Detail Änderungen und Diskussionen.

2. Der Entwurf des Norddeutschen Bunds (1870)

Auf den Deutschen Bund folgte der Norddeutsche Bund, an dem die süddeutschen Länder, insbesondere Österreich nicht beteiligt waren.[124] Da es bislang zu keiner einheitlichen Zivilprozessgesetzgebung gekommen war, wurde erneut ein Entwurf, jetzt für den Norddeutschen Bund, vorbereitet (*Norddeutscher Entwurf*[125]). Dazu wurde in großem Umfang auf die Vorarbeiten des Deutschen Bunds zurückgegriffen.

Das achte Buch des Entwurfs für den Norddeutschen Bund vom 20. Juli 1870 (§§ 1155 bis 1178) enthielt zum überwiegenden Teil die schiedsverfahrensrechtlichen Regelungen des Preußischen Entwurfs von 1864, wenngleich mit einigen Ergänzungen.[126]

Der Norddeutsche Entwurf wurde später als Arbeitsgrundlage für die CPO-Entwürfe des Deutschen Reichs verwendet. Insofern sind der Preußische und der Norddeutsche Entwurf nebst ihrer Motive für das Schiedsverfahrensrecht der späteren CPO und ihren nachfolgenden Modifikationen von großer Bedeutung.[127]

---

123 Für den Zivilprozess der CPO von 1877 wies *Ahrens* den Entwürfen des Deutschen Bunds ebenfalls größte Bedeutung bei, *Ahrens*, Prozessreform, S. 3.

124 Im Jahr 1866 kam es zum sog. Deutschen Krieg zwischen den Mitglieder des Deutschen Bundes, Preußen und Österreich. Der Krieg entstand aus Machtrivalitäten zwischen beiden Ländern und ging zugunsten Preußens aus. In der Folge löste sich der Deutsche Bund auf, *Stürmer*, Das ruhelose Reich, Deutschland 1866 - 1918, S. 18 f.

125 Der Norddeutsche Entwurf ist bei *Schubert*, Protokolle der Kommission zur Ausarbeitung des Entwurfs einer Civilprozeßordnung für die Staaten des Norddeutschen Bundes, Band 5, zu finden.

126 Der Bundesrat des Norddeutschen Bunds hatte auf Empfehlung des Justizausschusses beschlossen, dass die Kommission, die für die Erarbeitung einer Civilprozeßordnung für den Norddeutschen Bund eingesetzt wurde, den Preußischen Entwurf von 1864 (Deutscher Bund) als Grundlage verwenden sollte, Gaupp/Stein/*Stein*, ZPO, 8./9. Auflage, 1906/1908, S. VXII f. (Einleitung § 2). Tatsächlich hatte die Kommission auf Antrag eines Abgeordneten beschlossen, den Hannoverschen Entwurf von 1866 als Basis ihrer Arbeiten zu verwenden, obgleich auch der Preußische Entwurf berücksichtigt werden sollte, vgl. *Hellweg*, Entstehung der CPO, in: AcP 1878, S. 107. Auf dem Gebiet des Schiedsverfahrensrecht wurde zwangsläufig der Preußische und nicht der Hannoversche Entwurf verwendet, da der Hannoversche Entwurf keine Regelungen zum Schiedsverfahrensrecht beinhaltete.

127 *Schubert*, Protokolle der Kommission zur Ausarbeitung des Entwurfs eines Civilprozeßordnung für die Staaten des Norddeutschen Bundes, Band 1, S. XIX.

3. Die Entwürfe des Deutschen Reichs (1871, 1872, 1874)

Der deutsch-französische Krieg von 1870/1871 war der dritte Krieg Preußens innerhalb von sechs Jahren. Diese Kriege sowie eine politische „Revolution von oben“ markierten den Beginn des Deutschen Reichs.[128] Damit musste sich die Vereinheitlichung des Zivilprozessrechts auf weitere deutsche Landesteile erstrecken. Die bisher geltenden Regelungen der preußischen Allgemeinen Prozeß-Ordnung sowie die des französischen Zivilprozessrechts wurden nach den Ausführungen der Begründung der späteren CPO-Entwürfe als zu lückenhaft empfunden, so dass ein neues Verfahrensrecht erforderlich schien.[129]

Basierend auf dem Norddeutschen Entwurf erarbeitete das Preußische Justizministerium unter der Leitung des preußischen Justizministers *Adolf Wilhelm Leonhardt* den Entwurf einer Zivilprozessordnung für das Deutsche Reich, ohne hierzu vom Reichskanzler beauftragt gewesen zu sein (sogenannter *Justizministerialentwurf, erster Entwurf*).[130] An den Arbeiten waren der Geheime Justizrath *Paul Ludwig Adalbert Falk*, der Geheime Justizrath *Franz Foerster*, der Geheime Justizrath *Carl Rudolf Eduard Droop*, der Kronanwalt August *Nebe-Pflugstädt* und der Appellationsgerichsrath *Karl Kurlbaum* beteiligt. *Leonhardt*, *Droop* und *Kurlbaum* verfassten die als „Begründung des Entwurfs“ betitelten Motive.[131]

Dieser erste Entwurf wurde von *Leonhardt* mit Schreiben vom 8. März 1871 an den Reichskanzlei *Otto von Bismarck* übersandt.[132] Daraufhin beauftragte *Bismarck* den preußischen Justizminister *Leonhardt* mit Schreiben vom 4. September 1871, eine Zivilprozessordnung für ganz Deutschland zu schaffen.[133] Dies sei eine Aufgabe von nationaler Bedeutung, an deren Bewältigung das deutsche Volk größtes Interesse habe. Das einheitliche Zivilprozessrecht solle dazu beitragen, die Einheitlichkeit allen bürgerlichen Verkehrs sicherzustellen.

Bismarck übergab den ersten Entwurf an den Bundesrat, woraufhin dieser im Mai 1871 beschloss, eine Kommission zu bilden, die auf Grundlage des Justizministerialentwurfs und unter Berücksichtigung des Norddeutschen Entwurfs und weiterer Vorarbeiten einen Entwurf einer Civilprozeßordnung für das Deut-

---

128 *Stürmer*, Das ruhelose Reich, Deutschland 1866 - 1918, S. 18 f.; *Wehler*, Das Deutsche Kaiserreich 1871 - 1918, S. 19.

129 Begr.-CPO-E 3, S. 489.

130 *Schubert*, Entstehung und Quellen zur CPO 1877, S. 5 und S. 43 ff. (Abdruck des Justizministerialentwurfs); *Adler*, Zivilprozessgesetzgebung, S. 180.

131 *Hellweg*, Entstehung der CPO, in: AcP 1878, S. 114.

132 *Schubert*, Entstehung und Quellen zur CPO 1877, S. 39 ff.

133 Anlage I zum Protokoll der Deutschen Civil-Prozeß-Kommission vom September 1871, *Schubert*, Entstehung und Quellen zur CPO 1877, S. 263 f.

sche Reich erstellen sollten.[134] Dies geschah aus Rücksicht auf die neu hinzugekommenen süddeutschen Länder, die an den Vorarbeiten des Justizministerialentwurfs nicht beteiligt waren. Die neu gegründete CPO-Kommission bestand aus zehn Mitgliedern[135] unter dem Vorsitz von *Leonhardt*.[136]

Die CPO-Kommission beriet in der Zeit vom 7. September 1871 bis zum 7. März 1872 und beschloss im Jahr 1872 den „Entwurf einer Deutschen Civilprozeß-Ordnung" (*zweiter Entwurf*).[137] Dem Entwurf wurden Begründungen beigefügt, die allerdings erst nach Schluss der Kommissionsberatungen durch das Kommissionsmitglied *Julius von Amsberg* allein bearbeitet wurden.[138]

Der zweite Entwurf wurde dem Justizausschuss und dem Plenum des Bundesrates übergeben, der weitere Änderungen vornahm.[139] Am 29. Oktober 1874 wurde der aus diesen Beratungen resultierende *dritte Entwurf* an den Reichstag zur dortigen Beratung überwiesen.[140] In der Zeit vom 26. Januar 1875 bis zum 3. Juli 1876 beriet die hierfür eingesetzte CPO-Kommission des Reichstags den Entwurf. In der Folgezeit kamen weitere Änderungen hinzu, die durch Bundesrat und Reichstag bis zum 22. Dezember 1876 beschlossen wurden.[141] Die endgültige CPO datiert vom 30. Januar 1877.

---

134 Gaupp/Stein/*Stein*, ZPO, 8./9. Auflage, 1906/1908, S. XIX (Einleitung § 3).

135 *Falk, Diepenbroick-Grünter, Planck, Dorn, von Wilmowski* (jeweils aus Preußen), *Schmitt* (Bayern), *Abeken* (Sachsen; Abeken wurde später durch *Klemm* ersetzt), *von Kohlhaas* (Württemberg), *Gebhard* (Baden), *von Armsberg* (Mecklenburg-Schwerin); Näheres zu den Mitgliedern der CPO-Kommission bei *Schubert*, Entstehung und Quellen zur CPO 1877, S. 8 ff.

136 *Schubert*, Entstehung und Quellen der CPO von 1877, S. 700 ff.

137 Der Entwurf ist abgedruckt bei *Schubert*, Entstehung und Quellen der CPO von 1877, S. 499 ff.

138 Gaupp/Stein/*Stein*, ZPO, 3. Auflage, 1898 S. XX (Einleitung § 3).

139 Gaupp/Stein/*Stein*, ZPO, 3. Auflage, 1898 S. XX (Einleitung § 3).

140 Abdruck des dritten Entwurfs: Aktenstücke des Deutschen Reichstags 1874, Nr. 6 - Entwurf einer Civil-Prozeß-Ordnung für das Deutsche Reich, S. 333, S. 381 f.; *Schubert*, Entstehung und Quellen zur CPO 1877, S. 23 f.

141 Gaupp/Stein/Stein, ZPO, 8./9. Auflage, 1906/1908, S. XX f. (Einleitung § 3).

II. Das Schiedsverfahrensrecht der CPO von 1877

1. Hintergrund und Motive des 10. Buches der CPO

Die inzwischen hohe Bedeutung des Schiedsverfahrens war der Anlass, entsprechende Regelungen in die CPO aufzunehmen.[142]

Die CPO sollte gewährleisten, dass Schiedsverträge und Schiedssprüche in ganz Deutschland anerkannt und vollstreckt werden konnten. Ferner sollte die Rechtshilfe ordentlicher Gerichte sichergestellt werden.[143] Gleichzeitig wurden die Möglichkeiten der Überprüfung von schiedsrichterlichen Verfahren und der Aufhebung von Schiedssprüchen als wesentliche Aufgaben der ordentlichen Gerichte herausgestellt.[144] Insgesamt sollte das neu geschaffene Regelwerk der Schiedsgerichtsbarkeit zu einer positiven Entwicklung verhelfen.[145] Die Entwurfsverfasser der CPO von 1877 gingen davon aus, das Schiedsverfahrensrecht bereits so günstig gestaltet zu haben, dass bei Wahl der richtigen Schiedsrichter gute Ergebnisse zu erzielen sein müssten.[146]

Die Leitmotive der CPO hinsichtlich des Schiedsverfahrens lassen sich demnach wie folgt zusammenfassen:[147]

- Einfachheit und Praktikabilität des Schiedsverfahrens,
- Anerkennung von Schiedsvertrag und Schiedsspruch sowie dessen Vollstreckbarkeit in ganz Deutschland,
- Überprüfbarkeit der Zulässigkeit von Schiedsverfahren und des Schiedsspruchs durch die ordentlichen Gerichte sowie erforderlichenfalls die Möglichkeit der Aufhebung eines Schiedsspruchs,
- die Regelung der Rechtshilfe durch die ordentlichen Gerichte.

Zwar existieren keine offiziellen Entwurfsbegründungen oder Gesetzesbegründungen zur CPO von 1877, die diese Motive zweifelsfrei belegen könnten. Gleichwohl gibt es verschiedene Materialien zu den Entwurfsarbeiten.[148] Diese

142 Begr.-CPO-E 1, S. 508; Begr.-CPO-E 3, S. 489, ebenso die Begründung des zweiten CPO-Entwurfs. Wenn auch nicht explizit erwähnt, so scheinen die Verfasser des Preußischen Entwurfs ebenfalls von einer entsprechenden Bedeutung des Schiedsgerichtswesens auszugehen, Mot.-Prß-E, S. 330. Die Protokolle des Norddeutschen Entwurfs geben hierzu keinen Aufschluss.

143 Begr.-CPO-E 3, S. 489 f., ähnlich Begr.-CPO-E 1, S. 508.

144 Begr.-CPO-E 3, S. 489 f., ähnlich Begr.-CPO-E 1, S. 508.

145 Begr.-CPO-E 3, S. 489.

146 Begr.-CPO-E 3, S. 489.

147 Begr. CPO E 3, S. 489 f.

148 Es liegen dem Verfasser vor: Die Motive des Preußischen Entwurfs von 1864, die Protokolle des Hannoverschen Entwurfs von 1866, die Protokolle des Norddeutschen Entwurfs von 1870, die Begründungen der CPO Entwürfe von 1871, 1872 und 1874 nebst Protokollen.

wurden aber weder durch den Bundesrat beraten noch beschlossen. Auch die CPO-Kommission des Reichstags selbst hatte die Begründungen nicht gemeinsam beraten und beschlossen, sie war vielmehr das Werk weniger Kommissionsmitglieder. Hierauf wies *Leonhardt* in einer Rede vor dem Reichstag am 24. November 1874 hin und erklärte, dass diese Begründungen großes Vertrauen genießen dürften, da sie von einigen der Urheber der Entwürfe stammten und sorgfältig erstellt worden seien.[149] Wenn auch in gebotener Vorsicht, so können diese inoffiziellen Begründungen daher zur Interpretation der Entwürfe und der anschließenden Zivilprozessordnung genutzt werden.[150]

Auch die Motive und Protokolle der Prozessrechtskommissionen des Deutschen Bunds (*Preußischer* und *Hannoverscher Entwurf*) sowie des Norddeutschen Bunds (*Norddeutscher Entwurf*) müssen berücksichtigt werden. Zwar handelt es sich dabei nicht um Entwürfe und Materialien eines Gesetzgebungsorgans des Deutschen Reichs, jedoch beschloss der Bundesrat am 8. Mai 1871 ausdrücklich, dass sich die CPO-Kommission auf die bestehenden Vorarbeiten stützen solle.[151] Damit lehnte sich der Bundesrat als ein Gesetzgebungsorgan des Deutschen Reichs an diese Vorarbeiten und deren Überlegungen zumindest an, so dass es sinnvoll erscheint, diese Materialien bei der Darstellung der Entstehung des 10. Buches der CPO zu berücksichtigen. Allerdings sind sowohl die Protokolle der Kommissionssitzungen des Norddeutschen Bundes, als auch die Motive des Preußischen Entwurfs sowie die Begründungen und Protokolle zu den CPO-Entwürfen des Deutschen Reichs in Bezug auf das Schiedsverfahrensrecht relativ knapp gehalten. Meinungsverschiedenheiten und deren Gründe sind teilweise kaum ersichtlich, Schwerpunkte der Verhandlungen mithin nicht zu ermitteln.[152] Der mögliche Erkenntnisgewinn aus diesen Materialen ist daher beschränkt.

---

149 *Leonhardt*, zitiert nach *Schubert*, Entstehung und Quellen zur CPO 1877, S. 2 Fn. 6.

150 *Gaupp* wies in seinem Vorwort zur ersten Auflage seines CPO Kommentars von 1879 auf die fehlenden Gesetzgebermotive hin, hält die Materialien zu den Vorentwürfen, namentlich auch denen des Deutschen und des Norddeutschen Bunds und denen des Deutschen Reichs unter dem Gesichtspunkt zeitgenössischer, wissenschaftlicher Aufzeichnungen für geeignet, das Gesetz besser zu interpretieren, wenngleich nicht sie nicht zur *korrigierenden* Auslegung des Gesetzeswortlautes herangezogen werden könnten, Gaupp/Stein/*Gaupp*, ZPO, 3. Auflage, 1898 S. V (Vorwort zur ersten Auflage), ähnlich auch *Schubert*, Entstehung und Quellen zur CPO 1877, S. 2 f., zum Streit über die Verwendung der Vorarbeiten zur CPO zum Zwecke ihrer Auslegung siehe: Gaupp/Stein/*Gaupp*, ZPO, 3. Auflage, 1898, S. XXV Fn. 37.

151 *Hahn*, Materialen zur CPO 1877, S. 111.

152 Für die Protokolle der Kommissionssitzungen des Norddeutschen Bundes: *Schubert*, Protokolle der Kommission zur Ausarbeitung des Entwurfs eines Civilprozeßordnung für die Staaten des Norddeutschen Bundes, Band 1, S. XX.

2. Der Anwendungsbereich (§§ 851, 872 CPO 1877)

Der Anwendungsbereich des 10. Buches der CPO betraf ausschließlich privat vereinbarte Schiedsverfahren. Dies hatte bereits der Preußische Entwurf so vorgesehen und wurde bis zur CPO von 1877 beibehalten.[153]

Erst der zweite Entwurf der CPO von 1872 erweiterte den Anwendungsbereich auf Schiedsverfahren, die auf einer letztwilligen oder einseitigen Verfügung beruhten, § 872 CPO 1877. Diese Vorschrift stammte ursprünglich aus der bayerischen Prozessordnung von 1869 und wurde unverändert in die CPO übernommen.[154] Dokumentierte Auseinandersetzungen während der Entstehung der drei CPO-Entwürfe sind zu dieser Vorschrift aus den Materialen nicht ersichtlich.[155]

Aus dem Anwendungsbereich waren damit solche Schiedsgerichte ausgeschlossen, die aufgrund von Gesetzen oder Verordnungen eingerichtet und befugt waren, über bestimmte Streitgegenstände unter Ausschluss der ordentlichen Gerichte zu entscheiden.[156] Ebenso sollten die Regelungen des 10. Buches der CPO von 1877 nicht für schiedsgutachterliche Verfahren gelten.[157]

3. Der Schiedsvertrag

a) Persönliche und sachliche Schiedsfähigkeit (§ 851 CPO 1877)

Ein wirksamer Schiedsvertrag setzte voraus, dass die Parteien über den Streitgegenstand einen Vergleich vereinbaren konnten, § 851 CPO 1877.

Dieses Tatbestandsmerkmal existierte bereits im Preußischen Entwurf und wurde ohne Änderungen in die CPO von 1877 übernommen.[158] In Betracht kamen daher nur vermögensrechtliche Ansprüche, nicht dagegen Ehe- oder Kindschaftsangelegenheiten.

Der Preußische Entwurf stützte sich zur Begründung dieser Voraussetzungen auf die vergleichbaren Regelungen der preußischen Allgemeinen Gerichts-

---

153 Vgl. § 851 CPO 1877, § 1361 Prß-E, § 1155 ND-E, § 762 CPO-E 1, § 779 CPO-E 2, § 792 CPO-E 3.

154 Vgl. § 800 CPO-E 2, § 813 CPO-E 3, § 872 CPO 1877.

155 Vgl. *Hahn*, Materialien zur CPO 1877, S. 887, 943, 1249.

156 Nicht erfasst vom Anwendungsbereich sind daher Schiedsgerichte öffentlich-rechtlicher Natur, wie z. B. das Reichswirtschaftsgericht, die Miet- und Pachteinigungsämter oder Schiedsgerichte über Streitigkeiten zwischen öffentlich-rechtlichen Einrichtungen. Sie sind keine privaten Schiedsgerichte.

157 Begr.-CPO-E 3, S. 490.

158 Vgl. § 851 CPO 1877, § 1361 Prß-E, 1155 ND-E, 762 CPO-E 1, § 779 CPO-E 2, § 792 CPO-E 3.

ordnung sowie der französischen Civil-Prozessordnung.[159] Beide Gesetze gingen davon aus, dass die Parteien einen Schiedsvertrag nur über solche Gegenstände schließen konnten, die ihrer freien und uneingeschränkten Disposition unterlagen. Dieser Begründung schloss sich Kommission des Entwurfs des Norddeutschen Bunds an.[160] Die Motive des Preußischen Entwurfs geben allerdings keine weitere Begründung, *warum* die Vergleichsfähigkeit maßgebliches Kriterium für die Schiedsfähigkeit eines Gegenstands sein könnte.[161] Aus den Protokollen des Norddeutschen Entwurfs ergibt sich zudem nur, dass sich die Teilnehmer der Norddeutschen Kommission über das Tatbestandsmerkmal der Vergleichsfähigkeit einig waren.[162] Lediglich die Begründung der Kommission des dritten Entwurfs der CPO von 1874 stellt fest, dass eine große Ähnlichkeit zwischen Vergleichsfähigkeit und Schiedsfähigkeit bestünde, so dass eine abschließende Aufzählung schiedsvertragsfähiger Gegenstände, wie es in der französischen, badischen und bayerischen Prozessordnung vorgenommen werde, kaum sinnvoll und praktisch unmöglich sei.[163] Worin die Ähnlichkeit von Vergleichsfähigkeit und Schiedsfähigkeit jedoch liegen sollte, bleibt anhand der Materialien offen.

b) Bestimmte und künftige Streitgegenstände (§ 852 CPO 1877)

Der Schiedsvertrag musste auf ein bestimmtes Rechtsverhältnis und dessen Ansprüche bezogen sein, wobei auch konkret bestimmte, künftige Rechtsstreitigkeiten Gegenstand eines Schiedsvertrags sein durften, § 852 CPO 1877. Diese Regelung stammte ursprünglich aus dem Preußischen Entwurf (§ 1362) und wurde durch den Norddeutschen Entwurf (§ 1156 ND-E) sprachlich in die Fassung gebracht[164], die später in der CPO verwendet wurde.[165]

Zwingend war diese Regelung nicht, es da nach der Begründung des Preußischen Entwurfs bislang gebietsweise üblich war, Schiedsvereinbarungen nur bezüglich bereits bestehender Streitigkeiten anzuerkennen, nicht aber wegen künftiger Streitigkeiten.[166] Da in Preußen auch künftige Streitigkeiten Gegenstand eines Schiedsvertrages sein konnten, sollte diese Praxis nicht eingeschränkt

159 Mot-Prß-E, S. 330.

160 Prot.-ND-E, S. 2226.

161 Mot.-Prß-E, S. 330: Es gibt nur einen Hinweis, dass eine derartige Regelung zur Klarstellung erforderlich sei.

162 Prot.-ND-E, S. 2226.

163 Begr.-CPO-E 3, S. 490.

164 Mit dem II. Redaktionsentwurf wurde die Formulierung abgeändert und in dieser Fassung während der Sitzung der Kommission des Norddeutschen Bunds vom 30. Juni/6. Juli 1870 angenommen, Prot.-ND-E, S. 2302, 2280.

165 Vgl. § 852 CPO 1877, so auch § 763 CPO-E 1, § 780 CPO-E 2, § 793 CPO-E 3.

166 Begr.-Prß-E, S. 331.

werden, so dass Schiedsverträge für künftige Streitigkeiten grundsätzlich zugelassen wurden.

Allzu unbestimmt durfte das künftige Streitverhältnis jedoch nicht sein.[167] Der Norddeutsche Entwurf übernahm die Fassung des § 1362 PrB-E zwar im Wesentlichen, trotzdem gab es Diskussionen darüber, ob der Preußische Entwurf nicht noch zu eng gefasst sei und die Anforderungen an die Bestimmtheit des künftigen Rechtsstreits nicht gesenkt werden müssten. Lediglich der Gattung nach bezeichnete Angelegenheiten sollten einer Auffassung nach schon für die Wirksamkeit des Schiedsvertrags genügen.[168] Dem wurde jedoch entgegengehalten, dass dies zu einem zu weiten Ausschluss des ordentlichen Rechtswegs führen würde.[169]

Die Begründung des ersten Entwurfs der CPO schloss sich dem Preußischen Entwurf und seiner Motive an.[170] Deutlichere Ausführungen enthielten die Begründungen des zweiten und dritten CPO-Entwurfs. So wurde auf das römische Recht aber auch auf aktuelle Prozessgesetze Bezug genommen, die eine Schiedsvereinbarung in Hinblick auf künftige und bestimmte Rechtsstreitigkeiten zulassen würden.[171] Dies erfordere auch die Praxis.[172] Ein gänzlicher Verzicht auf die Bestimmtheit künftiger Streitigkeiten wurde demgegenüber auch von den Verfassern der CPO abgelehnt.[173]

c) Schriftform (§ 853 CPO 1877)

Der Schiedsvertrag musste nicht schriftlich abgeschlossen werden, aber die Parteien konnten eine schriftliche Urkunde über die Schiedsvereinbarung verlangen, § 853 CPO 1877.

Der Preußische Entwurf sah in § 1363 dagegen die Schriftform für den Abschluss eines Schiedsvertrags vor. Dies wurde damit begründet, dass in Anfechtungs- und Vollstreckungsverfahren[174] ein schriftlicher Schiedsvertrag vorgelegt

167 Begr.-PrB-E, S. 331.

168 Prot.-ND-E, S. 2226.

169 Prot.-ND-E, S. 2226.

170 Begr.-CPO-E 1, S. 508.

171 Begr.-CPO-E 3, S. 490.

172 Begr.-CPO-E 3, S. 490.

173 Begr.-CPO-E 1, S. 508; Begr.-CPO-E 3, S. 490.

174 Mit dem Vollstreckungsverfahren ist immer das Verfahren zur Erteilung einer Vollstreckbarerklärung gemeint. Es ist nicht mit einem Zwangsvollstreckungsverfahren zu verwechseln, bei dem aus einem vollstreckbaren Titel gegen den Schuldner vollstreckt wird, beispielsweise durch Wegnahme einer Sache.

werden müsse.[175] In diesem Punkt hielten die Verfasser des Preußischen Entwurfs das französische Recht für vorbildhaft, welches die Schriftform vorsah.[176]

Während der Beratungen der Kommission des Norddeutschen Entwurfs wurde dagegen vorgebracht, dass die Schriftlichkeit im Handelsgeschäft gerade abgeschafft worden sei und viele Handelsgeschäfte ohnehin nur mündlich, telegrafisch oder durch Mäkler abgeschlossen werden würden.[177] Zu diesen mündlichen Handelsgeschäften würden häufig Schiedsvereinbarungen abgeschlossen, so dass die zwingende Schriftform des Schiedsvertrags der Rechtswirklichkeit widerspräche und den freien Verkehr ungerechtfertigt beschränke.[178] Der Norddeutsche Entwurf sah daher vor, die Entscheidung über die Schriftform von dem jeweiligen Recht des Hauptvertrags, zu dem die Schiedsvereinbarung getroffen wurde, abhängig zu machen. Ferner sollten die Parteien eine schriftliche Urkunde verlangen können, was allerdings keine Wirksamkeitsvoraussetzung für den Schiedsvertrag war, § 1157 ND-E.[179] Diese Fassung bildete die Grundlage des späteren § 853 CPO 1877.[180]

Die Begründungen der CPO Entwürfe verwiesen ebenfalls auf den freien Handelsverkehr, der durch eine zwingende Schriftform nicht gehemmt werden dürfe. Die vielfach vertretenen Schriftformerfordernisse im französischen, badischen, bayerischen und auch im altpreußischen Prozessrecht wurden als überholt betrachtet, nachdem für Handelsgeschäfte die Notwendigkeit der Schriftform entfallen sei.[181] Darüber hinaus sei die Schiedsvereinbarung niemals ein vertragsbestimmendes Element innerhalb des Hauptvertrages. Insofern wurde die Kopplung der Schriftform an das bürgerliche Recht sowie die Formulierung des Norddeutschen Entwurfs als vorzugswürdig beurteilt.[182]

Ferner war seit dem zweiten Entwurf der CPO die Vorlage eines schriftlichen Schiedsvertrags im Vollstreckungsverfahren nicht mehr vorgesehen, so

175 Begr.-Prß-E, S. 331.

176 Begr.-Prß-E, S. 331; Im Zusammenhang mit der Vorbereitung der Novelle von 1898 setzte sich *Lothar von Seuffert* für eine gesetzliche Schriftform ein, da der Ausschluss der ordentlichen Gerichtsbarkeit durch den Schiedsvertrag von außerordentlicher Tragweite und eine Schriftform daher angebracht sei, *Seuffert*, Revision der CPO, in: ZZP, 1892, S. 324.

177 Prot.-ND-E, S. 2226 f.

178 Prot.-ND-E, S. 2226 f.

179 Prot.-ND-E, S. 2240, 2280, 2302.

180 Vgl. § 764 CPO-E 1, § 781 CPO-E 2, § 794 CPO-E 3.

181 Begr.-CPO-E 1, S. 509; Begr.-CPO-E 3, S. 491, die Begründung des zweiten Entwurfs der CPO weicht nicht ab.

182 Begr.-CPO-E 3, S. 491, die Begründung des zweiten Entwurfs der CPO weicht nicht ab.

dass auch aus diesem Grund die Schriftform entbehrlich war.[183] Da es in bestimmten Situationen jedoch nützlich sein könnte, einen schriftlichen Schiedsvertrag vorweisen zu können, sollte das Recht jeder Partei zustehen, die schriftliche Ausfertigung zu fordern.

4. Die Schiedsrichter

a) Ernennung von Schiedsrichtern (§§ 854, 855, 856 CPO 1877)

Nach § 854 CPO 1877 konnten die Parteien bereits im Schiedsvertrag die späteren Schiedsrichter namentlich vereinbaren. Fehlte eine solche Vereinbarung, konnte jede Partei bei Beginn des Schiedsverfahrens einen Schiedsrichter ernennen. Das Gesetz ging damit im Normalfall von einem Zweipersonenschiedsgericht aus.

Eine vergleichbare Regelung sah auch der Preußische Entwurf in § 1364 Nr. 2 ohne nähere Begründung vor. Bei dieser Regelung mussten die Parteien allerdings eine Vereinbarung treffen, nach der jeder Partei ein voneinander unabhängiges Ernennungsrecht zustand.[184]

Die Protokolle der CPO-Kommission des Norddeutschen Bunds zeigen, dass das Recht der Parteien zur Ernennung der Schiedsrichter zu größeren Diskussionen geführt hatte. Einig waren sich die Kommissionsteilnehmer darin, dass jede Partei unabhängig von der jeweils gegnerischen Partei berechtigt sein müsse, einen Schiedsrichter zu ernennen.[185] Dies war auch im Preußischen Entwurf so vorgesehen. Ferner bestand Einigkeit darüber, dass im Gegensatz zu

---

183 Nach § 1382 Prß-E, § 1175 Abs. 1 S. 1 ND-E und § 778 Abs. 2 CPO-E 1 war es erforderlich, bei Beantragung der Vollstreckbarerklärung einen schriftlichen Schiedsvertrag vorzulegen. Dieses Erfordernis entfiel mit dem zweiten CPO-Entwurf.

184 In der Begründung des Preußischen Entwurfs wurde auf das Wesen des Schiedsvertrags verwiesen, welches eine solche Regelung gebiete ohne aber das behauptete Wesen zu präzisieren, Mot.-Prß-E S. 331.

185 Prot.-ND-E, S. 2227 hielt folgenden Diskussionsstand fest: „*Dass eine namentliche Bezeichnung der Personen nicht sofort nothwendig sei, war unstreitig. Auch der Grundsatz, dass die Bezeichnung bestimmt genug sein müsse, um jede Partei zur Herbeiführung der Ernennung unabhängig von dem Willen der anderen Partei in den Stand zu setzen, wurde allgemein als richtig zugegeben. Streitig aber war, ob die betreffende Vereinbarung nothwendig auch den Weg, auf welchem bei Widerstreben eines Kontrahenten die Ernennung zu erreichen sei, enthalten müsse, oder inwieweit hierin das Gesetz dem Kontrahenten zu Hülfe kommen könne.*“. Zum Ausdruck kommt an dieser Stelle, dass sich die Kommissionsmitglieder nicht einig waren, ob das Gesetz ein Verfahren zur Ernennung der Schiedsrichter für den Fall vorsehen sollte, bei dem eine Partei ihr Ernennungsrecht nicht ausübte. Im Übrigen sollten die Schiedsrichter aber nicht zwingend in der Schiedsvereinbarung namentlich bestimmt werden müssen.

früheren Prozessordnungen[186] die Namen der Schiedsrichter mit Abschluss des Schiedsvertrages noch nicht feststehen mussten.[187] Als Grund wurde angeführt, dass abweichend zu diesen früheren Prozessordnungen auch die Vereinbarung eines Schiedsverfahrens für *künftige* Streitigkeiten möglich sein sollte. In diesen Fällen wäre es aber nicht immer möglich, bereits bei Abschluss des Schiedsvertrags einen Schiedsrichter auszuwählen, da zu diesem Zeitpunkt der später möglicherweise entstehende Streit noch nicht bekannt sei. Insofern könnten die Parteien auch keine sachgerechte Auswahl des Schiedsrichters treffen. Also solle konsequenterweise darauf verzichtet werden, die Schiedsrichter bereits im Schiedsvertrag namentlich benennen zu müssen.[188]

Hieran knüpfte sich folgende Meinungsverschiedenheit. Da der Schiedsvertrag auch ohne erneute vertragliche Einigung über die Schiedsrichter durchführbar sein sollte, wurde die Auffassung vertreten, dass die Parteien zumindest gezwungen werden müssten, im Schiedsvertrag ein Verfahren zur späteren Bestimmung der Schiedsrichter zu vereinbaren.[189] Dagegen wurde eingewandt, müsse vermieden werden, dass die Wirksamkeit von Schiedsverträgen durch derartige Hindernisse zusätzlich gefährdet werde. Aus diesem Grund wurde ein gesetzliches Ernennungsverfahren entworfen, welches eine vertragliche Vereinbarung über die Art und Weise des Ernennungsverfahrens verzichtbar machen sollte.[190]

Letztlich wurde ein Formulierungsvorschlag der Kommission des Norddeutschen Entwurfs in § 855 CPO 1877 umgesetzt, nach welchem die ordentlichen Gerichte die Ernennung durchzuführen hatten, sofern eine Partei die ihr obliegende Ernennung nicht oder nicht rechtzeitig vornahm.[191]

Nach dem Preußischen und dem Norddeutschen Entwurf konnte zudem eine einzige Partei alle Schiedsrichter ernennen, sofern die gegnerische Partei ihrer Mitwirkungsverpflichtung bei der Ernennung der Schiedsrichter nicht nach-

186 Vgl. Begr.-CPO-E 1, S. 509; Begr.-CPO-E 3, S. 491, gleichlautend die Begründung des 2. Entwurfs: Es wurde auf römisches und kanonisches Recht verwiesen, dass die namentliche Bezeichnung der Schiedsrichter erfordere.

187 Vgl. § 1364 Nr. 2 PrB-E, § 1158 Abs. 1 ND-E, § 765 CPO-E 1, § 782 CPO-E 2, § 795 CPO-E 3.

188 Vgl. Begr.-CPO-E 1, S. 509; Begr.-CPO-E 3, S. 491, gleichlautend die Begründung des 2. Entwurfs.

189 Prot.-ND-E, S. 2227, 2228; Begr.-CPO-E 1, S. 509; Begr.-CPO-E 3, S. 491, gleichlautend die Begründung des 2. Entwurfs.

190 Prot.-ND-E, S. 2227, 2228; Begr.-CPO-E 1, S. 509; Begr.-CPO-E 3, S. 491, gleichlautend die Begründung des 2. Entwurfs.

191 Vgl. § 1158 Abs. 1, 1159 ND-E; Prot.-ND-E, S. 2227, 2228; § 766 CPO-E 1, § 783 CPO-E 2, § 796 CPO-E 3.

kam.[192] Die Regelung gelangte nicht in die nachfolgenden CPO-Entwürfe, und zwar ohne weitere Begründung.

Nach erfolgter Ernennung der jeweiligen Schiedsrichter waren die Parteien an ihre Wahl nach § 856 CPO 1877 gebunden. Diese Regelung bestand auch in den Vorentwürfen.[193]

b) Wegfall der Schiedsrichter (§§ 857, 859 Nr. 1 CPO 1877)

Fiel ein Schiedsrichter aus, sah die CPO von 1877 für diesen Fall eine deutlich differenziertere Regelung vor, als es bei den Vorentwürfen der Fall war. Die Entwurfsverfasser der CPO hielten die Regelung des Preußischen, aber auch des Norddeutschen Entwurfs für unzureichend und wichen aus diesem Grund deutlich von ihnen ab.

aa) Die Regelungen der Entwürfe

In folgenden Fällen eines Schiedsrichterwegfalls sah der Preußische Entwurf in § 1368 die Beendigung des Schiedsvertrags vor:

- Rücktritt vom Schiedsrichteramt oder Ablehnung der Annahme des Schiedsrichteramtes durch einen oder mehrere Schiedsrichter,
- Ungebührliche Verzögerung der schiedsrichterlichen Pflichten eines Schiedsrichters,
- Tod eines oder mehrerer Schiedsrichter,
- Unfähigkeit oder sonstige Gründe des Wegfalls eines Schiedsrichters,
- Stimmgleichheit bei der Abstimmung über den Schiedsspruch.

Trafen die Parteien keine abweichende Regelung, sollten bei Eintritt eines dieser Fälle das Schiedsverfahren sowie der Schiedsvertrag beendet werden und der ordentliche Rechtsweg eröffnet sein.

Für die Verfasser des Preußischen Entwurfs erschien diese Regelung unbedenklich.[194] Allerdings wollten sie nicht so weit gehen, wie das französische oder das gemeine Recht. Die dort geregelten weiteren Gründe, bei denen der Schiedsvertrag kraftlos wurde, sollten nach dem Preußischen Entwurf ausdrücklich nicht zum Fortfall des Schiedsvertrages führen.[195] Dazu gehörten

- der Tod einer Partei im Falle eines minderjährigen Erbens,

---

192 Vgl. 1364 Nr. 2 S.2 PrB-E, § 1158 Abs. 2 ND-E. Der umgekehrte Fall, dass beide Parteien einen einzigen Schiedsrichter ernennen sollten, war in dem Gesetz nicht berücksichtigt worden. Auf dieses Problem wies *Wilhelm Konrad Neubauer* anlässlich eines Rechtsstreits vor dem Reichsgericht hin, *Neubauer*, Schiedsrichterliches Verfahren II, in: ZZP, 1895, S. 326 ff., S. 329.

193 Vgl. § 1365 PrB-E, § 1160 ND-E, § 767 CPO-E 1, § 784 CPO-E 2, § 797 CPO-E 3.

194 Begr.-CPO-E 1, S. 332.

195 Begr.-CPO-E 1, S. 332.

- des Konkurses einer Partei oder
- eine Verzögerung schiedsrichterlicher Aktivitäten um mehr als drei Monate.

Die Kommission des Norddeutschen Entwurfs beurteilte die Rechtsfolgen des § 1368 PrB-E als zu weitreichend. Es könne nicht im Interesse der Parteien liegen, den Schiedsvertrag bereits bei erstmaligem Scheitern einer Schiedsrichterernennung außer Kraft treten zu lassen. Vielmehr läge den Parteien daran, den Schiedsvertrag durchzuführen.[196] Möglicherweise befürchtete die Kommission des Norddeutschen Entwurfs auch, dass aufgrund einer bewussten Ernennung eines unfähigen Schiedsrichters der Schiedsvertrag einseitig durch eine Partei außer Kraft gesetzt werden könnte.

Die Kommission des Norddeutschen Entwurfs begrenzte ihren Regelungsentwurf in § 1163 auf den Wegfall eines oder mehrerer, bereits im Schiedsvertrag benannter, Schiedsrichter.

bb) Wegfall eines nicht im Schiedsvertrag benannten Schiedsrichters (§ 857 CPO 1877)

Ab dem zweiten Entwurf der CPO wurde anknüpfend an den Norddeutschen Entwurf ein umfangreicheres Regelwerk, bestehend aus Vorschriften zur Ernennung und Ablehnung von Ersatzschiedsrichtern sowie zur Beendigung des Schiedsvertrags, konzipiert.[197] Diese Regelungen gelangten im Wesentlichen in die CPO von 1877.

Nach § 857 CPO 1877 konnte die Partei einen neuen Schiedsrichter ernennen, sofern der von ihr zuerst ernannte Schiedsrichter wegen

- Ablehnung der Übernahme oder Ausführung des Schiedsrichteramtes oder
- aus anderen Gründen

weggefallen war. Im Falle der Säumnis der berechtigten Partei bei der Ernennung eines Schiedsrichters war auch hier das ordentliche Gericht zu Ernennung berufen, § 855 Abs. 2 CPO 1877.

Diese Regelung ist auf den zweiten Entwurf der CPO von 1872 zurückzuführen.[198] Nach der Begründung dieses Entwurfs entspräche es dem Willen der Parteien, das Schiedsverfahren nicht aus Gründen scheitern zu lassen, die in der Person des Schiedsrichters liegen. Vielmehr wollten die Parteien das Schieds-

196 Prot.-ND-E, S. 2230 Abs. 2.

197 Vgl. §§ 785, 786 Abs. 2, 787 CPO-E 2, §§ 789, 799 Abs. 2, 800 CPO-E 3, §§ 857, 858 Abs. 2, 859 CPO 1877.

198 Vgl. § 785 CPO E 2, § 798 E3.

verfahren nicht bereits wegen Schwierigkeiten bei der Ernennung des Schiedsrichters scheitern lassen.[199]

Eine ungebührliche Verzögerung der schiedsrichterlichen Tätigkeit führte daher nur noch zu einem Ablehnungsrecht, § 858 Abs. 2 CPO 1877[200]. Wurde ein Schiedsrichter erfolgreich abgelehnt, so sollte auch dies nach der Entwurfsbegründung als Wegfall eines Schiedsrichters gelten,[201] so dass ein neuer Schiedsrichter nach § 857 CPO 1877 zu ernennen war.

cc) Wegfall eines im Schiedsvertrag benannten Schiedsrichters (§ 859 Nr. 1 CPO 1877)

Der Wegfall eines bereits im Schiedsvertrag namentlich bestimmten Schiedsrichters sollte zur Beendigung des Schiedsvertrags führen. Dies war bereits im Preußischen Entwurf so vorgesehen, § 1368. Im Falle

- des Todes,
- der Ablehnung der Übernahme des Schiedsrichteramtes oder Rücktritt von selbigem,
- der ungebührlichen Verzögerung schiedsrichterlicher Tätigkeiten oder
- des Wegfalls eines Schiedsrichters aus anderen Gründen

sollte der Schiedsvertrag außer Kraft treten, § 859 Nr. 1 CPO 1877.[202] Hätten die Parteien ausdrücklich bestimmte Personen im Schiedsvertrag benannt, sei der Parteiwille dahin zu verstehen, dass ausschließlich diese Personen als Schiedsrichter akzeptiert werden sollten, andernfalls der Schiedsvertrag nicht wirksam sein solle.[203] Ausnahmen könnten nur dort gemacht werden, wo eine abweichende Parteivereinbarung bestehe, der abweichende Parteiwille also ausdrücklich erkennbar wird.[204]

---

199 Begr.-CPO-E 3, S. 492, gleichlautend zuvor auch die Begründung des 2. Entwurfs; Gegen diese Auffassung erhob *Neubauer* später Bedenken. In einem Fall des Kammergerichts Berlin war es über mehrere Jahre nicht geglückt, ein von beiden Parteien akzeptiertes und funktionsfähiges Schiedsgericht zu konstituieren, so dass die Entscheidung des Rechtsstreits sich fortwährend verzögerte. Hieraus zog *Neubauer* den Schluss, dass die Rechtsfolgen des § 1368 PrB-E (Außerkrafttreten des Schiedsvertrags) gerade zum Vorteil der Parteien gewesen wären, *Neubauer*, Schiedsrichterliches Verfahren I, in: ZZP, 1893, S. 511 f.

200 Vgl. § 786 Abs. 2 CPO-E 2, § 799 Abs. 2 CPO-E3.

201 Begr.-CPO-E 3, S. 492.

202 Vgl. § 1163 Nr. 1 ND-E, § 769 Nr. 1 CPO-E 1, § 787 Nr. 1 CPO-E 2, § 800 Nr. 1 CPO-E 3.

203 Begr.-CPO-E 3, S. 492, gleichlautend die Begründung des 2. Entwurfs.

204 Begr.-CPO-E 3, S. 492, gleichlautend die Begründung des 2. Entwurfs.

dd) Stimmgleichheit (§ 859 Nr. 2 CPO 1877)

Sollten sich die Schiedsrichter über die Entscheidung nicht einigen können und ein Fall der Stimmgleichheit vorliegen, so war der Schiedsvertrag ebenfalls beendet, § 859 Nr. 2 CPO 1877.[205]

Diese Regelung war bereits in dem Preußischen Entwurf vorgesehen. Sie war allerdings durch Modifikation im Norddeutschen Entwurf dahingehend eingeschränkt worden, dass ausschließlich die Stimmgleichheit der bereits im Schiedsvertrag benannten Schiedsrichter zum Ende des Schiedsvertrags führte. Wurden die Schiedsrichter hingegen erst mit Verfahrensbeginn bestimmt und gerieten diese Schiedsrichter in eine Patt-Situation, sah der Norddeutsche Entwurf nicht die Beendigung des Schiedsvertrags vor – eine endgültige Entscheidung des Rechtsstreits wäre unmöglich gewesen. Diese vermutlich ungewollte Fehlkonstruktion wurde während der 48. Sitzung vom 15. Januar 1872 durch die vom Bundesrat eingesetzte CPO-Kommission auf Antrag des Kommissionsmitglieds *Falk* korrigiert.[206] Nun war die Regelung nicht mehr auf Schiedsrichter begrenzt, die bereits im Schiedsvertrag namentlich benannt worden waren.

c) Ablehnung eines Schiedsrichters (§ 858 CPO 1877)

Die Schiedsrichter konnten ähnlich wie Richter eines ordentlichen Gerichts von einer Partei abgelehnt werden, § 858 CPO 1877. Vorgesehen waren drei Kategorien von Ablehnungsgründen:

- Ablehnung wegen Besorgnis der Befangenheit, wie es auch bei gesetzlichen Richtern der Fall war, § 858 Abs. 1 CPO 1877,
- Ablehnung wegen ungebührlicher Verzögerung schiedsrichterlicher Tätigkeiten des nicht im Schiedsvertrag bereits bestimmten Schiedsrichters, § 858 Abs. 2 CPO 1877,
- Ablehnung von Frauen, Minderjährigen, Tauben, Stummen und Personen, welchen die bürgerlichen Ehrenrechte aberkannt wurden, § 858 Abs. 3 CPO 1877.

Die Vorschriften über die Ablehnung der gesetzlichen Richter waren darüber hinaus entsprechend anzuwenden.[207]

---

205 Vgl. § 787 Nr. 2 CPO-E 2, § 800 Nr. 2 CPO-E 3; abgesehen von der ungewollten Einschränkung, dass die Stimmgleichheit nur bei im Schiedsvertrag bereits bestimmten Schiedsrichtern zum Ende des Schiedsvertrags führen solle auch § 769 Nr. 2 CPO-E 1 und § 1163 Nr. 2 ND-E.

206 *Schubert*, Entstehung und Quellen zur CPO 1877, S. 425 Antrag Nr. 193.

207 Vgl. § 1367 Abs. 1 PrB-E, § 1162 Abs. 1 ND-E, § 768 Abs. 1 CPO-E 1, § 786 Abs. 1 CPO-E 2, § 799 CPO-E 3; Die Anwendung richterlichen Ablehnungsrechts wurde als zwangsläufig bezeichnet, da auch der Schiedsrichter Recht spräche und es daher ein Gerechtigkeitsgebot sei,

Eine Besonderheit sah hierzu der Preußische Entwurf vor. Ausdrücklich wurde in § 1367 Abs. 2 bestimmte, dass eine Partei den durch sie ernannten Schiedsrichter nur dann wegen der Besorgnis der Befangenheit ablehnen konnte, wenn die dem Antrag zugrundeliegenden Tatsachen erst nach der Ernennung des Schiedsrichters entstanden oder der ernennenden Partei bekannt geworden waren.[208] Diese Regelung wurde jedoch nicht in die Entwürfe zur CPO übernommen, obgleich die CPO-Kommissionen des Bundesrats und des Reichstags sich in diesem Punkt ausdrücklich der Auffassung des Preußischen und des Norddeutschen Entwurfs anschlossen.[209] Ein Grund für diese fehlende Umsetzung ist anhand der Quellen nicht ersichtlich.

Größere Beachtung kam der Frage zu, ob Behörden zu Schiedsrichtern ernannt werden könnten. Der Preußische Entwurf untersagte dies und behandelte anderslautende Schiedsverträge als unwirksam, § 1366. Nach der Begründung zum Preußischen Entwurf war dieser Punkt in der Rechtsprechung bislang streitig, da Behörden im Staatsauftrag handelten und deshalb in ihrer Behördenfunktion keine anderen Aufgaben, als solche der Staatsgewalt wahrnehmen dürften.[210]

Diese Frage wurde ebenfalls von der Kommission des Norddeutschen Entwurfs kontrovers diskutiert. Für die Zulässigkeit der Ernennung von Behörden wurde vorgetragen, dass viele Behörden besondere Sachkenntnis besäßen, die sie als sehr geeignet erscheinen ließen.[211] Dagegen wurde eingewandt, dass der gesetzliche Auftragsumfang der Behörden nicht durch privatautonome Entscheidungen erweitert werden könne. Außerdem sollte den ordentlichen Gerichten keine Konkurrenz durch Behörden gemacht werden.[212] Nach einem vermittelnden Vorschlag sollte eine gesetzliche Auslegungsregel besagen, dass bei Vereinbarung einer Behörde als Schiedsrichter nicht die Behörde als Einrichtung, sondern nur die natürlichen Personen der Behörde gemeint seien.[213]

---

auch Schiedsrichter wegen der Besorgnis der Befangenheit ablehnen zu können, vgl. Mot.-Prß-E, S. 332, übereinstimmend auch Prot.-ND-E, S. 2230.

208 Zustimmend erklärte sich die Kommission des Norddeutschen Entwurfs, Prot.-ND-E, S. 2230, § 1162 Abs. 3 ND-E.

209 Begr.-CPO-E 1, S. 510; In den Begründungen des zweiten und dritten CPO-Entwurfs finden sich keine Ausführungen mehr zu dieser Frage. Es bestand wohl Einigkeit darüber, dass die Partei auf ihr Ablehnungsrecht verzichte, die in Kenntnis von Tatsachen, die einen Ablehnungsgrund darstellen, ihren Schiedsrichter gleichwohl ernennen. Dies folgt aus einer kurzen Diskussion zwischen den Kommissionsmitgliedern *Struckmann* und *Amsberg* während der Kommissionssitzung vom 8. Juni 1875, vgl. *Hahn*, Materialien zur CPO 1877, S. 885.

210 Mot.-Prß-E, S. 331.

211 Prot.-ND-E, S. 2228.

212 Prot.-ND-E, S. 2228.

213 Prot.-ND-E, S. 2229.

Ferner wurde diskutiert, ob bestimmten Personen die Fähigkeit aberkannt werden sollte, als Schiedsrichter gewählt zu werden und ob Schiedsverträge, die dennoch derartige bestimmte Schiedsrichter benannten, unwirksam sein müssen. Diesen Ansatz verfolge der Preußische Entwurf, der in § 1366 diejenigen Personen, die auch später in § 858 Abs. 2 CPO 1877 genannt wurden[214] sowie Geisteskranke und Behörden für das Amt des Schiedsrichters als unzulässig bestimmte. Zur Begründung führen die Motive des Preußischen Entwurfs aus, dass die praktische Erfahrung zeige, wie wichtig nähere Bestimmungen hinsichtlich der für das Schiedsrichteramt ungeeigneten Personen seien.[215]

Gegen die Rechtsfolge der Unwirksamkeit sprach sich die Kommission des Norddeutschen Entwurfs entschieden aus. Sie war der Auffassung, dass es dem Parteiinteresse am besten entspräche, ein Ablehnungsrecht aufzunehmen, nicht jedoch den Schiedsvertrag für unwirksam zu erklären, wenn sich die Parteien einvernehmlich auf bestimmte Personen geeinigt hatten.[216] Die Mehrheit der Kommission stimmte dafür, Frauen, Taube, Stumme, Minderjährige und Personen, denen die bürgerlichen Ehrenrechte aberkannt waren, für ablehnbar zu erklären. Die Kommission entschied ferner mehrheitlich, Behörden nicht als Schiedsrichter zuzulassen. Die genaue Formulierung wurde der Redaktion überlassen. So transportierte der II. Redaktionsentwurf die in § 1366 Prß-E genannten Personen in den neuen Ablehnungstatbestand des § 1162 Abs. 2 ND-E, der von der Kommission des Norddeutschen Entwurfs angenommen wurde.[217]

Behörden konnten weiterhin nicht wirksam als Schiedsrichter vereinbart werden, § 1161 ND-E.[218] Diese Regelung wurde in die CPO-Entwürfe nicht übernommen, da es Gegenstand der betroffenen Rechtsgebiete sein sollte, diese Frage zu regeln.[219]

Auffallend ist der Umstand, dass die Minderjährigen in § 1162 Abs. 2 ND-E nicht mehr erscheinen, obwohl sie nach den Beratungsprotokollen der Kommis-

214 Frauen, Minderjährige, Taube, Stumme und Personen ohne bürgerliche Ehrenrechte.

215 Mot.-Prß-E, S. 331.

216 Prot.-ND-E, S. 2229.

217 Prot.-ND-E, S. 2303, 2280.

218 Prot.-ND-E, S. 2303, 2280.

219 Begr.-CPO-E 1, S. 510; Begr.-CPO-E 3, S. 492 f., gleichlautend die Begründung des zweiten CPO-Entwurfs. Nach einem anderen Vorschlag des Mitglieds *Wilmowski* der CPO-Kommission sollte der Schiedsvertrag unwirksam sein, wenn Behörden als Schiedsrichter vereinbart worden waren, vgl. *Schubert*, Entstehung und Quellen zur CPO 1877, S. 424 Antrag Nr. 190.

sion zur Ablehnung berechtigten sollten.[220] Die Minderjährigen wurden allerdings im zweiten CPO-Entwurf von 1872 wieder aufgenommen.[221]

Nach dem Preußischen Entwurf musste ein ungebührlich langsam arbeitender Schiedsrichter in die Kategorie ungeeigneter Schiedsrichter nicht aufgenommen werden, da für diesen Fall der Schiedsvertrag bereits außer Kraft trat, § 1368 Nr. 1. Durch die oben erläuterte Veränderung des Reglements zur Unwirksamkeit des Schiedsvertrags aufgrund Schiedsrichterversagens wurde diese Regelung nicht beibehalten, sondern führte ab dem zweiten CPO-Entwurf zu einem gesonderten Ablehnungsrecht, wie es auch in § 858 Abs. 2 CPO 1877[222] Gesetz wurde.

5. Das Schiedsverfahren

a) Mindestanforderungen an das Verfahren (§ 860 CPO 1877)

Die CPO stellte nur wenige Regeln für den Ablauf des Schiedsverfahrens bereit. Grundsätzlich sollten die Parteien frei sein, die Verfahrensregelungen selbst zu bestimmen, wie es § 860 Abs. 2 CPO 1877 vorsah. Zur Gewährung rechtlichen Gehörs vor Abfassung des Schiedsspruchs sowie zur Ermittlung des erforderlichen Sachverhalts[223] waren die Schiedsrichter in jedem Fall verpflichtet, § 860 Abs. 1 CPO 1877.

Eine vergleichbar geringe Regelungstiefe und ein von den Bindungen des Zivilprozessrechts befreites Schiedsverfahrensrecht sah der Preußische Entwurf dagegen nicht vor. Zwar ging auch dieser von einer frei vereinbarten Verfahrensgestaltung und dem Grundsatz der Gewährung rechtlichen Gehörs aus, § 1370 S. 1, S. 2. Dennoch waren die Schiedsrichter nach § 1372 bei ihrer Entscheidungsfindung an geltendes Recht gebunden. Damit sollte nach den Motiven

---

220 Prot.-ND-E, S. 2229.

221 Auf Antrag des CPO-Kommissionsmitglieds *Wilmowski* wurden die Minderjährigen in § 786 CPO-E 2 erneut aufgenommen; vgl. *Schubert*, Entstehung und Quellen zur CPO 1877, S. 425 Antrag Nr. 190.

222 Vgl. § 786 Abs. 2 CPO-E 2, § 799 Abs. 2 CPO-E 3.

223 Die Formulierung hinsichtlich der Sachverhaltsermittlung wurde ohne besondere Erwähnung von der Kommission des Norddeutschen Bunds verändert. Nach § 1370 S. 1 Prß-E sollten die Schiedsrichter noch den Sachverhalt ermitteln, soweit er für die Entscheidung „*nötig ist*". Nach § 1164 Abs. 1 ND-E waren die Schiedsrichter nur gehalten, den Sachverhalt zu ermitteln, den sie „*für erforderlich erachten*". Es mag sein, dass sich in dem Wechsel von einem objektiven Maßstab zu einem subjektiven Maßstab abermals die Ansicht auszudrücken sollte, dass die Schiedsrichter im Zweifel nach eigenem Ermessen verfahren durften. Dokumentiert ist dies aber nicht. Letztlich wären Verstöße ohnehin nicht überprüfbar gewesen, abgesehen von solchen, die eine Aufhebung des Schiedsspruchs erlaubt hätten.

des Preußischen Entwurfs vermieden werden, dass schiedsrichterliche Entscheidungen allein auf Billigkeit und Rücksichtnahme beruhten.[224]

Die Kommission des Norddeutschen Entwurfs schloss sich in Bezug auf die freie Vereinbarkeit des Verfahrens und den Grundsatz der Gewährung rechtlichen Gehörs dem Preußischen Entwurf an, § 1164 ND-E.[225] Der Bindung der Schiedsrichter an geltende Gesetze widersprach die Mehrheit der Kommission des Norddeutschen Bunds allerdings aus folgenden Gründen: Zum einen solle das Schiedsverfahren gerade gegenüber dem Zivilprozess einfacher und weniger formalistisch verlaufen, da die Parteien vielfach aus genau diesem Grunde eine Schiedsabrede träfen.[226] Zum anderen solle der Schiedsrichter weniger die Strenge des Gesetzes befolgen, sondern Billigkeit (*bon sens*) walten lassen.[227] Im Übrigen sei die Beachtung geltenden Rechts ohnehin nicht überprüf- oder anfechtbar, so dass eine Gesetzesbindung wirkungslos sei.[228] Damit vertrat die Norddeutsche Kommission einen zum Preußischen Entwurf gegenläufigen Standpunkt und sprach sich für größere Verfahrensfreiheit aus.

Eine Missachtung geltender Gesetze wäre tatsächlich nicht ohne weiteres anfechtbar gewesen, da die Rechtsmittel des Zivilprozesses, also die Berufung oder die Revision, für den Schiedsspruch nicht gelten sollten.[229] Das Argument der fehlenden Überprüfbarkeit des schiedsrichterlichen Verfahrens war in dieser Ausschließlichkeit jedoch nicht zutreffend, da zumindest schwerwiegende Rechtsverletzungen, auf denen der Schiedsspruch beruhte, im Wege einer Aufhebungsklage angefochten werden konnten. In Betracht kamen die Fälle einer Verurteilung zu einer verbotenen Handlung und der Verstoß gegen den Grundsatz der Gewährung rechtlichen Gehörs, § 867 Abs. 1 Nr. 2, Nr. 4 CPO 1877. Die Anfechtung wäre allerdings nicht in Bezug auf die Verletzung einfacherer Ordnungsvorschriften des Zivilprozesses möglich gewesen. Ob ein Verstoß gegen materiell-rechtliche Normen zudem zu einer Anfechtung führen konnte, war später umstritten.[230]

Das Regelungskonzept des Norddeutschen Entwurfs wurde mit § 860 CPO 1877 zu Gesetz. Parteiautonomie über den Verfahrensablauf einerseits und zwingende Gewährung rechtlichen Gehörs andererseits markierten den äußeren Rahmen, innerhalb dessen die Parteien das Verfahren frei bestimmen

224 Mot.-Prß-E, S. 334.

225 Prot.-ND-E, S. 2233.

226 Prot.-ND-E, S. 2233, 2234.

227 Prot.-ND-E, S. 2234.

228 Prot.-ND-E, S. 2235.

229 Prot.-ND-E, S. 2235.

230 Zu dem Problem der Bindung an materielles Recht und der gerichtlichen Überprüfung siehe nachfolgend ab S. 111 (Novelle 1924) und ab S. 203 (Rechtssprechungsanalyse).

konnten.[231] Die Begründung der Entwürfe der CPO weichen von den oben genannten Überlegungen der Norddeutschen Kommission im Ergebnis nicht ab.[232]

b) Zeugen und Sachverständige (§§ 861, 862 CPO 1877)

Zeugen und Sachverständige, die freiwillig vor dem Schiedsgericht erschienen, durften durch die Schiedsrichter zur Beweisaufnahme vernommen werden, § 861 CPO 1877. Sofern eine Ladung oder Vereidigung erforderlich sein sollten, waren die ordentliche Gerichte zuständig, die auf Antrag einer Partei über dieses Rechtshilfegesuch zu entscheiden hatten, § 862 CPO 1877.

Der Preußische Entwurf sah die Vernehmung und Vereidigung von Zeugen und Sachverständigen ausschließlich durch die ordentlichen Gerichte vor, § 1371. Erst die Protokolle der Norddeutschen Kommission geben Aufschluss darüber, weshalb der Preußische Entwurf die Vernehmung von Zeugen und Sachverständigen durch das Schiedsgericht möglicherweise nicht gestatten wollte:[233] Die Kommission des Norddeutschen Entwurfs ging davon aus, ein Schiedsgericht sei nicht zur Entscheidung tatsächlicher Streitfragen berufen, sondern habe seine schwerpunktmäßige Bestimmung in der Entscheidung von Rechts- und Auslegungsfragen.[234] Möglicherweise hielten auch die Verfasser des Preußischen Entwurfs die Vernehmung von Zeugen und Sachverständigen nicht für eine Aufgabe des Schiedsgerichts, so dass sie eine Regelung hierzu gänzlich wegließen. Hiergegen spricht allerdings die Regelung des § 1370 S. 1 Prß-E, wonach die Schiedsrichter zur notwendigen Sachverhaltsermittlung verpflichtet sein sollten, also auch Tatfragen aufklären sollten. Insofern bleibt unklar, aufgrund welcher konkreten Überlegung die Schiedsrichter nach dem Preußischen Entwurf überhaupt keine Zeugen oder Sachverständigen vernehmen durften.

Die Norddeutsche Kommission diskutierte hierzu, ob eine Zeugen- und Sachverständigenvernehmung durch das Schiedsgericht zugelassen werden sollte.[235] Da das Schiedsgericht bei säumigen Zeugen und Sachverständigen keine Zwangsmittel hätte einsetzen können, entschied sich die Mehrheit der Kommission für das Modell, wie es auch später in der CPO von 1877 zum Einsatz kam. Danach konnten Zeugen und Sachverständige vernommen werden, sofern sie sich hierzu *freiwillig* bereitfanden.[236] Alle anderen Maßnahmen, die gerichtli-

---

231 Vgl. § 1164 ND-E, § 770 CPO-E 1, § 788 CPO-E 2, § 801 CPO-E 3.

232 Begr.-CPO-E 1, S. 512; Begr.-CPO-E 3, S. 493, 494.

233 Prot.-ND-E, S. 2233.

234 Prot.-ND-E, S. 2233.

235 Prot.-ND-E, S. 2233f.

236 Vgl. § 1165 ND-E, § 771 CPO-E 1, § 789 CPO-E 2, § 802 CPO-E 3.

chen Zwang mit sich brachten oder bringen konnten, waren den ordentlichen Gerichten zugewiesen und mussten beantragt werden.[237]

Während der Sitzung der CPO-Kommission des Reichstags vom 8. Juni 1875 wurde die Frage, ob ein Schiedsgericht einen Eid abnehmen dürfe, kontrovers diskutiert.[238] Kommissionsmitglied *Otto Bähr* sprach sich dafür aus. Nur auf Antrag einer Partei solle die Vereidigung ausnahmsweise durch ein Amtsgericht erfolgen, ansonsten durch das Schiedsgericht. Er begründete seine Auffassung damit, dass die Parteien durch Vereinbarung eines Schiedsgerichts gerade jede Einmischung staatlicher Gericht vermeiden wollten und somit der zwingende Vereidigungsantrag bei einem Amtsgericht interessenwidrig sei. Dieser Auffassung schloss sich das Kommissionsmitglied *Ludwig Gaupp* an und forderte darüber hinaus, dass Vereidigungen in jedem Falle von den Schiedsrichter durchführen zu lassen, da es sich um wichtige Elemente der Wahrheitsfindung handle.[239]

Dieser Auffassung traten *Amsberg* und August *Reichensperger* entgegen. Der Eid sei zu wichtig, als dass er von juristischen Laien abgenommen werden dürfe. Diese würden oftmals keine richtige Eidesabnahme durchführen können. Der Eid drohe zudem an Wirkung zu verlieren, würde er durch jedermann abgenommen. Die Anträge von *Bähr* und *Gaupp* wurden daraufhin abgelehnt, so dass es zur Fassung des endgültigen § 863 CPO 1877 kam.

c) Einrede des unzulässigen Schiedsverfahrens, Kompetenz-Kompetenz (§ 863 CPO 1877)

Die von einer Partei erhobenen Einreden gegen die Zulässigkeit des Schiedsverfahrens, insbesondere aufgrund Fehlens eines wirksamen Schiedsvertrags führten nach § 863 CPO 1877 nicht zur Unterbrechung des Schiedsverfahrens. Die Schiedsrichter konnten das Schiedsverfahren trotz derartiger Einreden ungehindert fortsetzen. Allerdings blieb die Entscheidung, ob das Schiedsverfahren aus dem einen oder anderen Grund tatsächlich unzulässig war, Sache der ordentlichen Gerichte, die über diese Fragen während eines Aufhebungs- oder Vollstreckungsverfahrens entschieden.

---

237 Vgl. § 1166 ND-E, § 772 CPO-E 2, § 790 CPO-E 2, § 803 CPO-E 3; In den Begründungen der CPO-Entwürfe des Deutschen Reichs wird insbesondere darauf abgestellt, das die Wirksamkeit schiedsrichterlicher Verfahren stark von der Möglichkeit abhängt, Zeugen und Sachverständige zu hören. Die eventuell erforderlichen Zwangsmittel könnten aber aus öffentlichem Interesse nicht den privaten Schiedsgerichten übertragen werden, so dass hierfür die ordentlichen Gerichte angerufen werden müssen, vgl. Begr.-CPO-E 1, S. 513 und Begr.-CPO-E 3, S. 495, gleichlautend auch hier die Begründung des 2. Entwurfs.

238 *Hahn*, Materialien zur CPO 1877, S. 885, 886.

239 *Hahn*, Materialien zur CPO 1877, S. 885, 886.

Auch der Preußische Entwurf ging von dieser Kompetenzverteilung zwischen Schiedsgericht und staatlichem Gericht aus, wenn auch mit einer anderen Formulierung, § 1369. Grund hierfür war die Auffassung, dass sich die Schiedsabrede unmöglich auch auf Fragen beziehen könne, die dem Schiedsverfahren vorausgegangen waren.[240] Mit anderen Worten: Fragen, die die Existenz und Rechtmäßigkeit des Schiedsverfahrens beträfen, könne das Schiedsgericht nicht selbst beantworten.

Inhaltlich entsprach die spätere Entwurfsfassung des § 1167 ND-E dem Preußischen Entwurf, wenngleich der genaue Wortlaut der Vorschrift der endgültigen Gesetzesfassung der CPO von 1877 näher kam. Die Kommission des Norddeutschen Entwurfs befasste sich mit den Kompetenzen des Schiedsgerichts zur Entscheidung vorgelagerter Fragen intensiver. Grundsätzlich schloss sich die Kommission dem Preußischen Entwurf an. Zur Diskussion stand jedoch die Frage, ob bei Erhebung der Unzuständigkeitseinrede das Schiedsverfahren bis zur Entscheidung des ordentlichen Gerichts ausgesetzt werden müsste. Dies könne in Hinblick auf die sonst drohende Anfechtung des Schiedsspruchs und die sodann vergeblich aufgewandten Kosten des schiedsrichterlichen Verfahrens sinnvoll sein.[241] Die Aussetzung sollte allerdings nicht verbindlich sein, um missbräuchlich erhobenen Einreden keinen Vorschub zu leisten. Die Schiedsrichter sollte daher freies Ermessen in der Frage der Aussetzung ausüben können.[242] Die Redaktion der Norddeutschen Kommission entwarf hierzu insgesamt drei verschiedene Textfassungen.[243] Wegen der inhaltlichen Vorgaben der Kommission unterschieden sich die Fassungen weniger in ihrer Wirkung, als mehr in sprachlicher Hinsicht, so dass aus den Alternativfassungen keine weitergehenden Erkenntnisse zu gewinnen sind.

In diesem Zusammenhang entschied sich die Norddeutsche Kommission auch dazu, keine Regelung für die Entscheidungskompetenz hinsichtlich Inzidentstreitigkeiten, also beispielsweise bei Aufrechnung oder der Geltendmachung von Zurückbehaltungsrechten, aufzunehmen.[244] Die unterschiedlichen Fallgestaltungen sollten nicht gesetzlich geregelt, sondern im Einzelfall durch die Gerichte entschieden werden.[245]

---

240 Mot.-Prß-E, S. 333; Diese Auffassung vertrat auch die spätere CPO-Kommission, vgl. CPO-E1, S. 513, Begr.-CPO-E 3, S. 495 und gleichlautend die Begründung des 2. Entwurfs.

241 Prot.-ND-E, S 2232.

242 Prot.-ND-E, S 2232.

243 Prot.-ND-E, S. 2304 und S. 2281.

244 Prot.-ND-E, S. 2232, 2233.

245 Prot.-ND-E, S. 2232, 2233.

Die endgültige Fassung des Wortlauts des § 863 CPO 1877 entstand mit der ersten Entwurfsfassung der CPO von 1871.[246] Die Entwurfsbegründungen der drei CPO-Entwürfe heben jeweils hervor, dass nicht aufgrund einer zwingenden Aussetzungsverpflichtung Schiedsverfahren auf unbestimmte Zeit blockiert werden dürften.[247] Das Korrektiv hierzu bestünde in den Aufhebungsgründen, die der Vollstreckung eines auf unzulässige Weise ergangenen Schiedsspruchs später entgegenstünden.[248]

6. Der Schiedsspruch

a) Mehrheitsentscheidung (§ 864 CPO 1877)

Die Schiedsrichter mussten den Schiedsspruch mit der absoluten Mehrheit ihrer Stimmen entscheiden, sofern die Parteien nichts anderes vereinbart hatten, § 864 CPO 1877. Diese Regelung ging auf § 1168 ND-E zurück, wohingegen der Preußische Entwurf keine entsprechende Regelung hierzu vorsah.[249] Nähere Ausführungen zu den Beweggründen dieser Regelung finden sich in den Motiven und Protokollen nicht, in der Begründung des ersten CPO-Entwurfs ist die Regelung lediglich als einleuchtend erwähnt.[250]

b) Formale Anforderungen (§ 865 CPO 1877)

Um das Schiedsverfahren endgültig zu beenden, stellte das Gesetz bestimmte formale Anforderungen an den Schiedsspruch, § 865 CPO 1877:

- Unterzeichnung des Schiedsspruchs,
- Angabe des Datums der Abfassung des Schiedsspruchs,
- Zustellung einer unterschriebenen Ausfertigung an die Parteien,
- abschließende Niederlegung des Originals nebst Zustellungsbescheinigung bei dem zuständigen Gericht.

Zweck dieser Vorschrift war es, den endgültigen Abschluss des Schiedsverfahrens zu dokumentieren und damit den Ausgangspunkt für Vollstreckungs- und Aufhebungsverfahren zu bilden.[251] Bestimmte Fristen sah das Gesetz nicht vor. Entsprechend des Zwecks dieser Vorschrift musste im Anschluss an die Ent-

246 Vgl. § 773 CPO-E 1, § 791 CPO-E 2, § 804 CPO-E 3.

247 Begr.-CPO-E 1, S. 513, so Begr.-CPO-E 3, S. 495 und gleichlautend die Begründung des 2. Entwurfs.

248 Begr.-CPO-E 1, S. 513, so Begr.-CPO-E 3, S. 495 und gleichlautend die Begründung des 2. Entwurfs.

249 Vgl. § 774 CPO-E 1, § 792 CO E2, § 805 CPO-E 3.

250 Begr.-CPO-E 1, S. 513.

251 Nicht ausdrücklich, aber andeutend: Prot.-ND-E, S. 2236; Begr.-CPO-E 1, S. 514; Begr.-CPO-E 3, S. 495 und gleichlautend die Begründung des 2. Entwurfs.

scheidung der Schiedsrichter die formalen Anforderungen des § 865 CPO 1877 erfüllt werden, damit der Schiedsspruch Rechtskraft entfaltete und vollstreckbar war.[252]

Der Preußische Entwurf unterschied sich von der endgültigen Regelung der CPO noch deutlich, § 1373. Danach sollte der Schiedsspruch wie ein Urteil an die Parteien zugestellt werden. Die Schiedsrichter waren nicht berechtigt, eine eigene Ausfertigung zum Zwecke der Zustellung zu erstellen. Dies sollte durch die Gerichtsschreiberei des Gerichts geschehen, bei dem der Schiedsspruch niederzulegen war. Die Zustellung war in dem Preußischen Entwurf vor dem Hintergrund der Rechtsmittelfristen vorgesehen worden, §§ 1374 – 1377.[253] Nur der unterschriebene Schiedsspruch sollte unter Angabe des Abfassungsdatums niedergelegt werden. Zuständig wäre das Gericht des ersten Rechtszuges des Ortes, an dem der Schiedsspruch abgefasst worden war, § 1373 S. 1.

Der Norddeutsche Entwurf stützte sich zwar auf § 1373 Prß-E, änderte die Vorschrift allerdings ab. Wesentlicher Unterschied zwischen den beiden Entwürfen war der Wechsel von der förmlichen Zustellung entsprechend einem Urteil (§ 1373 Prß-E) zur einfachen Verkündung oder schriftlichen Mitteilung an die Parteien (§ 1169 ND-E). Vermutlich gab es deshalb in dem Norddeutschen Entwurf keine Regelung zur Ausfertigung des Schiedsspruchs durch die Gerichtsschreiberei. Einer förmlichen Zustellung bedurfte es im Norddeutschen Entwurf deshalb nicht, weil dieser das Rechtsmittelsystem des Preußischen Entwurfs nicht übernommen hatte.[254] Eine Abschrift des Schiedsspruchs sollte jedoch bei dem Amtsgericht am Wohnsitz der verurteilten Partei niedergelegt werden, § 1170 ND-E.[255] Zusätzlich sollten die Akten der Schiedsrichter bei der Gerichtsschreiberei eingereicht werden. Diese Verpflichtung wurde in § 775 CPO-E 1 mit der Begründung gestrichen, dass die Schiedsrichter ohnehin nicht zur Aktenführung verpflichtet seien, so dass eine Niederlegungspflicht nicht durchsetzbar gewesen wäre.[256]

Die Pflicht zur Niederlegung des Schiedsspruchs bei Gericht diente nach der Begründung des ersten CPO-Entwurfs von 1871 hingegen der gerichtlichen Zwangsvollstreckung. Diese gerichtlichen Handlungen erforderten einen schriftlichen Schiedsspruch. Durch die Niederlegung müssten die Parteien diesen nicht

252 Dazu nachfolgend ab S. 71 (Rechtskraft des Schiedsspruchs) und ab S. 82 (Vollstreckung).

253 Mot.-Prß-E, S. 334.

254 Prot.-ND-E, S. 2234, auch Begr.-CPO-E 1, S. 514.

255 Die Bestimmung des örtlich zuständigen Gerichts nach dem Ort der Abfassung des Schiedsspruchs erschien der Mehrheit der Kommission des Norddeutschen Bunds im Gegensatz zum Preußischen Entwurf als zu unpraktisch und willkürlich, da der Ort der Abfassung mehr oder weniger zufällig gewählt werde, Prot.-ND-E, S. 2237.

256 Begr.-CPO-E 1, S. 515.

mehr selbst einreichen und der Schiedsspruch erfahre eine *„gewisse Beglaubigung“*.[257] Wodurch diese Beglaubigung zustande komme, geht aus der Begründung jedoch nicht hervor und ergibt sich auch nicht aus den Sitzungsprotokollen.[258]

Ansonsten wichen die CPO Entwürfe von den Vorentwürfen nicht sonderlich ab. Im ersten Entwurf der CPO genügte es nach § 775 CPO-E 1 noch, den Schiedsspruch den Parteien mündlich zu verkünden oder schriftlich mitzuteilen, wie es auch § 1169 ND-E vorsah. Die späteren Entwurfsfassungen der CPO erlaubten eine ausschließlich mündliche Verkündung nicht mehr.[259]

Mit dem zweiten CPO-Entwurf[260] wurde die endgültige Fassung des späteren § 865 CPO 1877 geschaffen. In der kurzen Begründung heißt es, dass durch Zustellung und Niederlegung die Authentizität des Schiedsspruchs gewährleistet und der Abschluss des Schiedsverfahrens dokumentiert werde.[261] Damit dürfte gemeint sein, dass durch Zustellung und Niederlegung des Schiedsspruchs bzw. seiner Ausfertigung spätere Änderungen des Schiedsspruchs unmöglich gemacht würden.

Eine Begründung musste dem Schiedsspruch nach der CPO nicht beigefügt werden. Enthielten der Preußische und der Norddeutsche Entwurf hierzu noch eine formale Verpflichtung,[262] entfiel diese in den späteren Entwürfen des Deutschen Reichs. Allerdings konnte ein Schiedsspruch nach der CPO aufgehoben werden, wenn er keine Begründung enthielt. Dieser Aufhebungsgrund war allerdings abdingbar.[263]

c) Rechtskraft des Schiedsspruchs (§ 866 CPO 1877)

Erfüllte der Schiedsspruch die oben beschriebenen formalen Anforderungen des § 865 CPO 1877, so kam ihm die Wirkung eines rechtskräftigen Urteils zu, § 866 CPO 1877.[264]

Diese Wirkung sah bereits der Preußische Entwurf vor, § 1377 S. 2. Dabei ist zu berücksichtigen, dass wegen des Rechtmittelsystems des Preußischen

257 Begr.-CPO-E 1, S. 514.

258 *Hahn*, Materialien zur CPO 1877, S. 885 ff.

259 Vgl. § 793 CPO-E 2, § 806 CPO-E 3.

260 Vgl. § 793 CPO-E 2, § 806 CPO-E 3.

261 Begr.-CPO-E 3, S. 495, so auch die Begründung des 2. Entwurfs.

262 Vgl. § 1372 PrB-E, § 1169 Abs. 1 ND-E.

263 Bereits in § 1172 Nr. 5 ND-E war die fehlende Begründung des Schiedsspruchs als Aufhebungsgrund vorgesehen, wobei die Parteien auf die Begründung hätten verzichten dürfen. Inhaltlich änderte sich also durch den Wegfall der Regelung in § 1169 Abs. 1 ND-E im Vergleich zu den CPO-Entwürfen des Deutschen Reichs nichts.

264 Vgl. § 776 CPO-E 1, § 794 CPO-E 2, § 807 CPO-E 3, § 866 CPO 1877.

Entwurfs die Rechtkraftwirkung erst hätte eintreten sollen, wenn Rechtsmittel nicht fristgerecht eingelegt oder vertraglich abbedungen worden waren. Die genauen prozessualen und materiellen Wirkungen, die mit der Rechtskraftregelung verbunden werden sollten, konkretisieren die Motive des Preußischen Entwurfs nicht.

Der Norddeutsche Entwurf, der auf ein Rechtsmittelsystem verzichtete, enthielt die Formulierung, wie sie ohne weitere Änderungen in die CPO 1877 gelangte.[265] Über die Reichweite der Rechtskraftwirkung wurde innerhalb der Norddeutschen Kommission jedoch diskutiert.[266] Gegen eine urteilsgleiche Rechtskraftwirkung wurde eingewandt, dass der Schiedsspruch einem Vergleich näherstünde, als einem gerichtlichen Urteil. Nur ein ordentliches Gericht besäße wegen seiner staatlichen Legitimation die Autorität, rechtskräftige Entscheidungen zu erlassen. Begründet wurde dieser Standpunkt damit, dass es möglich sein müsse, Mängel des Schiedsverfahrens gegen den Schiedsspruch einzuwenden. Dem wurde von der Mehrheit der Norddeutschen Kommission entgegengehalten, dass Einwände gegen den Schiedsspruch durch besondere Verfahren im Zusammenhang mit der Anerkennung und Vollstreckbarerklärung erhoben werden könnten.[267]

Der zweite und dritte CPO-Entwurf von 1872 bzw. 1874 begründete die Rechtskraft des Schiedsspruchs mit dessen Zweck, einen Rechtsstreit endgültig zu beenden, wie es sonst durch ein Urteil geschehe.[268] Durch die Möglichkeit der Aufhebungsklage sei die verurteilte Partei zudem ausreichend geschützt. In der Begründung des ersten CPO-Entwurfs wird hierzu keine Stellung genommen, sondern vorwiegend zu den möglichen Rechtsmitteln gegen den Schiedsspruch Stellung genommen.[269] Innerhalb der Beratungen der CPO-Kommission gab es jedoch auch einen Gegenvorschlag, wonach die obsiegende Partei ihre Rechte aus dem Schiedsspruch durch eine Klage vor den ordentlichen Gerichten titulieren lassen müsste.[270] Dieser Vorschlag wurde zugunsten der Rechtskraft des Schiedsspruchs abgelehnt. Somit wies § 866 CPO 1877 dem Schiedsspruch

---

265 Vgl. § 1171 ND-E, § 776 CPO-E 1, § 794 CPO-E 2, § 807 CPO-E 3.

266 Prot.-ND-E, S. 2235, 2236.

267 Die Vollstreckbarerklärung sollte nach § 1174 Abs. 2 ND-E auf Antrag einer Partei ohne besondere Prüfung erteilt werden. Die verurteilte Partei konnte allerdings die Aufhebungsklage erheben, wenn sie Mängel des Schiedsspruchs einzuwenden hatte. Wäre die Vollstreckbarerklärung wegen angeblicher Mängel des Schiedsspruchs nicht erteilt worden, so war vorgesehen, dass die obsiegende Partei auf Anerkennung des Schiedsspruchs nach § 1176 Abs. 2 ND-E klagen könnte.

268 Begr.-CPO-E 3, S. 496, gleichlautend die Begründung des 2. Entwurfs.

269 Begr.-CPO-E 1, S. 515.

270 *Schubert*, Entstehung und Quellen zur CPO 1877, S. 428 Antrag Nr. 186 (Dorn).

eine subjektive Rechtskraftwirkung zwischen den Parteien zu. Ferner bewirkte der Schiedsspruch materiell eine endgültige Erledigung des Rechtsstreits, da Rechtmittel, wie Berufung oder Revision nicht möglich waren. In formaler Hinsicht musste der Schiedsspruch noch nach § 868 CPO 1877 für vollstreckbar erklärt werden, damit er eine geeignete Grundlage für Zwangsvollstreckungsmaßnahmen bildete.

7. Rechtsschutzverfahren (§§ 867, 869 – 871 CPO 1877)

Die CPO sah weder die Berufung noch die Revision gegen den Schiedsspruch vor. Rechtsschutz bestand ausschließlich durch das Aufhebungsverfahren im Falle erheblicher Verfahrensfehler. Der Preußische Entwurf hatte dagegen die Berufung vorgesehen.

a) Die Berufung nach dem Preußischen Entwurf

Der Preußische Entwurf sah die Berufung zu den ordentlichen Gerichten vor, wenn

- die Berufung vereinbart worden wäre und
- wenn die weiteren Voraussetzungen der Berufung erfüllt gewesen wären, § 1374.

Der Einspruch sollte dagegen ausgeschlossen sein. Dieser wäre nur gegen Versäumnisurteile statthaft, die nach § 1370 S. 3 Prß-E im Schiedsverfahren ausgeschlossen waren. Vielmehr sollten die Schiedsrichter auch bei Säumigkeit einer Partei eine Sachentscheidung nach dem Vortrag der anderen Partei und nach Lage der Akten treffen.

Die Motive des Preußischen Entwurfs verweisen auf das preußische Recht, die badische Prozeßordnung sowie zum Teil auf das französische Recht.[271] Im Unterschied zum preußischen und französischen Recht sollte allerdings eine Vereinbarung über die Berufung erforderlich sein. Eine generelle Statthaftigkeit der Berufung widerspräche dagegen dem Wesen des Schiedsverfahrens. Dadurch würde der Schiedsvertrag in einen Vergleich verwandelt werden, bei dessen Scheitern sofort die ordentlichen Gerichte zuständig seien. Wesensmerkmal des Schiedsvertrags sei es demgegenüber, Streitigkeiten durch das Schiedsgericht klären zu lassen. Ferner zeige die praktische Erfahrung aus dem preußischen Recht, dass die dort statthafte Berufung (Appellation) gegen den Schiedsspruch meist vertraglich ausgeschlossen werden würde.[272]

---

271 Mot.-Prß-E, S. 335, S. 331.

272 Mot.-Prß-E, S. 335.

Der Norddeutsche Entwurf enthielt keine Regeln zur Berufung. Die Kommission war sich einig, dass eine Berufung auszuschließen sei.[273] Die Gründe wurden dafür nicht ausgeführt.

Der erste Entwurf der CPO von 1871 setzt sich dagegen mit der Berufung eingehend auseinander.[274] Im Wesentlichen widersprächen Rechtsmittel zu den ordentlichen Gerichten dem Schiedsvertrag, da die Parteien eine abschließende Würdigung ihres Streitfalles durch Schiedsrichter wünschten, und zwar nicht nur für eine erste Instanz. Darüber hinaus müsste das zivilprozessuale Berufungsverfahren angepasst werden. Insbesondere müsste dem Berufungsgericht die Neuverhandlung des gesamten Streitstoffes gestattet werden, da der Schiedsspruch oftmals den relevanten Tatsachenstoff nicht ausreichend dokumentiere, um als Grundlage für eine Berufungsentscheidung zu dienen. Die Revision scheide schon deshalb aus, weil dazu das erstinstanzliche Schiedsverfahren an die Vorschriften des Zivilprozesses geknüpft werden müsste, um beispielsweise Verfahrensfehler und –rügen in der Revision prüfen zu können. Dies sei dem Schiedsverfahren unzuträglich, zumal viele Schiedsrichter fachlich nicht in der Lage seien, ein Verfahren nach dem Zivilprozessrecht durchzuführen. Letztlich wurde auch aus diesem Grund und zum Zwecke der Verfahrensvereinfachung die Bindung des Schiedsgerichts an die Gesetze verworfen.[275] Die weiteren CPO-Entwürfe entsprachen diesem Konzept.

b) Aufhebung des Schiedsspruchs (§§ 867, 871 CPO 1877)

Die CPO von 1877 sah, wie oben beschrieben, weder die zivilprozessuale Berufung noch Revision gegen den Schiedsspruch vor. Aus dem Preußischen und Norddeutschen Entwurf wurde allerdings die Möglichkeit der Vernichtung bzw. Aufhebung des Schiedsspruchs durch das ordentliche Gericht übernommen. Dieses Vernichtungs- bzw. Aufhebungsverfahren war von einem Verfahren zur Vollstreckbarerklärung des Schiedsspruchs unabhängig. Es war also möglich, den Schiedsspruch anzugreifen, auch wenn die Vollstreckbarerklärung durch die gegnerische Partei überhaupt nicht beantragt worden war. Umgekehrt war es möglich, das Verfahren zur Vernichtung bzw. die Aufhebung des Schiedsspruchs zu betreiben, selbst wenn der Schiedsspruch bereits für vollstreckbar erklärt worden war. Diese beiden Möglichkeiten hatte bereits die Kommission des Preußischen Entwurfs vorgesehen und sich in diesem Punkt von dem Vorbild des französischen Rechts gelöst, welches Mängel des Schiedsverfahrens nur im Zusammenhang mit einer Vollstreckungsmaßnahme prüfte.[276]

273 Prot.-ND-E, S. 2235.

274 Begr.-CPO-E 1, S. 514, S. 515.

275 Zur Ablehnung der Bindung des Schiedsgerichts an geltende Gesetze: Prot.-ND-E, S. 2233 f.

276 Mot.-PrB-E, S. 336.

aa) Aufhebungsgründe (§ 867 CPO 1877)

Die Klage auf Aufhebung des Schiedsspruchs führte grundsätzlich nicht zu einer inhaltlichen Kontrolle der Entscheidung des Schiedsgerichts.[277] Vielmehr bestand ein Katalog von abschließenden Aufhebungsgründen, § 867 CPO 1877. Von der CPO 1877 waren folgende Aufhebungsgründe vorgesehen:

(1) Unzulässigkeit des Schiedsverfahrens,[278]
(2) Verurteilung zu einer gesetzlich verbotenen Handlung,[279]
(3) Nicht genehmigter Mangel der vorgeschriebenen (rechtsgeschäftlichen) Vertretung,[280]
(4) Verletzung des Anspruchs auf rechtliches Gehör, sofern auf diesen nicht durch Parteivereinbarung verzichtet wurde,[281]
(5) Fehlen einer Begründung des Schiedsspruchs, sofern auf diese nicht durch Parteivereinbarung verzichtet wurde,[282]
(6) Vorliegen bestimmter Tatbestände der Restitutionsklage,[283] und zwar
    (a) Kausale und schuldhafte Verletzung der Eidespflicht einer Partei,[284]
    (b) Kausale Verwendung einer gefälschten Urkunde,[285]
    (c) Kausale und schuldhafte Verletzung der Eidespflicht eines Zeugen oder Sachverständigen,[286]
    (d) Kausale Beeinflussung des Schiedsspruchs durch eine strafbare Handlung,[287]

277 Später, im Zusammenhang mit der streitigen Frage, ob das Schiedsgericht an materielles Recht gebunden sei, wurde diskutiert, ob ein Verstoß gegen materielles Recht im Rahmen einer Aufhebungsklage geprüft werden könnte, vgl. dazu ab S. 118 (Kritik im Zusammenhang mit § 1042 Abs. 2 ZPO 1924) und ab S. 206 (Rechtsfolgen eines Verstoßes gegen materielles Recht).

278 Vgl. § 777 S. 1 Nr. 1 CPO-E 1, § 794 S. 1 Nr. 1 CPO-E 2, § 807 S. 1 Nr. 1 CPO-E 3, § 867 S. 1 Nr. 1 CPO 1877.

279 Vgl. § 777 S. 1 Nr. 2 CPO-E 1, § 794 S. 1 Nr. 2 CPO-E 2, § 807 S. 1 Nr. 2 CPO-E 3, § 867 S. 1 Nr. 2 CPO 1877.

280 Vgl. § 777 S. 1 Nr. 3 CPO-E 1, § 794 S. 1 Nr. 3 CPO-E 2, § 807 S. 1 Nr. 3 CPO-E 3, § 867 S. 1 Nr. 3 CPO 1877.

281 Vgl. § 777 S. 1 Nr. 4 CPO-E 1, § 794 S. 1 Nr. 4 CPO-E 2, § 807 S. 1 Nr. 4 CPO-E 3, § 867 S. 1 Nr. 4 CPO 1877.

282 Vgl. § 777 S. 1 Nr. 5 CPO-E 1, § 794 S. 1 Nr. 5 CPO-E 2, § 807 S. 1 Nr. 5 CPO-E 3, § 867 S. 1 Nr. 5 CPO 1877.

283 Vgl. § 777 S. 1 Nr. 6 CPO-E 1, § 794 S. 1 Nr. 6 CPO-E 2, § 807 S. 1 Nr. 6 CPO-E 3, § 867 S. 1 Nr. 6 CPO 1877.

284 Vgl. § 543 Nr. 1 CPO 1877.

285 Vgl. § 543 Nr. 2 CPO 1877.

286 Vgl. § 543 Nr. 3 CPO 1877.

287 Vgl. § 543 Nr. 4 CPO 1877.

(e) Mitwirkung eines Schiedsrichters, der sich einer strafbaren Amtspflichtverletzung gegenüber einer Partei schuldig gemacht hat[288] oder
(f) Aufhebung eines Strafurteils, welches Grundlage des Schiedsspruchs war.[289]

Dieser Katalog geht auf den Preußischen Entwurf zurück, der neben der Berufung auch eine sogenannte Vernichtungsklage (ab dem Norddeutschen Entwurf: „Aufhebungsklage") vorsah, § 1378 Prß-E. Danach lassen sich die Aufhebungsgründe der obigen Ziffern 1, 4, 5, 6 lit. a und lit. e, wenn auch nicht wörtlich, auf den Tatbestand des § 1378 Prß-E zurückführen. Alle Entwurfs-Kommissionen waren sich einig, dass die Vernichtungsgründe nicht den Anlass hätten bieten dürfen, den Schiedsspruch auf seine materielle Gerechtigkeit hin zu überprüfen, da dies dem Interesse der Parteien zuwiderlaufen würde.[290]

Die Formulierung des § 867 S. 1 Nr. 1 CPO (Unzulässigkeit des Schiedsverfahrens) ließ allerdings von Anbeginn die Frage offen, ob die Unzulässigkeit nur anzunehmen war, wenn ein Grund vorlag, der das gesamte Schiedsverfahren unzulässig erscheinen ließ, oder ob bereits einzelne Verfahrensfehler dafür ausreichten. Die Motive tragen zur Klärung dieser Fragestellung nicht eindeutig bei. In den Motiven des ersten CPO-Entwurfs von 1871 wurde ausschließlich auf die Ungültigkeit des Schiedsvertrags abgestellt.[291] Demgegenüber wird in der Begründung des dritten CPO-Entwurfs zusätzlich gefordert, dass das Schiedsverfahren

> *„[...] dem Willen der Parteien und den ergänzenden Normen dieses Gesetzbuches entspricht [...]".*[292]

Was die weite Fassung des Gesetzeswortlauts in § 867 S. 1 Nr. 1 CPO 1877 genau umfassen sollte, blieb unklar aber auch nach dieser zusätzlichen Erklärung unklar und wurde später durch die Rechtsprechung konkretisiert.[293]

---

288 Vgl. § 543 Nr. 5 CPO 1877.

289 Vgl. § 543 Nr. 6 CPO 1877.

290 Mot.-Prß-E, S. 335, dort im Zusammenhang mit dem Verfahren zur Erteilung eines Vollstreckungszeugnisses und den dort zu prüfenden Vernichtungsgründen erwähnt; Prot.-ND-E, S. 2239; Begr.-CPO-E 1, S. 515; nicht ausdrücklich, aber inhaltlich genauso Begr.-CPO-E 3, S. 496 und gleichlautend die Begründung des 2. Entwurfs.

291 Begr.-CPO-E 1, S. 516 zu § 777.

292 Begr.-CPO-E 3, S. 496 zu §§ 807, 808.

293 Die spätere Rechtsprechung des Reichsgerichts zum Unzulässigkeitseinwand lässt sich in zwei Gruppen unterteilen:
(1) Die Unzulässigkeit aufgrund eines ungültigen Schiedsvertrags. Gründe hierfür konnten sein: Von Anfang an kein Schiedsvertrag vereinbart, Unwirksamkeit des Schiedsvertrags aufgrund formeller oder materieller Mängel, Erlöschen des Schiedsvertrags, Überschreitung der Grenzen des Schiedsvertrags;

Die Norddeutsche Kommission befand, dass neben den Vernichtungsgründen des Preußischen Entwurfs folgende weitere Mängel zur Aufhebung des Schiedsspruchs führen müssten:

- Vertretungsmängel,
- Kausale und schuldhafte Pflichtverletzungen der Parteien, Vertreter oder Schiedsrichter, also die Verwendung falscher Urkunden, Zeuge oder Sachverstände,
- Aufhebung eines für den Schiedsspruch maßgeblichen Strafurteils,[294]
- Verurteilung zu einer verbotenen Handlung.[295]

Eine Begründung, warum diese Fälle eine Aufhebung erforderlich machten, ist den Protokollen des Norddeutschen Entwurfs nicht zu entnehmen. Da es sich allerdings entweder um schwerwiegende Verfahrensfehler oder um Prozessbetrug handelt, dürfte die Rechtfertigung im Vorrang materieller Gerechtigkeit liegen. Für diese Interpretation spricht auch das Protokoll der Sitzung der Norddeutschen Kommission vom 3. Juni 1870, in dem festgehalten ist, dass der Amtsrichter keine materielle Überprüfung des Schiedsspruchs durchzuführen habe, die vollstreckbare Ausfertigung aber verweigern dürfe, wenn *„wesentliche“* Bedenken in Hinblick auf den Schiedsvertrag oder die Besetzung des Schiedsgerichts vorlägen.[296]

Die Aufhebung eines Schiedsspruchs, der zu einer verbotenen Handlung verurteilt, erschien dem Entwurfsreferenten der Norddeutschen Kommission dagegen als selbstverständlich und hätte nach seiner Auffassung keiner separaten Regelung bedurft.[297] Auch der Fall mangelhafter Vertretung habe nach Auffassung des Entwurfsreferenten als ein Unterfall der Versagung rechtlichen Gehörs keiner gesonderten Regelung bedurft[298] und ist vermutlich nur zu Klarstellungszwecken zusätzlich aufgenommen worden. Dieser Punkt wurde erneut innerhalb der Kommission des Norddeutschen Bunds problematisiert und ebenso als separaten Aufhebungsgrund aufgenommen.[299]

---

(2) Sonst unzulässiges Verfahren. Gründe hierfür konnten sein: Mängel bei der Bildung und Besetzung des Schiedsgerichts oder Verstöße gegen wesentliche Verfahrensregeln, *Baumbach*, ZPO, 12. Auflage, 1936, § 1041 Anm. 3 lit. A, lit. B; *Berard*, Aufhebung des Schiedsspruchs, S. 24 ff.; *Brodersen*, Unzulässigkeit des Verfahrens, S. 35.

294 Prot.-ND-E, S. 2238 f.

295 Prot.-ND-E, S. 2239 f.

296 Prot.-ND-E, S. 2239.

297 Prot.-ND-E, S. 2240.

298 Prot.-ND-E, S. 2239.

299 § 808 Nr. 3 CPO-E 3, *Hahn*, Materialien zur CPO 1877, S. 887, eine nähere Begründung ist nicht gegeben worden.

Auf die Geltendmachung der Aufhebungsgründe des § 1172 Nr. 2, Nr. 3 ND-E[300] sollten die Parteien nach dem Entwurf der Norddeutschen Kommission auch verzichten können.[301] Ferner übernahm die Norddeutsche Kommission den Katalog des Preußischen Entwurfs über die einzelnen Unzulässigkeitsgründe nicht, sondern stellte abstrakt auf die Unzulässigkeit des Schiedsverfahrens ab, § 1172 Nr. 1 ND-E.[302] Diese weite Formulierung wurde in den CPO-Entwürfen des Deutschen Reichs beibehalten.[303] Es oblag damit der Rechtsprechung, Unzulässigkeitsgründe im Einzelfall zu bestimmen.[304]

Der erste Entwurf der CPO von 1871 übernahm in § 777 CPO-E 1 den Katalog der Aufhebungsgründe des Norddeutschen Entwurfs (§ 1172 ND-E), wenngleich mit kleinen redaktionellen Änderungen. Der Norddeutsche Entwurf kann in der endgültigen Gesetzesfassung des § 867 CPO 1877 deutlich wiedererkannt werden. Eine systematische Änderung brachte § 777 Nr. 6 CPO-E 1 mit sich. Die Aufhebungsgründe des § 1172 Nr. 6 bis Nr. 11 ND-E wurden nun als Verweis in den Katalog der Restitutionsklagegründe in § 493 CPO 1877 verschoben. Inhaltlich änderte diese Verweisung den Tatbestand der Aufhebungsgründe jedoch nicht.[305]

In der Begründung des dritten Entwurfs der CPO von 1874 wurde nicht nur auf den Preußischen und den Norddeutschen Entwurf verwiesen, sondern auch auf die bayerische Prozeß-Ordnung. Die näheren Gründe für die Aufhebung des Schiedsspruchs wurden allerdings nicht näher erläutert und sie ergeben sich auch nicht aus den Sitzungsprotokollen der CPO-Kommission. Der Umstand, dass der Restitutionsklagegrund des § 493 Nr. 7 CPO 1877 (nachträglich aufgefundene, entscheidungserhebliche Urkunden) nicht zur Aufhebung des Schiedsspruchs führen sollte, wurde damit begründet, dass die Aufhebung zur Neuverhandlung des Streits vor den ordentlichen Gerichten führe und dies in einem un-

---

300 Verletzung des Grundsatzes der Gewährung des rechtlichen Gehörs und Fehlen einer Begründung des Schiedsspruchs; Diese Aufhebungsgründe waren später in § 867 Nr. 4, Nr. 5 CPO 1877 enthalten.

301 Prot.-ND-E, S. 2238.

302 Kein wirksamer Schiedsvertrag, Streitgegenstand vom Schiedsvertrag nicht erfasst, Besetzungsfehler des Schiedsgerichts.

303 Vgl. § 1172 Nr. 1 ND-E, vgl. auch Prot.-ND-E, S. 2237, S. 2238; § 777 Nr. 1 CPO-E 1, § 795 CPO-E 2, § 808 Nr. 1 CPO-E 3.

304 So auch Begr.-CPO-E 3, S. 496, wobei als Auslegungshilfe der Tatbestand des § 863 CPO 1877 (Einrede des unzulässigen Schiedsverfahrens) dienen sollte. Nach Gaupp/Stein/*Stein*, ZPO, 3. Auflage, 1897, § 867 Ziff. II und § 863 Ziff. I musste das gesamte Verfahren unzulässig sein, nämlich im Falle eines ungültigen bzw. für den Streitgegenstand nicht vorhandenen Schiedsvertrags sowie die Mitwirkung fehlerhaft ernannter oder begründet abgelehnter Schiedsrichter.

305 § 1172 Nr. 6 bis Nr. 11 ND-E entspricht §§ 777 Nr. 6 i. V. m. § 493 Nr. 1 bis Nr. 6 CPO-E 1.

lösbaren Widerspruch mit den Interessen der Parteien stünde.[306] Die Parteien wünschten gerade keine Streitentscheidung durch die ordentlichen Gerichte.[307] Allerdings dürfte mit dieser Begründung ein Schiedsspruch in keinem Fall aufgehoben werden. Insofern bleibt unklar, weshalb nachträglich aufgefundenen Urkunden gerade nicht zu Aufhebung des Schiedsspruchs führen sollten.

bb) Gerichtliches Klagverfahren (§ 871 CPO 1877)

Die Klage auf Aufhebung des Schiedsspruchs war ohne Einhaltung einer Frist zum zuständigen Amts- oder Landgericht zu erheben, §§ 867, 871 Abs. 1 CPO 1877.[308]

Zuständig war das Gericht, welches die Parteien vereinbart hatten. Fehlte eine solche Vereinbarung, war das Gericht zuständig, welches bei Geltendmachung des schiedsrichterlich beurteilten Anspruchs vor einem ordentlichen Gericht zuständig wäre.

Weitere Verfahrensregelungen enthielt die CPO nicht, so dass die allgemeinen Vorschriften über den Zivilprozess galten, da es sich um ein zivilprozessuales Klagverfahren vor den ordentlichen Gerichten handelte.

Die Zuständigkeitsregelung des Preußischen Entwurfs stellte entgegen der CPO auf das Gericht ab, bei welchem der endgültige Schiedsspruch niedergelegt werden sollte, §§ 1379, 1373. Bei diesem Gericht wäre die Aufhebungsklage zu erheben gewesen. Das Gericht, bei welchem der Schiedsspruch niederzulegen sein sollte, konnte nicht vereinbart werden. Maßgeblich für die Gerichtszuständigkeit sollte der Ort sein, an dem der Schiedsspruch von den Schiedsrichtern abgefasst wurde.

Der Norddeutsche Entwurf sah die Zuständigkeit der Handels- oder Landgerichte vor, sofern diese sachlich im Falle einer Klage zu den ordentlichen Gerichten zuständig wären, § 1173 ND-E.

Der erste CPO-Entwurf von 1871 gestattete, das zuständige Gericht zu vereinbaren und stellte ansonsten auf die hypothetische gesetzliche Zuständigkeit der Gerichte ab.[309] Die Vereinbarung eines Gerichts musste schriftlich erfolgen, § 783 CPO-E 1. Nur mit einigen geringeren Änderungen wurden die Regeln des ersten CPO-Entwurfs in die endgültige CPO übernommen.[310]

306 Begr.-CPO-E 3, S. 496.

307 Begr. CPO-E 3, S. 496.

308 Fristen kamen erst zum Tragen, wenn der Schiedsspruch bereits für vollstreckbar erklärt worden war und die verurteilte Partei Aufhebungsgründe geltend machen wollte.

309 Siehe §§ 779 Abs. 1, 783 Abs. 1 CPO-E 1: Zuständig für die Aufhebungsklage waren allerdings nur Amtsgerichte.

310 Vgl. § 783 CPO-E 1, ähnlich § 799 Abs. 1, Abs. 3 CPO-E 2, § 812 Abs. 1, Abs. 3 CPO-E 3.

War die Aufhebungsklage erfolgreich, musste der Tenor des Urteils auf Aufhebung des betroffenen Schiedsspruchs lauten.[311]

In dem Preußischen Entwurf war vorgesehen, dass die Vernichtung des Schiedsspruchs gleichzeitig zur Beendigung des Schiedsvertrags führte, § 1389. Eine solche Regelung lehnte die Norddeutsche Kommission ohne nähere Erläuterung ab.[312]

cc) Aufhebung nach Erlass des Vollstreckungsurteils (§§ 869, 870 CPO 1877)

Der Schiedsspruch war nicht unmittelbar durch die staatlichen Zwangsvollstreckungsorgane vollstreckbar, vielmehr bedurfte es einer Vollstreckbarerklärung nach § 868 CPO 1877. Diese Erklärung erging durch ein Urteil des jeweils zuständigen ordentlichen Gerichts. War vor Erhebung der Aufhebungsklage bereits ein solches Vollstreckungsurteil ergangen, konnte die Aufhebung des Schiedsspruchs nur noch in engen Grenzen beantragt werden.

Die Aufhebungsklage war binnen einer Notfrist von einem Monat zu erheben, § 870 Abs. 1 CPO 1877. Der Fristenlauf begann mit dem Zeitpunkt der Kenntnis der Partei von dem Aufhebungsgrund, nicht jedoch vor Eintritt der Rechtskraft des Vollstreckungsurteils, § 870 Abs. 2 CPO 1877. Die Höchstdauer der Notfrist betrug 10 Jahre ab Rechtskraft des Vollstreckungsurteils.

Die Aufhebungsklage konnte zudem nur noch auf die Restitutionsklagegründe gestützt werden, §§ 869, 867 Nr. 6 CPO 1877. Damit konnte die Aufhebung im Wesentlichen im Falle von Prozessbetrug erwirkt werden. Darüber hinaus musste die Partei glaubhaft machen, nicht in der Lage gewesen zu sein, diese Gründe in einem früheren Verfahren geltend zu machen.

Ähnlich sahen es auch die Verfasser des Preußischen Entwurfs, der eine vierwöchige Frist ab Zustellung des Vollstreckungsurteils vorsah, § 1387 Abs. 1. Allerdings waren die möglichen Aufhebungsgründe nicht auf Restitutionsklagegründe eingeschränkt, § 1386. Wurde die Aufhebungsklage rechtzeitig erhoben und dem Gegner zugestellt, sollte die Vollstreckbarkeit des Schiedsspruchs gehemmt sein, § 1387 Abs. 2.

In dem Norddeutschen Entwurf wurde die Klagerhebungsfrist auf drei Wochen verkürzt, § 1177 Abs. 1 ND-E. Der Fristenlauf begann mit der Zustellung der Vollstreckbarerklärung, § 1177 Abs. 2 ND-E. Sofern Aufhebungsgründe nach § 1172 Nr. 6 - Nr. 11 ND-E geltend gemacht werden sollten (also die späteren Restitutionsklagegründe des § 867 Nr. 6 CPO 1877), begann der Fristen-

---

311 Dies ist aus der Formulierung des § 867 CPO 1877 („*Aufhebung* […] *kann beantragt werden:*") und des § 870 Abs. 3 CPO 1877 („*Wird der Schiedsspruch aufgehoben* […]") zu entnehmen. Ähnlich verhält es sich bereits im Preußischen Entwurf, dort §§ 1378, 1379, vgl. auch §§ 1172, 1177 ND-E, §§ 777, 779 CPO-E 1, §§ 795, 797 CPO-E 2, 808, 810 CPO-E 3.

312 Prot.-ND-E, S. 2240.

lauf mit dem Zeitpunkt der Kenntnis der Partei von den tatsächlichen Umständen der jeweiligen Aufhebungsgründe, § 1177 Abs. 3 ND-E. Ebenso wie beim Preußischen Entwurf konnte nach dem Norddeutschen Entwurf die Aufhebung aber auch wegen der weiteren Aufhebungsgründe beantragt werden und war nicht auf die Restitutionsklagegründe beschränkt, wie es die §§ 869, 867 Nr. 6 CPO 1877 bestimmten.

Eine dem Preußischen Entwurf entsprechende automatische Hemmung der Zwangsvollstreckung (§ 1387 Abs. 2 Prß-E) wurde durch einen Antrag auf Einstellung und Aufhebung von Zwangsvollstreckungsmaßnahmen ersetzt, § 1178 ND-E. Dieses Antragsrecht wurde in den ersten CPO-Entwurf in § 781 CPO-E 1 übernommen. In den beiden Folgeentwürfen der CPO-Kommission und in der endgültigen Gesetzesfassung wurde demgegenüber auf eine Hemmungsregelung verzichtet, wobei ausdrücklich erklärt wurde, dass das Gericht im Tenor seiner Entscheidung sowohl die Aufhebung des Schiedsspruchs, als auch diejenige des Vollstreckungsurteils auszusprechen habe.[313] Damit wurde die Vollstreckung des Schiedsspruchs ebenso verhindert.

Die Frist zur Erhebung der Aufhebungsklage wurde verkürzt, und zwar auf zwei Wochen. Ansonsten wurde der Norddeutsche Entwurf in die Vorschrift des § 780 CPO-E 1 übernommen.

Der zweite CPO-Entwurf näherte sich dem Preußischen Entwurf wieder stärker an: Es wurde die Notfrist von einem Monat für die Klagerhebung übernommen. Erstmals wurde die zu diesem Zeitpunkt noch in zulässiger Weise geltend zu machenden Aufhebungsgründe auf die Restitutionsklagegründe des späteren § 867 Nr. 6 CPO 1877 beschränkt.[314] Diese Fassung wurde ohne weitere Änderungen in den dritten CPO-Entwurf[315] und die CPO von 1877 übernommen.

dd) Rechtsmittel gegen das Aufhebungsurteil

Da die Aufhebungsklage bei den ordentlichen Gerichten mit einem Urteil endete, waren Berufung und Revision die statthaften Rechtsmittel. Spezielle Vorschriften bestanden hierzu nicht.

313 Vgl. § 798 Abs. 3 CPO-E 2, § 811 Abs. 3 CPO-E 3, § 870 Abs. 3 CPO 1877.

314 Vgl. § 797, 798 CPO-E 2.

315 Vgl. §§ 810, 811 CPO-E 3.

8. Die Vollstreckbarkeit des Schiedsspruchs

a) Gegenstand der Vollstreckbarerklärung (§ 868 CPO 1877)

Die Zwangsvollstreckung aus dem Schiedsspruch erforderte eine Vollstreckbarerklärung eines ordentlichen Gerichts, § 868 Abs. 1 CPO 1877.[316] Gegenstand dieses Verfahrens konnte nur ein wirksamer Schiedsspruch sein, das Schiedsverfahren musste demzufolge abgeschlossen und der Schiedsspruch ordnungsgemäß nach § 865 CPO 1877 bei Gericht niedergelegt worden sein.[317] Der Umstand, dass der Schiedsspruch nach § 866 CPO 1877 die Rechtskraftwirkung eines Urteils hatte, machte die zusätzliche Vollstreckbarerklärung nicht entbehrlich, da die Rechtskraft nur zwischen den Parteien wirkte, ein Anspruch auf Durchführung von Zwangsvollstreckungsmaßnahmen gegenüber dem Staat ergab sich aus der Rechtskraft dagegen nicht.[318] Insofern bedurfte es einer zusätzlichen Vollstreckbarerklärung, die die Zwangsvollstreckung durch staatliche Organe ermöglichte.

b) Gerichtliches Klagverfahren (§§ 868, 871 CPO 1877)

Die Vollstreckbarerklärung erging durch ein Vollstreckungsurteil nach § 868 Abs. 1 CPO 1877, welches die Zulässigkeit der Zwangsvollstreckung aus dem Schiedsspruch aussprach. Es bedurfte daher eines Klagantrags an das zuständige Gericht, § 871 CPO 1877. Eine Frist für diesen Antrag bestimmte das Gesetz nicht.

Der Antrag war abzuweisen, wenn ein Aufhebungsgrund vorlag, § 868 Abs. 2 CPO 1877.[319] Innerhalb des Verfahrens zur Erteilung der Voll-

---

316 Die Begrifflichkeiten variieren, im ersten Entwurf der CPO von 1871 wird von einer Klausel gesprochen, die zu erteilen wäre. Insofern ähnelte das Verfahren dort der Klauselerteilung bei Urteilen der ordentlichen Gerichte, in beiden Fällen kam es zu keiner inhaltlichen Überprüfung der sachlichen Richtigkeit des Urteils bzw. Schiedsspruchs, eine mündliche Verhandlung war dementsprechend auch nicht vorgesehen, vgl. Begr.-CPO-E 1, S. 516. Allerdings bestand ein gewisser Unterschied, da der Schiedsspruch zumindest auf zwei Aspekte von Amts wegen zu untersuchen war, und zwar etwaige Gründe, die das Schiedsverfahren unzulässig machten oder die Verurteilung zu einer verbotenen Handlung, § 778 Abs. 3 CPO-E 1. Ab dem zweiten CPO-Entwurf musste ein Vollstreckungsurteil die Zulässigkeit der Zwangsvollstreckung aus dem Schiedsspruch aussprechen, § 796 Abs. 1 CPO-E 2, § 809 Abs. 1 CPO-E 3, § 868 Abs. 1 CPO 1877.

317 Vgl. § 1381 PrB-E, § 1174 ND-E, § 778 Abs. 1 CPO-E 1, § 796 Abs. 1 CPO-E 2, § 809 Abs. 1 CPO-E 3.

318 *Brodersen*, Unzulässigkeit des Verfahrens, S. 13.

319 Nach dem Wortlaut des § 868 Abs. 2 CPO 1877 war nicht völlig eindeutig, inwieweit das Gericht Gründe, die einer Vollstreckbarerklärung entgegenstehen konnten, von Amts wegen zu prüfen hatte. In jedem Falle war das Vorliegen eines endgültigen Schiedsspruchs nach formellen

streckbarerklärung konnten alle Aufhebungsgründe gemäß § 867 CPO 1877 eingewandt und gerichtlich geprüft werden.[320] Für die Zwangsvollstreckung aus dem Vollstreckungsurteil waren keine Besonderheiten zu beachten. Das Vollstreckungsurteil war wie jedes andere Urteil vollstreckbar.

Dies entsprach in etwa der Regelung des Preußischen Entwurfs. Danach bedurfte es zunächst eines Antrags an den Vorsitzenden des Gerichts, bei dem der Schiedsspruch niedergelegt worden war, §§ 1381, 1373. Der Antrag war auf Erteilung eines Vollstreckungszeugnisses zu richten. Dem Antrag waren der Schiedsvertrag, der Schiedsspruch nebst Zustellungsnachweisen und die Akten der Schiedsrichter beizufügen, § 1382. Der Vorsitzende hatte den Antrag abzuweisen, sofern ein Umstand vorlag, der den Schiedsspruch der Vernichtung wegen eines unzulässigen Schiedsverfahrens aussetzte (§ 1378 Nr. 1) oder wenn Berufung gegen den Schiedsspruch eingelegt worden war, § 1383.[321] Wies der Vorsitzende den Antrag ab, so sollte die Klage auf Erteilung des Vollstreckungszeugnisses statthaft sein, § 1384. Innerhalb dieser Klage konnte die gegnerische Partei Aufhebungsgründe vortragen, um der Vollstreckbarerklärung entgegenzutreten. Lediglich die Frage, ob der Schiedsspruch auf einem nach § 1378 Nr. 1 unzulässigen Schiedsverfahren beruhte, war nach § 1385 Abs. 2 von Amts wegen zu prüfen. War der Kläger auch hier mit seinem Antrag erfolglos, sollte mit Abweisungsentscheidung der Schiedsspruch außer Kraft treten, § 1385 Abs. 3. Eine erneute Entscheidung des Rechtsstreits hätte in diesem Fall durch die ordentlichen Gerichte erfolgen müssen, § 1389.

Auch nach dem Norddeutschen Entwurf war der Antrag an das Gericht zu richten, bei welchem der Schiedsspruch niedergelegt worden war. Dieses Gericht bestimmte sich nicht nach dem Ort der Abfassung des Schiedsspruchs, wie es der Preußische Entwurf vorsah, sondern stellte auf den allgemeinen Gerichtsstand ab, § 1170 ND-E.[322] Der Antrag war auf Erklärung der Vollstreckbarkeit und Übersendung einer vollstreckbaren Ausfertigung des Schiedsspruchs zu richten, § 1174 Abs. 2 ND-E. Unterlagen sollten nur dann beigefügt werden,

---

Gesichtspunkten (§ 865 CPO 1877) sowie das Verbot einer Verurteilung zu einer unerlaubten Handlung (§ 867 Nr. 2) zu prüfen, *Neukamp*, CPO, 1900, § 1042 Anm. lit. e, wohl auch *Endemann*, CPO, 1879, S. 484.

320 Zu den Aufhebungsgründen siehe oben Nr. 7b (Aufhebung des Schiedsspruchs), S. 74.

321 Die Motive des Entwurfs geben keinen Aufschluss darüber, ob das Vorliegen des Nichtigkeitsgrundes nach § 1378 Nr. 1 PrB-E von Amts wegen zu prüfen sein sollte. Zieht man aber § 1385 Abs. 2 PrB-E hinzu, der eine amtswegige Prüfung der weiteren Nichtigkeitsgründe aus § 1378 Nr. 2 bis Nr. 5 PrB-E untersagte, ist daraus abzuleiten, dass im Verfahren vor dem Vorsitzenden zur Erteilung der Klausel dieser § 1378 Nr. 1 PrB-E von Amts wegen prüfen hätte sollen.

322 Der Abfassungsort sei unpraktisch und willkürlich, Prot.-ND-E, S. 2237.

wenn sie nicht bereits bei der Gerichtsschreiberei niedergelegt worden waren, § 1175 Abs. 1 ND-E. Ferner sollte das gerichtliche Verfahren ohne Anhörung der gegnerischen Partei erfolgen, § 1175 Abs. 2 ND-E.

Die Ablehnung des Antrags auf Erteilung der Vollstreckbarerklärung war vorgesehen, wenn der Schiedsspruch auf einem unzulässigen Verfahren beruhte oder zu einer verbotenen Handlung verurteilte, § 1176 Abs. 1 ND-E.[323] Wäre der Antrag abgewiesen worden, sollte jedoch weiterhin die (Leistungs)klage vor den ordentlichen Gerichten aus dem Schiedsspruch erhoben oder auf Anerkennung geklagt werden können, § 1176 Abs. 2 ND-E[324]. Der Schiedsspruch hätte durch die Versagung der Vollstreckbarerklärung also nicht gleichzeitig seine Wirksamkeit verloren, wie es nach § 1385 Abs. 3 Prß-E der Fall war, sondern bestand als Anspruchsgrundlage fort.

Diese Klagen (Leistungsklage oder Anerkennung des Schiedsspruchs) konnten auch unmittelbar erhoben werden, ohne dass zuvor ein Antrag auf Erteilung der Vollstreckbarerklärung gestellt werden musste. Der Norddeutsche Entwurf übernahm die Regelung des § 1389 Prß-E bewusst nicht, wonach die ordentlichen Gerichte zur Streitentscheidung zuständig wurden, wenn der Schiedsspruch bei Versagung der Vollstreckbarkeit nach § 1385 Abs. 2 Prß-E außer Kraft getreten war.[325] Eine ausdrückliche Regelung zur Kraftlosigkeit des Schiedsspruchs bei Bestehen von Aufhebungsgründen, die der Vollstreckbarerklärung entgegengesehen, existiert im Norddeutschen Entwurf ebenfalls nicht.

Bereits im ersten CPO-Entwurf von 1871 war ein Klagverfahren zur Vollstreckbarerklärung des Schiedsspruchs vorgesehen, § 782 CPO-E 1.[326] Eines Antrags an den Vorsitzenden des Gerichts der Niederlegung bedurfte es nicht. Ansonsten waren Versagungsgründe und die formalen Anforderungen an die beizubringenden Unterlagen mit denen des Norddeutschen Entwurfs identisch, § 778 CPO-E 1.

Bei dem zweiten und dritten CPO-Entwurf von 1872 bzw. 1874 wurde zur Begründung der Vollstreckbarerklärung eine Analogie zu ausländischen Urtei-

---

323 Wie beim Preußischen Entwurf des § 1383 ist auch hier von einer amtswegigen Prüfung der Aufhebungsgründe nach § 1172 Nr. 1 und Nr. 2 ND-E auszugehen. Die Protokolle der Kommission des Norddeutschen Bundes belegen dies zwar nicht, da aber der gegnerischen Partei kein rechtliches Gehör gewährt werden sollte (§ 1175 Abs. 2 ND-E) war etwas anderes, als eine amtswegige Prüfung nicht möglich, da die Aufhebungsgründe des § 1172 Nr. 1, Nr. 2 ND-E andernfalls gar nicht geprüft werden könnten.

324 Prot.-ND-E, S. 2236: Die Mehrheit beschloss, dass besondere Erfüllungs- und Anerkennungsklagen nicht ausgeschlossen sein sollten, auch wenn eine gerichtliche Vollstreckbarerklärung nicht beantragt oder gar abgelehnt würde.

325 Prot.-ND-E, S. 2240.

326 Vgl. § 799 CPO-E 2, § 812 CPO-E 3.

len hergestellt.[327] Ein ausländisches Gericht sei nicht vom Deutschen Reich oder einem seiner Bundesstaaten ermächtigt, so dass ausländische Urteile durch einen gerichtlichen Akt zunächst zu einem in Deutschland vollstreckbaren Titel erwachsen müssten, wobei schwerwiegende Mängel des ausländischen Urteils dessen Vollstreckbarkeit entgegenstünden.[328] Ähnlich verhalte es sich mit einem Schiedsspruch, da auch das Schiedsgericht kein staatliches Gericht des Deutsches Reichs oder eines seiner Bundesstaaten sei, so dass eine Vollstreckung der schiedsrichterlichen Entscheidungen nur nach vorheriger Legitimation durch staatliche Gerichte in Betracht käme.[329]

Im zweiten Entwurf der CPO von 1872 war die Regelung des ersten Entwurfs der CPO deutlich geändert. Die Vollstreckbarerklärung sollte nicht nur dann versagt werden können, wenn das Schiedsverfahren unzulässig wäre oder der Schiedsspruch zu einer verbotenen Handlung verurteilt hätte.[330] Nach dem Konzept des zweiten CPO-Entwurfs war die Vollstreckbarerklärung auch dann nicht zu erteilen, wenn ein beliebiger Grund vorlag, der zur Aufhebung des Schiedsspruchs berechtigte, §§ 796 Abs. 2, 795 CPO-E 2. Somit konnten im Verfahren der Vollstreckbarerklärung alle Aufhebungsgründe nachgeprüft werden.[331]

c) Vollstreckbarkeit eines ausländischen Schiedsspruchs

Obwohl die CPO in §§ 660 ff. CPO 1877[332] Regelungen zur Anerkennung und Vollstreckung ausländischer Urteile beinhaltete, wurden ausländische Schieds-

327 Begr.-CPO-E 3, S. 496.

328 Begr. CPO-E 3, S. 496.

329 Begr. CPO-E 3, S. 496.

330 So aber noch § 1176 Abs. 1 ND-E und ebenso § 778 Abs. 3 CPO-E 1, ähnlich auch § 1384 PrB-E.

331 *Brodersen*, Unzulässigkeit des Verfahrens, S. 12.

332 § 660 CPO 1877:
„*(1) Aus dem Urtheil eines ausländischen Gerichts findet die Zwangsvollstreckung nur statt, wenn ihre Zulässigkeit durch ein Vollstreckungsurtheil ausgesprochen ist.*
(2) Für die Klage auf Erlassung desselben ist das Amtsgericht oder Landgericht, bei welchem der Schuldner seinen allgemeinen Gerichtsstand hat, und in Ermangelung eines solchen das Amtsgericht oder Landgericht zuständig, bei welchem in Gemäßheit des §. 24 gegen den Schuldner Klage erhoben werden kann.“;
§ 661 CPO 1877:
„*(1) Das Vollstreckungsurtheil ist ohne Prüfung der Gesetzmäßigkeit der Entscheidung zu erlassen.*
(2) Dasselbe ist nicht zu erlassen:
1. wenn das Urtheil des ausländischen Gerichts nach dem für dieses Gericht geltenden Rechte die Rechtskraft noch nicht erlangt hat;

sprüche von der CPO nicht berücksichtigt. Auch die Vorentwürfe wurden ausländische Schiedssprüche nicht erwähnt. Somit ergab sich eine auch in der Literatur umstrittene Regelungslücke in der CPO,[333] die zunächst durch die Rechtsprechung geschlossen werden musste, bis es später zu gesetzlichen Anpassungen kam.[334]

9. Die Zuständigkeiten der ordentlichen Gerichte (§ 871 CPO 1877)

Für die Handlungen, die begleitend und ergänzend zum schiedsgerichtlichen Verfahren durch die ordentlichen Gerichte vorgenommen wurden, waren eigenständige Zuständigkeitsregelungen vorgesehen.

Der erste Entwurf der CPO von 1871 ging von einer ausschließlichen Zuständigkeit der Amtsgerichte für Anträge

- betreffend die Ernennung oder Ablehnung von Schiedsrichtern,
- auf Feststellung des Erlöschens eines Schiedsvertrags,
- auf Feststellung der Unzulässigkeit des Schiedsverfahrens und
- zur Aufhebung des Schiedsspruchs

aus, § 779 Abs. 1 CPO-E 1. Entscheidungen über derartige Anträge sollten als Endurteile behandelt und werden damit der Berufung oder Revision zugänglich

---

2. *wenn durch die Vollstreckung eine Handlung erzwungen werden würde, welche nach dem Rechte des über die Zulässigkeit der Zwangsvollstreckung urtheilenden deutschen Richters nicht erzwungen werden darf;*
3. *wenn nach dem Rechte des über die Zulässigkeit der Zwangsvollstreckung urtheilenden deutschen Richters die Gerichte desjenigen Staates nicht zuständig waren, welchem das ausländische Gericht angehört;*
4. *wenn der verurtheilte Schuldner ein Deutscher ist und sich auf den Prozeß nicht eingelassen hat, sofern die den Prozeß einleitende Ladung oder Verfügung ihm weder in dem Staate des Prozeßgerichts in Person noch durch Gewährung der Rechtshülfe im Deutschen Reiche zugestellt ist;*
5. *wenn die Gegenseitigkeit nicht verbürgt ist.".*

333 *Haeger* war der Meinung, dass mangels einer differenzierten Behandlung in- und ausländischer Schiedssprüche im 10. Buch der ZPO die Vorschriften über die Vollstreckbarkeit ebenso auf ausländische Schiedssprüche anzuwenden seien, die in Deutschland vollstreckt werden sollen, *Haeger*, Vollstreckung von Schiedssprüchen, S. 40 f. Ebenso könne aber auch aus dem Schiedsspruch vor den deutschen Gerichten auf Leistung geklagt werden, *Haeger*, Vollstreckung von Schiedssprüchen, S. 45 ff. Dem widersprach *Planck* mit dem Argument, der Gesetzgeber hätte ausdrückliche Regelungen für die Vollstreckung ausländischer Schiedssprüche schaffen müssen, *Planck*, Lehrbuch, S. 628 f. *Francke* war offenbar der Auffassung, dass auch ausländische Schiedssprüche unter die Exequaturvorschriften der §§ 660 f. CPO 1877 fielen, ohne dies jedoch zu begründen, *Francke*, Entscheidungen ausländischer Gerichte, in: ZZP, 1885, S. 4.

334 Zur Rechtsprechung ab S. 214; Zur Rechtsänderung siehe ab S. 124 (Genfer Übereinkommen) und ab S. 148 (Novelle von 1930).

sein, § 779 Abs. 3 CPO-E 1. Für die in § 779 Abs. 1 CPO-E 1 aufgeführten Anträge sollten die Parteien ein Amtsgericht in ihrem Schiedsvertrag bestimmen können, welches Kraft schriftlicher Parteivereinbarung zuständig sein sollte, § 783 Abs. 1, 1. Halbsatz CPO-E 1. Fehlte eine solche Vereinbarung, wäre das Amtsgericht zuständig gewesen, welches bei Geltendmachung des streitigen Anspruchs vor einem ordentlichen Gericht zuständig wäre. Dabei kamen nur Amtsgerichte in Betracht, die Wertgrenzen für die amtsgerichtliche Zuständigkeit blieben unberücksichtigt, § 783 Abs. 1, 2. Halbsatz CPO-E 1. Anträge auf

- Erteilung einer Vollstreckungsklausel oder
- Einwendungen im Zwangsvollstreckungsverfahren aus einem vollstreckbaren Schiedsspruch

wären hingegen bei beim Amts-, Land- oder Handelsgericht zu stellen bzw. geltend zu machen, welches örtlich für den Sitz des Schiedsgerichts zuständig war, wobei die Zuständigkeitsregeln für die ordentlichen Gerichte angewendet werden sollte, § 782 CPO-E 1.[335]

Eine ausdrückliche Regelung zur Art der jeweiligen gerichtlichen Entscheidung, mithin zu ihrer Rechtsmittelfähigkeit, fehlte im ersten CPO-Entwurf. Da die Entscheidung über die Vollstreckbarerklärung nach § 778 Abs. 3 CPO E 1 ohne mündliche Verhandlung erfolgen konnte, ist anzunehmen, dass es sich in diesem Fall um einen Beschluss hätte handeln sollen, da ein Urteil immer eine mündliche Verhandlung erforderte. Der Beschluss wäre somit der Beschwerde (§ 480 CPO-E 1) zugänglich gewesen. Soweit es um Einwendungen gegen die Vollstreckung und gegen den ihr zugrundeliegenden vollstreckbaren Schiedsspruch ging, sollte die Vollstreckungsgegenklage nach §§ 782, 602 Abs. 1 CPO-E 1 statthaft sein.

Der zweite Entwurf der CPO von 1872 erlaubte es den Parteien, das zuständige Amts- oder Landgericht für Klagen

- betreffend die Ernennung oder Ablehnung von Schiedsrichtern,
- auf Feststellung des Erlöschens eines Schiedsvertrags,
- auf Feststellung der Unzulässigkeit des Schiedsverfahrens,
- zur Aufhebung des Schiedsspruchs und
- auf Erteilung der Vollstreckungsklausel

schriftlich zu vereinbaren.[336] Diese Regelung wurde in § 871 Abs. 1, 1. Halbsatz CPO 1877 aufgenommen.[337] Sollte es keine Parteiver-

335 Begr.-CPO-E 1, S. 518 zu § 782.

336 An dem Schriftformerfordernis wurde Kritik geübt, so beispielsweise von *Carl Leo*, Unbrauchbarkeit der neuen Bestimmungen, in: HansRZ, 1924, S. 587 f., der den Nutzwert der Schriftlichkeit bezweifelte, gleichzeitig aber praktische Schwierigkeiten erwartete. *Leo* hielt die

einbarung geben, galten die Zuständigkeiten nach gesetzlichen Bestimmungen unter der Annahme, dass für den streitbefangenen Anspruch der ordentliche Rechtsweg eröffnet wäre. Sollte danach ein Handelsgericht zuständig sein, sollte dieses aber nicht angerufen werden, sondern das Amts- oder Landgericht, das ansonsten zuständig wäre.[338] Sollten sich danach mehrere zuständige Amtsgerichte ergeben, war das Amtsgericht zuständig, welches als erstes von einer Partei oder dem Schiedsgericht angerufen wurde.[339]

III. Die Novelle von 1898

Nach zwei geringfügigeren Änderungen in den Jahren 1886 und 1887[340] erfuhr die CPO eine erste umfassendere Überarbeitung durch das Änderungsgesetz vom 20. Mai 1898, welches am 1. Januar 1900 gemeinsam mit dem BGB in Kraft trat.[341]

Schriftform für ein Versehen. Im ersten CPO-Entwurf von 1871 sei diese noch damit begründet worden, dass die Vollstreckbarerklärung ohne Anhörung des Gegners erteilt werden sollte und wenigstens die durch schriftliche Dokumente die Rechtfertigung der Vollstreckbarerklärung nachgewiesen werden solle. Da der Gegner aber in der endgültigen Fassung der CPO anzuhören sein, sei die Schriftform von Anfang an unbegründet in das Gesetz geschrieben worden, *Leo*, Unbrauchbarkeit der neuen Bestimmungen, in: HansRZ, 1924, S. 588. Demgegenüber sprach sich *Seuffert* für ein Schriftformerfordernis für den Schiedsvertrag im allgemeinen mit der Begründung aus, der Ausschluss der ordentlichen Gerichtsbarkeit sei von außerordentlicher Tragweite. Außerdem würden in der Praxis die meisten Schiedsverträge ohnehin schriftlich geschlossen werden, *Seuffert*, Revision der CPO, in: ZZP, 1892, S. 324.

337 Vgl. § 799 Abs. 1, 1. Halbsatz CPO-E 2, § 812 Abs. 1, 1. Halbsatz CPO-E 3.

338 Vgl. § 799 Abs. 3 CPO-E 2, § 812 Abs. 3 CPO-E 3, § 871 Abs. 3 CPO 1877.

339 Vgl. § 783 Abs. 2 CPO-E 1, § 799 Abs. 2 CPO-E 2, § 812 Abs. 2 CPO-E 3, § 871 Abs. 2 CPO 1877.

340 RGBl. 1886 S. 130 und RGBl. 1897 S. 159. Diese Änderungen betrafen allerdings nicht das Schiedsverfahrensrecht, vgl. Stein/Jonas/*Schumann*, ZPO, 20. Auflage, 1988, Einl. II C, Rz. 113.

341 RGBl. 1898, S. 369 ff.; Hier wird die Civilprozeßordnung in der Fassung der Novelle von 1898 bereits als „ZPO" abgekürzt. Zwar wurde die Schreibweise von „Civilprozeßordnung" auf „Zivilprozeßordnung" erst mit Wirkung ab dem 1. Januar 1903 geändert, Wieczorek/Schütze/*Prütting*, ZPO, 3. Auflage, 1994, Einleitung Rz. 4. In dieser Arbeit wird die Zivilprozeßordnung ab der Rechtsänderung von 1898, die über 1903 hinaus bis 1924 galt, als „ZPO" abgekürzt.

1. Zur Entstehung und den Motiven der Novelle

War die CPO im Jahr 1876 im Reichstag noch als „*Meisterwerk*" bezeichnet worden, so waren schon bald nach ihrem Inkrafttreten Reformdiskussionen entstanden.[342]

Anlass zur Novelle von 1898 gab die Einführung des Bürgerlichen Gesetzbuches im Deutschen Reich, woraus sich notwendige verfahrensrechtliche Modifikationen ergaben. Das Schiedsverfahrensrecht erfuhr dabei nur geringfügige Änderungen, die sich ausschließlich auf die Zuständigkeit der ordentlichen staatlichen Gerichte und die Form ihrer Entscheidungen beschränkten.[343] Demzufolge blieb der Großteil des Schiedsverfahrensrechts unangetastet.[344]

Daneben sollte mit einem effektiveren Zivilprozessverfahren ein weiteres Abwandern von Rechtsstreitigkeiten in die Schiedsgerichtsbarkeit vermieden[345]

342 *Schubert*, Akademie für Deutsches Recht, Zivilprozeß und Gerichtsverfassung, S. 8; Stein/Jonas/*Schumann*, ZPO, 20. Auflage, 1988, Einl. II N, Rz. 200.

343 Ein weiterer Änderungsantrag betraf das Recht, Frauen als Schiedsrichter gemäß § 858 Abs. 3 CPO 1877 abzulehnen. Beantragt wurde, diese Regelung zu streichen, da Frauen ebenso wie Männer geeignet sein könnten, ein Schiedsrichteramt auszufüllen. Dieser Antrag wurde mehrheitlich mit der Begründung abgelehnt, man könne einer Partei eine Frau als Schiedsrichtern nicht aufzwingen, vgl. *Hahn/Mugdan*, Materialien zu den Reichs-Justizgesetzen 1898, S. 431. Diese restriktive Haltung Frauen gegenüber entsprach der europäischen Wirklichkeit: Erstmals zwischen 1900 und 1909 wurde es Frauen gestattet, sich in Deutschland für rechtswissenschaftliche Studien an Universitäten einzuschreiben, der Zugang zum Referendariat und zur zweiten Staatsprüfung – folglich zu klassischen juristischen Berufen – blieb ihnen weiterhin versagt. Im europäischen Ausland war das Bild ähnlich, wenngleich man beispielsweise in Frankreich, Island oder auch Dänemark schneller dazu überging, Frauen auch in juristischen Berufen zuzulassen, vgl. *Hassels/Hommerich*, Frauen in der Justiz, S. 33 ff. Zur entsprechenden ZPO Reform Norwegens aus dem Jahr 1913: *Aasgaard*, Norwegischer Zivilprozeßentwurf, in: ZZP, 1914, S. 181.
Mit dem Gesetz über die Zulassung von Frauen zu den Ämtern und Berufen der Rechtspflege vom 11. Juli 1922 wurde Frauen gesetzlich der Zugang zu juristischen Berufen ermöglicht sowie die Möglichkeit, eine Schiedsrichterin wegen ihres Geschlechts abzulehnen, aus § 1032 Abs. 3 ZPO 1898 gestrichen.

344 Die §§ 851 bis 866 CPO 1877 entsprechen den neu nummerierten §§ 1025 - 1040 ZPO 1898. Entsprechendes galt für § 868 CPO 1877 (§ 1042 ZPO 1898), § 870 CPO 1877 (§ 1044 ZPO 1898) und § 872 CPO 1877 (§ 1048 ZPO 1898). In den §§ 867, 869 CPO 1877 (§§ 1041, 1043 ZPO 1898) wurden wegen der neuen Nummerierung der ZPO 1898 zwei Paragraphenverweise angepasst.

345 In der Beratung des Entwurfs vom 11. Januar 1898 stellt *Nieberding* fest, dass die Novelle 1898 neben den Anpassungen an das BGB drängende Übelstände der ZPO beseitigen solle, nämlich Schwerfälligkeit, Formalismus und Belastung der Gerichte. In der selben Beratung verwies auch *Gamp* auf diese Missstände und erklärt, er würde bei Abschluss eines größeren Vertrags heute

und der Zivilprozess beschleunigt und kostengünstiger gestaltet werden, da er vielfach als schwerfällig wahrgenommen wurde.[346] Diese Einschätzung hatte unterschiedliche Ursachen:

Zum einen beurteilten die Bundesstaaten des neuen Deutschen Reichs die Vor- und Nachteile der CPO jeweils aus Sicht ihrer bisherigen Prozessordnungen, die durch die CPO abgelöst worden waren. Dadurch kam es zu einer unterschiedlichen Wahrnehmung von Fort- und Rückschritt im Zivilprozess.[347] Zum anderen schränkte die Arbeitsüberlastung der staatlichen Gerichte deren Verfügbarkeit ein. Anfangs des 20. Jahrhunderts wurden bereits Maßnahmen zur Entlastung des erst seit 1879 tätigen Reichsgerichts ergriffen,[348] später folgten entsprechende Entlastungsgesetze auch hinsichtlich der unteren Instanzen.[349]

Daneben änderten sich die politischen Rahmenbedingungen. Die CPO von 1877 war vor dem Hintergrund eines politischen und gesellschaftlichen Liberalismus entstanden, welcher dem Bürger weitestgehende Freiheiten ermöglichen wollte und Eingriffe des Staates in das private Leben als Relikte des Absolutismus betrachtete.[350] Bis zur Jahrhundertwende wandelte sich diese Auffassung zu

---

in jedem Falle eine Schiedsvereinbarung treffen, um den Zivilprozess zu vermeiden, *Hahn/Mugdan*, Materialen zu den Reichs-Justizgesetzen 1898, S. 189 - 190, S. 200.

346 *Hahn/Mugdan*, Materialen zu den Reichs-Justizgesetzen 1898, S. 78.

347 *Dannreuther*, Zivilprozeß, S. 163.

348 Gesetz, betreffend Änderungen der Zivilprozeßordnung, RGBl. 1905, S. 536; Gesetz, betreffend die Zuständigkeit des Reichsgerichts vom 22. Mai 1910, RGBl. 1910, S. 767.

349 Beispielsweise: Gesetz, betreffend Änderungen des Gerichtsverfassungsgesetzes, der Zivilprozeßordnung, des Gerichtskostengesetzes und der Gebührenordnung für Rechtsanwälte vom 1. Juni 1909, RGBl. 1909, S. 475 (sog. Amtsgerichtsnovelle 1909).

350 Die Französische Revolution hatte den Boden für eine auf die Freiheit des Einzelnen gerichtete Politik bereitet, wenngleich schon früher auf die Bedeutung des Individuums und seiner freien Entfaltung hingewiesen wurde, beispielsweise durch *Immanuel Kant* oder *Gotthold Ephraim Lessing*. *Adam Smith* befürwortete die Deregulierung des Staatswesens zugunsten der freien Marktkräfte und markierte damit den Beginn einer Nationalökonomietheorie, die bis in das 19. Jahrhundert viele Vertreter fand. Gleichzeitig zeigten sich mit der fortschreitenden Industrialisierung neue soziale Erscheinungen, wie Massenarmut und Kinderarbeit bei einer gleichzeitigen Bevölkerungsexplosion. Mitte des 19. Jahrhunderts kamen verstärkt sozialstaatliche Theorien auf, wie beispielsweise bei *Karl Marx*. Politisch wurde der Gedanke des dem Bürger verpflichteten Sozialstaats in der Gesetzgebung zur Sozialversicherung Ende des 19. Jahrhunderts in Deutschland verwirklicht, *Siemann*, Vom Staatenbund zum Nationalstaat, S. 149 ff. und *Kellenbenz*, Deutsche Wirtschaftsgeschichte, S. 11 f., zur Entwicklung des Sozialstaatsgedankens auch *Ritter*, Der Sozialstaat, S. 1 - 4, S. 61 - 87.

einem mehr sozial geprägten Staatsverständnis, bei dem der Staat stärker regelende und kontrollierende Aufgaben gegenüber dem Bürger übernahm.[351]

Dieser Wandel des Staatsverständnisses übertrug sich auf das Recht. Es wurde befürchtet, der bestehende Zivilprozess gewährte dem Bürger nicht das erforderliche Maß an Rechtsschutz. Im Wesentlichen wurde dies mit einem zu langsamen Verfahrensablauf begründet, bei dem der Einzelne durch taktische Maßnahmen die Entscheidung eines Rechtsstreits zu seinem Vorteil verzögern konnte.[352]

Trotz der Vielzahl der diskutierten Reformvorschläge lässt sich eine immer wiederkehrende Zielsetzung der Reformbefürworter erkennen:

- Die Vereinfachung und Beschleunigung des Zivilprozesses sowie
- die Entlastung und Kostensenkungen in der Rechtspflege.[353]

Die Debatte über die Beschleunigung des Zivilprozesses wurde seit Beginn des 20. Jahrhunderts intensiv auf allen Ebenen geführt.[354] Erwähnenswert sind die „Grundlinien" von *Adickes*[355], mit denen er eine einfache und lebensnahe Rechtspflege forderte und damit die Diskussion einer ZPO-Reform im Jahr 1906 erneut anregte. Der Deutsche Juristentag von 1902 und der Deutsche Anwaltstag

---

351 Von einem aufkommenden Verständnis einer sozialen Verpflichtung des Staates gegenüber dem Rechtssuchenden zur Zeit der Jahrhundertwende wird auch in der Begründung des späteren Entwurfs einer Zivilprozessordnung von 1931, S. 256 f., gesprochen.

352 Vgl. dazu die Stellungnahmen der von *Nieberding* und *Rintelen* im Plenum des Reichstags vom 11. Januar 1898, abgedruckt bei *Hahn/Mugdan*, Materialien zu den Reichs-Justizgesetzen 1898, S. 191 bzw. S. 194 ff.; Stein/Jonas/*Schumann*, ZPO, 20. Auflage, 1988, Einl. II N, Rz. 200.

353 Die Meinungen zur Reformierung des Zivilprozesses gingen in Detailfragen auseinander. Dies stellt *Cahn* übersichtlich dar, *Cahn*, Rechtsstreit, in: ZZP, 1917, S. 445 ff.

354 Man beobachtete insbesondere den österreichischen Zivilprozess, dessen Offizialbetrieb, also die starke richterliche Verfahrensleitung, einen raschen Prozessbetrieb versprach, *Dannreuther*, Zivilprozeß, S. 210 ff., insbesondere S. 214 f.

355 *Adickes* sprach sich 1906 in seinem Werk „Grundlinien durchgreifender Justizreform" programmatisch für eine Modernisierung des Zivilprozesses mit dem Ziel einer lebensnahen, schnellen und effizienten Rechtspflege aus. Ein Jahr später veröffentlichte er hierzu erneut unter dem Titel „Zur Verständigung über die Justizreform". *Adler* meinte, *Adickes* habe die Reformdebatte erneut ausgelöst: *Adler*, Zivilprozessgesetzgebung, S. 250; Ebenso stellt *Schumann* fest, *Adickes* habe die Debatte mit Leben erfüllt: Stein/Jonas/*Schumann*, ZPO, 20. Auflage, 1988, Einl. II N, Rz. 200. *Dittenberger* stellte im Jahr 1908 fest, die Massen hätten unmittelbar im Anschluss an *Adickes* Grundlinien einer durchgreifenden Justizreform den Zivilprozess der ZPO völlig in Frage gestellt. Danach habe sich eine breite Mehrheit für Reformen ausgesprochen, so dass es zu dem Entwurf der Amtsgerichtsnovelle kam. *Dittenberger* sprach sich im Übrigen deutlich gegen die Amtsgerichtsnovelle aus, *Dittenberger* in: Entwurf der Amtsgerichtsnovelle, S. 1 f.

von 1903 hatten sich zuvor ebenfalls mit den dringendsten Problemen des Zivilprozesses befasst.[356]

Um diese Missstände zu beseitigen, sollte der Richter eine straffere Verfahrensleitung übernehmen, wie es auch in Österreich der Fall war.[357] Aus diesem Grund erfuhr die österreichische ZPO des Jahres 1895 große Beachtung, da sie dem Richter deutlich weitreichendere Pflichten bei der Prozessleitung zuwies, als dies für den deutschen Zivilprozess vorgesehen war.[358] Die ZPO hatte mit der Zeit den Ruf bekommen, zu formalistisch, zu schwerfällig und für anwaltlich nicht beratene Parteien zu kompliziert und Lebensfern zu sein.[359] Diese Einschätzung teilte beispielsweise auch der Geheime Justizrat *Knoepfler* in seinem Bericht über den Juristentag in Karlsruhe im Jahr 1908, der sich mit den Missständen des Zivilprozesses befasste. *Knoepfler* hob hervor, dass die Rechtsprechung „rechtzeitig praktische Ergebnisse schaffen" müsse. Dies sei nach Auffassung *Knoepflers* nicht der Fall, so dass das Rechtsschutzbedürfnis der Bürger nicht hinreichend befriedigt werde.[360]

Bereits im Jahr 1881 hatte die Rechtsanwaltschaft auf dem 8. Deutschen Anwaltstag zu den bis dahin erkannten Missständen der CPO Stellung genommen.[361] Hierüber berichtete der Staatssekretär des Reichsjustizministeriums *von Schelling* mit Schreiben vom 1. Dezember 1881 der Reichsregierung und schlug vor, die bisher in Erscheinung getretenen Missstände der CPO zu diskutieren.[362]

356 *Dannreuther*, Zivilprozeß, S. 210 f., S. 211 Fn. 3.

357 *Bähr* war bereits 1885 der Auffassung, der Zivilprozess verlottere aufgrund von Verzögerungen im Verfahrensablauf. Der Abgeordnete *Lenzmann* stellte bei der Beratung der Novelle von 1898 fest, er sei erfreut, dass sich alle Redner zumindest darüber einig seien, dass die ZPO nichts tauge, vgl. Begründung des Entwurfs von 1931, S. 241.

358 So beispielsweise *Schwartz*, Die Novelle vom 17./20. Mai 1898 und die künftige Civilprozessreform, S. 128 ff.; vgl. auch *Schubert*, Zivilprozessreform in der Weimarer Zeit, S. XIV; Stein/Jonas/*Schumann*, ZPO, 20. Auflage, 1988, Einl. II F, Rz. 123. Die österreichische ZPO von 1895 folgte weniger strikten Prozessmaximen, ihr Verfahrensablauf folgte Zweckmäßigkeitsgesichtspunkten. Die stärkere Stellung des Richters wurde mit dem Wunsch der Parteien begründet, bei Gericht Unterstützung zu erfahren. Die soziale Verpflichtung des Staates zum Rechtsschutz seiner Bürger sollte sich also nicht nur auf das Abfassen des Urteils beschränken, *Adler*, Zivilprozessgesetzgebung, S. 241 ff., *Köster*, Beschleunigung und Entlastung, S. 70 f. Ausführliche Nachweise zur österreichischen ZPO bei Stein/Jonas/*Schumann*, ZPO, 20. Auflage, 1988, Einl. C II, Rz. 115, dort Fn. 12, 13.

359 Stein/Jonas/*Schumann*, ZPO, 20. Auflage, 1988, Einl. II C, Rz. 113 und Einl. II F, Rz. 123.

360 BArch R 3002, Nr. 240, Bl. 119 f. (Aktenblätter nicht durchgängig nummeriert).

361 *Damrau*, Prozeßmaximen, S. 38 ff.; *Dannreuther*, Zivilprozeß, S. 121 - 130.

362 *Jakobs/Schubert*, Beratung des BGB, 2. Teilband, S. 994 - 997.

Reichskanzler *Bismarck* regte 1884 Reformarbeiten an,[363] die allerdings im Jahr 1885 auf seine Veranlassung hin wieder eingestellt wurden, wohl zur Vermeidung politischer Widerstände.[364]

Mit den Beratungen zum BGB wurde die CPO erneut Gegenstand der Diskussion,[365] so dass das Reichsjustizamt die Reformüberlegungen im Jahr 1890 erneut aufgriff.[366] In der Einladung des Reichsjustizamtes zur Beratung einer CPO-Reform im April/Mai 1895 wurde unter anderem die Einführung eines Beschlussverfahrens bei der gerichtlichen Rechtshilfe für die Schiedsgerichte erwähnt.[367] Für den Vorschlag eines Beschlussverfahrens sprach sich während der Sitzung vom 25. April 1895 die Mehrheit der CPO-Revisionskommission aus.[368] Der Antrag *Schröders*[369], das Vollstreckungsurteil durch einen Vollstreckungsbeschluss zu ersetzen, wurde dagegen mehrheitlich abgelehnt.[370] Entsprechend dieser Beschlusslage entstand ein Gesetzesentwurf zur Änderung der CPO. Lediglich Hamburg schlug eine weitere Änderung vor, wonach die Niederlegung des Schiedsspruchs nicht mehr zwingend zum Abschluss des Schiedsverfahrens erforderlich sein sollte.[371] Es sollte damit vermieden werden, dass ein einzelner Schiedsrichter nach Zustellung des Schiedsspruchs die Beendigung des Schiedsverfahrens noch dadurch verhindern konnte, dass er an der

---

363 Schreiben *Bismarcks* an das Reichsjustizamt vom 17. August 1884, in welchem *Bismarck* unter anderem auf gestiegene Verfahrenskosten als besonderen Überstand hinwies, *Jakobs/Schubert*, Beratung des BGB, 2. Teilband, S. 1003. Insbesondere Anwaltszwang, Gerichtsvollzieherwesen und Zustellungsrecht waren in den Blickpunkt der Diskussion gerückt.

364 *Köster*, Beschleunigung und Entlastung, S. 69.

365 *Nieberding*, Staatssekretär des Reichsjustizamts, erklärte während einer Rede anlässlich der ersten Beratung des Entwurfs der Novelle von 1898 im Plenum des Reichstags vom 11. Januar 1898, es müsste nicht wegen der Beratungen zum BGB Anlass die ZPO geändert werden, vielmehr bestünden auch Missstände des Zivilprozesses, die eine Änderung erforderten, *Hahn/Mugdan*, Materialien zu den Reichs-Justizgesetzen 1898, S. 190 f.; vgl. auch Stein/Jonas/*Schumann*, ZPO, 20. Auflage, 1988, Einl. II C, Rz. 113; Zum Ablauf der Gesetzgebungsarbeiten zur Novelle von 1898 siehe *Seuffert*, Neue CPO, in: DJZ, 1899, S. 1 f.

366 Vgl. das Schreiben des Reichsjustizamtes vom 11. Juni 1890 an den preußischen Justizminister, *Jakobs/Schubert*, Beratung des BGB, 2. Teilband, S. 1030 - 1032.

367 *Jakobs/Schubert*, Beratung des BGB, 2. Teilband, S. 1066, S. 1070.

368 7. Sitzung vom 25. April 1895 der CPO- Revisionskommission, *Jakobs/Schubert*, Beratung des BGB, 2. Teilband, S. 1088 Nr. 18.

369 *Schröder* war als Vertreter des Königlichen Preußischen Justizministeriums an der Konferenz der CPO-Revisionskommission beteiligt, *Jakobs/Schubert*, Beratung des BGB, 2. Teilband, S. 1071.

370 7. Sitzung vom 25. April 1895 der CPO-Revisionskommission, *Jakobs/Schubert*, Beratung des BGB, 2. Teilband, S. 1088 Nr. 18.

371 *Jakobs/Schubert*, Beratung des BGB, 2. Teilband, S. 1323, S. 1388.

Niederlegung nicht mehr mitwirkte.[372] Dieser Vorschlag gelangte jedoch nicht in die Bundesratsvorlage vom 4. November 1897.

2. Einrede des Schiedsvertrags (§ 274 Abs. 2 Nr. 3 ZPO 1898)

Die Vorschrift des § 274 Abs. 2 CPO 1877 wurde im Zuge der Novelle von 1898 modifiziert. Diese Vorschrift regelte prozesshindernde Einreden. Neu war die Aufnahme der Einrede des Schiedsvertrags in § 274 Abs. 2 Nr. 3 ZPO 1898. Die Entwurfsbegründung äußerte sich nicht zu dieser Einfügung. Ob diese Rechtsänderung auf die Rechtsprechung des Reichsgerichts reagiert wurde, das mit der Entscheidung vom 27. Februar 1893 erstmals die prozessuale Wirkung der Einrede des Schiedsvertrags feststellte, ergibt sich aus den Gesetzesmaterialien nicht.[373]

3. Änderung der Zuständigkeitsregelung (§§ 1045 - 1047 ZPO 1898)

Die ordentlichen Gerichte konnten in zweierlei Hinsicht angerufen werden, einmal nach Abschluss des Schiedsverfahrens zum Zwecke der Aufhebung des Schiedsspruchs, aber auch zur Erteilung der Vollstreckbarerklärung. Hierfür enthielt § 871 CPO 1877 eine entsprechende Zuständigkeitsregelung.

Während des laufenden Schiedsverfahrens konnte gerichtliche Rechtshilfe beansprucht werden, sofern das Schiedsgericht zu bestimmten Handlungen nicht befugt war. Diese Handlungen waren in § 862 Abs. 1 CPO 1877 bzw. § 1036 Abs. 1 ZPO 1898 geregelt und betrafen beispielsweise Zeugenladungen und Vereidigungen. Zu solchen Maßnahmen waren Schiedsgerichte nicht befugt, denn sie konnten nur freiwillig erscheinende Zeugen oder Sachverständige vernehmen, nicht aber vereidigen, § 861 CPO 1877, nun § 1035 ZPO 1898. Für die Rechtshilfe bestand in der CPO von 1877 noch keine Zuständigkeitsregelung, so dass hier eine Regelungslücke vorlag. Die Vorschrift des § 862 Abs. 1 CPO 1877 stellte zuvor auf die zuständigen Gerichte ab, in der bisherige Zuständigkeitsregel des § 871 Abs. 1 CPO 1877 wurde jedoch die gerichtliche Rechtshilfe nicht aufgeführt.

Der erste Entwurf der CPO war noch in sich schlüssig. In § 772 CPO-E 1 war geregelt, dass entsprechende Anträge auf Vornahme richterlicher Handlungen bei dem zuständigen Amtsgericht zu stellen seien. Ergänzend bestimmte § 783 CPO-E 1, welches Amtsgericht jeweils zuständig war. Im Zuge der Umarbeitungen der CPO Entwürfe war an diese Stelle ein abschließender Katalog gerückt, die aber die erforderlichen richterlichen Handlungen nicht berücksichtigte, so dass eine Regelungslücke entstand. Mit § 1045 Abs. 1 ZPO 1898 wurde

---

372 *Jakobs/Schubert*, Beratung des BGB, 2. Teilband, S. 1268, S. 1320

373 Urteil des Reichsgerichts vom 27. Februar 1893, Rev. VI 247/92, RGZ 31, S. 370 - 375, S. 374.

diese Lücke geschlossen und die Zuständigkeit der ordentlichen Gerichte bei richterlichen Rechtshilfehandlungen geregelt.

Die Gerichtszuständigkeit bei Entscheidungen über die Unzulässigkeit eines schiedsgerichtlichen Verfahrens, die Aufhebung von Schiedssprüchen und den Erlass eines Vollstreckungsurteils wurde vom § 871 Abs. 1 CPO 1877 lediglich in § 1046 ZPO 1898 verschoben. Ebenso wurde die Regelung des § 871 Abs. 2 CPO 1877, der eine Regelung für den Fall mehrerer gesetzlich zuständiger Gerichte vorsah, in § 1047 ZPO 1898 verschoben.

4. Beschlussverfahren über richterliche Handlungen (§ 1045 Abs. 2 ZPO 1898)

Das Verfahren über Rechtshilfehandlungen der ordentlichen Gerichte wurde auf ein schriftliches Beschlussverfahren umgestellt, § 1045 Abs. 2 ZPO 1898. In jedem Falle sollte rechtliches Gehör gewährt werden, § 1045 Abs. 2 ZPO.

Bislang waren richterliche Rechtshilfehandlungen im Klagverfahren zu erwirken, so dass auch eine mündliche Verhandlung durchzuführen war. In der Begründung des Novellenentwurfs wurde dazu ausgeführt, dass es sich bei den gerichtlichen Entscheidungen über schiedsgerichtliche Verfahrensangelegenheiten, wie beispielsweise die Ernennung oder Ablehnung von Schiedsrichtern, nicht um Kernaufgaben des ordentlichen Richters handle und daher das Beschlussverfahren hinreichend sei.[374]

5. Sofortige Beschwerde gegen richterliche Handlungen (§ 1045 Abs. 3 ZPO 1898)

Gegen die gerichtlichen Entscheidungen des § 1045 Abs. 1 ZPO 1898 wurde der Rechtsbehelf der sofortigen Beschwerde gestattet, § 1045 Abs. 3 ZPO 1898. Zuvor waren die Berufung und die Revision gegen gerichtliche Entscheidungen die einzig statthaften Rechtsmittel, da die Gerichte im Klagverfahren durch Endurteil zu entscheiden hatten. Diese Rechtsmittel entfielen durch das Beschlussverfahren des § 1045 Abs. 1 ZPO 1898 zugunsten der sofortigen Beschwerde.

IV. Ergebnisse zur CPO und zur Novelle von 1898

Entsprechend den eingangs der Arbeit aufgestellten Thesen 1 und 3[375] war der Frage nachzugehen, ob der Gesetzgeber des jungen Deutschen Reichs bestrebt war, der privaten Schiedsgerichtsbarkeit einen günstigen Platz innerhalb der Rechtspflege zuzuweisen und die Tätigkeit der Schiedsgerichte zu unterstützen

374 *Hahn/Mugdan*, Materialien zu den Reichs-Justizgesetzen 1898, S. 184.

375 Vgl. zu den Thesen S. 28 f.

und zu fördern. Diese Thesen lassen sich für die Zeit zwischen 1877 und der Novelle von 1898 aus folgenden Gründen bestätigen:

(1) In der Begründung des letzten CPO-Entwurfs des Deutschen Reichs wurde nicht nur das Bedürfnis nach schiedsrichterlicher Streitentscheidung anerkannt, sondern auch ausdrücklich eine positive Entwicklung des Schiedsgerichtswesens angestrebt.[376]

(2) Ferner hatte sich der CPO-Gesetzgeber teilweise von den Vorentwürfen des Deutschen bzw. Norddeutschen Bunds mit dem Ziel entfernt, Einschränkungen der Schiedsgerichtsbarkeit möglichst zu vermeiden. So wurde zum Zweck der Stärkung des freien Handelsverkehrs auf die Schriftform des Schiedsvertrags verzichtet, die der Preußische Entwurf noch vorsah. Dadurch sollte der Abschluss von Schiedsverträgen vereinfacht werden (*These 1*). Es sollte eine feste Bindung an prozessuale Regeln vermieden und auf diese Weise respektiert werden, dass sich Schiedsparteien gerade zur Vermeidung der Verfahrensstrenge vor den ordentlichen Gerichten für ein Schiedsverfahren entschieden (*These 3*). Dementsprechend waren sich die Verfasser der CPO darin einig, grundsätzlich keine sachliche Überprüfung des Schiedsspruchs zuzulassen.[377]

(3) Auch der Verzicht auf die vom Preußischen Entwurf vorgesehene Möglichkeit der Berufung zu den ordentlichen Gerichten spricht für die Absicht, das Schiedsgerichtswesen – konkret: die Vollstreckung von Schiedssprüchen – zu vereinfachen (*These 1*). Die ausführliche Begründung des ersten CPO-Entwurfs zur fehlenden Berufungsmöglichkeit gegen einen Schiedsspruch lässt den Schluss zu, dass der Wunsch der Parteien, einen Streitfall gerade nicht durch die staatlichen Gerichte beurteilen zu lassen, respektiert werden sollte (*Thesen 1 und 3*).

Dagegen könnte das Bestreben des Gesetzgebers der Novelle von 1898, ein weiteres Abwandern von Rechtsstreitigkeiten in die Schiedsgerichtsbarkeit zu begrenzen, für eine eher restriktive Einstellung gegenüber dem Schiedsgerichtswesen sprechen. Ursache der Abwanderungstendenz war aber der ineffektive Zivilprozess. Der Gesetzgeber hatte diesen Missstand erkannt und wollte an der Verbesserung des Zivilprozesses arbeiten, nicht jedoch die Schiedsgerichtsbarkeit einschränken.

---

376 Es wird ausgeführt, dass das „[…] *Bedürfniß nach schiedsrichterlicher Entscheidung von Rechtsstreitigkeiten unter der Herrschaft aller bisher zur Geltung gelangten Prozeßsysteme bestanden* […]“ habe, und eine „[…] *gedeihliche Entfaltung* […]“ des Schiedsgerichtswesens beabsichtigt sei, Begr.-CPO-E 3, S. 489.

377 Begr.-CPO-E 1, S. 515; nicht ausdrücklich, aber inhaltlich genauso Begr.-CPO-E 3, S. 496 und gleichlautend die Begründung des 2. Entwurfs.

Aus praktischer Sicht ungünstig war das Fehlen von Regeln über ausländische Schiedssprüche und die Ablehnung des Beschlussverfahrens für die Vollstreckbarerklärung, das bei der Vorbereitung der Novelle von 1898 bereits vorgeschlagen worden war (*Thesen 1 und 2*). Es ist den Materialien jedoch nicht zu entnehmen, dass die Absicht bestanden hätte, ausländischen Schiedssprüchen die Vollstreckbarkeit zu verwehren oder zu erschweren. Im Gegenteil, es sind überhaupt keine Ausführungen vorhanden. Es ist daher anzunehmen, dass hier das Problembewusstsein hinsichtlich der Regelungsbedürftigkeit ausländischer Schiedssprüche noch fehlte. Entsprechend formulierte *Nußbaum* knapp 30 Jahre nach Inkrafttreten der CPO, dass dem Gesetzgeber bei dem Entwurf der CPO von 1877 noch die notwendige Erfahrung mit dem Schiedsgerichtswesen gefehlt habe.[378] Vor dem Hintergrund, dass die Schiedsgerichtsbarkeit zur Zeit des Absolutismus nahezu in der Bedeutungslosigkeit verschwunden war und erst Mitte des 19. Jahrhunderts wieder an Bedeutung gewann, ist *Nußbaums* Aussage zur mangelnden Erfahrung plausibel.[379] Unterstützung findet die Annahme einer noch unzureichenden Erfahrung mit dem Schiedsgerichtswesen ferner darin, dass auch die Vorentwürfe des Deutschen und Norddeutschen Bunds keine Regelungen zu ausländischen Schiedssprüchen aufweisen.

Zusammenfassend lässt sich schlussfolgern, dass der deutsche Gesetzgeber das Schiedsgerichtswesen fördern wollte und ihm eine hohe Akzeptanz entgegenbrachte.

378 *Nußbaum*, Neuordnung des Schiedsgerichtswesen, 1918, S. 2 - 5.

379 Siehe dazu ab S. 37 (Geschichtlicher Überblick).

C. Die Entwicklungen zwischen 1898 und 1933

I. Überblick über den weiteren Reformprozess

Die 1920er und 1930er Jahre waren geprägt von den Erfahrungen des ersten Weltkriegs und seinen Auswirkungen, die überall in der Zivilgesellschaft spürbar waren. Die Verluste durch den Krieg und die Verpflichtungen aus dem Versailler Friedensvertrag führten zu starken wirtschaftlichen Belastungen Deutschlands. Der daraus resultierende enorme Spardruck auf die öffentlichen Haushalte beeinträchtigte auch die Rechtspflege deutlich.[380] Die geführte Debatte über die Schwerfälligkeit des deutschen Zivilprozesses und die notwendigen Modernisierungen blieb damit weiterhin aktuell.[381] Der Gesetzgeber versuchte derweil mit einer Vielzahl von Gesetzen und Verordnungen dieses Problem zu lösen oder zumindest zu lindern.[382]

Nach dem Ende des ersten Weltkriegs hatte die Weimarer Nationalversammlung erneute Reformarbeiten an der ZPO gefordert. Insbesondere wegen der rasanten Inflation litten die Parteien noch stärker unter langwierigen Prozessen, ein Nachteil, den man bereits mit der Novelle von 1898 zu beseitigen versucht hatte. Vor diesem Hintergrund wurde eine Kommission im Reichsjustizministerium eingesetzt, die eine umfassende Überarbeitung der ZPO vorbereiten sollte.[383] Aufgabe der Kommission sollte die Erarbeitung eines „volkstümlicheren, einfacheren und schleunigeren Prozessverfahrens" sein, wie es der Reichsminister der Justiz in einem Schreiben vom 11. Oktober 1920 an *Friedrich Stein* formulierte, den er um dessen Mitarbeit bei der Kommission zur Neugestaltung der ZPO bat.[384]

380 *Dannreuther*, Zivilprozeß, S. 278.

381 Über den Diskussionsstand zum Zivilprozess in der Literatur berichtet *Cahn*, Rechtsstreit, in: ZZP, 1917, S. 445 ff. ausführlich.

382 Beispielsweise: Gesetz betreffend Erhöhung der Zuständigkeit der Amtsgerichte in bürgerlichen Rechtsstreitigkeiten über vermögensrechtliche Ansprüche 1920, RGBl. 1920, S. 449; Gesetz zur Entlastung der Gerichte 1921, RGBl. 1921, S. 229; Gesetz zur weiteren Entlastung der Gerichte 1922, RGBl. 1922, S. 569; Zweites Gesetz zur weiteren Entlastung der Gerichte 1923, RGBl. 1923 I, S. 217; Verordnung zur Entlastung der Gerichte 1923, RGBl. 1923 I, S. 742; Weitere Verordnung zur Entlastung der Gerichte und über die Gerichtskosten 1923, RGBl. 1923 I, S. 1186. Siehe dazu die Übersicht bei *Köster*, Beschleunigung und Entlastung, S. 46 - 66.

383 *Schubert*, Akademie für Deutsches Recht, Zivilprozeß und Gerichtsverfassung, S. 10.

384 BArch R 3001, Nr. 8155, S. 1 des Schreibens des Reichsjustizministers vom 11. Oktober 1920 (Aktenblätter nicht durchgängig nummeriert).

Daraufhin wurde am 12./13. November 1920 die Kommission zur Vorbereitung des Entwurfs einer neuen Zivilprozessordnung einberufen.[385] Die Arbeiten dieser Kommission mündeten in dem Entwurf einer Zivilprozeßordnung von 1931. Einige Teile dieses Entwurfs wurden bereits vor 1931, weitere wurden später umgesetzt.[386] Eine vollständige Revision der ZPO kam dagegen nicht in Betracht, da über zu viele Punkte keine kurzfristige Einigkeit zu erzielen war.[387] So entstanden viele einzelne Gesetze und Verordnungen, die teilweise nur von kurzer Dauer waren.[388]

Vor dem Hintergrund der oben erwähnten Ineffektivität des Zivilprozesses wies *Erich Volkmar*[389], Ministerialrat im Reichjustizministerium, im Jahr 1924

---

385 *Schubert*, Zivilprozessreform in der Weimarer Zeit, S. XXVII. In die Kommission waren berufen: *Professor Friedrich Stein*, an dessen Stelle nach seinem Tode *Professor Mendelssohn-Bartholdy* trat, Reichsgerichtsrat a. D. *Busch*, Rechtsanwalt und Justizrat *Magnus*, Oberlandesgerichtspräsident *Levin*, Ministerialrat *Lucas*, an dessen Stelle nach seinem Ausscheiden aus dem preußischen Justizministerium der Ministerialrat *Goldschmidt* trat, Oberlandesgerichtssenatspräsident *Schultz*. Ferner wurde die Kommission anfangs von dem später verstorbenen Rechtsanwalt *Ernst Fuchs* beraten, Begründung des Entwurfs von 1931, S. 242 Fn. I.

386 Ein offizieller Entwurf der Kommission von 1920 ist der Entwurf von 1931 allerdings nicht, er wird aber auf die Arbeiten der Kommission zurückgeführt, Begründung des Entwurfs von 1931, S. 242. Veröffentlicht wurde der Entwurf von 1931 unter Leitung von *Volkmar* durch die Abteilung I des Reichsjustizministeriums. *Volkmar* war 1920 bereits als Referent der Kommission zur Neugestaltung der ZPO tätig gewesen, *Schubert*, Akademie für Deutsches Recht, Zivilprozeß und Gerichtsverfassung, S. 10 f.

387 *Dannreuther*, Zivilprozeß, S. 326 - 329.

388 Beispielsweise: Gesetz, betreffend Erhöhung der Zuständigkeit der Amtsgerichte in bürgerlichen Rechtsstreitigkeiten über vermögensrechtliche Ansprüche 1920, RGBl. 1920 S. 449; Drei Gesetze zur Entlastung der Gerichte, RGBl. 1921 S. 229, RGBl 1922, S. 569, RGBl 1923 I, S. 217 sowie vier spätere Entlastungsverordnungen aus 1923, RGBl. 1923 I S. 742; S. 884; S. 1041; S. 1186.

389 *Volkmar* war Referent des Reichsjustizministeriums und befasste sich in dieser Funktion bereits Anfang des 20. Jahrhunderts mit der Reform der ZPO. Zudem war er Richter und hatte so eigene Erfahrungen mit den praktischen Mängeln des Zivilprozesses gesammelt. Er hielt die Langsamkeit und Umständlichkeit des Verfahrens für die Hauptmängel der ZPO, die auch auf eine schlechte Vorbereitung der Verfahren und auf die Überlastung der Richterschaft zurückzuführen seien. Von diesen Standpunkten ausgehend legte *Volkmar* einen Novellenentwurf im November 1923 vor. An der Entstehung der Emminger-Verordnung von 1924 war er maßgeblich beteiligt. Insofern sind seine Ausführungen zur Motivierung der Emminger-Verordnung, die Bestandteil der Novelle von 1924 war, ein wichtiger Hinweis auf die Zielsetzung der Reformbewegung der damaligen Zeit. Gleichwohl ist zu berücksichtigen, dass die Novelle von 1924 einen Kompromiss verschiedener Auffassung der Beteiligten bildet. Ferner entstand die Novelle von 1924 unter Ausschluss der Öffentlichkeit und trat als Notverordnung in Kraft. Die Novelle von 1924 kann daher nicht als ein vollständiges Abbild der damaligen Reformbestrebungen betrachtet werden. Zur näheren Entwicklung und den Hintergründen der No-

darauf hin, dass die Langsamkeit des Zivilprozesses während der akuten Inflationszeit für den Bürger faktisch zu einem Verlust des Rechtsschutzes vor den ordentlichen Gerichten geführte habe.[390] Ein massiver Anstieg von Schiedsverfahren sei mittlerweile die Folge dieser Entwicklung. Auch andere Autoren, wie beispielsweise *Wilm von Stein*, *Victor Fuchs*, *Carl Neukirch*, *Heinrich Lindenau*, *Hugo Jacoby* oder *Carl Leo* stellten die intensive Inanspruchnahme der Schiedsgerichtsbarkeit durch Handel und Industrie fest.[391] Diese an sich für die Schiedsgerichtsbarkeit positive Entwicklung kann aber nicht darüber hinwegtäuschen, dass frühzeitig Kritik am Schiedsverfahrensrecht der ZPO geäußert wurde. So kritisierte *Nußbaum* die Bestimmungen der ZPO als wenig geglückt, von einem praktischen Verfahren könne nicht die Rede sein.[392] Man habe bei der Vorbereitung der CPO von 1877 allerdings auch nicht über die notwendige Erfahrung mit dem Schiedsgerichtswesen verfügt.[393] Besonders auffällig seien die seiner Auffassung nach umständliche Erhebung des Zeugenbeweises[394], die fehlerträchtige Vorschrift über die Unterzeichnung, Zustellung und Niederlegung des Schiedsspruchs[395] und die Probleme bei der Vollstreckung von Schiedssprüchen und -vergleichen[396]. Um diese Nachteile zu beseitigen, legte er im Jahr 1918 einen eigenen Entwurf einer Novelle des Schiedsverfahrensrechts vor, bei der er sich auch für Sonderregeln für die von ihm als „amtlich" bezeichneten Schiedsgerichte aussprach.[397] Bei diesen „amtlichen" Schiedsgerichten sollte es

---

velle von 1924 siehe *Schubert*, Zivilprozessreform in der Weimarer Zeit, insbesondere S. XII und S. XXI ff.

390 *Volkmar*, Prozessverordnung 1924, S. 3; Zur Schwerfälligkeit des Zivilprozesses auch *Volkmar*, Beschleunigungsverordnung 1923, S. 1, S. 15 f.

391 *Wilm von Stein*, Schiedsgerichtsbewegung in der Industrie, in: JW, 1914, S. 605; *Fuchs*, Ausbau des Schiedsverfahrens, in: DJZ, 1919, S. 423; *Neukirch*, Schiedsgerichtliches Verfahren, in: JW, 1923, S. 680; *Lindenau*, Erfahrungen, in: DJZ, 1923, S. 354; ähnlich *Jacoby*, Vollstreckung nach der Novelle, in: LZ, 1925, S. 122; Die Bedeutung der Schiedsgerichtsbarkeit bei internationalen Handelsbeziehungen anerkennend: *Wolff*, Schiedsklauseln im internationalen Privatverkehr, in: JW, 1925, S. 1202 rechte Spalte; ähnlich auch *Liebmann*, Vollstreckung ausländischer Schiedssprüche, in: DJZ, 1915, S. 807 und *Leo*, Welche Hauptgrundsätze sind für die Neuregelung des Schiedsgerichtswesens zu empfehlen? in: 34. DJT, Band 1, S. 183.

392 *Nußbaum*, Ausbau des Schiedsgerichtswesens, in: ZZP, 1912, S. 259.

393 *Nußbaum*, Neuordnung des Schiedsgerichtswesen, 1918, S. 2 - 5.

394 §§ 861 f. CPO 1877.

395 § 865 CPO 1877.

396 § 868 CPO 1877; Vergleiche mussten bis zur Novelle von 1924 durch eine Leistungsklage bei den ordentlichen Gerichten durchgesetzt werden. Für die Vollstreckung ausländischer Schiedssprüche gab es bis zur Novelle von 1930 keine Regelungen, auch dies kritisierte *Nußbaum*.

397 *Nußbaum*, Neuordnung des Schiedsgerichtswesen, 1918, S. 20 ff.; Der Begriff „amtlich" ist missverständlich. Es sollten private Schiedsgerichte sein, wobei eine öffentliche Körperschaft

sich um Schiedsgerichte handeln, die bei öffentlichen Körperschaften (beispielsweise Handelskammern) eingerichtet waren und durch Vertrag vereinbart wurden. Die „amtlichen" Schiedsgerichte hielt *Nußbaum* für erforderlich, da die ständigen Schiedsgerichte aufgrund der steigenden Zahl der Schiedsverfahren einen immer größeren Anteil an der Rechtspflege hätten.[398] Dieser steigende Umfang schiedsrichterlicher Rechtsprechung mache eine stärkere Ordnung des privaten Schiedsgerichtswesens erforderlich, die sich *Nußbaum* durch die öffentlichen Körperschaften versprach. Diesen „amtlichen" Schiedsgerichten sollten daher weitergehende Befugnisse als den sogenannten Gelegenheitsschiedsgerichten zustehen, die ohne Verbindung zu öffentlichen Körperschaften tätig wurden.[399]

Andere Autoren wiederum sahen in dem Schiedsverfahren eine grundsätzliche Gefahr für die Rechtspflege. So riet *Paul Reinhard* generell von Schiedsvereinbarungen ab.[400] Ein schnelles und einfaches Schiedsverfahren war seiner Meinung nach nur bei Beteiligung „blinder Verteidiger" möglich, ansonsten böte das Schiedsverfahrensrecht der ZPO derart viele Blockademöglichkeiten, dass ein Schiedsspruch Jahre brauche, bis er vollstreckt werden könnte. Ähnlich argumentierte auch *Ernst Wolff*, der im Verfahren der Ernennung bzw. Ablehnung von Schiedsrichtern, der Terminierung der mündlichen Verhandlung und der Beweisaufnahme sowie dem späteren Verfahren zur Erteilung der Vollstreckbarerklärung außerordentlich viel Raum für Verfahrensverschleppungen sah.[401] Der Umstand, dass durch die Inanspruchnahme der Schiedsgerichte eine Vielzahl von Rechtsstreitigkeiten der „staatlichen Beaufsichtigung" entzogen würde, ließ *Neukirch* vorschlagen, gerichtliche Schiedsverfahren zu ermöglichen, deren Schiedsspruch sofort vollstreckbar sein sollte.[402] Auch *Fuchs* hielt das Schiedsverfahren für schwerfällig und kostenintensiv.[403] Daher regte er eine modernisierte „allgemeine Schiedsgerichtsbarkeit" an, die das Verfahren volkstümlicher, einfacherer und damit effizienter gestalten sollte. Eine solche Modernisierung

---

die ständige Organisation des Schiedsgerichts sein sollte – ein nach heutiger Begrifflichkeit institutionelles Schiedsgericht.

398 *Nußbaum*, Neuordnung des Schiedsgerichtswesen, 1918, S. 10 ff.

399 Beispielsweise sollte das amtliche Schiedsgericht Zeugen vereidigen dürfen, § 1054 Abs. 1 des Entwurfs von *Nußbaum*. Die Niederlegung des Schiedsspruchs konnte anstelle bei Gericht auch bei der öffentlichen Körperschaft erfolgen, § 1056 des Entwurfs von *Nußbaum*. Schiedsrichterliche Vergleiche sollten im Regelfall direkt aus dem Protokoll vollstreckt werden können, die Vollstreckbarerklärung sollte durch das Schiedsgericht selbst erfolgen, § 1060 des Entwurfs von *Nußbaum*.

400 *Reinhard*, Mängel, in: Recht 1905, S. 408, S. 411.

401 *Wolff*, Schiedsklauseln im internationalen Privatverkehr, in: JW, 1925, S. 1202.

402 *Neukirch*, Schiedsgerichtliches Verfahren, in: JW, 1923, S. 681.

403 *Fuchs*, Ausbau des Schiedsverfahrens, in: DJZ, 1919, S. 423 f.

würde zudem die ordentlichen Gerichte entlasten. In diesem Sinne schlug *Adolf Wach* vor, das an unnützem Ballast erkrankte Schiedsverfahrensrecht zu verschlanken um dessen Attraktivität zu steigern, um so die überlastete staatliche Rechtspflege zu entlasten.[404] Insbesondere die Vollstreckbarkeit von Schiedssprüchen sollte nach der Auffassung von *Wach* territorial erweitert werden. Mit der Novelle von 1924 versuchte der Gesetzgeber erstmals[405] seit 1877, zu einer Beschleunigung im schiedsrichterlichen Verfahren beizutragen. Die Novelle von 1924 war jedoch Grund für vielfache Kritik[406] und zog weitere Gesetzesnovellen nach sich.

Parallel zu den nationalen Entwicklungen kam es auch im internationalen Kontext zu einer „Welle der Schiedsgerichtsbewegung", wie es *Hans Wehberg* 1926 beschrieb.[407] *Wehberg* meinte damit allerdings vorrangig Schiedsgerichte zur Beilegung politischer Streitigkeiten. Aber auch der Trend, grenzüberschreitende, bürgerliche Streitigkeiten durch Schiedsgerichte beizulegen, nahm zu.[408] Dazu wurden vielfach bilaterale Staatsverträge zur Vollstreckung ausländischer Schiedssprüche abgeschlossen.[409] Ferner entstanden das Genfer Protokoll über die Schiedsklauseln im Handelsverkehr vom 24. September 1923[410] sowie das Genfer Abkommen zur Vollstreckung ausländischer Schiedssprüche vom 26. September 1927[411] in Form kollektiver internationaler Übereinkommen. Diese Genfer Übereinkommen sollten die rechtliche Akzeptanz von Schiedsverträgen und die Vollstreckung von Schiedssprüchen im internationalen Rechtsverkehr sicherstellen. Gerade für die internationalen Schiedsgerichtsverfahren waren die Genfer Übereinkommen von großer Bedeutung, da sie durch die Rechtsvereinheitlichung zu größerer Rechtssicherheit betrugen. Mit der Novelle von 1930 wurde die ZPO an die Genfer Übereinkommen angepasst.[412] Gleichzeitig wurden die stark kritisierten Mängel der Novelle von 1924 beseitigt.

Erkennbar wird, dass die gestiegene Nachfrage nach Schiedsverfahren nicht nur Befürworter fand, sondern sich auch kritische Stimmen zu Wort meldeten. Dabei stand der Wunsch nach einer Verbesserung der Praktikabilität des Schiedsverfahrens im Vordergrund, wobei gleichzeitig auf mögliche Gerechtig-

---

404 *Wach*, Rechtspflege im deutschen Volksstaat, in: DJZ, 1919, S. 7 f.

405 Abgesehen von der Novelle von 1898, die in § 1045 Abs. 2 ZPO 1898 das richterliche Rechtshilfeverfahren von einem Klag- auf ein schnelleres Beschlussverfahren umgestellt hatte.

406 Dazu sogleich unter Ziff. II Nr. 5 (Kritik in der Literatur), S. 112 ff.

407 *Wehberg*, Grundprobleme des Völkerbunds, S. 13.

408 *Nußbaum*, Internationale Schiedsgerichte, in: DJZ, 1925, S. 1453.

409 *Nußbaum*, Vorwort, in: Int. Jahrbuch I, S. 1.

410 RGBl.1925 II, S. 47, dort auch Ratifizierung.

411 RGBl. 1930 II, S. 1067 ff., Ratifizierung S. 1269.

412 Hierzu sogleich unter Ziff. IV (Novelle von 1930) , S. 148.

keitsmängel hingewiesen wurde (*Reinhard*, *Fuchs*, *Wolff*). Zu erwähnen ist in diesem Zusammenhang der Gesetzesentwurf des Deutschen Anwaltvereins aus Leipzig von 1928, dessen Begründung insbesondere den Schutz der wirtschaftlich schwächeren Parteien hervorhob.[413] Dieses Ziel wurde bereits mit der zuvor ergangenen Novelle von 1924 verfolgt und findet sich auch in dem ZPO-Entwurf von 1931 wieder.

Nach der Veröffentlichung des Entwurfs von 1931 veränderten sich die politischen Zustände in Deutschland immer stärker. Infolge der Machtergreifung Hitlers verlor die Rechtspflege immer mehr von ihrer Unabhängigkeit.[414] Das Schiedsverfahrensrecht erfuhr bis 1945 nur durch die Novelle von 1933 eine leichte Veränderung. Der umfassende Neuentwurf des Schiedsverfahrensrechts im ZPO-Entwurf von 1931 wurde nicht umgesetzt, obgleich der Ausschuss für bürgerliche Rechtspflege kontinuierlich über Reformen des Zivilprozessrechts beriet.[415] Bei diesen Beratungen brachte *Volkmar,* der spätere Vorsitzende des Ausschusses für bürgerliche Rechtspflege, wiederholt den Entwurf von 1931 zur Sprache, ohne dass es zu einer Gesamtreform der ZPO – mithin des Schiedsverfahrensrechts – kam. Wenn auch ein gewisser nationalsozialistisch geprägter Sprachgebrauch im Ausschuss verbreitet war, so war die Arbeit des Ausschusses im Wesentlichen nicht von nationalsozialistischen Grundsätzen geprägt, die es für den Zivilprozess ohnehin kaum gab.[416] Die Novelle von 1933 zeigt allerdings eindeutig den Einfluss nationalsozialistischer Zielsetzungen, wie noch zu zeigen sein wird.[417] Nach 1933 war der Zivilprozess weiterhin Gegenstand von Beratungen, Änderungen im 10. Buch fanden jedoch nicht mehr statt.[418] Der Zivilprozess hingegen unterlag einer Vielzahl von Änderungen.[419]

---

413 BArch R 3001, Nr. 8161, Schreiben des Deutschen Anwaltvereins zu Leipzig vom 20. November 1928 an das Reichsjustizministerium nebst Gesetzesentwurf und Begründung, keine Blattnummer (Aktenblätter nicht durchgängig nummeriert).

414 Der Verlust der Unabhängigkeit der Judikatur beruhte unter anderem auf folgenden Maßnahmen: Einschränkungen der richterlichen Unabhängigkeit, Einschränkungen der Gerichtszuständigkeit zugunsten der Justizverwaltung und Sonderverfahren, Einschränkungen beim Zugang zu Berufen und Ämtern der Rechtspflege. Großen Einfluss übte auch die Verbannung jüdischer Literatur aus der Rechtswissenschaft aus, ferner die Beachtung nationalsozialistischer Weltanschauungen bei der Anwendung der bestehenden Gesetze, hierzu näher Stein/Jonas/*Schumann*, ZPO, 20. Auflage, 1988, Einl. II J, Rz. 135 ff. und Weinkauff/Wagner/*Wagner*, Justiz und Nationalsozialismus, Teil I, S. 191 f.

415 *Schubert*, Akademie für Deutsches Recht, Zivilprozeß und Gerichtsverfassung, S. 1.

416 *Schubert*, Akademie für Deutsches Recht, Zivilprozeß und Gerichtsverfassung, S. 3.

417 Hierzu sogleich unter Ziff. VI (Novelle von 1933), S. 193.

418 Das Schiedsverfahren kam während der ersten Sitzung des Ausschusses für bürgerliche Rechtspflege vom 20. Januar 1934 im Zusammenhang mit der Haltung des Ausschusses zu gesetzlichen Sondergerichten zur Sprache. Inhaltliche Diskussionen zum Schiedsverfahrensrecht selbst

II. Die Novelle von 1924

1. Zur Entstehung und den Motiven der Novelle

Ein Ergebnis der oben beschriebenen Reformbestrebungen war die Entlastungsverordnung des Jahres 1915.[420] Sie wurde durch die Verordnung zur Beschleunigung des Verfahrens in bürgerlichen Rechtsstreitigkeiten vom 22. Dezember 1923[421] ergänzt. Beide Verordnungen beinhalteten jedoch keine schiedsverfahrensrechtlichen Regelungen, sondern dienten der Entlastung der

fanden jedoch nicht statt, *Schubert*, Akademie für Deutsches Recht, Zivilprozeß und Gerichtsverfassung, S. 128, S. 130.

419 In der Zeit seit der Entlastungsverordnung von 1915 bis zum Jahr 1933 wurden weitere Gesetze und Verordnungen zur (teils nur zeitweisen) Anpassung des Zivilprozessverfahrens erlassen. Das Schiedsverfahrensrecht findet in diesen Gesetzen und Verordnungen allerdings keine Berücksichtigung; Gesetz betreffend Erhöhung der Zuständigkeit der Amtsgerichte in bürgerlichen Rechtsstreitigkeiten über vermögensrechtliche Ansprüche 1920, RGBl. 1920, S. 449; Gesetz zur Entlastung der Gerichte 1921, RGBl. 1921, S. 229; Gesetz zur weiteren Entlastung der Gerichte 1922, RGBl. 1922, S. 569; Zweites Gesetz zur weiteren Entlastung der Gerichte 1923, RGBl. 1923 I, S. 217; Verordnung zur Entlastung der Gerichte 1923, RGBl. 1923 I, S. 742; Weitere Verordnung zur Entlastung der Gerichte und über die Gerichtskosten 1923, RGBl. 1923 I, S. 1186; Verordnung zur Entlastung des Reichsgerichts 1924, RGBl. 1924 I, S. 29; Verordnung über das Mahnverfahren in Urkunden und Wechselsachen 1924, RGBl. 1924 I, S. 773; Verordnung über das Mahnverfahren 1925, RGBl. 1925 I, S. 88; Gesetz über die Entlastung des Reichsgerichts 1926 und die Verordnung über die Revision in bürgerlichen Rechtsstreitigkeiten 1926, RGBl. 1925 I S. 475, 476; Weiteres Gesetz zur Entlastung des Reichsgerichts 1927, RGBl. 1926 I, S. 503; Weiteres Gesetz zur Entlastung des Reichsgerichts 1928, RGBl. 1928 I, S. 120; Weiteres Gesetz zur Entlastung des Reichsgerichts 1929, und zweite Verordnung über die Revision in bürgerlichen Rechtsstreitigkeiten 1929, RGBl. 1929 I, S. 19; Gesetz zur Zuziehung von Hilfsrichtern zum Reichsgericht 1930, RGBl. 1930 I, S. 31; Verordnung des Reichspräsidenten zur Sicherung von Wirtschaft und Finanzen 1930, RGBl. 1930 I, S. 517; Dritte Verordnung des Reichspräsidenten zur Sicherung von Wirtschaft und Finanzen und zur Bekämpfung politischer Ausschreitungen 1931, RGBl. 1931 I, S. 537; Verordnung des Reichspräsidenten über Maßnahmen auf dem Gebiet der Rechtspflege und Verwaltung 1932, RGBl. 1932 I, S. 285; Verordnung des Reichspräsidenten auf dem Gebiete der Finanzen, der Wirtschaft und der Rechtspflege 1933, RGBl. 1933 I, S. 109; Verordnung zur Vereinfachung der Zustellungen 1933, RGBl. 1933 I, S. 394. Nach der Novelle von 1933 gab es weitere Veränderungen des Zivilprozessrechts, beispielsweise: Mehrere Vereinfachungsverordnungen (RGBl. 1939 I, S. 1658; RGBl. 1940 I, S. 455; RGBl. 1940 I, S.1253; RGBl. 1940 I, S. 1340; RGBl. 1942 I, S.139; RGBl. 1943 I, S.7) und Kriegsmaßnahmeverordnungen (RGBl. 1943 I, S. 290; RGBl. 1944 I, S. 229).

420 RGBl. 1915, S. 562.

421 RGBl. 1923 I, S. 1239.

Gerichte.[422] Die anschließende Verordnung über das Verfahren in bürgerlichen Rechtstreitigkeiten vom 13. Februar 1924 (sogenannte Emminger- oder auch Prozess-Verordnung) führte zur Neubekanntmachung der ZPO unter Einschluss der Beschleunigungsverordnung von 1923.[423] Inhaltlich beruhte die Novelle von 1924 im Wesentlichen auf den Arbeiten der Kommission des Reichsjustizministeriums zur Neugestaltung des Zivilprozesses von 1920, die später als Entwurf von 1931 veröffentlicht wurden.[424] Ziel der Novelle war es, auf die vielfache Kritik an einem zu langsamen Zivilprozess und an den Nachteilen des bestehenden Schiedsverfahrensrechts zu reagieren.[425]

Zu Anfang sah der Verordnungsentwurf der Reichsregierung allerdings keine Regelung zum Schiedsverfahrensrecht vor. Als Grund gab *Volkmar*, Referent der Kommission zur Neugestaltung der ZPO von 1920, an, man habe keine Er-

---

422 Über die Möglichkeit schiedgerichts*ähnlicher* Entscheidungen durch die ordentlichen Gerichte wurde innerhalb der Kommission zur Vorbereitung einer neuen Zivilprozeßordnung streitig diskutiert, siehe hierzu die Anfrage des Abgeordneten *Graef*, RT Drucks, I. Wahlperiode 1920 Band 375, Anlage Nr. 5081, S. 5507 sowie Tagungsbericht der ZPO-Kommissionsberatung vom 26. und 27. Oktober 1922 abgedruckt bei *Schubert*, Zivilprozessreform in der Weimarer Zeit, S. 290 - 299, S. 298.

Mit Art. I Nr. 4 der Beschleunigungsverordnung von 1923 wurde ein sogenanntes Schiedsurteilsverfahren in das Zivilprozessrecht aufgenommen. Sie betrafen allerdings nicht das Schiedsverfahrensrecht des 10. Buches der ZPO, sondern stellten ein vereinfachtes Verfahren vor den ordentlichen Gerichten dar. Man wollte mit dem Schiedsurteils-Verfahren die Vorzüge eines privaten Schiedsverfahrens auch den Parteien eines vor einem ordentlichen Gericht anhängigen Rechtsstreits zugänglich machen, *Volkmar*, Beschleunigungsverordnung 1923, S. 59. Dadurch sollte ein weiteres Abwandern von Streitigkeiten in die private Schiedsgerichtsbarkeit verhindert werden, *Volkmar,* Prozessverordnung 1924 in: JW, 1924, S. 346; *Köster*, Beschleunigung und Entlastung, S. 218 f. Allerdings wurde später vielfach aus der Praxis berichtet, dass das Schiedsurteilsverfahren nicht oder fast nicht zur Anwendung gekommen war, siehe S. 16 der Stellungnahme der Rechtsanwaltskammer Düsseldorf vom 30. April 1925, BArch R 3001, Nr. 8158 (keine Blattnummerierung). Ähnlich auch S. 18 f. der Stellungnahme des Oberlandesgerichtspräsidenten Frankfurt a. M. vom 22. April 1925, der sich auf Berichte der Zivilsenate des OLG Frankfurt a. M., der zugehörigen Landgerichte und der Rechtsanwaltskammer aus Frankfurt a. M. bezieht, BArch R 3001, Aktenbanknummer 8158 (keine Blattnummerierung). Gleiches berichten die Oberlandesgerichtspräsidenten aus Jena (Stellungnahme vom 29. Dezember 1924) und Braunschweig (Stellungnahme vom 22. Mai 1925), vgl. BArch R 3001, Nr. 8159 (keine Blattnummerierung).

423 Verordnung über das Verfahren in bürgerlichen Rechtstreitigkeiten vom 13. Februar 1924, RGBl. 1924 I, S. 135, Neubekanntmachung der ZPO vom 13. Mai 1924 RGBl. 1924 I, S. 437; Zur Entstehung der Verordnung siehe *Schubert*, Zivilprozessreform in der Weimarer Zeit, S. XXXIV - XXXIX.

424 *Schubert*, Akademie für Deutsches Recht, Zivilprozeß und Gerichtsverfassung, S. 10.

425 So die nachträgliche Begründung der Novelle von 1924 in der Begründung des Entwurfs einer Zivilprozessordnung von 1931, S. 253, 243.

leichterungen des Schiedsverfahrensrechts einführen wollen, ohne gleichzeitig einige negative Entwicklungen einzuschränken.[426] Oftmals seien, so *Volkmar*, Schiedsverträge aufgrund der wirtschaftlichen Übermacht einer Partei zustande gekommen und nicht selten genieße die mächtigere Partei Vorteile bei der Schiedsrichterwahl. Ferner würden sich Schiedsrichter gelegentlich über zwingendes Recht hinwegsetzen, so z. B. über das Verbot des Kettenhandels oder das Verbot des Differenzgeschäfts.[427]

Der Reichstagsabgeordnete der Demokratischen Partei *Hermann Fischer*[428] hatte im Rechtsausschuss des Reichstags beantragt, Änderungen des Schiedsverfahrens vorzunehmen. Der Änderungsantrag vom 7. Februar 1924 umfasste dabei noch eine Vielzahl von Modifikationen, die jedoch nicht in die ZPO aufgenommen wurden.[429] Nach einem Bericht der Hamburgischen Gesandtschaft

---

426 *Volkmar*, Prozessverordnung 1924, S. 211 f. *Volkmar* war Referent der ZPO-Kommission von 1920, auf deren Arbeiten die Novelle von 1924 inhaltlich zurückzuführen ist. Insofern ist seine Aussage bei der Bewertung des gesetzgeberischen Willens zu berücksichtigen. In den Ministerialakten des Bundesarchivs sind keine Unterlagen enthalten, die die von *Volkmar* berichtete, anfänglich ablehnende Haltung gegenüber Vereinfachungen im Schiedsgerichtswesen schriftlich dokumentiert hätten. Insbesondere wurden die Akten aus den Jahren 1920 bis 1934 zur Zivilprozessrechtsreform überprüft (BArch R 3001, Nr. 22654 - 22663).

427 Vgl. dazu die Begründung des Entwurfs von 1931, S. 278 lit. H, die einige Fälle des Machtmissbrauchs benennt und als Grund für die Änderungen im Schiedsverfahrensrecht heranzieht.

428 *Hermann Fischer*, geboren 1873, gestorben 1940, war zunächst Rechtsanwalt beim Oberlandesgericht Köln (1900), dann Dozent für bürgerliches und Handelsrecht an der Kölner Handelshochschule sowie deren Justiziar (1912). Später war er Vorstandsmitglied des A. Schaaffenhausenschen Bankvereins und von 1914 bis 1919 Inhaber der Diskontogesellschaft, Aufsichtsrats- und Vorstandsmitglied verschiedener Industrieunternehmen sowie Präsident des Hansa-Bundes bis 1933, *Schubert*, Zivilprozessreform in der Weimarer Zeit, S. LXII. Politisch trat er für eine liberale Wirtschaftspolitik ein, die staatlichen Einfluss auf die Wirtschaft weitgehend vermied, Biografie beim Deutschen Historischen Museum Berlin, www.dhm.de/lemo/html/biografien/FischerHermann/, abgerufen am 1. August 2011.

429 *Schubert*, Zivilprozessreform in der Weimarer Zeit, S. 116 - 118, Antrag Nr. 567. Die Vorschläge betrafen folgende Vorschriften:
§ 1034 Abs. 1: Auf das rechtliche Gehör sollte nach dem Änderungsvorschlag verzichtet werden können. Dies beinhaltete keine inhaltliche Änderung im Vergleich zum damals geltenden Recht der §§ 1034, 1041 Abs. 1 Nr. 4, Abs. 2 ZPO 1898.
§ 1036: Änderung gegenüber den damals geltenden §§ 1036, 1045 ZPO 1898, wonach gerichtliche Beweisaufnahmen immer von dem örtlich zuständigen Amtsgericht vorzunehmen sein sollten, in dessen Bezirk die Beweisaufnahme stattfinden sollte.
§ 1037 S. 1: klarstellende Änderung (Einfügung der Worte „beginnen oder " vor das Wort „fortsetzen".
§ 1039: Ein zusätzlicher Absatz 2 sollte es ermöglichen, die Unterschrift eines Schiedsrichters durch eine gerichtliche Entscheidung zu ersetzen, sofern ein Schiedsrichter seine Unterschrift grundlos nicht leistete oder er verhindert war. Eine entsprechende Änderung des Gesetzes wur-

(*Lehr*) über die Sitzung des Rechtsausschusses des Reichstags vom 7. Februar 1924[430] stießen einige, jedoch nicht alle der von *Fischer* beantragten Änderungen auf breite Zustimmung. So wurde die Umstellung von einem Vollstreckungs*klag*- auf ein -*beschluss*verfahren sowie die Einführung eines vollstreckbaren Schiedsvergleichs befürwortet.[431] Während einer weiteren Lesung des Rechtsausschusses vom 9. Februar 1924 stellte *Fischer* einen neuen

---

de jedoch erst mit der Novelle von 1986 in § 1039 eingeführt, siehe dazu ab S. 263 (Unterzeichnung des Schiedsspruchs).
Ferner sollte ein zusätzlicher Absatz 3 eingefügt werden, wonach die Begründung des Schiedsspruchs bei entsprechender Parteivereinbarung verzichtbar gewesen wäre. Dies beinhaltete jedoch keine Rechtsänderung gegenüber dem damals geltenden § 1041 Abs. 1 Nr. 5, Abs. 2 ZPO.
§ 1040 a: Nach dieser neuen Vorschrift sollte die Vollstreckbarerklärung durch einen gerichtlichen Beschluss ergehen. Bislang war nach § 1042 Abs. 1 ZPO 1898 ein Urteil erforderlich. Ferner sollte die Beschlussentscheidung ausgesetzt werden, wenn begründete Zweifel bestünden, dass der Schiedsspruch aufgehoben werden könnte oder nichtig wäre. Die Aufhebung oder Feststellung der Nichtigkeit des Schiedsspruchs sollte dann mittels einer separaten Klage erfolgen. Bislang wurden die Wirksamkeit des Schiedsspruchs und etwaige Aufhebungsgründe im Verfahren zur Vollstreckbarerklärung geprüft.
§ 1041: Die Regelung der Aufhebungsgründe wurde sprachlich leicht geändert, nicht jedoch inhaltlich.
§ 1042 und *§ 1043* sollten gestrichen werden.
§ 1044: Nach dem Entwurf sollte die Frist zur Erhebung der Aufhebungsklage wie nach damals geltenden Recht einen Monat dauern, wobei der Fristbeginn im Falle der Aussetzung des Vollstreckungsbeschlussverfahrens an die Aussetzungsentscheidung anknüpfen sollte, ansonsten mit der Rechtskraft der Vollstreckbarerklärung. Wären einer Partei die Tatsachen eines Aufhebungsgrundes erst später bekannt geworden, sollte nach § 1044 Abs. 2 der Fristbeginn der Zeitpunkt der Kenntnis sei. Nach Ablauf von 10 Jahren ab Rechtskraft der Vollstreckbarerklärung sollte die Aufhebungsklage spätestens unstatthaft sein.
§ 1044 a: Nach dieser Vorschrift sollte die Klage auf Feststellung der Gültigkeit oder Ungültigkeit innerhalb der gleichen Fristen des § 1044 erhoben werden können. Diese Feststellungsklagen sollten mit einer Aufhebungsklage verbunden werden können.
§ 1044 b: Nach dieser Regelung sollte ein schiedsrichterlich vermittelter Vergleich vollstreckbar sein, sofern sich die Parteien der sofortigen Zwangsvollstreckung unterworfen hätten.
§ 1044 c: Die einer Partei zu erstattenden Kosten des Schiedsverfahrens sollte das Schiedsgericht durch Beschluss festsetzen. Der Beschluss sollte vorläufig vollstreckbar sein und entsprechend der §§ 1041, 1044, 1044 a der vorgeschlagenen Änderungen anfechtbar sein.

430 Der Bericht ist bei *Schubert*, Zivilprozessreform in der Weimarer Zeit, S. 138 - 140, veröffentlicht.

431 Die Änderungsanträge *Fischers* in Bezug auf das Vollstreckungsbeschlussverfahren und den Schiedsvergleich ergeben sich aus einem Schreiben des Reichsjustizministers *Emminger* vom 8. Februar 1924 an den Reichstagsabgeordneten *Fischer*, mit dem *Fischer* ein Abdruck der Änderungsanträge zum schiedsrichterlichen Verfahren übersandt werden, BArch R 3001, Nr. 8156, Bl. 123 lit. b bis lit. d.

Änderungsantrag, der nun nur noch das Aufhebungs- und Vollstreckungsverfahren sowie den schiedsrichterlichen Vergleich betraf.[432] Die so von *Fischer* vorgeschlagenen Änderungen wurden mit nur wenigen und geringfügigen redaktionellen Änderungen in Nr. 109 bis Nr. 114 der Emminger-Verordnung vom 13. Februar 1924 aufgenommen. Damit wurde das Aufhebungs- und Vollstreckungsverfahren modifiziert (§§ 1042 - 1044 ZPO 1924) und die Vollstreckbarkeit des schiedsrichterlichen Vergleichs in die ZPO aufgenommen (§ 1044 a ZPO 1924).

In einem Schreiben begründete der Reichsjustizminister diese Änderungen nachträglich mit entsprechenden dringenden Wünschen der Wirtschaft.[433] So hatte kurz vor Erlass der Eminger-Verordnung die Landwirtschaftskammer der Provinz Brandenburg und Berlin in einem Schreiben vom 26. Januar 1924 an den Reichsjustizminister ausdrücklich darauf gedrängt, das Klagverfahren zur Erteilung einer Vollstreckbarerklärung durch ein schnelleres Beschlussverfahren zu ersetzen, um auf diesem Wege Erleichterungen und eine Verfahrensbe-

432 Abdruck des Antrags bei *Schubert*, Zivilprozessreform in der Weimarer Zeit, S. 119 f., Antrag Nr. 572. Der Antrag betraf folgende Vorschriften:

§ 1042: § 1042 Abs. 1 sollte dahin geändert werden, dass von ein Vollstreckungsbeschluss anstelle des bisherigen Vollstreckungsurteils Voraussetzung für die Zwangsvollstreckung sein sollte. Nach § 1042 Abs. 2 sollte der Beschluss nicht erlassen werden, wenn sich der Schiedsspruch über eine gesetzliche Vorschritt hinweggesetzt hätte, auf deren Einhaltung die Parteien nicht hätten wirksam verzichten können. Nach § 1042 Abs. 3 sollte das Vollstreckungsbeschlussverfahren bis zur Erledigung einer eventuellen Aufhebungs- oder Nichtigkeitsfeststellungsklage ausgesetzt werden.
§ 1043: Diese Vorschrift sollte gestrichen werden. Nach dieser Vorschrift konnten für vollstreckbar erklärte Schiedssprüche nur bei Vorliegen von Restitutionsklagegründen angefochten werden.
§ 1044: Die Vorschrift bestimmte die Frist zur Erhebung der Aufhebungsklage wie nach damals geltenden Recht, wobei der Fristbeginn im Falle der Aussetzung des Vollstreckungsbeschlussverfahrens an die Aussetzungsentscheidung anknüpfen sollte. Wären einer Partei die Tatsachen eines Aufhebungsgrundes erst später bekannt geworden, sollte nach § 1044 Abs. 2 der Fristbeginn der Zeitpunkt der Kenntnis sei. Nach Ablauf von 10 Jahren ab Rechtskraft der Vollstreckbarerklärung sollte die Aufhebungsklage spätestens unstatthaft sein. Im Falle der Aufhebung des Schiedsspruchs sollte nach § 1044 Abs. 3 ein etwaiger Vollstreckungsbeschluss ebenfalls aufgehoben werden.
§§ 1045, 1046: Die Zuständigkeitsregelung der ordentlichen Gerichte wurde geändert und die den vorgeschlagenen Verfahren in den §§ 1042, 1044 a angepasst.

433 In einem Schreiben des Reichsjustizministers an die Handelskammer Berlin, den Reichsverband der Deutschen Industrie sowie an den Industrie- und Handelskammertag vom 20. Februar 1924 berichtete der Reichsjustizminister, dass in den Verordnungsentwurf auf Antrag des Reichstagsabgeordneten *Fischer* die Nr. 109 bis Nr. 114 aufgenommen worden seien, BArch R 3001, Nr. 8156, Aktenblätter 234 f.

schleunigung zu erreichen.[434] Dabei berief sich die Landwirtschaftskammer auf die Handelskammer Berlin, die die gleiche Forderung bereits wiederholt gestellt habe.

Der Umstand, dass im Rechtsausschuss die Vorschriften zum Schiedsverfahrensrecht zum ersten Mal erörtert wurden, wurde später kritisiert, da dadurch die notwendige Zeit gefehlt habe, die Rechtsfolgen der Änderungen genauer zu durchdenken.[435]

2. Trennung von Vollstreckungs- und Aufhebungsverfahren (§§ 1042 - 1044 ZPO 1924)

Bislang waren sowohl die Aufhebung, als auch die Vollstreckbarklärung eines Schiedsspruchs Gegenstand von Klagverfahren, wobei die Aufhebungsgründe auch innerhalb der Klage auf Erteilung der Vollstreckbarerklärung geltend gemacht werden konnten, §§ 867, 868, 871 CPO 1898. Mit der Emminger-Verordnung wurde das bisher geltende Vollstreckungsklagverfahren zugunsten eines Beschlussverfahrens aufgegeben. Damit wurde eine fast 30 Jahre alte Reformierungsforderung realisiert, nachdem in Vorbereitung der Novelle von 1898 *Schröder*[436] vergeblich die Umstellung auf ein Beschlussverfahren beantragt hatte.[437] Auch Handel und Gewerbe äußerten den Wunsch, das Vollstreckungsurteil durch einen Beschluss zu ersetzten, damit die Parteien künftig schneller zu einem vollstreckbaren Titel gelangen könnten.[438] Mit der Einführung des Beschlussverfahrens folgte die ZPO einem international zu beobachtenden Trend, summarische Verfahren einzusetzen, um die Vollstreckbarerklärung zu erteilen.[439]

Neben der Einführung des Beschlussverfahrens wurden allerdings auch die Einwendungsmöglichkeiten des Vollstreckungsgegners in diesem Beschlussver-

434 BArch R 3001, Nr. 8174, Schreiben der Landwirtschaftskammer für die Provinz Brandenburg und für Berlin vom 26. Januar 1924 (Aktenblätter nicht durchgängig nummeriert).

435 *Staff*, Zu § 1044 a ZPO, in: ZZP, 1925, S. 336.

436 *Schröder* war als Vertreter des Königlichen Preußischen Justizministeriums an der Konferenz der CPO-Revisionskommission beteiligt, *Jakobs/Schubert*, Beratung des BGB, 2. Teilband, S. 1071.

437 7. Sitzung vom 25. April 1895, vgl. *Jakobs/Schubert*, Beratung des BGB, 2. Teilband, S. 1088; Der Rechtsausschuss des Reichstags hatte zum Zwecke der Vereinfachung des Vollstreckungsverfahrens das Beschlussverfahren für die Novelle von 1924 gefordert, *Volkmar*, Änderungen im schiedsrichterlichen Verfahren, in: Int. Jahrbuch III, S. 4.

438 *Volkmar*, Prozessverordnung 1924, S. 211.

439 *Nußbaum*, Internationales Schiedsgerichtswesen, in: Int. Jahrbuch I, S. 29; *Nußbaum* verwies auf die summarischen Verfahren in Frankreich, Italien, Belgien, Niederlande, Griechenland, England und Österreich.

fahren deutlich reduziert. Bislang konnte jeder Aufhebungsgrund des § 1041 ZPO 1898 im Vollstreckungsklagverfahren eingewendet werden und den Erlass der Vollstreckbarerklärung verhindern, § 1042 Abs. 2 ZPO 1898.[440] In dem neuen Vollstreckungsbeschlussverfahren konnten dagegen nicht mehr jegliche Aufhebungsgründe eingewendet werden, da der Verweis auf die Aufhebungsgründe des § 1041 ZPO 1898 beseitigt wurde. Das Gericht musste nach der neuen Rechtslage lediglich prüfen, ob unter formalen Gesichtspunkten ein Schiedsspruch im Sinne des § 1039 ZPO 1898 vorlag und ob dieser auf einem wirksamen Schiedsvertrag beruhte, § 1042 Abs. 2 ZPO 1924.[441] Ferner war gemäß § 1042 Abs. 2 ZPO 1924 von Amts wegen zu prüfen, ob sich das Schiedsgericht mit seinem Schiedsspruch über zwingendes Recht hinweggesetzt hatte.[442]

Wollte der Vollstreckungsgegner hingegen weitere Aufhebungsgründe gegen den Erlass des Vollstreckungsbeschlusses geltend machen, so musste er eine eigene Aufhebungsklage nach § 1042 Abs. 3 ZPO 1924 erheben, bis zu deren Erledigung das Vollstreckungsbeschlussverfahren ausgesetzt wurde. Das Urteil, welches auf die Aufhebungsklage hin erging, unterlag der Berufung und der Revision.[443]

War dagegen die Aufhebung eines bereits für vollstreckbar erklärten Schiedsspruchs bislang ausschließlich bei Vorliegen von Umständen möglich, die eine Restitutionsklage begründen würden,[444] so entfiel diese Beschränkung durch die Novelle 1924, indem § 1043 ZPO 1898 gestrichen wurde. Dadurch konnte ein bereits für vollstreckbar erklärter Schiedsspruch bei Vorliegen *jeglicher* Aufhebungsgründe durch Klage beseitigt werden. Die Streichung des § 1043 ZPO 1898 bildete also ein Gegengewicht zu dem eingeschränkten

440 § 1042 Abs. 2 ZPO 1898 lautete: „*Das Vollstreckungsurteil ist nicht zu erlassen, wenn ein Grund vorliegt, aus welchem die Aufhebung des Schiedsspruchs beantragt werden kann.*“.

441 § 1042 Abs. 2 ZPO 1924 lautete: „*Der Beschluß ist nicht zu erlassen, wenn sich der Spruch über eine gesetzliche Vorschrift hinweggesetzt hat, auf deren Innehaltung die Parteien rechtswirksam nicht hätten verzichten können.*“

442 Hierzu näher sogleich unter Nr. 3 (Bindung an materielles Recht), S. 111.

443 Diese Wirkungen hob *Volkmar* besonders hervor, *Volkmar*, Änderungen im schiedsrichterlichen Verfahren, in: Int. Jahrbuch III, S. 1.

444 § 1041 Abs. 1 Nr. 6 i. V. m. § 580 ZPO; Die Restitutionsklage war begründet, wenn das Urteil auf einer fahrlässigen oder vorsätzlichen Verletzung der Eidespflicht einer Partei, eines Zeuge oder eines Sachverständiger beruht, eine für das Urteil entscheidungserhebliche Urkunde gefälscht worden war, Anwälte oder Richter, die sich gegenüber den Parteien in Hinblick auf das jeweilige (Schieds-)verfahren strafbar gemacht haben, das (Schieds-)urteil durch ein Urteil eines anderen Gerichts rechtskräftig aufgehoben wurde oder eine Partei eines in der gleichen Sache früher ergangenen Urteils oder einer für sie günstigen Urkunde habhaft wird, die für die betreffende Partei eine günstigere Entscheidung herbeigeführt hätten.

Rechtsschutz im Vollstreckungsverfahren, der auf dem reduzierten Prüfungsumfang beruhte.[445] Die Aufhebungsklage war im Falle des bereits für vollstreckbar erklärten Schiedsspruchs unverändert binnen Monatsfrist ab Kenntnis der tatsächlichen Aufhebungsgründe zu erheben, § 1044 ZPO 1924. In der Begründung des späteren Entwurfs zur Novelle von 1930 wurde diese zeitliche Befristung der Aufhebungsklage damit erklärt, dass der Vollstreckungsbeschluss der Novelle von 1924 selbst keine Präklusionswirkung hinsichtlich etwaiger Aufhebungsgründe mehr bewirke, wie es noch bis zur Novelle von 1924 der Fall war.[446] Erst durch die Befristung der Aufhebungsklage konnte die Präklusionswirkung hergestellt werden. Allerdings galt neben der von der kenntnisabhängigen Monatsfrist eine 10 jährige Ausschlussfrist, die also im längsten Fall eine Aufhebungsklage noch 10 Jahre nach Erteilung der Vollstreckbarerklärung ermöglichte.[447]

3. Bindung des Schiedsgerichts an materielles Recht (§ 1042 Abs. 2 ZPO 1924)

Eine besonders umstrittene Regelung war § 1042 Abs. 2 ZPO 1924. Sie bestimmte, dass im Vollstreckungsbeschlussverfahren von Amts wegen zu prüfen war, ob sich das Schiedsgericht mit seinem Schiedsspruch über zwingendes Recht hinweggesetzt hatte. War dies der Fall, so musste die Vollstreckbarerklärung versagt werden. Damit war im Vollstreckungsbeschlussverfahren zu prüfen, ob ein formal ordnungsgemäßer Schiedsspruch vorlag (§ 1039 ZPO 1898) und ob zwingendes Recht verletzt worden war. Welche Vorschriften jedoch von § 1042 Abs. 2 ZPO 1924 konkret umfasst sein sollten, war dem Gesetzeswortlaut nicht zu entnehmen. Der schon aus der Zeit vor der CPO von 1877 stammende Streit über die Frage, inwieweit Schiedsrichter an materielles Recht gebunden waren, wurde ebenfalls nicht geklärt.[448] Die Vorschrift war erst kurz vor

445 *Goldschmidt*, Die neue Zivilprozeßordnung vom 13. Mai 1924, S. 265 zu § 1043.

446 RT Drucks, IV. Wahlperiode 1928, Band 443 (1930), Anlage Nr. 2298, S. 6.

447 Kritisch zu dieser langen Frist: *Sachse*, Bemerkungen über das schiedsrichterliche Verfahren, in: GruchotsBeitr., 1927, S. 460.

448 *Staff* wies darauf hin, dass in der Partikulargesetzgebung Deutschlands im 15. und 16. Jahrhundert wiederholte Male die Billigkeitsentscheidung anstelle einer Entscheidung nach materiellem Recht vorgesehen war. Allerdings habe die Preußische Allgemeine Gerichtsordnung die Bindung an die „wesentlichen Vorschriften der Landesgesetzgebung" bestimmt, ohne diese näher zu konkretisieren. Insofern sei auch damals weiterhin streitig gewesen, welche Regelungen nun einzuhalten waren, *Staff*, Schiedsgerichtsverfahren, S. 224 f.

Beratungsende im Rechtsausschuss des Reichstags entstanden und führte zu großen Zweifeln, worauf später näher einzugehen sein wird.[449]

4. Vollstreckbarkeit schiedsrichterlicher Vergleiche (§ 1044 a ZPO 1924)

Bislang gab es in der ZPO keine Regelung, wonach Vergleiche, die im Schiedsverfahren abgeschlossen wurden, vollstreckt werden konnten, obgleich hierfür ein praktisches Bedürfnis bestand.[450] Diese Regelungslücke sollte durch § 1044 a ZPO 1924 beseitigt werden,[451] wonach auch ein im Schiedsverfahren geschlossener Vergleich für vollstreckbar erklärt werden konnte.

Erforderlich für die Erteilung der Vollstreckbarerklärung war, dass sich die Parteien in dem Vergleich der sofortigen Zwangsvollstreckung unterwarfen. Zudem musste der Vergleich wirksam zustande gekommen sein. Wonach sich die Wirksamkeit bestimmte, regelte die Vorschrift nicht, insbesondere blieb offen, welche Gründe zur Unwirksamkeit führen könnten. Abschließend war der Vergleich von den Schiedsrichtern sowie von den Parteien unter Angabe des Datums des Vergleichsabschlusses zu unterzeichnen und bei Gericht niederzulegen. Die Zuständigkeitsregelungen in §§ 1045, 1046 ZPO 1924 wurden entsprechend angepasst.

5. Kritik in der Literatur

Die Absicht des Gesetzgebers, durch die Umgestaltung der Aufhebungs- und Vollstreckungsverfahren zur Beschleunigung des Verfahrens beizutragen,[452] wurde zwar begrüßt, jedoch nach verbreiteter Auffassung aus nachfolgend dargestellten Gründen nicht erreicht.[453]

a) Vorwurf der Verfahrensverzögerung

Dem Gesetzgeber wurde vorgeworfen, mit der Novelle von 1924 eine Verfahrensbeschleunigung gerade nicht erreicht zu haben.[454] So war der Hamburger Rechtsanwalt *Carl Leo* der Auffassung, bereits der Versuch, das Vollstreckungsverfahren durch den Fortfall der mündlichen Verhandlung im Beschluss-

449 *Baumbach*, ZPO, 3. Auflage, 1926, § 1042 Ziff. 4; Siehe dazu nachfolgend die Literaturkritik unter Nr. 5, S. 112.

450 Vgl. *Staff*, Zu § 1044 a ZPO, in: ZZP, 1925, S. 335.

451 *Volkmar*, Prozessverordnung 1924, S. 215.

452 *Volkmar* beschreibt dies als Zielsetzung der Eminger Verordnung, an deren Entstehung er selbst maßgeblich beteiligt war, *Volkmar*, Prozessverordnung 1924, S. 211 f.

453 *Leo*, Unbrauchbarkeit der neuen Bestimmungen, in: HansRZ, 1924, S. 580; *Jacoby*, Vollstreckung nach der Novelle, in: LZ, 1925, S. 125.

454 *Baumbach*, ZPO, 3. Auflage, 1926, § 1042 Ziff. 1.

verfahren zu beschleunigen, sei ungeeignet.[455] Das rein schriftliche Beschlussverfahren könne sich viel länger hinziehen, als ein Urteilsverfahren, bei dem Meinungsverschiedenheiten abschließend in der mündlichen Verhandlung geklärt werden könnten. Dies gelte insbesondere deshalb, weil nach § 1042 Abs. 3 ZPO 1924 der Gegner zwingend anzuhören sei und sich mangels mündlicher Verhandlung daraus Schriftsatzwechsel ergeben würde. Ferner bemängelte *Leo*, dass etwaige Aufhebungsgründe nicht im Beschlussverfahren selbst geprüft werden könnten, sondern hierfür ein separates Aufhebungsklagverfahren erforderlich sei.[456] Wurde die Aufhebungsklage erhoben, so musste das Beschlussverfahren bis zur „Erledigung" der Aufhebungsklage ausgesetzt werden, § 1042 Abs. 3 ZPO 1924. *Leo* interpretierte den Begriff der „Erledigung" als Forderung nach einer *rechtskräftigen* Entscheidung.[457] Im schlimmsten Fall könne es daher dazu führen, dass der Gläubiger den Abschluss aller drei denkbaren Instanzen, mithin mehrere Jahre, warten müsse, bis eine Entscheidung über die Vollstreckbarerklärung überhaupt möglich sei. Dem Schuldner seien damit nach der Auffassung von *Leo* Tür und Tor geöffnet, selbst mit kaum haltbaren Aufhebungsbegehren die Erfüllung des Schiedsspruchs zu verzögern.[458] Sei eine Vollstreckbarerklärung noch nicht beantragt, habe der Schuldner zudem bis zu 10 Jahre Zeit, die Aufhebungsklage zu erheben (§ 1044 Abs. 2 ZPO 1924), so dass lange Ungewissheit über den Bestand des Schiedsspruchs herrsche.[459] Insgesamt empfahl *Leo*, die ZPO schnellstens erneut zu überarbeiten und bis dahin von Schiedsverfahren abzusehen. Für eine Neuregelung schlug *Leo* vor, künftig Schiedssprüche ohne Anhörung des Gegners und vor Ablauf der Aufhebungsfristen bereits für vorläufig vollstreckbar zu erklären, um tatsächlich zu einer Beschleunigung des Verfahrens beizutragen.[460]

Dieser Kritik von *Leo* hielt *Johann David Sauerländer* entgegen, dass die Gesetzesauslegung möglichst wohlwollend im Sinne der gesetzgeberischen Intention einer Beschleunigung der Verfahren zu erfolgen habe.[461] Insofern sei der Standpunkt *Leos*, das Beschlussverfahren über die Vollstreckbarerklärung sei bis zur *rechtskräftigen* Entscheidung über die Aufhebungsklage auszusetzen, nicht interessengerecht. Da in § 1042 Abs. 3 ZPO 1924 lediglich von der „Erledigung" der Aufhebungsklage gesprochen werde, genüge für den Erlass des

---

455 *Leo*, Unbrauchbarkeit der neuen Bestimmungen, in: HansRZ, 1924, S. 579 f.

456 *Leo*, Unbrauchbarkeit der neuen Bestimmungen, in: HansRZ, 1924, S. 583 f.

457 *Leo*, Unbrauchbarkeit der neuen Bestimmungen, in: HansRZ, 1924, S. 583 f.

458 *Leo*, Unbrauchbarkeit der neuen Bestimmungen, in: HansRZ, 1924, S. 582 f.; *Baumbach*, ZPO, 3. Auflage, 1926, § 1042 Ziff. 4.

459 *Leo*, Unbrauchbarkeit der neuen Bestimmungen, in: HansRZ, 1924, S. 582 f.

460 *Leo*, Unbrauchbarkeit der neuen Bestimmungen, in: HansRZ, 1924, S. 585 f.

461 *Sauerländer*, Vollstreckbarerklärung von Schiedssprüchen, in: LZ, 1928, S. 512.

Vollstreckungsbeschlusses bereits eine vorläufig vollstreckbare, erstinstanzliche Entscheidung.[462] Im Sinne einer gläubigergünstigen Gesetzesauslegung verwies *Jacoby* darauf, dass es nun der Schuldner sei, der eine Aufhebungsklage anstrengen und die Gerichtskosten dafür verauslagen müsse, wolle er der Vollstreckung wegen eines Aufhebungsgrundes entgegentreten. Bislang konnte der Schuldner in dem vom Gläubiger veranlassten Vollstreckungsverfahren ohne weiteres Aufhebungsgründe geltend machen. Daraus schloss *Jacoby* den gesetzgeberischen Willen, das Vollstreckungsbeschlussverfahren zugunsten des Gläubigers umzugestalten.[463] Die Kritik an der Verfahrenstrennung blieb jedoch bestehen.

b) Nachteile bei der Vollstreckung ausländischer Schiedssprüche

Ein weiterer Kritikpunkt betraf die künftige Behandlung ausländischer Schiedssprüche. Nach bisheriger Rechtslage konnte ein ausländischer Schiedsspruch, der den formalen Anforderungen des § 1039 ZPO 1898 entsprach,[464] in Deutschland für vollstreckbar erklärt werden.[465] Diese Möglichkeit ergab sich jedoch nicht aus ausdrücklich aus dem Gesetz, sondern folgte aus der Rechtsprechung.[466]

Infolge der Novelle von 1924 wurde dieser Rechtszustand von der Literatur in Zweifel gezogen. Teilweise wurde vertreten, die Vollstreckbarerklärung sei für ausländische Schiedssprüche nicht mehr statthaft, so dass ausländische Schiedssprüche in Deutschland nicht mehr vollstreckt werden könnten.[467] Die Vertreter dieser Auffassung folgerten dies aus einem Urteil des Reichsgerichts vom 22. Februar 1927.[468] Das Reichsgericht hatte sich in dieser Entscheidung auf den Standpunkt gestellt, dass die Aufhebungsklage gegenüber ausländischen Schiedssprüchen nicht mehr statthaft sei. Es widerspräche der Gerichtshoheit ausländischer Staaten, würden inländische Gerichte ausländische Entscheidungen aufheben. Das Reichsgericht zog in Betracht, dass es möglicherweise aus dem Gesichtspunkt der Gleichbehandlung unzulässig sein könnte, in Deutschland die Vollstreckbarerklärung eines ausländischen Schiedsspruchs zu beantra-

462 *Sauerländer*, Vollstreckbarerklärung von Schiedssprüchen, in: LZ, 1928, S. 512, auch schon *Jacoby*, Vollstreckung nach der Novelle, in: LZ, 1925, S. 126.

463 *Jacoby*, Vollstreckung nach der Novelle, in: LZ, 1925, S. 123.

464 Unterzeichnung, Zustellung und Niederlegung bei Gericht.

465 Statt vieler: *Volkmar*, Genfer Abkommen in: Int. Jahrbuch II, S. 125.

466 Zur Rechtsprechung des Reichsgerichts siehe ab S. 214 (Die Durchsetzung ausländischer Schiedssprüche).

467 *Jonas*, Vollstreckung ausländischer Schiedssprüche, in: JW, 1927, S. 1299.

468 Urteil des Reichsgerichts vom 22. Februar 1927, Rev. VI 410/26, RGZ 116, S. 193 - 196, siehe dazu die Besprechung ab S. 219.

gen, da sich der Schuldner nicht vor den deutschen Gerichten mit der Aufhebungsklage wehren könne. Diese Rechtsfrage hatte das Reichsgericht jedoch nicht entschieden.[469]

Nach der von *Martin Jonas* vertretenen Auffassung war die Aufhebungsklage jedoch notwendiges Gegenstück zur Vollstreckbarerklärung, so dass das eine Verfahren ohne die Statthaftigkeit des Anderen nicht denkbar wäre. Daher kam nach *Jonas* die Vollstreckbarerklärung eines ausländischen Schiedsspruchs nicht mehr in Betracht, vielmehr sei ausschließlich die Erfüllungsklage (*Judikatsklage, actio judicati*) aus dem Schiedsspruch statthaft.[470]

Gegenüber der Meinung von *Jonas* nahmen *Sauerländer, Max Rheinstein, Kisch, Oskar Kahn* und *Alfred Ludwig Wieruszowski* einen gegenteiligen Standpunkt ein.[471] *Sauerländer* verwies auf die Rechtsprechung des Reichsgerichts aus der Zeit vor der Novelle von 1924, nach welcher ausländische Schiedssprüche zwar für vollstreckbar erklärt, nicht aber gerichtlich aufgehoben werden könnten.[472] Von dieser Rechtsrechungspraxis ausgehend war *Sauerländer* in Bezug auf die Rechtsänderung von 1924 der Auffassung, dass ausländische Schiedssprüche nunmehr aufgehoben werden könnten, wenngleich nur mit Wirkung für Deutschland. Zudem sei auch eine Aufhebungsklage im jeweiligen Ausland möglich. Daher sei es nicht einzusehen, wodurch der Schuldner benachteiligt würde, würde weiterhin die Vollstreckung ausländischer Schiedssprüche im Inland gestattet werden.

Auch *Nußbaum* vertrat die Auffassung, dass das neue deutsche Beschlussverfahren ohne Unterschied auch für ausländische Schiedssprüche gelten müsse, da ansonsten inländische Schiedssprüche privilegiert würden.[473] Die deutsche

---

469 Urteil des Reichsgerichts vom 22. Februar 1927, Rev. VI 410/26, RGZ 116, S. 193 - 196, S. 195 f.

470 *Jonas*, Vollstreckung ausländischer Schiedssprüche, in: JW, 1927, S. 1300. Später, im Zusammenhang mit dem Abschluss des Genfer Abkommens von 1927 verwies *Volkmar* ausdrücklich auf das Risiko, dass die Rechtsprechung dazu kommen könnte, ausländische Schiedssprüche nicht für vollstreckbar zu erklären, *Volkmar*, Genfer Abkommen, in: Int. Jahrbuch II, S. 126; Ebenso auch *Wieruszowski*, Anm. zum Reichsgerichtsurteil vom 22. Februar 1927, Rev. VI 410/26, in: Int. Jahrbuch II, S. 307; Vgl. *Volkmar*, Änderungen im schiedsrichterlichen Verfahren, in: Int. Jahrbuch III, S. 1.

471 *Sauerländer*, Vollstreckbarerklärung von Schiedssprüchen, in: LZ, 1928, S. 521 f.; *Rheinstein*, Anm. zur Bundesgerichtsentscheidung vom 26. März 1920, in: Int. Jahrbuch II, S. 349 f.; *Kisch*, Anm. zum Reichsgerichtsurteil vom 22. Februar 1927, Rev. VI 410/26, in: JW, 1927, S. 1376; *Kahn*, Vollstreckung ausländischer Schiedssprüche, in: ZZP, 1930, S. 117; *Wieruszowski*, Anm. zum Reichsgerichtsurteil vom 22. Februar 1927, Rev. VI 410/26, in: Int. Jahrbuch II, S. 307.

472 *Sauerländer*, Vollstreckbarerklärung von Schiedssprüchen, in: LZ, 1928, S. 521 f.

473 *Nußbaum*, Internationales Schiedsgerichtswesen, in: Int. Jahrbuch I, S. 29 f.; ähnlich *Volkmar*, Genfer Abkommen, in: Int. Jahrbuch II, S. 125 und *Förster/Kann*, ZPO, 3. Auflage, 1926,

Rechtsprechung habe in- und ausländische Schiedssprüche indessen stets als gleichwertig behandelt. Nach *Rheinstein* war die Auffassung von *Jonas* nur zu begründen, wäre in dem Schiedsspruch ein Urteil zu sehen, was jedoch nicht zutreffend sei.[474]

Einer dritten Meinung zufolge war die Entscheidung des Reichsgerichts abzulehnen, die Aufhebung eines ausländischen Schiedsspruchs sei auch nach der Novelle von 1924 weiterhin zulässig.[475] Diese von *Leo* vertretene Ansicht stützte sich darauf, dass der Schiedsspruch nach der ZPO nicht als gerichtlicher Entscheidungsakt betrachtet werde und deshalb die Aufhebung eines ausländischen Schiedsspruchs auch nicht als Eingriff in eine fremde Jurisdiktionen betrachtet werden könne. Jedenfalls müsse die Feststellung der Unvollstreckbarkeit des Schiedsspruchs im Inland möglich sein. *Leo* widersprach damit der Auffassung von *Jonas*, wonach ausländische Schiedssprüche nach der Novelle von 1924 auch nicht mehr vollstreckbar wären. Bei praktischer Umsetzung dieser Rechtsansicht bestünde nach *Leo* das Risiko, dass deutsche Schiedssprüche in den Ländern nicht mehr vollstreckt werden könnten, die die Gegenseitigkeit verlangten. Auf dieses Risiko verwies auch *Volkmar*, der auch unter diesem Gesichtspunkt die Teilnahme Deutschlands an den Genfer Übereinkommen von 1923 und 1927[476] für wichtig hielt, um die Vollstreckung deutscher Schiedssprüche im Ausland sicherzustellen.[477]

c) Kritik im Zusammenhang mit § 1042 Abs. 2 ZPO 1924

In dem neuen Beschlussverfahren zur Erteilung der Vollstreckbarerklärung waren ausschließlich etwaige Verstöße gegen zwingendes Rechts zu prüfen. Ein Schiedsspruch war demnach nicht für vollstreckbar zu erklären, wenn sich das Schiedsgericht über unverzichtbare gesetzliche Vorschriften hinweggesetzt hatte, § 1042 Abs. 2 ZPO 1924.[478] Zweifel bestanden hinsichtlich der Bestimmung der unverzichtbaren Vorschriften sowie hinsichtlich des Begriffs des „Hinwegsetzens“. Im Zusammenhang mit der neuen Regelung des § 1042 Abs. 2 ZPO 1924 stand zudem die Frage, ob und inwieweit die Schieds-

---

§ 1042 Ziff. 11, der an der bisherigen Gleichstellung von in- und ausländischen Schiedssprüchen bei der Erteilung von Vollstreckbarerklärungen festhalten wollte.

474 *Rheinstein*, Anm. zur Bundesgerichtsentscheidung vom 26. März 1920, in: Int. Jahrbuch II, S. 350.

475 *Leo*, Anm. zum Reichsgerichtsurteil vom 7. Februar 1928, Rev. VII 436/27 , in: JW, 1929, S. 1453 f.

476 Dazu sogleich unter Ziff. III (Genfer Übereinkommen), S. 124.

477 *Volkmar*, Genfer Abkommen, in: Int. Jahrbuch II, S. 126.

478 § 1041 Abs. 2 ZPO 1924: „[…] *wenn sich der Spruch über eine gesetzliche Vorschrift hinweggesetzt hat, auf deren Innehaltung die Parteien rechtswirksam nicht hätten verzichten können.*“.

gerichte an die Beachtung materiellen Rechts gebunden waren. Auch zu dieser schon vorher diskutierten Frage brachte die Novelle von 1924 keine Klärung.

aa) Streitige Bedeutung des Begriffs „Hinwegsetzen“

Die Meinungen über die Vorschriften, über die sich die Parteien nicht hätten „hinwegsetzen“ dürfen, gingen weit auseinander. *Adolf Baumbach* bezeichnete diese Regelung als ein „Rätsel“.[479] Zum Teil wurde vertreten, dass damit nur prozess-rechtliche Vorschriften gemeint seien.[480] Hinsichtlich der materiell-rechtlichen Vorschriften wurde vertreten, dass selbst das Verbot des Differenzgeschäfts nicht zu den zwingenden Vorschriften zähle, da selbst ein nichtiges Differenzgeschäft wirksam erfüllt werden könne.[481] *Volkmar*, der an der Erarbeitung der Novelle beteiligt gewesen war, hielt das Verbot des Differenzgeschäfts und des Kettenhandels gleichwohl für eine zwingende Vorschrift, nicht zwingend seien dagegen Formvorschriften.[482] Dagegen versuchten *Förster/Kann* das Problem durch eine abstraktere Definition zu lösen, wonach jegliche Vorschriften, die das Entstehen, Ändern oder Erlöschen von Rechtsverhältnissen beträfen, zu den unverzichtbaren Rechtsvorschriften zählen müssten.[483] Dies solle auch gelten, wenn diese Vorschriften dispositiv seien. Sei eine dispositive Regelung durch Parteivereinbarung ausgeschlossen, verzichteten die Parteien nämlich nicht im Sinne von § 1042 Abs. 2 ZPO 1924 auf die Vorschrift, sondern gäben ihrem Rechtsgeschäft eine andere materielle Grundlage. Damit wäre aber den Parteien die Dispositivität der betroffenen Vorschriften faktisch verloren gegangen.

Auch der Begriff des „Hinwegsetzens“ führte zu unterschiedlichen Auslegungen. Zum überwiegenden Teil wurde eine vorsätzliche Nichtanwendung der

---

479 *Baumbach*, ZPO, 3. Auflage, 1926, § 1034 Ziff. 1.

480 Vgl. dazu *Sachse*, Bemerkungen über das schiedsrichterliche Verfahren, in: GruchotsBeitr., 1927, S. 448 ff.

481 *Jacoby*, Vollstreckung nach der Novelle, in: LZ, 1925, S. 125.

482 *Volkmar*, Prozessverordnung 1924, S. 213 Anm. 3 zu § 1042; anders *Sachse*, Bemerkungen über das schiedsrichterliche Verfahren, in: GruchotsBeitr., 1927, S. 449; Für die sachliche Überprüfung von Schiedssprüchen sprach sich insbesondere *Wolff* aus, der die Spruchpraxis sehr kritisch betrachtete und von außerordentlich häufigen Gesetzeswidrigkeiten ausging, *Wolff*, Schiedsklauseln im internationalen Privatverkehr, in: JW, 1925, S. 1202 rechte Spalte, anders *Sachse*, Bemerkungen über das schiedsrichterliche Verfahren, in: GruchotsBeitr., 1927, S. 449; Zur Frage der Bindung an materielles Recht siehe die Arbeiten von *Kessler*, Die Bindung des Schiedsgerichts an das materielle Recht, *Conrady*, Ist der Schiedsrichter bei der Entscheidung eines Rechtsstreits am das materielle Recht gebunden?

483 *Förster/Kann*, ZPO, 3. Auflage, 1926, § 1042 Ziff. 9c.

zwingenden Vorschriften gefordert.[484] Aus Gründen der Rechtssicherheit sei es erforderlich, dass sich aus den schriftlichen Gründen des Schiedsspruchs die subjektiven Erwägungen ergäben, die das Schiedsgericht zur bewussten Nichtanwendung des entsprechenden Gesetzes bewogen hätten.[485] Andere wollten schon ein fahrlässiges „Hinwegsetzen" ausreichen lassen[486] oder auf subjektive Tatbestandsvoraussetzungen gänzlich verzichten[487].

bb) Zur Bindung der Schiedsgerichte an materielles Recht

Trotz der Vorschrift des § 1042 Abs. 2 ZPO 1924 blieb die Frage offen, ob die Schiedsgerichte an materielles Recht gebunden waren und welche Überprüfungsrechte den ordentlichen Gerichten zustanden.

Bereits nach der bisherigen Rechtslage waren beide Fragen umstritten. Denkbar war eine Entscheidung nach Maßgabe des materiellen Rechts oder eine Billigkeitsentscheidung. Die Rechtsfolgen einer möglichen Gesetzesverletzung waren ebenso umstritten. Das Gesetz berührte diese Fragen nur am Rande: Die ZPO selbst bestimmte in § 1041 Abs. 1 Nr. 1 und Nr. 2 ZPO 1898, dass Schiedssprüche aufzuheben waren, sofern sie auf einem unzulässigen Verfahren beruhten oder zu einer gesetzlichen verbotenen Handlung verurteilt hatten.[488] Insbesondere § 1041 Abs. 1 Nr. 1 ZPO 1898 bot einen weiten Auslegungsspielraum, da der Wortlaut der Vorschrift nichts darüber aussagte, was ein Verfahren unzulässig machte.[489] Neben diesen beiden Vorschriften regelte § 1034 ZPO 1898 lediglich, dass die Schiedsrichter in der Gestaltung des Verfahrens mangels Parteivereinbarung frei waren. Eine Aussage zum materiellen Recht traf das Gesetz auch an dieser Stelle nicht.

---

484 *Volkmar*, Prozessverordnung 1924, S. 213 Anm. 3 zu § 1042; *Baumbach*, ZPO, 3. Auflage, 1926, § 1042 Ziff. 4; *Leo*, Unbrauchbarkeit der neuen Bestimmungen, in: HansRZ, 1924, S. 581 Fn. 1; *Jacoby*, Vollstreckung nach der Novelle, in: LZ, 1925, S. 125; *Husserl*, Neufassung des § 1042 ZPO, in: JW, 1925, S. 715; *Staff*, Neues Schiedsgerichtsverfahren in: ZZP, 1925, S. 182 f.; *Kahn*, Vollstreckung ausländischer Schiedssprüche, in: ZZP, 1930, S. 118; Weitere Nachweise bei *Sachse*, Bemerkungen über das schiedsrichterliche Verfahren, in: GruchotsBeitr., 1927, S. 456 und bei *Förster/Kann*, ZPO, 3. Auflage, 1926, § 1042 Ziff. 9d.

485 *Baumbach*, ZPO, 3. Auflage, 1926, § 1042 Ziff. 4; *Staff* sprach von einem „bewussten" Handeln der Schiedsrichter, wobei unklar bleibt, ob aus seiner Sicht bereits fahrlässiges Handeln für § 1042 Abs. 2 ZPO 1924 ausreichte, *Staff*, Schiedsgerichtsverfahren, S. 226.

486 *Goldschmidt*, Die neue Zivilprozeßordnung vom 13. Mai 1924, S. 264 Ziff. 3 zu § 1042.

487 Vgl. dazu Nachweise bei *Sachse*, Bemerkungen über das schiedsrichterliche Verfahren, in: GruchotsBeitr., 1927, S. 452; vgl. zu diesem Streit auch Stein/Jonas/*Jonas*, Die Novelle zum schiedsrichterlichen Verfahren, 1930, § 1041 Ziff. III Nr. 1 S. 8.

488 Ab der Novelle von 1930 stellte § 1041 Abs. 1 Nr. 2 ZPO auf einen Verstoß gegen die guten Sitten oder die öffentliche Ordnung ab.

489 Vgl. Stein/Jonas/*Jonas*, ZPO, 12./13. Auflage, 1926, § 1034 Ziff. I.

Die Befürworter[490] einer Bindung an materielles Recht argumentierten, der Schiedsrichter sei wie alle Personen an das materielle Recht gebunden, da von den Gesetzen ein allgemeiner Befehl zur Befolgung ausgehe, der sich an jedermann richte.[491] Nach der Auffassung von *Paul Oertmann* konnten die Schiedsrichter auch nicht aufgrund einer Parteivereinbarung vom materiellen Recht abweichen, da dem Schiedsrichter ebenso, wie dem staatlichen Richter nur die Kompetenz zukomme, ein bestehendes Rechtsverhältnis festzustellen, nicht aber abzuändern.[492] Dies beruhe auf der rein prozess-rechtlichen Natur des Schiedsvertrags.

Darüber hinaus wurde die Bindung an materielles Recht auch an § 336 StGB geknüpft.[493] Nach dieser Vorschrift machten sich Beamte oder Schiedsrichter strafbar, wenn sie bei der Leitung oder Entscheidung einer Rechtssache vorsätzlich zu Gunsten oder zum Nachteil einer Partei eine Rechtsbeugung begingen. Sofern ein Schiedsspruch gegen materielles Recht verstieß, sollte er nach dieser Meinung entsprechend § 1041 Abs. 1 Nr. 1 ZPO aufgehoben werden können.[494]

Nach gegenläufiger Auffassung wurde befürchtet, dass bei einer Gesetzesbindung die ordentlichen Gerichte den Schiedsspruch auf seine materiellrechtliche Richtigkeit hin überprüfen könnten, was durch das Gesetz jedoch nicht gedeckt wäre.[495] Vielmehr habe der Schiedsrichter nach freiem Ermessen

490 Für eine Gesetzesbindung traten ein: *Oertmann*, Staatliches Recht, in: ZZP, 1918, S. 118; *Lüdemann-Ravit*, Staatliches Recht, in: LZ, 1919, S. 561; *Hermes*, Rechtsfindung durch den Schiedsrichter, in: GruchotsBeitr., 1920, S. 704 (*Hermes* hielt eine Aufhebung des Schiedsspruchs bei einer Rechtsverletzung nach § 1041 Abs. 1 Nr. 1 ZPO 1898 für unmöglich, da die materielle Rechtsanwendung nicht mit der Verletzung von Verfahrensrechten gleichzusetzen sei, S. 709); *Conrady*, Ist der Schiedsrichter bei der Entscheidung eines Rechtsstreits am das materielle Recht gebunden?, S. 69, S. 80; *Nußbaum*, Schiedsgerichte und Rechtsordnung, in: JW, 1926, S. 14; *Sachse*, Bemerkungen über das schiedsrichterliche Verfahren, in: Gruchots-Beitr., 1927, S. 447 f.

491 *Conrady*, Ist der Schiedsrichter bei der Entscheidung eines Rechtsstreits am das materielle Recht gebunden?, S. 30 oben.

492 *Oertmann*, Staatliches Recht, in: ZZP, 1918, S. 120 ff.

493 Grundlegend für dieses Argument: *Oertmann*, Staatliches Recht, in: ZZP, 1918, S. 118; ebenso: *Hermes*, Rechtsfindung durch den Schiedsrichter, in: GruchotsBeitr., 1920, S. 704 f.; *Kessler*, Die Bindung des Schiedsgerichts an das materielle Recht, S. 29, dort mit weiteren Nachweisen.

494 *Nußbaum* hielt es für wahrscheinlich, dass sich Schiedsgerichte auch freiwillig an das Gesetz halten würden, wenn eine überwiegende Mehrheit in der Literatur eine zwingende Gesetzesbindung annehmen würde. Der weit auslegbare Wortlaut des § 1041 Abs. 1 Nr. 1 ZPO erlaube jedoch eine gerichtliche Überprüfung des Schiedssprüche auf die Einhaltung materiellen Rechts, *Nußbaum*, Schiedsgerichte und Rechtsordnung, in: JW, 1926, S. 14.

495 Gegen eines Gesetzesbindung traten ein: *Breit*, Staatliches Recht, in: LZ, 1918, S. 1176; Gaupp/Stein/*Stein*, ZPO, 3. Auflage, 1898, § 860 Ziff. I, ebenso in der 8./9. Auflage, von 1908; *Stein*, Staatliches Recht, in: LZ, 1920, S. 270 f.; *Husserl*, Neufassung des § 1042 ZPO, in: JW,

zu entscheiden. Die Vertreter dieser Auffassung beriefen sich zum einen auf § 1041 ZPO 1898, der keinen ausdrücklichen Aufhebungsgrund bei Verstößen gegen materielles Recht vorsah. Zum anderen spräche bereits der Wille des Gesetzgebers gegen die Bindung an materielles Recht. In der Begründung des dritten Entwurfs der CPO von 1877 hieß es dazu:[496]

> *„Die Parteien, indem sie auf die Entscheidung eines Schiedsgerichts kompromittieren, wollen den Schwierigkeiten und Verwicklungen entgehen, die sich aus der Anwendung des positiven Rechts ergeben; sie wollen, daß unter ihnen Rechtens sei, was die Schiedsrichter nach ihrer gewissenhaften Überzeugung – ex aequo et bono – bestimmen werden. Sie werden daher regemäßig die Schiedsrichter als gütliche Vermittler ihres Streits – comme amiables compositeurs, wie der belgische Entwurf sich ausdrückt, – betrachten, und sie müssen diese Anschauung haben, wenn sie mit dem Schiedsrichteramte Personen betrauen, welche der Rechte nicht kundig sind. Der Zweck des Schiedsvertrages wird somit regelmäßig nur erreicht, wenn die Schiedsrichter nicht verpflichtet werden, sich bei ihrem Spruche nach den Bestimmungen des bürgerlichen Rechts zu richten.“*

James Breit erkannte in diesen Ausführungen den Hinweis, dass der Gesetzgeber bewusst davon abgesehen habe, die Schiedsgerichte an die Einhaltung materiellen Rechts zu binden.[497] *Littauer* interpretierte dies zwar ebenso, wie *Breit*, zog aber für die Zeit nach Inkrafttreten der Reichs-Justizgesetze eine andere Schlussfolgerung.[498] Nach der Auffassung von *Littauer* bevorzugten die Verfasser der oben zitierten Begründung des dritten Entwurfs der CPO (1874) die schiedsrichterliche Billigkeitsentscheidung deshalb, weil damals das materielle Recht in Deutschland noch nicht reichseinheitlich geregelt war. Das BGB trat erst zum 1. Januar 1900 in Kraft, bis dahin galt in den Bundesstaaten des Deutschen Reiches unterschiedliches materielles Recht. Somit dürfte es nach *Littauer* dem damaligen allgemeinen Interesse der Prozessparteien entsprochen haben, diese unterschiedlichen Rechtsgrundlagen durch eine Billigkeitsentscheidung des Schiedsgerichts nicht berücksichtigten zu müssen.[499] Nachdem aber das Zivilrecht durch das BGB vereinheitlicht worden war, entspräche es eher dem Willen der Parteien, Rechtsstreitigkeiten nach dem Gesetz entscheiden zu lassen.[500] Dies gelte erst recht seit der Geltung des § 1042 Abs. 2 ZPO 1924, wonach der Gesetzgeber der ZPO erstmals ausdrücklich zur Gesetzesbindung der Schiedsge-

---

1925, S. 715; *Kessler*, Die Bindung des Schiedsgerichts an das materielle Recht, S. 80; wohl auch *Kisch*, Anm. zum Urteil des BayObLG vom 20. Oktober 1928, Rep. I Nr. 16/28, in: JW, 1929, S. 866 zu Nr. 1 Abs. 2.

496 Begr.-CPO-E 3, S. 494.

497 *Breit*, Staatliches Recht, in: LZ, 1918, S. 1176.

498 *Littauer*, Schiedsgerichtsbarkeit und materielles Recht, in: ZZP, 1930, S. 23 ff.

499 *Littauer*, Schiedsgerichtsbarkeit und materielles Recht, in: ZZP, 1930, S. 24.

500 *Littauer*, Schiedsgerichtsbarkeit und materielles Recht, in: ZZP, 1930, S. 25.

richte Stellung genommen habe.[501] Offen und ungewiss sei allerdings der Umfang der „unverzichtbaren“ Vorschriften im Sinne des § 1042 Abs. 2 ZPO 1924. Größtenteils wurden hierzu alle zwingenden Regeln gezählt, einige Autoren hielten jedoch eine Unterscheidung zwischen solchen Vorschriften, die dem Schutz der Allgemeinheit oder dem des Einzelnen dienten, für angebracht.[502]

Das Reichsgericht hatte zur Gesetzesbindung und deren Überprüfung durch die Gerichte bis dahin keine Antwort gegeben.[503] Die Novelle von 1924 führte ebenfalls zu keiner Lösung.[504] Erst im Jahr 1929 traf das Reichsgericht hierzu eine Entscheidung, wonach eine grundsätzliche, aber abdingbare Gesetzesbindung der Schiedsgerichte bestehe, worauf im dritten Abschnitt der Arbeit näher eingegangen wird.[505]

d) Kritik im Zusammenhang mit dem Schiedsvergleich

Baumbach bezeichnete die Regelung des Schiedsvergleichs in § 1044 a ZPO 1924 als „ein Muster der Unklarheit“.[506] Nach dem Wortlaut der Vorschrift war nur ein durch das Schiedsgericht „vermittelter“ Vergleich vollstreckungsfähig. Inwieweit aber das Schiedsgericht an dem Zustandekommen des Vergleichs mitgewirkt haben musste, war dem Gesetzestext nicht zu entnehmen.[507] Da Prozessvergleiche nach § 794 ZPO nicht von der gerichtlichen Vermittlung abhängig gemacht wurden, ging *Adolf von Staff* davon aus, dass der Gesetzgeber mit § 1044 a ZPO 1924 bewusst eine Mitwirkung des Schiedsge-

---

501 *Littauer*, Schiedsgerichtsbarkeit und materielles Recht, in: ZZP, 1930, S. 33 f.

502 Vgl. *Sachse*, Verletzung des materiellen Rechts, in: GruchotsBeitr., 1931, S. 582; *Littauer*, Schiedsgerichtsbarkeit und materielles Recht, in: ZZP, 1930, S. 33 ff.; *Baumbach*, ZPO, 3. Auflage, 1926, § 1042 Ziff. 5 und § 1034 Ziff. 1.

503 Das Reichsgericht war der Auffassung, dass materiell-rechtliche Einwände gegen den Schiedsspruch nur insoweit für die Aufhebung des Schiedsspruches von Bedeutung seien, als dass sie die Wirksamkeit der Schieds*vereinbarung* beträfen. Alle weiteren materiell-rechtlichen Einwendungen seien nicht zu prüfen, siehe die Urteile des Reichsgerichts vom 11. April 1890, Rev. III 9/90, RGZ 26, S. 371 - 376, S. 376; 24. November 1922, Rev. VII 49/22, RGZ 105, S. 386 - 387, S. 387; 28. März 1924, Rev. VII 455/23, RGZ 108, S. 139 - 144, S. 140 f.

504 Ausführlich zum Meinungsstand in der Literatur siehe die Darstellung bei *Kessler* aus dem Jahr 1964, Die Bindung des Schiedsgerichts an das materielle Recht, S. 16 - 29. *Kessler* beschränkt sich nicht auf die Novelle von 1924. Vgl. auch die Darstellung bei *Conrady* aus dem Jahr 1929, Ist der Schiedsrichter bei der Entscheidung eines Rechtsstreits am das materielle Recht gebunden? S. 12 - 66.

505 Urteil des Reichsgerichts vom 19. November 1929, Rev. VII 38/29, JW, 1930, S. 1862 - 1863, Nr. 2, siehe dazu die Untersuchung der Rechtsprechung ab S. 209 (Bindung des Schiedsgerichts an materielles Recht).

506 *Baumbach*, ZPO, 3. Auflage, 1926, § 1044 a Ziff. 1; so auch *Staff*, Zu § 1044 a ZPO, in: ZZP, 1925, S. 336.

507 *Staff*, Zu § 1044 a ZPO, in: ZZP, 1925, S. 339 ff.

richts habe verlangen wollen. *Baumbach* und *Förster/Kann* hielten die Fassung des Gesetzes für unglücklich gewählt und sprachen sich gegen eine zwingende Mitwirkung der Schiedsrichter aus.[508] Nach der Auffassung von *Baumbach* müsse für § 1044 a ZPO daher ein „vor dem Schiedsgericht geschlossener Vergleich" genügen.[509]

Weitere Kritik betraf die zwingende Unterwerfung unter die sofortige Zwangsvollstreckung, die § 1044 a ZPO 1924 vorsah. *Staff* hielt diese Regelung für praxisfern, da ein Vergleich mit einer solch weitreichenden Verpflichtung den Parteien nur selten nahegebracht werden könne.[510] Zudem sei der Unterschied zu einem Prozessvergleich, der einen Rechtsstreit vor den ordentlichen Gerichten anstelle eines Urteils beende, und einem Vergleich, der das Schiedsverfahren anstelle eines Schiedsspruches beende, nicht derart groß, als dass es einer solchen Verpflichtung bedürfe.[511]

Kritisiert wurde weiter, dass § 1044 a Abs. 2 ZPO 1924 nicht eindeutig bestimmte, wann ein Vergleich wirksam und wann unwirksam sein sollte. *Staff* zog in Zweifel, ob der staatliche Richter nach § 779 BGB zu prüfen habe, ob der Vergleich die Ungewissheit der Parteien über ein streitiges Rechtsverhältnis tatsächlich im Wege gegenseitigen Nachgebens beseitigt habe oder ob an den schiedsrichterlichen Vergleich diese materiell-rechtlichen Anforderungen nicht zu stellen seien.[512] *Baumbach* ging davon aus, dass der Schiedsvergleich ausschließlich ein materiell-rechtlicher Vergleich nach § 779 BGB war, da im Schiedsverfahren kein Prozess stattfinde, folglich ein Prozessvergleich ausscheide.[513] *Förster/Kann* hielt den Schiedsvergleich wiederum für einen reinen Prozessvergleich, für den die Voraussetzungen des § 779 BGB nicht von Bedeutung wären.[514] Es zeigt sich damit die fehlende Klarheit des Gesetzes darüber, nach welchen Maßstäben die Wirksamkeit des Schiedsvergleichs zu beurteilen war.

6. Ergebnisse zur Novelle von 1924

Mit der Einführung des Beschlussverfahrens anstelle des bisherigen Klagverfahrens zur Erlangung der Vollstreckbarerklärung wurde einem langjährigen Wunsch der Wirtschaft entsprochen. Bereits während der Arbeiten an der No-

508 *Baumbach*, ZPO, 3. Auflage, 1926, § 1044 a Ziff. 2; *Förster/Kann*, ZPO, 3. Auflage, 1926, § 1044 a Ziff. 1d.

509 *Baumbach*, ZPO, 3. Auflage, 1926, § 1044 a Ziff. 2

510 *Staff*, Zu § 1044 a ZPO, in: ZZP, 1925, S. 342.

511 *Staff*, Zu § 1044 a ZPO, in: ZZP, 1925, S. 343.

512 *Staff*, Zu § 1044 a ZPO, in: ZZP, 1925, S. 337 f.

513 *Baumbach*, ZPO, 3. Auflage, 1926, § 1044 a Ziff. 2.

514 *Förster/Kann*, ZPO, 3. Auflage, 1926, § 1044 a Ziff. 1a.

velle von 1898 war ein entsprechender Änderungsantrag gestellt, aber abgelehnt worden.[515] Die Einführung des vollstreckbaren schiedsrichterlichen Vergleichs in § 1044 a ZPO 1924 war ebenfalls eine praxisorientierte Neuerung, da bis zur Novelle von 1924 ein Vergleich unter Mitwirkung von Schiedsrichtern nicht unmittelbar vollstreckbar war.

Die mit der Novelle vorgenommenen Änderungen führten in der Praxis jedoch zu erheblichen Unsicherheiten in Bezug auf die Fragen, wie lange das Beschlussverfahren bei erhobener Aufhebungsklage tatsächlich auszusetzen war, welchen materiellen Rechtsbindungen der Schiedsspruch unterlag und wie mit ausländischen Schiedssprüchen nunmehr zu verfahren war.[516] Aus diesen negativen Folgen der Novelle lässt sich jedoch nicht ableiten, dass der Gesetzgeber auch beabsichtigte, Einschränkungen des Schiedsgerichtswesens vorzunehmen. Vielmehr sollte, dem Wunsch der Wirtschaft folgend, die Vollstreckung des Schiedsspruchs durch das kürzere Beschlussverfahren beschleunigt werden und so eine Verbesserung des Schiedsverfahrensrechts herbeigeführt werden. Diese gesetzgeberische Absicht unterstützt daher die *These 1*, wonach der Gesetzgeber bestrebt war, die Schiedsgerichtsbarkeit zu fördern und unter anderem die Vollstreckung von Schiedssprüchen begünstigen wollte.[517]

Allerdings wurde mit den Änderungen der Novelle von 1924 nicht jegliche Kritik an dem bis dahin geltenden Schiedsverfahrensrecht berücksichtigt. Insbesondere die von *Nußbaum*[518] vorgeschlagenen Änderungen hinsichtlich der Zeugenvereidigung, der alternativen Niederlegung des Schiedsspruchs bei anderen Körperschaften, der Vollstreckung schiedsrichterlicher Vergleiche unmittelbar aus dem Protokoll sowie der durch das Schiedsgericht selbst erteilten Vollstreckbarerklärung waren jedoch derart weitreichend, dass sie den geplanten Umfang der Novelle überschritten hätten: Die Novelle von 1924 sollte nur die drängendsten Probleme angehen und alles Weitere einer umfassende ZPO-Reform überlassen. Insofern ist der Umfang der Novelle kein Indiz für eine restriktive Haltung des Gesetzgebers der Schiedsgerichtsbarkeit gegenüber.

Zusammenfassend kann geschlussfolgert werden, dass der Gesetzgeber der Novelle von 1924 bemüht war, die Vollstreckbarkeit von Schiedssprüchen zu beschleunigen, auch wenn ihm dies in der Praxis nicht gelungen ist (*These 1*).

---

515 Siehe zu diesem Antrag auf S. 93.

516 Vgl. dazu die Ausführungen ab S. 155 (Verbindung von Vollstreckungs- und Aufhebungsverfahren).

517 Vgl. zu den Thesen S. 28 f.

518 *Nußbaum*, Neuordnung des Schiedsgerichtswesen, 1918, S. 20 ff.

III. Die Genfer Übereinkommen von 1923 und 1927

1. Zur Entstehung und den Motiven der beiden Übereinkommen

a) Deutschlands Verhältnis zum Völkerbund

Der US-amerikanische Präsident Thomas Woodrow Wilson[519] hatte angesichts des ersten Weltkriegs die Gründung des Völkerbunds angeregt.[520] Neben der Friedenssicherung war auch die Fortentwicklung internationalen Rechts sowie die Verbesserung des freien Handelsverkehrs Bestandteil der satzungsmäßigen Aufgaben des Völkerbunds.[521]

Deutschland wurde erst im Jahr 1926 Mitglied des Völkerbunds. Für diesen späten Beitritt gab es verschiedene politische Gründe.[522] Insbesondere der Umstand, dass Deutschland nicht von Anfang an zu den Gründungsmitgliedern gehörte, führte zu einer zunächst ablehnenden Einstellung Deutschlands dem Völkerbund gegenüber.[523] Bereits der Versailler Friedensvertrag war im Wesentlichen ohne Deutschlands Beteiligung entstanden. Er enthielt unter anderem die Verpflichtung, die Satzung des Völkerbunds zu beachten, obwohl Deutschland zu dieser Zeit kein Mitglied war.[524] Die Verpflichtung, die Satzung eines Gremiums zu akzeptieren, an welchem Deutschland nicht beteiligt war, wurde in Deutschland allgemein als Degradierung angesehen.[525] So wurde der Völkerbund als Bündnis der Siegermächte betrachtet, das den Bestand des Versailler Friedensvertrags sichern und Deutschlands Bemühungen, den Friedensvertrag einer Überarbeitung zu unterziehen, blockieren wollte.[526] Deutschland lehnte daher zunächst eine Mitgliedschaft im Völkerbund ab und wollte vorrangig die Reparationsfrage des Versailler Vertrags revidiert wissen.[527]

b) Das Genfer Protokoll von 1923

In der Nachkriegszeit kam es aufgrund des zunehmenden Welthandels zu einem deutlichen Aufschwung der Schiedsgerichtsbarkeit, insbesondere im grenzüberschreitenden Rechtsverkehr.[528] Schon vor Beginn des ersten Weltkriegs war der

---

519 Wilson war von 1913 bis 1921 Präsident.

520 Dennoch wurden die USA später nicht Mitglied des am 1. Januar 1920 gegründeten Völkerbunds.

521 Präambel Abs. 4, Art. 8 bis Art. 13, Art. 23 lit. e der Völkerbundsatzung.

522 *Lüdicke*, Staatenwelt 1918, in: APuZ BPB 2008, S. 27 f.

523 *Lüdicke*, Staatenwelt 1918, in: APuZ BPB 2008, S. 27 f.

524 *Lüdicke*, Staatenwelt 1918, in: APuZ BPB 2008, S. 27 f.

525 *Lüdicke*, Staatenwelt 1918, in: APuZ BPB 2008, S. 27 f.

526 *Lüdicke*, Staatenwelt 1918, in: APuZ BPB 2008, S. 27 f.

527 Vgl. *Wehberg*, Grundprobleme des Völkerbunds, S. 35.

528 Vgl. *Nußbaum*, Internationale Schiedsgerichte, in: DJZ, 1925, S. 1453.

Wunsch nach internationaler Vereinheitlichung des Schiedsgerichtswesens entstanden. Insbesondere im Umfeld von Handel und Industrie wurde hierüber bereits kurz nach der Jahrhundertwende diskutiert. So berichtete *Julius Kollmann* über den Internationalen Handelskammerkongress in Mailand von 1906, der zu einer intensiven Beschäftigung mit diesem Thema geführt habe.[529] Hieran hätten sich weitere wichtige Kongresse angeschlossen, nämlich der des Ausschusses des Deutschen Handelstags, der Internationalen Handelskammer in Paris oder der Handelskammer in Boston im Jahr 1912. Die deutsche Wirtschaft war daran interessiert, Komplikationen bei der Vollstreckung von Gerichtsurteilen im Ausland durch schiedsrichterliche Streitentscheidungen zu umgehen.[530] Um die Vollstreckung ausländischer Schiedssprüchen zu gewährleisten, hatten deutsche Delegierte bereits auf dem Handelskammerkongress in Paris angekündigt, Vorschriften zur Anerkennung und Vollstreckung ausländischer Schiedssprüche bei einer künftigen ZPO-Novellierung vorzusehen. Mit diesem Entgegenkommen sollte die Bereitschaft anderer Staaten geweckt werden, ein internationales Übereinkommen zur Vollstreckung ausländischer Schiedssprüche einzugehen.[531] Dem verbreiteten Bedürfnis nach internationaler Vollstreckbarkeit von Schiedssprüchen standen in vielen Ländern teilweise lückenhafte oder hinderliche Schiedsverfahrensgesetze gegenüber.[532] *Wolff* führte zu einem wesentlichen Problem der internationalen Schiedsgerichtsbarkeit folgendes aus:[533]

> *„Was nützt die schönste Schiedsklausel, wenn die eine Partei in der Lage ist, die Gerichte ihres eigenen Landes anzurufen und gegenüber der Berufung der anderen Partei auf die Schiedsklausel geltend zu machen, daß diese Klausel nicht bindend ist? Tatsächlich ist die Gültigkeit der Schiedsklausel durchaus nicht in allen Ländern anerkannt."*

Damit sprach *Wolff* das grundlegende Problem der vielfach nicht gewährleiteten internationalen Anerkennung von Schiedsklauseln bzw. Schiedsvereinbarungen an. Entsprechendes berichtete *Nußbaum* von der damals üblichen Praxis einzel-

---

529 *Kollmann*, Internationale Rechtsverfolgung, in: DJZ, 1914, S. 969 f.

530 *Kollmann*, Internationale Rechtsverfolgung, in: DJZ, 1914, S. 970.

531 *Kollmann*, Internationale Rechtsverfolgung, in: DJZ, 1914, S. 973.

532 *Greminger*, Genfer Abkommen, S. 1, vgl. auch *Schröder*, Genfer Abmachungen, in: Schönke, Schiedsgerichtsbarkeit I, S. 16; *Greminger*s Darstellung des Genfer Protokolls von 1923 und des Genfer Abkommens von 1927 berücksichtigt die veröffentlichten (Official Journal des Völkerbunds) und unveröffentlichten Materialen (gelagert in der Bibliothek der Vereinten Nationen in Genf) des Völkerbunds. Auf seine Auswertungen wird nachfolgend zurückgegriffen, ergänzt um ministerielles Aktenmaterial aus dem Politischen Archiv des Auswärtigen Amtes und des Bundesarchivs aus Berlin. *Schröders* Aufsatz stellt die endgültigen Regelungen der Genfer Übereinkommen im Detail dar.

533 *Wolff*, Schiedsklauseln im internationalen Privatverkehr, in: JW, 1925, S. 1202 f.

ner Bundesstaaten der USA, Schiedsvereinbarungen als frei widerruflich zu betrachten.[534] Erst 1925 hätte diese Praxis eine entsprechende Rechtsänderung in den USA erfahren, so dass Schiedsvereinbarungen nicht mehr frei widerruflich waren. In Frankreich, berichtete *Nußbaum*, würden Schiedsvereinbarungen nur bezüglich bereits bestehender Streitigkeiten als wirksam anerkannt werden, nicht jedoch wegen künftiger Streitigkeiten.[535] Außerdem müssten die Schiedsrichter in der Schiedsvereinbarung bereits bestimmt worden sein. Belgien neige ebenfalls dazu, ausländische Schiedssprüche nicht zu vollstrecken.

Die von *Nußbaum* beschriebene, unklare Rechtslage hinsichtlich grenzüberschreitender Schiedsvereinbarungen und -verfahren war der Grund für die Bemühungen um eine internationale Rechtsvereinheitlichung.[536] Nachdem erste Schritte hierzu durch den Kriegsausbruch im Jahr 1914 zum Stillstand gekommen waren, wurde in der Nachkriegszeit dieses Thema erneut aufgegriffen.[537] So war insbesondere England daran interessiert, das Schiedsgerichtswesen auf internationaler Ebene zu vereinfachen.[538] Der Völkerbund befasste sich aufgrund Art. 23 lit. e der Völkerbundsatzung mit der Frage der internationalen Rechtsvereinheitlichung.[539] Im Jahr 1922 hatte das Wirtschaftskomitee[540] des Völkerbunds die Empfehlung ausgesprochen, internationale Regelungen über die internationale Anerkennung von Schiedsvereinbarungen in Handelsgeschäften zu

534 Auch zum Nachfolgenden: *Nußbaum*, Internationale Schiedsgerichte, in: DJZ, 1925, S. 1454 f.

535 Dazu auch: *Wolff*, Schiedsklauseln im internationalen Privatverkehr, in: JW, 1925, S. 1203 linke Spalte.

536 Im zeitlichen Vorfeld des Zustandekommens des Genfer Abkommens verfasste *Nußbaum* eine Stellungnahme für die deutsche Gruppe bei der Internationalen Handelskammer, in der er die insgesamt sehr schiedsfreundliche Gestaltung des deutschen Rechts im Vergleich zu anderen Ländern hervorhob und dabei insbesondere auf die in Deutschland praktizierte Anerkennung ausländischer Schiedsvereinbarungen und -sprüche verwies, siehe die Stellungnahme Nußbaums aus dem Jahr 1927, ohne exaktes Datum, BArch R 901, Nr. 39873, Bl. 27.
So wurde zugunsten ausländischer Schiedssprüche in Deutschland regelmäßig die Erfüllungsklage vor den Gerichten zugelassen, als es noch keine unmittelbaren Regeln zur Vollstreckung ausländischer Schiedssprüche in der ZPO gab, *Nußbaum*, Internationales Schiedsgerichtswesen, in: Int. Jahrbuch I, S. 19.

537 *Nußbaum*, Internationale Schiedsgerichte, in: DJZ, 1925, S. 1453, S. 1455.

538 *Greminger*, Genfer Abkommen, S. 1 f.

539 *Wolff*, Schiedsklauseln im internationalen Privatverkehr, in: JW, 1925, S. 1204 linke Spalte.

540 Das Wirtschaftskomitee war eine Fachabteilung des Völkerbundsekretariats. Das Sekretariat fungierte als Bindeglied zwischen Rat und Bundesversammlung (Vollversammlung) des Völkerbunds und erledigte Facharbeiten des Völkerbunds, Art. 16 der Völkerbundsatzung; Deutsche Liga für Völkerbund, S. 14 f.

treffen.[541] Dabei stützte sich das Wirtschaftskomitee auf ein Sachverständigenkomitee.[542]

Der erste Entwurf des Genfer Protokolls wurde im April 1923 durch eine Redaktionskommission bearbeitet.[543] Die Versammlung des Völkerbunds ließ den Entwurf durch die 2. Kommission (*Technical Organisations*) erneut bearbeiten, die hierzu ihrerseits eine Unterkommission einsetze. In dieser Unterkommission waren Vertreter der Niederlande, Uruguays, Frankreichs, der Tschechoslowakei, Schwedens und Italiens vertreten.[544]

Ziel war es, mit Hilfe des Genfer Protokolls zwischen den Vertragsstaaten die Anerkennung von Schiedsvereinbarungen zu gewährleisten.[545] Die damit zusammenhängenden Fragen des internationalen Privatrechts und der Vollstreckung von Schiedssprüchen sollten nicht Gegenstand des Entwurfs sein und weiteren Übereinkommen vorbehalten bleiben. Am 24. September 1923 wurde das Genfer Protokoll als „Protocole relatif aux clauses d'arbitrage" von der Vollversammlung des Völkerbunds angenommen und zur Unterzeichnung ausgelegt.[546] Deutschland unterzeichnete das Protokoll am 21. Januar 1924, die deutsche Ratifikationsurkunde wurde am 5. November 1924 in Genf bei dem Generalsekretär des Völkerbunds hinterlegt. In Deutschland trat das „Protokoll über die Schiedsklauseln im Handelsverkehr 24. September 1923" am 27. Dezember 1924 in Kraft.[547] Mit der Zustimmung des Reichstags wurde mit dem Genfer Protokoll innerstaatliches Reichsrecht geschaffen, welches die Ver-

---

541 VB Drucks 1922, S. 531; Deutschland war bis 1926 jedoch nicht Mitglied des Völkerbunds. In den im Bundesarchiv und Politischen Archiv in Berlin gesichteten Aktenmaterialien zum Genfer Protokoll von 1923 sind keine inhaltlichen Auseinandersetzungen über die Protokollentwürfe enthalten. So findet sich in den Akten des Auswärtigen Amtes lediglich ein Schreiben an das Reichsjustizministerium und an das Reichswirtschaftsministerium vom 26. September 1923, mit welchem das Auswärtige Amt sich erkundigt, ob es im Interesse Deutschlands sei, das Genfer Protokoll zu zeichnen, BArch R 901, Nr. 27291, Bl. 6 ff.

542 VB Drucks 1922, S. 531; Deutschland hatte schon in anderen Bereichen des Völkerbunds mitgearbeitet, ohne Mitglied zu sein, vgl. *Wehberg*, Grundprobleme des Völkerbunds, S. 34. In den ministeriellen Akten des Auswärtigen Amtes sind allerdings keine Dokumente zur Deutschen Beteiligung an dem Genfer Protokoll enthalten.

543 Bericht des Wirtschaftskomitees vom 24. September 1923, JO 1923, SSp Nr. 13, S. 339 unten; bei *Greminger*, Genfer Abkommen S. 2 Fn. 10 finden sich entsprechende Nachweise zu einem unveröffentlichten Dossier über die Arbeit der Redaktionskommission.

544 Bericht des Wirtschaftskomitees vom 17. September 1923, JO 1923, SSp Nr. 15, S. 27.

545 So der niederländische Berichterstatter der 2. Kommission, *van Eysinga*, während der Tagung des Wirtschaftskomitees vom 17. September 1923, JO 1923, SSp Nr. 15, S. 27; *Nußbaum*, Internationale Schiedsgerichte, in: DJZ, 1925, S. 1455.

546 Abdruck des Textes: *Schütze/Tscherning/Wais*, Handbuch des Schiedsverfahrens, S. 489 ff.

547 RGBl. 1925 II, S. 47, dort auch Ratifizierung.

tragsstaaten zur Anerkennung von Schiedsklauseln und hierauf beruhender Schiedssprüche verpflichtete.[548] Eine über die bisherigen Regelungen der ZPO hinausgehende Wirkung und Veränderung der Rechtslage bewirkte das Genfer Protokoll allerdings nicht, da bereits das 10. Buch der ZPO den Anforderungen des Genfer Protokolls genügte.

In den Akten des Auswärtigen Amtes[549] finden sich keine Unterlagen, die Auskunft über eventuelle deutsche Beiträge zum Genfer Protokoll geben. Lediglich hinsichtlich der Zeichnung des Genfer Protokolls ist eine Anfrage des Auswärtigen Amtes (*Gaus*) vom 28. September 1923 an das Reichsjustizministerium sowie an das Reichswirtschaftministeriums vorhanden. Das Auswärtige Amt schlägt in dieser Anfrage vor, die Zeichnung des Genfer Protokolls von der Interessenlage der „beteiligten deutschen Wirtschaftskreise" und von der Frage abhängig zu machen, ob Deutsches Recht angepasst werden müsste.[550] Eine unmittelbare Antwort findet sich in den Akten nicht. Allerdings entsprach die damalige ZPO bereits den Anforderungen des Genfer Protokolls,[551] so dass es aus Sicht des deutschen Gesetzgebers keinen rechtlichen Grund für Vorbehalte geben dürfte. So heißt es dementsprechend in einer Verbalnote des Auswärtigen Amtes an die britische Botschaft vom 31. Januar 1925, dass gesetzgeberische Maßnahmen nicht erforderlich seien, da die §§ 1025 - 1048 ZPO den Bestimmungen des Genfer Protokolls entsprächen.[552]

548 Der völkerrechtlich wirksame Vertragsschluss setzte die Zustimmung des Reichstags voraus, da das Genfer Protokoll Gegenstände der Reichsgesetzgebung betraf, Art. 43 Abs. 3, 7 Nr. 3, 6 Nr. 1 WRV. Durch die Zustimmung des Reichstags in Form eines Gesetzes erlangten Staatsverträge den Status gesetzlichen Reichsrechts und waren demzufolge im Inland unmittelbar anzuwenden, *Giese*, WRV, 8. Auflage 1931, Art. 45 Ziff. 6 S. 132.

549 PolArch R 96690: Diese Akte umfasst die Jahre 1924 bis 1934. Eine Akte aus früherer Zeit befindet sich nicht im Politischen Archiv. Die Akte R 96690 trägt die Bezeichnung „Schiedsklauseln im Handelsverkehr, Band 1", so dass nicht damit zu rechnen ist, dass es eine aus früherer Zeit stammende Akte überhaupt existiert hat. BArch R 901, Nr. 27291: Die Akte umfasst die Jahre September 1923 bis 1932. Sie enthält zum Genfer Protokoll lediglich die Ankündigung des Auswärtigen Amtes an das Reichsjustizministerium und das Reichswirtschaftministerium vom 28. September 1923, dass das Genfer Protokoll nun zur Zeichnung bereitliege. Weiteres Aktenmaterial des Auswärtigen Amtes zum Genfer Protokoll aus der Zeit vor September 1923 konnte auch nicht mit Hilfe der Referenten des Auswärtigen Amtes aufgefunden werden. Es ist davon auszugehen, dass keine weiteren Akten überliefert sind.

550 Anfrage des Auswärtigen Amtes (*Gaus*) vom 28. September 1923 an das Reichsjustizministerium sowie an das Reichswirtschaftministeriums, BArch R 901, Nr. 27291, Bl. 6 f.

551 *Wolff*, Schiedsklauseln im internationalen Privatverkehr, in: JW, 1925, S. 1204; *Schwab/Walter*, Schiedsgerichtsbarkeit, Kap. 41 Rz. 2; vgl. auch Stein/Jonas/*Schlosser*, ZPO, 19. Auflage, 1975, § 1044 I. lit. A. 2 lit. a.

552 Verbalnote des Auswärtigen Amtes an die britische Botschaft vom 31. Januar 1925, BArch R 901, Nr. 27291, Bl. 8.

Insgesamt waren an dem Genfer Protokoll 25 Vertragsstaaten beteiligt.[553]

c) Das Genfer Abkommen von 1927

Das Genfer Protokoll von 1923 regelte ausschließlich die Anerkennung von Schiedsvereinbarungen, nicht jedoch die Vollstreckung ausländischer Schiedssprüche.[554] Die internationale Regelung zur Vollstreckung ausländischer Schiedssprüche war jedoch aus politischer Sicht Deutschlands von großer Wichtigkeit. Dies wird auch in den Akten des Auswärtigen Amtes bestätigt.[555] In einem internen Schreiben des Auswärtigen Amtes (*Georg Martius*[556]) an die Abteilung „Völkerbund" vom 26. August 1926 – also noch vor dem Beitritt Deutschlands zum Völkerbund – wurde betont, dass der internationalen Regelung der Vollstreckung ausländischer Schiedssprüche „deutscherseits" unbedingt zugestimmt werde, um den bestehenden Hemmnissen aufgrund divergierender, nationalstaatlicher Regelungen zu begegnen.[557] Es bestand für die Vertragsstaaten des Genfer Protokolls von 1923 auch objektiv Anlass zur Ergänzung des Genfer Protokolls, da einige Vertragsstaaten über keine gesetzlichen Regelungen zur Vollstreckung ausländischer Schiedssprüche verfügten. Konnte eine Partei einen Schiedsspruch in einem solchen Staat folglich nicht vollstrecken, hatte sie auch keine Möglichkeit, vor den dortigen ordentlichen Gerichten zu klagen. Aufgrund des Genfer Protokolls mussten diese bestehende Schiedsvereinbarungen anerkennen und wiesen infolgedessen eine solche Klage ab. Im Ergebnis konnte in Staaten, die die Vollstreckung ausländischer Schiedssprüche nicht geregelt hatten und gleichzeitig das Genfer Protokoll ratifiziert hatten die Gefahr, dass Ansprüche weder vor einen Schiedsgericht noch vor einem staatlichen Gericht durchgesetzt werden konnten. Die Absicht, international die

553 *Ernemann*, Vollstreckung ausländischer Schiedssprüche, S. 80; Unter anderem waren die USA aber nicht am Genfer Protokoll beteiligt.

554 Im Inland mussten die dort erlassenen Schiedssprüche bereits nach Art. 3 Genfer Protokoll vollstreckt werden.

555 Folgende Akten des Auswärtigen Amtes wurden ausgewertet: PolArch R 96690, BArch R 901, Aktenbände 27291, 27292, 27293, 27294, 27295, 27296, 39873.

556 *Martius* war von 1923 bis 1932 Vortragender Legationsrat im Auswärtigen Amt, Historische Kommission bei der Bayerischen Akademie der Wissenschaften (Hrsg.), Akten der Reichskanzlei, Weimarer Republik, Kurzbiografien, online, www.bundesarchiv.de/aktenreichskanzlei/1919-1933/0000/adr/adrmr/kap1_1/para2_66.html, abgerufen am 16. Januar 2012.

557 Internes Schreiben des Auswärtigen Amtes (*Martius*) an die Abteilung „Völkerbund" vom 26. August 1926, PolArch R 96690, ohne Blattnummer.

Schiedsgerichtsbarkeit zu fördern und Hemmnisse abzubauen, war damit nicht vollständig erreicht.[558]

So wurde zunächst versucht, während der 5. Haager Konferenz für internationales Privatrecht[559] im Jahr 1925 ein gemeinsames Abkommen über die Vollstreckung von Schiedssprüchen und Urteilen zu verabschieden, was aber misslang.[560] Es traten schwerwiegende Probleme bei der Gestaltung eines solchen Abkommens auf, da die beabsichtigte Gleichstellung von Urteil und Schiedsspruch vielfach auf Ablehnung stieß. Gegen die Gleichstellung wurde angeführt, dass der Schiedsspruch nach Vertragsgrundsätzen zu behandeln sei.[561] Kernargument hierfür war, dass Urteile ihre verbindliche Wirkung aufgrund staatlicher Souveränität genießen.[562] Diese fände ihre Grenze in der räumlichen Ausdehnung des Staatsgebiets. Demgegenüber beruhten Schiedssprüche auf Parteivereinbarungen, die unabhängig von Staatsgrenzen getroffen würden. Insofern bestünde ein wesentlicher Unterschied, der eine Gleichbehandlung ausschließe. Zudem verlange die Souveränität der Staaten danach, sich gegenüber fremden Justizakten zu verwahren. Die Gleichstellung von Schiedssprüchen mit gerichtlichen Urteilen hätte daher zu Problemen bei der Anerkennung und Vollstre-

558 Annex 2 zu den Beschlüssen der Tagung des 2. Komitees vom 13. September 1927 (Bericht des Sekretariats des Völkerbunds), JO 1927, SSp Nr. 56, S. 71; So auch der Bericht in der Neuen Züricher Zeitung, Der Ausbau des Schiedsgerichtswesens in Handelssachen vom 3. Oktober 1927, S. 6 linke Spalte.

559 Die Haager Konferenz für Internationales Privatrecht ist eine zwischenstaatliche Organisation mit dem Zweck, für die fortlaufende Vereinheitlichung der Regeln des Internationalen Privatrechts tätig zu sein. Dazu werden multilaterale Staatsverträge oder Übereinkommen in den verschiedensten Feldern des internationalen Privatrechts zwischen den Mitgliedern verhandelt und entworfen, vgl. dazu Münchener Kommentar/*Sonnenberger*, BGB, 5. Auflage, 2010, Einleitung zum IPR, Rz. 286 - 288 sowie die Webseite der Haager Konferenz für Internationales Privatrecht www.hcch.net/index_en.php?act=text.display&tid=4, abgerufen am 30. März 2012.

560 *Greminger*, Genfer Abkommen, S. 3.

561 Die Internationale Handelskammer Paris hatte sich beim Völkerbund dafür eingesetzt, die Vollstreckung von ausländischen Schiedssprüchen von der Vollstreckung ausländischer Urteile zu trennen, *Nußbaum*, Internationales Schiedsgerichtswesen, in: Int. Jahrbuch I, S. 15 und Bericht im Internationalen Jahrbuch für Schiedsgerichtswesen in Zivil- und Handelssachen Band I S. 351, S. 354; Dies geht auch aus S. 2 f. des Berichts über die Sitzung der vom Comité économique (*Wirtschaftskomitee*) des Völkerbunds einberufenen Sachverständigenkommission zur Erörterung der Vollstreckung von Schiedssprüchen vom 27. Januar 1927 hervor, BArch R 901, Nr. 27292, Bl. 30 f.

562 Auch zu Nachfolgendem: *Nußbaum*, Internationales Schiedsgerichtswesen, in: Int. Jahrbuch I, S. 13 - 15.

ckung ausländischer Schiedssprüche in den einzelnen Vertragsstaaten führen können. Eine Einigung über ein neues Abkommen wurde daher nicht erzielt.[563]

Daraufhin empfahl das Wirtschaftskomitee der siebten Vollversammlung des Völkerbunds, eine Sachverständigenkommission zur Ausarbeitung eines Abkommens über die Anerkennung und Vollstreckung ausländischer Schiedssprüche einzusetzen. Zur Begründung verwies das Wirtschaftskomitee auf den großen Nutzen für die weitere weltwirtschaftliche Entwicklung.[564] Für das Abkommen sprach sich auch Frankreich während der Tagung der Vollversammlung vom 22. September 1926 aus und betonte seine positive Haltung gegenüber der Schiedsgerichtsbarkeit.[565] Ferner drückte Großbritannien seine Zustimmung zu einem Abkommen über die Vollstreckung ausländischer Schiedssprüche aus und versicherte seine volle Unterstützung.[566]

Daraufhin übernahm das Wirtschaftskomitee des Völkerbunds im Jahr 1926 die Aufgabe, ein eigenes Abkommen für Schiedssprüche zu entwerfen. Das Wirtschaftskomitee setzte eine Sachverständigenkommission ein, die vom 27. bis 29. Januar 1927 in Genf erstmals tagte.[567] Als Vertreter Deutschlands wurde *Volkmar* in die Sachverständigenkommission entsandt,[568] nachdem Deutschland

---

563 *Nußbaum*, Internationales Schiedsgerichtswesen, in: Int. Jahrbuch I, S. 15; Über die Schwierigkeiten der 5. Haager Konferenz für internationales Privatrecht berichtete auch die Neue Züricher Zeitung, Ausgabe Nr. 264 vom 17. Februar 1927 in ihrem Artikel „Vollstreckbarkeit im Ausland ergangener Schiedssprüche in Handelssachen“, auch enthalten in PolArch R 96690, ohne Blattnummer. Die Neue Züricher Zeitung kommentiert die erste Tagung der Sachverständigenkommission und umschreibt die Schwierigkeiten, vor dem Hintergrund unterschiedlicher nationaler Rechtsordnungen ein einheitliches Verständnis für die Vollstreckung ausländischer Schiedssprüche zu entwickeln.

564 Bericht des Wirtschaftskomitees vom 24. September 1924, JO 1926, SSp Nr. 44, S. 400 Ziffer 4.

565 Bericht des Völkerbundrates vom 10. Juni 1926, JO 1926, SSp Nr. 45, S. 49 Ziff. II. 5; Frankreich hatte in seine Verfassung vom 3. September 1791 nach Ende der französischen Revolution die private Schiedsgerichtsbarkeit in die Verfassung aufgenommen, *Brödermann/Rosengarten*, IPR/IZVR, S. 214 Rz. 734.

566 Bericht des Völkerbundrates vom 10. Juni 1926, JO 1926, SSp Nr. 45, S. 50.

567 PolArch R 96690, ohne Blattnummer, Schreiben des deutschen Konsulats Genf vom 31. Januar 1927 an das Auswärtige Amt, mit welchem das Konsulat über den Ausgang der Tagung berichtete; *Greminger*, Genfer Abkommen, S. 4.

568 Österreich: *Leitmaier*, zugleich Berichterstatter für das 2. Komitee, Großbritannien: *Scott*, Bulgarien: *Mollhoff*, Tschechoslowakei: *Hora*, Dänemark: *Andersen*, Estland: *Öpik*, Deutschland: *Volkmar*, Indien: *Champs Chamier*, Italien: *Scialoja*, *Pilotti* oder *Tumedei*, Japan: *Ito*, Niederlande: *Limburg*, Polen: *Rundstein*, Schweiz: *Burckhardt*, Berichterstatter der Sachverständigenkommission war *Professor Basdevant*, siehe die Liste der an der Sachverständigenkommission beteiligten Juristen, JO SSP 1927 Nr. 56, S. 88.

kurz zuvor, am 8. September 1926, als Mitglied des Völkerbunds aufgenommen worden war.[569]

Während der achten Vollversammlung des Völkerbunds am 13. September 1927 berichtete das Wirtschaftskomitee über die bis dahin geleisteten Entwurfsarbeiten.[570] Am 26. September 1927 nahm die Vollversammlung des Völkerbund den Entwurf des Abkommens mit geringen redaktionellen Änderungen als „Convention pour l´exécution des sentences arbitrales étrangères" an.[571] In Deutschland trat das „Genfer Abkommen zur Vollstreckung ausländischer Schiedssprüche vom 26. September 1927" am 1. Dezember 1930 in Kraft.[572]

Das Genfer Abkommen wurde und wird zwar als beachtlicher Fortschritt auf dem Gebiet der internationalen Schiedsgerichtsbarkeit angesehen, gleichwohl war bereits zu damaliger Zeit klar, welch große Schwierigkeiten ungelöst geblieben waren. So ist in der Denkschrift zum Entwurf des Gesetzes zur Ratifikation des Genfer Abkommens in Deutschland zu lesen:

> *„[...] Die Schwierigkeit der den Gegenstand des Abkommens bildende Materie und die außerordentliche Mannigfaltigkeit der auf diesem Gebiete bestehenden innerstaatlichen Regelungen bringen es mit sich, dass die Bestimmungen des Abkommen verwickelt und wenig durchsichtig sind. [...] Gleichwohl wird das Abkommen als ein Fortschritt auf dem Gebiet des zwischenstaatlichen Schiedsgerichtswesens anzusehen sein. [...] Die Ratifikation des Abkommens wird denn auch von den Vertretungen des Handels und der Industrie einhellig gewünscht."*[573]

Mit den in der Denkschrift angesprochenen „Verwicklungen" dürften insbesondere die fehlende Bestimmung des auf die Schiedsvereinbarung anwendbaren Sachrechts und die zwingende Einhaltung des jeweils anwendbaren nationalen Schiedsverfahrensrechts gemeint gewesen sein.[574]

---

569 Tagung der Vollversammlung vom 8. September 1926, JO 1926, SSp Nr. 44, S. 36.

570 Beschlüsse der Tagung des 2. Komitees vom 13. September 1927, JO 1927, SSp Nr. 56, S. 18; Abdruck des Entwurfs in: JO 1927, SSp Nr. 56, S. 71 - 74.

571 Bericht des 2. Komitees an die Vollversammlung, JO SSP 1927 Nr. 54 S. 457 ff.; *Schütze/Tscherning/Wais*, Handbuch des Schiedsverfahrens, S. 492 ff.

572 RGBl. 1930 II, S. 1067 ff., Ratifikation S. 1269 f.; Zur Wirkung der Reichstagszustimmung auch beim Genfer Protokoll S. 128, Fn. 548.

573 RT Drucks, IV. Wahlperiode 1928, Band 443 (1930), Anlage Nr. 2237, S. 14 rechte Spalte.

574 Auf diese Schwierigkeiten wurde in der Denkschrift an anderer Stelle hingewiesen, RT Drucks, IV. Wahlperiode 1928, Band 443 (1930), Anlage Nr. 2237, S. 12 rechte Spalte, S. 13. Die zwingende Einhaltung nationales Schiedsverfahrensrechts betrifft das Erfordernis einer nach nationalem Recht endgültigen Schiedsgerichtsentscheidung, hierzu sogleich unten unter Nr. 3c, S. 144.

An dem Genfer Abkommen waren 30 Vertragsstaaten beteiligt.[575] Als großer Nachteil galt, dass die USA, damals die wichtigste Wirtschaftsmacht der Welt, weder an dem Genfer Protokoll noch an dem Genfer Abkommen teilnahmen.[576]

2. Überblick über die Regelungen der Genfer Übereinkommen

Die beiden Genfer Übereinkommen – das Genfer Protokoll und das Genfer Abkommen – bauten systematisch aufeinander auf: Die Anerkennung und Vollstreckung eines ausländischen Schiedsspruchs nach dem Genfer Abkommen setzte einen Schiedsvertrag im Sinne des Genfer Protokolls voraus. Nachfolgend werden die Regelungsbereiche beider Übereinkommen überblicksartig dargestellt.[577]

a) Der Anwendungsbereich

Die beiden Genfer Übereinkommen waren Kollektivvereinbarungen, so dass die Staatsgrenzen der teilnehmenden Vertragsstaaten gleichzeitig den räumlichen Geltungsbereich bestimmten.[578] Nur die Vertragsstaaten des Genfer Protokolls waren berechtigt, an dem Genfer Abkommen teilzunehmen (Art. 7 GenfAbk).

Der sachliche Anwendungsbereich der beiden Genfer Übereinkommen baute aufeinander auf. Während das Genfer Protokoll die Vertragsstaaten zur Anerkennung bestimmter Schiedsklauseln und –abreden verpflichtete, verlangte das Genfer Abkommen die Anerkennung und Vollstreckung ausländischer Schieds-

575 Die USA waren auch dem Genfer Abkommen nicht beigetreten, *Ernemann*, Vollstreckung ausländischer Schiedssprüche, S. 80.

576 *Bülow*, Revision des Genfer Abkommens, S. 37; Ein Grund für die fehlende Beteiligung der USA war nach *Bülow* der starke Unterschied in der Regelungstechnik zwischen bilateralen Abkommen der USA und den Genfer Übereinkommen. Auffällig war hier der Umfang der Voraussetzungen, die nach den Genfer Übereinkommen für die Anerkennung und Vollstreckung ausländischer Schiedssprüche einzuhalten waren. So wurde in bilateralen Handelsabkommen die Vollstreckbarkeit ausländischer Schiedssprüche häufig allein davon abhängig gemacht, dass der Schiedsspruch nach dem Recht des Staates, in welchem er ergangen war, als wirksam und endgültig galt und dass er im Vollstreckungsstaat nicht gegen die öffentliche Ordnung verstieß; Art. VI Abs. 2 Treaty of Friendship, Commerce and Navigation between the United States of America and the Federal Republic of Germany vom 29. Oktober 1954, usa.usembassy.de/etexts/friendstreaty4555.htm, abgerufen am: 20. September 2011; Art. VI Abs. 2 Treaty of Friendship, Commerce and Navigation between the United States of America and Greece vom 26. Dezember 1951, tcc.export.gov/Trade_Agreements/All-Trade_Agreements/exp_005345.asp, abgerufen am: 20. September 2011.

577 Einzeldarstellungen zu den Genfer Übereinkommen: *Schröder*, Genfer Abmachungen in: Schönke, Schiedsgerichtsbarkeit I, S. 15 - 49, detaillierter bei *Greminger*, Genfer Abkommen.

578 Ob auch Kolonialgebiete der Vertragsstaaten in den Anwendungsbereich einbezogen werden sollten, mussten die jeweiligen Vertragsstaaten entscheiden und bei ihrer Zeichnung der Übereinkommen festlegen.

sprüche. Die Genfer Übereinkommen waren anzuwenden, sofern folgende Bedingungen erfüllt waren:

(1) Anzuerkennen waren nur solche Schiedssprüche, die auf vertraglich vereinbarten Schiedsabreden oder Schiedsklauseln beruhten, sofern sie zwischen Parteien vereinbart worden waren, die der Gerichtsbarkeit verschiedener[579] Vertragsstaaten unterlagen (Art. 1 Abs. 1 GenfProt, Art. 1 Abs. 1 GenfAbk).

(2) Ferner durfte die Schiedsvereinbarung nur schiedsfähige Gegenstände der Schiedsgerichtsbarkeit unterwerfen (Art. 1 Abs. 1 GenfProt).
(3) Der Schiedsspruch musste auf dem Gebiet eines Vertragsstaats ergangen sein (Art. 1 Abs. 1 GenfAbk).
(4) Der Schiedsspruch musste ein ausländischer sein. Diese nicht ausdrücklich in Art. 1 GenfAbk genannte Voraussetzung ergab sich aus dem Zweck und dem Titel des Abkommens, dass nur die Anerkennung ausländischer Schiedssprüche regelte.
(5) Nach Art. 1 Abs. 1 GenfProt konnten die Vertragsstaaten den Anwendungsbereich auf Handelsgeschäfte beschränken.

b) Voraussetzungen der Anerkennung und Vollstreckung

Die Anerkennung und Vollstreckung des ausländischen Schiedsspruchs war von acht weiteren Bedingungen abhängig:

(1) Gültigkeit der Schiedsvereinbarung, Art. 1 Abs. 2 lit. a GenfAbk,
(2) Schiedsfähigkeit des Streitgegenstands im Vollstreckungsstaat, Art. 1 Abs. 2 lit. b GenfAbk,
(3) ordnungsgemäße Besetzung des Schiedsgerichts, Art. 1 Abs. 2 lit. c GenfAbk,

579 Der Wortlaut des Genfer Abkommens ging auf die unterschiedlichen Gerichtsstände der Parteien nicht ein. Die Auslegung der Norm war daher umstritten. Der Bericht über die Sitzung der vom Comité économique des Völkerbunds einberufenen Sachverständigenkommission zur Erörterung der Vollstreckung von Schiedssprüchen vom 27. Januar 1927 ist so zu verstehen, dass die Parteien ihren Gerichtsstand in verschiedenen Vertragsstaaten haben mussten, BArch R 901, Nr. 27292, Bl. 30. Hierfür spricht auch der der Bericht über die Beratungen der vom Comité économique des Völkerbunds in Genf abgehaltenen Sachverständigenkommission vom 4. April 1927, BArch R 901, Nr. 27292, Bl. 108 unten. Für diese Auslegung traten unter anderem ein: *Greminger*, Genfer Abkommen, S. 13; *Hülsen*, Internationale Schiedsvereinbarungen, S. 30; *Schwab/Walter*, Schiedsgerichtsbarkeit, Kap. 42 Rz. 16. Gleichwohl blieb die Regelung umstritten (in Italien knüpften die Gerichte beispielsweise an die Staatsangehörigkeit an) und gehörte zu einem der Gründe, weshalb die Genfer Übereinkommen später als revisionsbedürftig beurteilt wurden, *Bülow*, Revision des Genfer Abkommens, in: RiW 1956, S. 37 f.

(4) Endgültigkeit des Schiedsspruchs, Art. 1 Abs. 2 lit. d GenfAbk,
(5) kein Verstoß gegen den ordre public des Vollstreckungsstaates, Art. 1 Abs. 2 lit. e GenfAbk,
(6) keine Nichtigerklärung des Schiedsspruchs, Art. 2 Abs. 1 lit. a GenfAbk,
(7) keine Verletzung des Anspruchs auf rechtliches Gehör im Schiedsverfahren, Art. 2 Abs. 1 lit. b GenfAbk sowie
(8) keine Überschreitung der Schiedsvereinbarung durch den Schiedsspruch, Art. 2 Abs. 1 lit. c GenfAbk.

Die Einführung des ordre public Vorbehalts entsprach dem damaligen Stand internationaler Rechtsschutzverträge, eine nachträgliche, materielle Überprüfung des Schiedsspruches sollte damit aber nicht ermöglicht werden.[580] Lediglich ein Verstoß gegen verbotene Handlungen im Vollstreckungsstaat sollten auf diese Weise erfasst werden.

Konnte die unterlegene Partei nachweisen, dass sie nach dem auf das Schiedsverfahren anzuwendenden ausländischen Recht weitere Anfechtungsmöglichkeiten besaß, als die der Art. 1 Abs. 2 und Art. 2 Abs. 1 GenfAbk, so konnte der Richter des Vollstreckungsverfahrens entweder die Vollstreckbarerklärung nach eigenem Ermessen versagen oder das Verfahren aussetzen und der jeweiligen Partei eine Frist zum Nachweis der Nichtigerklärung des Schiedsspruchs nach den weitergehenden ausländischen Rechtsvorschriften setzen, Art. 3 GenfAbk.

Ein Schiedsspruch, der nicht alle dem Schiedsgericht vorgelegten Fragen entschieden hatte (Teilschiedsspruch), war möglich, seine Anerkennung und Vollstreckung konnte jedoch ausgesetzt oder von einer Sicherheitsleistung abhängig gemacht werden, Art. 2 Abs. 2 GenfAbk.

c) Rechtsfolgen

Unterlag eine Schiedsvereinbarung dem Genfer Protokoll, waren hieran bestimmte Wirkungen geknüpft:

Die Gewährleistung prozessualer Wirkungen regelte Art. 4 GenfProt. Danach waren die staatlichen Gerichte bei Vorlage einer dem Genfer Protokoll unterfallenden Schiedsvereinbarung verpflichtet, die Sache an die Schiedsrichter zu verweisen, außer die Schiedsvereinbarung war ungültig, das Schiedsverfahren hinfällig oder unausführbar geworden war, Art. 4 Abs.1, Abs. 2 GenfProt. In Deutschland war die prozesshindernde Einrede der Schiedsvereinbarung seit der Novelle von 1898 in § 274 Abs. 2 Nr. 3 ZPO 1898 geregelt. Auch in materieller Hinsicht war die Schiedsvereinbarung als gültig anzuerkennen, wenn sie dem

580 *Volkmar*, Genfer Abkommen und die Novelle von 1930 in: JW, 1930, S. 2748.

Genfer Protokoll entsprach.[581] Inwieweit allerdings etwaige Unwirksamkeitsgründe des auf die Schiedsvereinbarung anwendbaren Sachrechts der Anerkennung entgegenstanden, bestimmte das Genfer Protokoll nicht weiter.

Ferner mussten die Vertragsstaaten die Schiedsverfahren auf ihrem Staatsgebiet nach ihren jeweiligen Regelungen für private Schiedsgerichtsverfahren unterstützen, Art. 2 Abs. 2 GenfProt.

Zur Vollstreckung bestimmte das Genfer Protokoll, dass Schiedssprüche, die im gleichen Vertragsstaat ergangen waren und dort vollstreckt werden sollten, nach den dort geltenden Gesetzen vollstreckt werden mussten, Art. 3 GenfProt. Sollte jedoch in einem anderen Vertragsstaat vollstreckt werden und waren auch die weiteren Voraussetzungen des Genfer Abkommens erfüllt, so musste der Schiedsspruch als wirksam anerkannt und nach dem Verfahrensrecht des jeweiligen Vollstreckungsstaates vollstreckt werden, Art. 1 Abs. 1 GenfAbk.

In den Art. 5 bis Art. 8 GenfProt bzw. Art. 8 bis Art. 11 GenfAbk waren Regelungen zur Ratifizierung, Inkrafttreten und Kündigung der Genfer Übereinkommen vorgesehen.

3. Die deutschen Beiträge zu den Genfer Übereinkommen

a) Überblick

Deutschlands Beiträge an den Entwurfsarbeiten beschränkten sich auf das Genfer Abkommen. Das Reichsjustizministerium hatte *Volkmar* als Delegierten in die Sachverständigenkommission entsandt, die für das Wirtschaftskomitee des Völkerbunds das Genfer Abkommen vorbereiten sollte. Deutschland war damit aktiv an der Entstehung des Genfer Abkommens beteiligt und versuchte, die Berücksichtigung bestimmter Anliegen durchzusetzen. Dabei ging es um folgende Punkte:

- Kollisionsrechtliche Bestimmungen zum anwendbaren Sachrecht,
- die Vollstreckbarkeit von Teilschiedssprüchen,
- die Bestimmung der Endgültigkeit eines Schiedsspruchs sowie
- die international einheitliche Behandlung von Vollstreckungsanträgen.

Diese Anliegen wurden sowohl von der Reichsregierung, als auch von Vertretern der deutschen Wirtschaft und der Wissenschaft verfolgt, wie sogleich gezeigt wird.

581 Vgl. auch zum Nachfolgenden: *Schröder*, Genfer Abmachungen, S. 29 f.; *Greminger*, Genfer Abkommen, S. 7 f.

b) Bestimmungen zum jeweils anwendbaren Recht

Sowohl das Genfer Protokoll, als auch das Genfer Abkommen stellten an mehreren Stellen auf sachrechtliche Vorschriften außerhalb der beiden Genfer Übereinkommen ab. Der Anwendungsbereich der Genfer Übereinkommen setzte voraus, dass der Streitgegenstand schiedsfähig war.[582] Für die Anerkennung und Vollstreckung des Schiedsspruchs wurde weiter vorausausgesetzt, dass die Schiedsvereinbarung gültig und das Schiedsgericht ordnungsgemäß besetzt war, Art. 1 Abs. 1 lit. a, lit. c GenfAbk. Vorschriften zur Bestimmung des für diese Fragen jeweils anzuwendenden Sachrechts, also Kollisionsnormen, enthielten weder das Genfer Protokoll noch das Genfer Abkommen. Leidlich eine Regelung zur Bestimmung des für das Schieds*verfahren* maßgeblichen Sachrechts enthielt Art. 2 Abs. 1 GenfProt:

> *„Für das Verfahren in Schiedssachen einschließlich der Zusammensetzung des Schiedsgerichts ist der Parteiwille und die Gesetzgebung des Landes maßgebend, auf dessen Gebiet das Schiedsverfahren stattfindet."*

Diese Regelung war bereits während der Entstehung des Genfer Protokolls umstritten.[583] Der Delegierte Schwedens kritisierte während der Tagung vom 17. September 1923,[584] es könne zu unbilligen Ergebnissen führen, wenn die Parteien in einem Drittstaat verhandelten, dessen Jurisdiktion keiner der Parteien sonst unterläge.[585] In die gleiche Richtung ging auch die Kritik Japans. Dagegen verteidigte der niederländische Vertreter und Berichterstatter *van Eysinga* die Fassung des Art. 2 Abs. 1 GenfProt: Primär solle das Verfahrensrecht des Landes gelten, in welchem das Verfahren stattfand, sekundär sollten Parteivereinbarungen über das Verfahren zur Anwendung kommen, soweit keine zwingenden gesetzlichen Vorschriften dem entgegenstünden.[586] Die Einzelheiten blieben jedoch ungeklärt.[587]

---

582 Art. 1 Abs. 1 GenfProt: *„Jeder der vertragsschließenden Staaten erkennt Schiedsabreden* [...], *bei denen eine Regelung durch vertraglich vereinbartes Schiedsverfahren* ***zulässig*** *ist* [...] *als gültig an* [...]."

Art. 1 Abs. 2 lit. b GenfAbk: „[...] *daß nach dem Rechte des Landes, in dem der Schiedsspruch geltend gemacht wird, der* ***Gegenstand*** *der Schiedsspruchs* ***einem schiedsgerichtlichen Verfahren unterworfen werden kann;*** [...]". (Hervorhebungen durch den Verfasser).

583 *Schwab/Walter,* Schiedsgerichtsbarkeit, Kap. 50 Rz. 8, Kap. 43 Rz. 4; *Greminger,* Genfer Abkommen, S. 33 ff.

584 Bericht des Wirtschaftskomitees vom 24. September 1923, JO 1923, SSp Nr. 13, S. 342 ff.

585 Nachfolgend: Bericht des Wirtschaftskomitees vom 17. September 1923, JO 1923, SSp Nr. 15, S. 27 - 29.

586 *Greminger,* Genfer Abkommen, S. 37 f.

587 In erster Linie sollte der Verfahrensort als Anknüpfungspunkt für die Bestimmung des anwendbaren Rechts dienen. Fand das Verfahren jedoch an verschiedenen Austragungsorten statt, so

Nachdem mit Art. 2 Abs. 1 GenfProt lediglich das auf das Schieds*verfahren* anwendbare Recht geregelt wurde, blieb unklar, welches Recht auf die Schieds*vereinbarung* anzuwenden war.[588] Insbesondere die Frage, ob der Streitgegenstand schiedsfähig und die Schiedsvereinbarung insoweit wirksam war, beurteilt sich nach dem auf die Schiedsvereinbarung anwendbaren Recht. Vereinzelt wurde angenommen, dass das Recht der Schiedsvereinbarung dasselbe sein müsse, wie dasjenige des Schiedsverfahrens, so dass Art. 2 Abs. 1 GenfProt auch zur Bestimmung des auf die Schiedsvereinbarung anwendbaren Rechts heranzuziehen sei.[589] Dieser Auffassung widersprach *Hans-Walter Greminger* und stellte sich auf den Standpunkt der später herrschenden Meinung, wonach das Genfer Abkommen die einheitliche Anknüpfung von Schiedsverfahren (Art. 2 Abs. 1 GenfProt) und Schiedsvereinbarung ausdrücklich hätte regeln müssen, wenn dies gewollt gewesen wäre.[590] Dies sei aber nicht geschehen, so dass die Gerichte ihr eigenes nationales Kollisionsrecht anzuwenden hätten, um das anwendbare Sachrecht der Schiedsvereinbarung zu ermitteln.[591]

Bereits während der ersten Sitzung dieser Sachverständigenkommission des Wirtschaftskomitees (Völkerbund) im Januar 1927 wurde von deutscher Seite vorgeschlagen, die Wirksamkeit des Schiedsspruchs von dem Recht desjenigen Staates abhängig zu machen, in welchem das Schiedsverfahren stattgefunden habe.[592] Später brachte Deutschland folgenden Änderungsantrag ein, der jedoch nicht erfolgreich war:[593]

> *„Unless submission to arbitration contains an express provision to the contrary, the validity of the award shall be decided by the law of the Contracting State in which the arbitration took place. “*

---

war die Anknüpfung an den Ort bereits ungeeignet. Ebenso ergaben sich Zweifel, wenn die Parteien ein anderes gesetzliches Verfahrensrecht wählten, als dasjenige des Verfahrensortes. Nach einer Auffassung müsse dann das nationale Kollisionsrecht des Landes entscheiden, in welchem das Schiedsgericht getagt habe, *Greminger*, Genfer Abkommen, S. 34 ff., *Bülow*, Revision des Genfer Abkommens, S. 38 rechte Spalte, *Schwab/Walter*, Schiedsgerichtsbarkeit, Kap. 50 Rz. 9.

588 So auch *Schwab/Walter*, Schiedsgerichtsbarkeit, Kap. 43 Rz. 4.

589 Vgl. zu dieser Auffassung *Schröder,* Genfer Abmachungen, S. 19.

590 *Greminger*, Genfer Abkommen, S. 23, Nachweis zur h. M. bei Greminger in Fn. 56.

591 *Greminger*, Genfer Abkommen, S. 23; *Schwab/Walter*, Schiedsgerichtsbarkeit, Kap. 50 Rz. 8, Kap. 43 Rz. 4.

592 Bericht über die Sitzung der vom Comité économique des Völkerbunds einberufenen Sachverständigenkommission zur Erörterung der Vollstreckung von Schiedssprüchen vom 27. Januar 1927, BArch R 901, Nr. 27292, Bl. 30 f.

593 Annex 2 zu den Beschlüssen der Tagung des 2. Komitees vom 13. September 1927 (Bericht des Sekretariats des Völkerbunds), JO 1927, SSp Nr. 56, S. 77 Ziffer 18.

Die beantragte Regelung sollte in Art. 1 Abs. 2 lit. a GenfAbk ausdrücklich aufgenommen werden, um divergierende Lösungen bei der Bestimmung des anwendbaren Rechts in den Mitgliedsstaaten zu vermeiden.[594] Gleichzeitig wäre der identische Anknüpfungspunkt, wie in Art. 2 Abs. 1 GenfProt, gewählt worden. Nach dem Wortlaut der englischsprachigen Formulierung des deutschen Antrags betrifft die Regelung zwar nicht das Recht der Schieds*vereinbarung*, sondern das Recht des Schiedsspruchs. Da aber der Schiedsspruch nur zur Vollstreckung zugelassen werden sollte, wenn er auf einer wirksamen Schiedsvereinbarung beruhte (Art. 1 Abs. 2 lit. a GenfAbk), war mit der vorgeschlagenen Regelung wohl auch das auf die Schiedsvereinbarung anwendbare Sachrecht gemeint. Diese Interpretation legt die deutschsprachige Fassung des Änderungsantrags nahe, der ausdrücklich von der „Schiedsklausel" *und* dem „Schiedsvertrag" spricht.[595]

Der deutsche Antrag zur Bestimmung des anwendbaren Sachrechts wurde auch von Vertretern der deutschen Wirtschaft befürwortet. Ein Vermerk über eine im März 1927 im Reichsjustizministerium zwischen Vertretern der Reichsregierung[596], der Wirtschaft[597] und der Wissenschaft[598] abgehaltene Besprechung zeigt, dass der Vorschlag einer Regelung des anwendbaren Sachrechts bei den Teilnehmern dieser Besprechung umfassende Zustimmung fand.[599] Ebenso zu-

594 Annex 2 zu den Beschlüssen der Tagung des 2. Komitees vom 13. September 1927 (Bericht des Sekretariats des Völkerbunds), JO 1927, SSp Nr. 56, S. 77 Ziffer 18.

595 Anlage zum Schreiben des Reichsjustizministeriums (*Oegg*) vom 25. August 1927 an das Auswärtige Amt, BArch R 901, Nr. 27292, Bl. 42; vgl. auch das Schreiben des Reichsjustizministeriums (*Joel*) vom 20. Dezember 1927 an den Preußischen Justizminister, das Preußischen Minister für Handel und Gewerbe, den Reichswirtschaftsminister, den Deutschen Industrie- und Handelskammertag, die Deutsche Gruppe der Internationalen Handelskammer sowie den Reichsverband der Deutschen Industrie, S. 2, BArch R 901, Nr. 27293, Bl. 62.

596 Reichsjustizministerium: Direktor *Oegg*, Geheimer Regierungsrat *Volkmar* und Ministerialrat *Jonas*; Auswärtiges Amt: *Goes*; Preußisches Justizministerium: Landrichter *Kutzner*, siehe BArch R 901, Nr. 27292, Bl. 76.

597 Reichsverband der Deutschen Industrie: Staatssekretär *Simson*, Assessoren *Schwartz*, *Löhning* und *Klug*; Deutscher Industrie- und Handelstag: *Klein*; Deutsche Gruppe der Internationalen Handelskammer: *Haericke*, siehe BArch R 901, Nr. 27292, Bl. 76.

598 Beteiligt war auch *Flechtheim*. Er wird zwar nicht auf der Anwesenheitsliste geführt, wird aber mit in dem Bericht über die Sitzung vom 24. März 1927 als Teilnehmer erwähnt, BArch R 901, Nr. 27292, Bl. 69, 71, 73.

599 Bericht über die Sitzung vom 24. März 1927, betreffend die Vollstreckung von Schiedssprüchen im internationalen Verkehr, BArch R 901, Nr. 27292, Bl. 68.

stimmend äußerten sich außerhalb dieser Besprechung der Deutsche Industrie- und Handelstag und *Nußbaum*.[600]

Trotz dieser breiten Zustimmung innerhalb Deutschlands war der Regelungsvorschlag aufgrund unterschiedlicher Rechtsauffassungen in den beteiligten Staaten nicht mehrheitsfähig. Während einer Sitzung der Sachverständigenkommission im Januar 1927 bestand noch Einigkeit darüber, dass sowohl das Recht des Staates, in dem das Schiedsverfahren stattgefunden hatte, als auch dasjenige Recht des Vollstreckungsstaates Berücksichtigung finden müssten.[601] Später lehnte jedoch Schweden die Anknüpfung an den Ort des Schiedsverfahrens mit der Begründung ab, die Wahl des Ortes sei viel zu willkürlich, als dass hiervon rechtliche Wirkungen ausgehen sollten.[602]

Im Ergebnis befand die Sachverständigenkommission, dass es trotz der großen Bedeutung des Kollisionsrechts im Schiedsverfahren unmöglich sei, eine einfache, allgemeingültige Formel zu Bestimmung des anwendbaren Rechts zu finden und es daher die Aufgabe des jeweils befassten Gerichts sei, das eigene, nationale Kollisionsrecht heranzuziehen.[603] Der Entwurf eines einheitlichen Kollisionsrechts sollte dagegen der Haager Konferenz für Internationales Privatrecht vorbehalten bleiben,[604] die während der ersten sechs Jahrzehnte seit ihrem Be-

---

600 Schreiben des Deutschen Industrie- und Handelstags an das das Reichsjustizministerium (*Volkmar*) vom 22. August 1927, S. 2 f., BArch R 901, Nr. 39873, Bl. 68 f.; Stellungnahme *Nußbaums* gegenüber der deutschen Gruppe der Internationalen Handelskammer, BArch R 901, Nr. 39873, Aktenblätter 25, 27.

601 Bericht über die Sitzung der vom Comité économique des Völkerbunds einberufenen Sachverständigenkommission zur Erörterung der Vollstreckung von Schiedssprüchen vom 27. Januar 1927, BArch R 901, Nr. 27292, Bl. 30 f., irreführend Bl. 34 unten, wo von dem Recht des Staates, in welchem der Schiedsspruch erlassen wurde, gesprochen wird, siehe auch den Bericht über die Sitzung vom 24. März 1927, betreffend die Vollstreckung von Schiedssprüchen im internationalen Verkehr, BArch R 901, Nr. 27292, Bl. 68 unten.

602 Annex 2 zu den Beschlüssen der Tagung des 2. Komitees vom 13. September 1927 (Bericht des Sekretariats des Völkerbunds), JO 1927, SSp Nr. 56, S. 76 Ziffer 11; Für den Ort des Schiedsverfahrens als Anknüpfungspunkt sprach sich auch Estland aus, JO 1927, SSp Nr. 56, S. 77 Ziffer 23.

603 Bericht der 2. Kommission an die Vollversammlung des Völkerbunds (Berichterstatter *Leitmaier*) vom 5. April 1927, JO 1927, SSp Nr. 56, S. 83 oben bzw. in: Nußbaum, Internationales Jahrbuch für Schiedsgerichtswesen in Zivil- und Handelssachen Band II, S. 251, dort 3. Absatz.

604 Bericht der 2. Kommission an die Vollversammlung des Völkerbunds (Berichterstatter *Leitmaier*) vom 5. April 1927, JO 1927, SSp Nr. 56, S. 83 oben; Schreiben des Reichsjustizministeriums (*Joel*) vom 20. Dezember 1927 an den Preußischen Justizminister, das Preußischen Minister für Handel und Gewerbe, den Reichswirtschaftsminister, den Deutschen Industrie- und Handelskammertag, die Deutsche Gruppe der Internationalen Handelskammer sowie den Reichsverband der Deutschen Industrie, S. 2, BArch R 901, Nr. 27293, Bl. 62.

stehen (1893) unregelmäßig für die Verhandlung von multilateralen Staatsverträgen zusammenkam.[605]

c) Die Vollstreckung von Teilschiedssprüchen

War durch den Schiedsspruch nur ein Teil des geltend gemachten Anspruch entschieden worden, so konnte die Vollstreckung dieses Teilschiedsspruchs entweder abgelehnt oder gegen Sicherheitsleistung zugelassen werden, Art. 2 Abs. 2 GenfAbk.

Von deutscher Seite war hierzu auf Wunsch der Wirtschaft einen Änderungsantrag eingebracht worden, um die Vollstreckbarkeit von Teilschiedssprüchen zu gewährleisten.[606] Dazu sollte aus der englischen Fassung des Art. 2 Abs. 1 lit. c GenfAbk der Passus „[...] *or does not decide all questions* [...]" gestrichen werden, so dass Teilschiedssprüche keinen vollstreckungshindernden Tatbestand mehr dargestellt hätten. Mit der Vollstreckung von Teilschiedssprüchen sollte vermieden werden, dass die Vollstreckung entscheidungsreifer Teilansprüche deshalb verzögert werden könnte, weil gegen weitere streitige Ansprüche Einwendungen erhoben wurden. Die Vollstreckbarkeit von Teilschiedssprüchen entsprach einem dringenden Wunsch der deutschen Wirtschaft[607] und wurde auch von Vertretern der Wissenschaft[608] befürwortet.

Zunächst sollten Teilschiedssprüche ebenso behandelt werden, wie Schiedssprüche, die die Grenzen der Schiedsvereinbarung überschritten hatten. Dies hätte zur Folge gehabt, dass Teilschiedssprüche nicht vollstreckungsfähig gewesen wären.[609] Dem deutschen Antrag wurde entgegengehalten, dass Teilschiedssprüche von Zwischenschiedssprüchen[610] häufig nicht zu trennen seien.[611] Ferner

605 Webseite des Haager Konferenz für Internationales Privatrecht, www.hcch.net/index_en.php?act=text.display&tid=4, abgerufen am 30. März 2010.

606 Annex 2 zu den Beschlüssen der Tagung des 2. Komitees vom 13. September 1927 (Bericht des Sekretariats des Völkerbunds), JO 1927, SSp Nr. 56, S. 77 Ziffer 19.

607 Schreiben des Deutschen Industrie- und Handelstags an das das Reichsjustizministerium (*Volkmar*) vom 22. August 1927, S. 3 f., BArch R 901, Nr. 39873, Bl. 69 f.

608 Stellungnahme *Nußbaums* gegenüber der deutschen Gruppe der Internationalen Handelskammer, BArch R 901, Nr. 39873, Bl. 25, 27; Stellungnahme *Flechtheims*, Vermerk über die Besprechung vom 11. Mai 1927 über den Entwurf eines Protokolls über die internationale Anerkennung und Vollstreckung von Schiedssprüchen, BArch R 901, Nr. 27292, Bl. 140.

609 *Greminger*, Genfer Abkommen, S. 73.

610 Zwischenschiedssprüche betreffen unselbständige, nicht vollstreckbare Entscheidungen über Rechtsfragen, die erst mit der endgültigen Entscheidung Bedeutung gewinnen, Urteile des Reichsgerichts vom 28. Januar 1908, Rev. VII 185/07, RGZ 69, S. 52 - 56, 27. Oktober 1914, Rev. VII. 261/14, RGZ 85, S. 391 - 396; 25. Juni 1926, Rev. VI 79/26, RGZ 114, S. 165 - 171. *Endemann* vertrat diese Auffassung bereits in seinem Kommentar aus dem Jahr 1879. Er stützte sich auf die Annahme, dass der Schiedsspruch den Zweck habe, einen Rechtsstreit vollständig

seien Konstellationen denkbar, bei denen der Klaganspruch entscheidungsreif und zuzusprechen sei, dagegen ein mit Widerklage oder durch Aufrechnung geltend gemachter Anspruch des Beklagten jedoch noch nicht entscheidungsreif sei. In einem solchen Falle sei die Vollstreckung des Klaganspruchs nicht sachgerecht, da er möglicherweise später durch den Anspruch des Beklagten beseitigt werden könnte.[612] Daher wurde eine Kompromisslösung gefunden, wonach das Vollstreckungsgericht entscheiden durfte, ob ein Teilschiedsspruch für vollstreckbar erklärt und ob gegebenenfalls eine Sicherheitsleistung gefordert werden sollte.

d) Die Erteilung der Vollstreckbarerklärung durch das Vollstreckungsgericht

Die Vollstreckbarerklärung war durch das Gericht des Staates, in welchem vollstreckt werden sollte, zu erteilen, Art. 1 Abs. 1 GenfAbk. Im Zusammenhang mit der Prüfung von Schiedsvereinbarung und Schiedsverfahren stellte sich der Vertreter Italiens auf den gegenteiligen Standpunkt: Die Gerichte des Landes, in welchem der Schiedsspruch erlassen worden sei, sollten die Vollstreckbarerklärung erteilen, damit vermieden werde, dass die Gerichte des Vollstreckungsstaates die Einhaltung des anwendbaren ausländischen Schiedsverfahrensrechts[613] prüfen müssten.[614] Hiergegen wandte sich Deutschland mit der Begründung, es käme bei Umsetzung des italienischen Vorschlags zu einem doppelten Verfahren zur Erteilung der Vollstreckbarerklärung, einmal in dem Staat, in welchem der Schiedsspruch erlassen worden war, und einmal im Vollstreckungsstaat.

---

zu erledigen. Dies leiste aber eine Zwischenentscheidung nicht, wohl aber ein Teilurteil, das also über einen Teilaspekt des Rechtsstreits entscheide, *Endemann*, CPO, 1879, § 865 S. 477; Ebenso: *Förster/Kann*, ZPO, 3. Auflage, 1926, § 1039 Ziff. 1.

611 Vermerk über die Besprechung vom 11. Mai 1927 über den Entwurf eines Protokolls über die internationale Anerkennung und Vollstreckung von Schiedssprüchen, BArch R 901, Nr. 27292, Bl. 140.

612 Bericht der 2. Kommission an die Vollversammlung des Völkerbunds (Berichterstatter *Leitmaier*) vom 5. April 1927, JO 1927, SSp Nr. 56, S. 83.

613 Die Vollstreckbarerklärung war nur zu erteilen, wenn die Schiedsvereinbarung wirksam, das Schiedsgericht nach dem Recht des Landes, in welchem der Schiedsspruch gefällt worden war, ordnungsgemäß gebildet worden und nach der Schiedsspruch nach dem ausländischen Recht endgültig war, Art. 1 Abs. 1 lit. a, lit. c, lit. d GenfAbk.

614 Bericht über die Sitzung der vom Comité économique des Völkerbunds einberufenen Sachverständigenkommission zur Erörterung der Vollstreckung von Schiedssprüchen vom 27. Januar 1927, BArch R 901, Nr. 27292, Bl. 34 f., 43 f.

Damit wären unnötige Schwerfälligkeiten verbunden.[615] Auch die Sachverständigenkommission lehnte den italienischen Vorschlag ab.[616]

Der italienische Vorschlag beruhte auf der in Italien verbreiteten *Unverbindlichkeitstheorie*, nach der ein Schiedsspruch erst dann zu einer wirksamen Entscheidung erstarkt, wenn er in seinem Ursprungsland das Exequatur erhalten hat.[617] Eine dritte Variante, die sogenannte *Urteilstheorie*, hielt dagegen den Schiedsspruch für einen Akt von (ausländischer) Gerichtsgewalt, dessen Grundlage das gesetzliche Schiedsverfahrensrecht war.[618]

Letztlich setzte sich die sogenannte *Vertragstheorie* im Genfer Abkommen von 1927 durch, wonach dem Schiedsspruch vertragliche Wirkung zugesprochen wurde.[619] Nach der Vertragstheorie konkretisiert der Schiedsspruch den Inhalt eines zwischen den Parteien zur Streitbeilegung in Form eines Schiedsvertrags geschlossenen Vergleichsvertrags. Eine Folge dieser Sichtweise war, dass ausländische Schiedssprüche durch eine Erfüllungsklage vor den ordentlichen Gerichten durchgesetzt werden konnten. In dem Bericht eines deutschen Teilnehmers über die Sitzung der Sachverständigenkommission vom 27. Januar 1927 wurde die Empfehlung ausgesprochen, an dem deutschen Standpunkt zur Vollstreckbarerklärung nicht zwingend festzuhalten.[620] Der Bericht dürfte von *Volkmar* verfasst sein, der für Deutschland an der Sachverständigenkommission teilnahm.[621] Das deutsche Interesse an dem Zustandekommen

---

615 Bericht über die Sitzung der vom Comité économique des Völkerbunds einberufenen Sachverständigenkommission zur Erörterung der Vollstreckung von Schiedssprüchen vom 27. Januar 1927, BArch R 901, Nr. 27292, Bl. 35 f.

616 Siehe auch nachfolgend: Bericht der 2. Kommission an die Vollversammlung des Völkerbunds (Berichterstatter *Leitmaier*) vom 5. April 1927, JO 1927, SSp Nr. 56, S. 83 oben.

617 Zu den widerstreitenden Thesen zum Charakter und Wirkung des Schiedsspruchs siehe auch ab S. 214 (Rechtsprechung zur Durchsetzung ausländischer Schiedssprüche); *Pappenheim/Rheinstein*, Vollstreckung im Ausland, S. 10 - 15.

618 Zu beiden Theorien *Pappenheim/Rheinstein*, Vollstreckung im Ausland, S. 10 - 15; Genauere Ausführungen finden sich ab S. 215 (Rechtsprechung zur Gleichbehandlung in- und ausländischer Schiedssprüche).

619 *Pappenheim/Rheinstein*, Vollstreckung im Ausland, S. 13, dort auch Fn. 7. Der Niederschlag der Vertragstheorie im Genfer Abkommen zeigt sich in der Präambel, wonach die Vertragsstaaten ausländische Schiedssprüche nach den gleichen Maßstäben anzuerkennen und zu vollstrecken haben, wie inländische Schiedssprüche. Ferner stellen die Art. 1 und Art. 2 GenfAbk Voraussetzungen auf, bei deren Vorliegen dem ausländischen Schiedsspruch ohne weiteres die inländische Vollstreckbarerklärung zu erteilen ist.

620 Ab S. 14 des Berichts in BArch R 901, Nr. 27292, Bl. 42 ff.

621 Die Urheberschaft *Volkmars* lässt sich auch aus dem Schreiben des Auswärtigen Amtes an das Deutsche Konsulat in Genf vom 26. Februar 1927 (*Martius*) ableiten, worin der Termin zur Abgabe des Berichts von *Volkmar* erfragt wird, BArch R 901, Nr. 27292, Bl. 28 f.

des Abkommens sei dem Bericht zufolge hoch, so dass ein Scheitern des Abkommens nicht riskiert werden dürfte. Sollte es bei der innerdeutschen Gesetzgebung zu Problemen kommen, da nach dem bisherigen Recht für eine Vollstreckbarerklärung jedenfalls dann ein Gerichtsstand fehle, wenn der Schuldner weder Wohnsitz noch Vermögen in Deutschland besäße, so solle dies mit einem Ausführungsgesetz geregelt werden.[622]

e) Die Endgültigkeit des Schiedsspruchs

Nach Art. 4 Abs. 1 Nr. 2, Art. 1 Abs. 1 lit. d GenfAbk musste der Schiedsspruch nach dem Recht des Landes, in welchem er ergangen war, endgültig sein, damit er vollstreckbar war. Die Definition der Endgültigkeit führte in der Entwurfsphase zu großen Kontroversen, da die nationalen Rechtsordnungen über die Endgültigkeit unterschiedliche Aussagen trafen.[623]

Deutschland beantragte, dass jeder Vertragsstaat eine öffentliche Stelle benennen müsse, die eine Bescheinigung über die Endgültigkeit ausstelle:[624]

> *„The conditions laid down in paragraph 1, No. 2, shall be satisfied by the production of a statement from the competent authority of the State in which the award was made. The Governments of the Contracting States will reciprocally communicate to one another lists of the authorities competent in this matter in their territory."*

Damit sollte vermieden werden, dass ein Vollstreckungsgericht zu prüfen habe, ob der Schiedsspruch nach Maßgabe ausländischen Rechts endgültig geworden

622 Vgl. BArch R 901, Nr. 27292, Bl. 35 f., 45.

623 *Greminger,* Genfer Abkommen, S. 58; Das Generalsekretariat des Völkerbunds stellte einen Rechtsvergleich zur Endgültigkeit an. So wurde ein Schiedsspruch beispielsweise nach österreichischen oder belgischen Recht als endgültig im Sinne staatlicher Vollstreckbarkeit angesehen, wenn keine Rechtsmittel zu einem Oberschiedsgericht oder Staatsgericht möglich war. Demgegenüber war nach brasilianischem Recht die Endgültigkeit nur gegeben, wenn ein staatlicher Richter als Schiedsrichter den Schiedsspruch erlassen hatte oder der Schiedsspruch vor einem staatlichen Gericht bestätigt worden war. Nach dänischem Recht war ein Schiedsspruch dann als endgültig zu betrachten, wenn er keine Berufung möglich war. Ein noch zulässiges Aufhebungsverfahren stand der Endgültigkeit nicht entgegen. Nach deutschem Recht (§ 1039 ZPO) war ein Schiedsspruch mit Unterzeichnung, Zustellung und Niederlegung bei Gericht endgültig, sofern nicht die Berufung zu einem Oberschiedsgericht vereinbart war (ähnlich auch das japanische Recht). Nach niederländischem Recht war der Schiedsspruch bereits nach Unterzeichnung und Zustellung an die Parteien endgültig, ein Aufhebungsverfahren war nicht vorgesehen; siehe Bericht „Information communicated to the Secretariat by certain Governments as to the conditions in which awards are considered as having become final under the law of the countries in question", JO 1927, SSp Nr. 56, S. 79 - 81.

624 Annex 2 zu den Beschlüssen der Tagung des 2. Komitees vom 13. September 1927 (Bericht des Sekretariats des Völkerbunds), JO 1927, SSp Nr. 56, S. 77 Ziffer 20.

war.[625] Dagegen war aber die Sachverständigenkommission der Auffassung, dass eine solche Regelung nur durch bilaterale Staatsverträge vereinbart, nicht aber Bestandteil eines Kollektivvertrags sein könne.[626] Darüber hinaus war der Vorschlag, staatliche Stellen für die Erteilung derartiger Bescheinigungen einzurichten, auf Widerstand gestoßen sein.[627]

Somit konnte sich der deutsche Antrag nicht durchsetzen, es blieb die Aufgabe des Vollstreckungsgerichts, die Endgültigkeit nach Art. 1 Abs. 1 lit. d, Art. 4 Abs. 1 Nr. 2 GenfAbk zu prüfen.

f) Übersetzung der vollstreckungsrelevanten Unterlagen

Nach Art. 4 Abs. 1 GenfAbk musste die Partei, die im Ausland einen Schiedsspruch für vollstreckbar erklären lassen wollte, den Schiedsspruch sowie weitere Unterlagenbeibringen.[628]

Deutschland beantragte eine Regelung aufzunehmen, wonach auf Wunsch des Vollstreckungsgerichts vom Antragsteller Übersetzungen beizufügen wären, sofern die Vertragsstaaten hierzu amtliche Übersetzungsstellen eingerichtet hätten.[629] Eine Legalisation der Unterlagen sollte ausdrücklich nicht gefordert werden dürfen. Der Antrag war wie folgt gefasst:

> *„The State in which enforcement is sought may ask the party relying on the award to furnish in addition a duly certified translation in its official language of the award itself and of all other documents relevant to show that the application is well founded, provided that the other State concerned possess institutions permitting the administrations of the country to assure such verification. No other form of authentication may be demanded.* “

In der Antragsbegründung wurde auf die Vermeidung von möglichen Schwierigkeiten verwiesen, indem eine einheitliche Handhabung der Antragsunterlagen in allen Vertragsstaaten gewährleitet werde.[630]

---

625 Annex 2 zu den Beschlüssen der Tagung des 2. Komitees vom 13. September 1927 (Bericht des Sekretariats des Völkerbunds), JO 1927, SSp Nr. 56, S. 77 Ziffer 20.

626 Bericht der 2. Kommission an die Vollversammlung des Völkerbunds (Berichterstatter *Leitmaier*) vom 5. April 1927, JO 1927, SSp Nr. 56, S. 83 unten.

627 Vgl. Schreiben des Reichsjustizministeriums an sämtliche Landesregierungen und den stellvertretenden Bevollmächtigten des Reichsrats vom 20. Dezember 1927, BArch R 901, Nr. 27292, Bl. 66.

628 Die weiteren Unterlagen betrafen nach Art. 4 Abs. 1 Nr. 3 GenfAbk insbesondere: Nachweis der Schiedsvereinbarung, der Schiedsfähigkeit des Streitgegenstandes, Ordnungsgemäße Bildung des Schiedsgerichts.

629 Annex 2 zu den Beschlüssen der Tagung des 2. Komitees vom 13. September 1927 (Bericht des Sekretariats des Völkerbunds), JO 1927, SSp Nr. 56, S. 77 Ziffer 21.

630 Annex 2 zu den Beschlüssen der Tagung des 2. Komitees vom 13. September 1927 (Bericht des Sekretariats des Völkerbunds), JO 1927, SSp Nr. 56, S. 77 Ziffer 21.

Die endgültige Fassung des Art. 4 Abs. 2 GenfAbk bestimmte dagegen, dass die Übersetzung auf Verlangen durch einen diplomatischen oder konsularischen Vertreter des Vollstreckungsstaates oder des Staates, dem der Gläubiger angehörte, als richtig bestätigt werden musste.

4. Ergebnisse zu den Genfer Übereinkommen

Maßgeblich für die deutsche Beteiligung an den Genfer Übereinkommen war das Ziel, die Anerkennung und Vollstreckung von Schiedssprüchen im internationalen Rechtsverkehr zu vereinfachen und damit den Bedürfnissen des grenzüberschreitenden Handels zu entsprechen, was den Schluss zulässt, dass die eingangs der Arbeit aufgestellte *These 2* zutrifft. Nach dieser These war der deutsche Gesetzgeber zwischen 1877 und 1945 insbesondere daran interessiert, die Anerkennung und Vollstreckung ausländischer Schiedssprüche zu vereinfachen.[631]

Trotz aller streitig diskutierten Rechtsprobleme wurde von Seiten des Reichsjustizministeriums und dem Auswärtigen Amt nie in Frage gestellt, ob sich Deutschland überhaupt an den Übereinkommen beteiligen sollte. Obwohl die deutschen Änderungsanträge zum Genfer Abkommen nicht den gewünschten Erfolg hatten, sprachen sich anlässlich einer Besprechung im Reichsjustizministerium am 11. Mai 1927 sowohl der Ministerialdirektor des Reichsjustizministeriums *Joseph Oegg* als auch der Vortragende Legationsrat *Georg Martius* des Auswärtigen Amtes dafür aus, den Beitritt zum Genfer Abkommen nicht von politischen Aspekten abhängig zu machen, sondern dem Abkommen in jedem Fall beizutreten, um den Bedürfnissen der Wirtschaft gerecht zu werden.[632] Bei dieser Besprechung waren Vertreter der Reichsregierung, der Wirtschaft sowie der Wissenschaft beteiligt.[633]

Der Umstand, dass Deutschland inhaltlich keine Beiträge zu den Entwurfsarbeiten des Genfer Protokolls von 1923 geleistet hatte, erklärt sich damit, dass

631 Vgl. zu den Thesen S. 28 f.

632 Vermerk über die Besprechung vom 11. Mai 1927 über den Entwurf eines Protokolls über die internationale Anerkennung und Vollstreckung von Schiedssprüchen, BArch R 901, Nr. 27292, Bl. 145.

633 Reichsjustizministerium: *Oegg*, *Volkmar*, *Jonas*; Reichswirtschaftsministerium: *Quassowski*; Preußisches Justizministerium: *Lutterloh*, *Kutzner*; Deutsche Gruppe der Internationalen Handelskammer: *Haericke*; Deutscher Industrie- und Handelstag: *Schiller*; Preußisches Ministerium für Handel und Gewerbe: *Gottschick*; Reichsverband der Deutschen Industrie: *Schwartz*; Auswärtiges Amt: *Martius*, *Goes*; *Professor Flechtheim*; siehe Liste der Anwesenden bei der kommissarischen Beratung vom 11. Mai 1927 betreffend den Entwurf eines Protokolls über die internationale Anerkennung und Vollstreckung von Schiedssprüchen, BArch R 901, Nr. 27292, Bl. 138.

Deutschland bis 1926 kein Mitglied des Völkerbunds war. Außerdem entsprach das deutsche Recht bereits den Anforderungen des Genfer Protokolls. Gleichwohl bestätigt die Zeichnung des Genfer Protokolls die *Thesen 1 und 2*, wonach Deutschland die Schiedsgerichtsbarkeit insbesondere durch die begünstigte Anerkennung von Schiedsvereinbarungen zu fördern suchte und dies auch auf grenzüberschreitende Schiedsvereinbarungen bezog. Für diese Annahme spricht auch, dass Deutschland im Gegensatz zu vielen anderen Staaten von der Möglichkeit, die Anwendung des Genfer Protokolls auf Handelssachen zu begrenzen, keinen Gebrauch machte.[634]

Nachdem Deutschland Mitglied des Völkerbunds geworden war, arbeitete *Volkmar* als Vertreter des Deutschen Reichs an dem Entwurf mit. Mit *Volkmar* hatte das Reichsjustizministerium einen im Schiedsgerichtswesen sehr erfahrenen Mann in die Sachverständigenkommission entsandt. Daraus lässt sich ebenfalls die hohe Priorität ableiten, die Deutschland diesem Abkommen beimaß. Die inhaltlichen Beiträge zum Genfer Abkommen spiegeln eine insgesamt schiedsfreundliche Haltung Deutschlands der internationalen Schiedsgerichtsbarkeit gegenüber wieder, auch wenn sie sich im Wesentlichen nicht durchsetzen ließen.[635] Die einzelnen Anträge waren stets von der Absicht getragen, das Genfer Abkommen einfacher und in seiner Anwendung rechtssicher auszugestalten. Im Einzelnen:

(1) Der Antrag, eine Bestimmung des auf den Schiedsvertrag anwendbaren Sachrechts aufzunehmen, diente der Vermeidung von widersprüchlichen Handhabungen durch die einzelnen Vertragsstaaten. Mit anderen Worten: Es wurde eine gesteigerte Rechtssicherheit angestrebt. Rechtssicherheit ist in der Regel für Wirtschaftsunternehmen von größerer Bedeutung als die dogmatisch beste oder einzelfallgerechteste Lösung, da Rechtssicherheit zugleich Planbarkeit und Vorhersehbarkeit bedeutet. Würde aus Sicht aller möglichen Vollstreckungsgerichte dasselbe Recht auf den Schiedsvertrag Anwendung finden, so wäre von Anfang an mit geringem Aufwand feststellbar, welchen Anforderungen die Schiedsvereinbarung gerecht werden müsste, um ohne Hindernisse die Vollstreckung des späteren Schiedsspruchs in den verschiedenen Vertragsstaaten betreiben zu können. Diese Frage gewinnt in den Fällen besondere Relevanz, in denen zu Beginn des Schiedsverfahrens noch unklar ist, im welchem Vertragsstaat später vollstreckt werden könnte.

---

634 Siehe die Liste der Vertragsstaaten bei *Greminger*, Genfer Abkommen, S. 112.

635 Nur teilweise waren die Vorschläge zur Vollstreckung von Teilschiedssprüchen und zur Übersetzung vollstreckungsrelevanter Unterlagen in das Genfer Abkommen übernommen, siehe dazu S. 141 f. und S. 145 f.

(2) Der Antrag, Teilschiedssprüche ebenfalls nach dem Genfer Abkommen für vollstreckbar erklären zu lassen, ist ebenfalls als schiedsfreundlich im Sinne der *These 2* zu werten, da auch hier das Interesse einer effektiven und zügigen Vollstreckung im Vordergrund stand.

(3) Letztlich waren auch die Vorschläge, die Endgültigkeit des Schiedsspruchs bereits im Ursprungsland des Schiedsspruchs gerichtlich feststellen zu lassen und die vereinfachte Form anerkannter Übersetzungen des Schiedsspruchs sowie weiterer Unterlagen darauf angelegt, das Verfahren zur Vollstreckung eines ausländischen Schiedsspruchs zu verbessern, da sie das Verfahren für die Parteien vereinfachen (Übersetzungsantrag), dem ausländischen Richter die Prüfung fremden Rechts ersparen (Antrag zu Endgültigkeitserklärung) und so das Verfahren beschleunigen sollten.

Zusammenfassend lassen die Beiträge zum Genfer Abkommen den Schluss zu, dass das Deutsche Reich bestrebt war, im internationalen Schiedsgerichtswesen für einheitliche Verfahren zu sorgen, die zudem dem Wunsch nach Praktikabilität und Schnelligkeit gerecht wurden (*These 2*). Das höchste Ziel war dabei, eine kollektivvertragliche Grundlage zur Anerkennung ausländischer Schiedsvereinbarung und Vollstreckung ausländischer Schiedssprüche zu schaffen. Dabei machte Deutschland keine besonderen Vorbehalte gegen Schiedssprüche, die auf eigenem Territorium vollstreckt werden sollten.

IV. Die Novelle von 1930

1. Zur Entstehung und den Motiven der Novelle

Bereits kurz nach der Bekanntmachung der Novelle von 1924 wurde über Korrekturen diskutiert. Während des 34. Deutschen Juristentags im Jahr 1926 wurde das Thema „Welche Hauptgrundsätze sind für die Neuregelung des Schiedsgerichtswesens zu empfehlen?“ durch ein Gutachten von dem Hamburger Rechtsanwalt *Carl Leo* vorbereitet und diskutiert.[636] Leo vertrat in seinem Gutachten die Meinung, dass das deutsche Schiedsverfahrensrecht der CPO von 1877 im Vergleich zum englischen und französischen Recht die Freiheit der Parteien, staatliche Gerichte auszuschließen und sich einem Schiedsgericht zu unterwerfen, bereits sehr weitgehend gewährleistete:[637] Die englische Rechtsprechung habe bis zum Ende des 19. Jahrhunderts private Schiedsgerichte prinzipiell als

---

636 *Leo*, Welche Hauptgrundsätze sind für die Neuregelung des Schiedsgerichtswesens zu empfehlen? in: 34. DJT, Band 1, S. 179 - 257. Die Verhandlungen sind in Band 2 (Stenographischer Bericht) des 34. DJT (Köln) auf S. 516 - 610 veröffentlicht.

637 *Leo*, Welche Hauptgrundsätze sind für die Neuregelung des Schiedsgerichtswesens zu empfehlen? in: 34. DJT, Band 1, S. 181 f.

dem öffentlichen Interesse entgegenstehend betrachtet. Die französische Rechtsprechung würde Schiedsvereinbarungen über künftige Streitigkeiten nicht anerkennen. Beides sei nach dem deutschen Recht nicht der Fall, vielmehr gewähre das deutsche Recht entsprechend seiner individualistischen Ausrichtung den Parteien weitgehende Gestaltungsfreiheiten, wie beispielsweise im Zusammenhang mit der Besetzung des Schiedsgerichts oder der Verfahrensregelungen.[638] Vor dem Hintergrund, dass die Schiedsgerichte eine steigende Nachfrage zu verzeichnen und damit eine gestiegene Bedeutung für den Rechtsschutz erlangt hätten, seien bestimmte Änderungen des Schiedsverfahrensrechts erforderlich, um für den Einzelnen ein Mindestmaß an effektivem Rechtsschutz und im Interesse der Allgemeinheit eine starke und einheitliche Rechtspflege zu gewährleisten.[639] Hierzu schlug *Leo* unter anderem vor, anstelle des Vollstreckungsbeschlussverfahrens der Novelle von 1924 ein beschleunigtes Klagverfahren zu Erteilung der Vollstreckbarerklärung einzuführen, in welchem alle etwaigen Einwendungen gegen den Schiedsspruch (Aufhebungsgründe) mit behandelt würden. Damit sollte vermieden werden, eine einheitliche Angelegenheit in ein Vollstreckungsbeschluss- und in ein Aufhebungsklagverfahren zu zerteilen. Zur Beschleunigung des Verfahrens empfahl *Leo* kürzere Einlassungsfristen, die Verhandlung auch in Ferienzeiten und die Zulassung vorläufiger Vollstreckbarkeit.[640]

Hinsichtlich der streitigen Frage, ob Schiedsgerichte an materielles Recht bei ihrer Entscheidungsfindung gebunden sein sollten, sprach sich Leo für eine Bindung an zwingendes Recht aus und an die übrigen Vorschriften dann, wenn die Parteien nichts anderes vereinbart hätten. Für diese Konzeption der Gesetzesbindung sprächen rechtsgeschichtliche und rechtsvergleichende Aspekte:[641] So habe vor Inkrafttreten der CPO von 1877 in vielen Partikularrechten eine Gesetzesbindung der Schiedsrichter bestanden. Im englischen Recht ginge man grundsätzlich von einer Gesetzesbindung aus. Dies zeige sich auch an dem sog. special case nach section 7b des Arbitration Act von 1889, wonach Schiedsgerichte eine konkrete Rechtsfrage durch ein staatliches Gericht entscheiden lassen konnten.

638 *Leo*, Welche Hauptgrundsätze sind für die Neuregelung des Schiedsgerichtswesens zu empfehlen? in: 34. DJT, Band 1, S. 182.

639 *Leo*, Welche Hauptgrundsätze sind für die Neuregelung des Schiedsgerichtswesens zu empfehlen? in: 34. DJT, Band 1, S. 184.

640 *Leo*, Welche Hauptgrundsätze sind für die Neuregelung des Schiedsgerichtswesens zu empfehlen? in: 34. DJT, Band 1, S. 239.

641 *Leo*, Welche Hauptgrundsätze sind für die Neuregelung des Schiedsgerichtswesens zu empfehlen? in: 34. DJT, Band 1, S. 213.

Neben diesen beiden Vorschlägen formulierte Leo in seinem Gutachten weitere Vorschläge, unter anderem zur Formfreiheit der Schiedsvereinbarung, zur Abnahme von Eiden durch das Schiedsgericht, zu den Formvorschriften für den Schiedsspruch, und zur Gleichbehandlung ausländischer mit inländischen Schiedssprüchen ohne die Forderung nach verbürgter Gegenseitigkeit.[642]

Die Beratung der dritten Abteilung des Deutschen Juristentags des Gutachtens von *Leo* führte zu zwölf Beschlüssen.[643] Die Beschlüsse deckten sich zwar nicht mit den insgesamt zehn am Ende des Gutachtens von Leo formulierten Ergebnissen, folgten jedoch deren Tendenz, die Freiheit der Parteien bei der Vereinbarung und Durchführung eines Schiedsverfahrens einerseits nicht zu sehr zu beschränken,[644] andererseits jedoch einseitige Benachteiligungen einer der Parteien zu vermeiden.[645]

Der Vorschlag von *Leo*, Schiedsgerichte zur Einhaltung der zwingenden Bestimmungen des materiellen Rechts zu verpflichten, wurde im Prinzip von dem Deutschen Juristentag übernommen.[646] Der Vorschlag von *Leo*, anstelle des mit der Novelle von 1924 eingeführten Beschlussverfahrens ein beschleunigtes

---

642 *Leo*, Welche Hauptgrundsätze sind für die Neuregelung des Schiedsgerichtswesens zu empfehlen? in: 34. DJT, Band 1, S. 256 f.

643 Verhandlungen des Vierunddreißigsten Deutschen Juristentages (Köln), Zweiter Band (Stenographischer Bericht), S. 609 f.

644 Gutachten: *Leo*, Welche Hauptgrundsätze sind für die Neuregelung des Schiedsgerichtswesens zu empfehlen? in: 34. DJT, Band 1, S. 256 Ziff. I, IV; Beschlüsse: Verhandlungen des Vierunddreißigsten Deutschen Juristentages (Köln), Zweiter Band (Stenographischer Bericht), S. 609 f. Nr. 1,2, 12.

645 Gutachten: *Leo*, Welche Hauptgrundsätze sind für die Neuregelung des Schiedsgerichtswesens zu empfehlen? in: 34. DJT, Band 1, S. 257 Ziff. II, III; Beschlüsse: Verhandlungen des Vierunddreißigsten Deutschen Juristentages (Köln), Zweiter Band (Stenographischer Bericht), S. 609 f. Nr. 3 – 11.

646 Gutachten: *Leo*, Welche Hauptgrundsätze sind für die Neuregelung des Schiedsgerichtswesens zu empfehlen? in: 34. DJT, Band 1, S. 257 Ziff. II Nr. 2; *Leo* hatte vorgeschlagen, im Falle vorsätzlicher Missachtung zwingenden Rechts den Schiedsspruch der Aufhebung zu unterwerfen. Diese Rechtsfolge sah § 1042 Abs. 2 ZPO 1924 im Grunde bereits vor, allerdings war unklar, ob ein Verschulden der Schiedsrichter bei der Verletzung des materiellen Rechts für die Aufhebung erforderlich sein sollte.
Beschlossen wurde dagegen eine grundsätzliche Bindung an materielles Recht, wobei nicht nur die zwingenden Regelungen des Rechts einzuhalten sein sollten. Allerdings sah der Beschluss des DJT vor, dass die Parteien eine abweichende Vereinbarung treffen konnten. Anders, als im Gutachten von *Leo* vorgeschlagen, sollte aber eine vorsätzliche Missachtung materiellen Rechts nicht zur Aufhebung des Schiedsspruches führen und § 1042 Abs. 2 ZPO 1924, der deutlichen Widerspruch hervorgerufen hatte, gestrichen werden; Verhandlungen des Vierunddreißigsten Deutschen Juristentages (Köln), Zweiter Band (Stenographischer Bericht), S. 610 Nr. 9, Nr. 12.

Klagverfahren zur Erteilung der Vollstreckbarerklärung einzuführen, wurde von dem Deutschen Juristentag nicht übernommen.[647]

Deutlich kritischer, als *Leo*, äußerte sich *Staff* zur ZPO, der nicht nur den ordentlichen Zivilprozess, sondern auch das Schiedsverfahrensrecht der ZPO für unpraktikabel hielt.[648] Die ZPO enthielt nach seiner Auffassung nur eine Sammlung wenig zusammenhängender und unzweckmäßiger Bestimmungen über das Schiedsverfahren.[649]

Ähnlich kritisch betrachtete auch der Deutsche Anwaltverein aus Leipzig das geltende Schiedsverfahrensrecht. Mit Schreiben an das Reichsjustizministerium vom 20. November 1928 übersandte der Deutsche Anwaltverein einen eigenen Gesetzesentwurf zur Abänderung der Bestimmungen des 10. Buches der Zivilprozessordnung.[650] Einerseits zeigte sich in der Entwurfsbegründung eine allgemeine Skepsis gegenüber der Entwicklung des Schiedsgerichtswesens, die durch die Befürchtung zum Ausdruck kam, die Schiedsgerichtsbarkeit könne einen großen Teil des Wirtschaftslebens von der staatlichen Rechtsprechung abspalten.[651] Andererseits wurde in dem Entwurf die Existenzberechtigung des Schiedsgerichtswesens anerkannt.[652] Kernanliegen des Entwurfs war es, die schwächeren Parteien stärker zu schützen und die Qualität der Schiedsverfahren zu verbessern. Hierzu waren unter anderem Formvorschriften für den Schiedsvertrag vorgesehen, die zwischen Gelegenheits- und ständigen Schiedsgerichten unterschieden, §§ 1027 bis 1027 b des Entwurfs. Ferner wurden weitere Mindestanforderungen an die Wirksamkeit des Schiedsvertrags gestellt: Ein Schiedsvertrag, der den Anspruch auf rechtliches Gehör im Schiedsverfahren, die mündliche Verhandlung oder die Mitwirkung von Rechtsanwälten aus-

---

647 *Leo*, Welche Hauptgrundsätze sind für die Neuregelung des Schiedsgerichtswesens zu empfehlen? in: 34. DJT, Band 1, S. 256 Ziff. I Nr. 5.

648 *Staff*, Neuregelung des Schiedsgerichtswesens, in: Festgabe der DJZ, 1926, S. 51.

649 *Staff*, Neuregelung des Schiedsgerichtswesens, in: Festgabe der DJZ, 1926, S. 51.

650 BArch R 3001, Nr. 8161, Schreiben des Deutschen Anwaltvereins zu Leipzig vom 20. November 1928 nebst Gesetzesentwurf und Begründung, keine Blattnummer (Aktenblätter nicht durchgängig nummeriert).

651 In der Entwurfsbegründung kam die Befürchtung einer Klassenteilung in der Rechtsprechung zum Ausdruck: Große und Reiche bedienten sich der Schiedsgerichte, Arme und Kleine blieben nur die staatlichen Gerichte, die mangels Einblick in ganze Wirtschaftsbereiche weiter zur „Weltfremdheit" verkümmerten. Ferner wurde bemängelt, dass häufig der wirtschaftlich Schwächere unfreiwillig Partei von Schiedsverfahren werden würde, bei denen zudem die Gewährleistung materieller Gerechtigkeit gefährdet sei, BArch R 3001, Nr. 8161, S. 18 und S. 20 f. der Begründung zum Gesetzesentwurf des Deutschen Anwaltvereins zu Leipzig von 1928, keine Blattnummer (Aktenblätter nicht durchgängig nummeriert).

652 BArch R 3001, Nr. 8161, S. 17 der Begründung zum Gesetzesentwurf des Deutschen Anwaltvereins zu Leipzig von 1928, keine Blattnummer (Aktenblätter nicht durchgängig nummeriert).

schloss, sollte nach § 1033 a des Entwurfs unwirksam sein. Diese Regelungen sollten ausdrücklich die schwächere und unerfahrenere Partei schützen.[653] Vor diesem Hintergrund wurde auch die Bindung der Schiedsgerichte an zwingendes Recht vorgeschlagen und darüber hinaus zur Diskussion gestellt, in welchem Umfang die Gesetzesbindung erforderlich sei. Die Bindung an materielles Recht erschien dem Deutschen Anwaltverein jedoch erforderlich zu sein, um Gesetzesumgehungen zu verhindern.[654] Andere Autoren bemängelten hingegen die Schwerfälligkeit der staatlichen Gerichte. *Ernst Müller* riet zu einem zügigen Ausbau der Schiedsgerichtsbarkeit, um dieses Problem zu lösen.[655] Dieser Auffassung schloss sich *Mathies* in seiner Ausarbeitung über die ständigen Schiedsgerichte des Hamburger Großhandels an.[656]

Der wohl drängendste Anlass für die Novelle von 1930[657] waren aber technische Mängel, die auf die Novelle von 1924 zurückzuführen waren.[658] Mit der Novelle von 1924 hatte der Gesetzgeber zwar beabsichtigt, das Verfahren zur Erteilung der Vollstreckbarerklärung zu beschleunigen, Schwierigkeiten ergaben sich jedoch infolge der Novelle von 1924 bei der Vollstreckung ausländischer Schiedssprüche.[659] Die Novelle hatte die bis dahin bestehende Verbindung von Vollstreckungs- zu Aufhebungsverfahren getrennt. Danach konnten in einem laufenden Vollstreckungsverfahren keine Aufhebungsgründe eingewandt und geprüft werden, vielmehr war eine separate Klage notwendig. Aufgrund dieser Gesetzeslage und der darauf beruhenden Rechtsprechung des Reichsgerichts, wonach jedenfalls die deutsche Aufhebungsklage gegen ausländische Schiedssprüche unstatthaft war, wurde teilweise in Frage gestellt, ob ein ausländischer Schiedsspruch überhaupt noch in den Genuss einer Vollstreckbarerklärung kommen könne oder nur mittels Erfüllungsklage durchgesetzt werden könne. Damit entstand im Falle von ausländischen Schiedssprüchen eine Rechtsunsi-

---

653 BArch R 3001, Nr. 8161, S. 30 der Begründung zum Gesetzesentwurf des Deutschen Anwaltvereins zu Leipzig von 1928, keine Blattnummer (Aktenblätter nicht durchgängig nummeriert).

654 BArch R 3001, Nr. 8161, S. 21 f. der Begründung zum Gesetzesentwurf des Deutschen Anwaltvereins zu Leipzig von 1928, keine Blattnummer (Aktenblätter nicht durchgängig nummeriert).

655 *Müller*, Reformgedanken, in: DJZ, 1919, S. 859.

656 *Mathies*, Schiedsgerichte des Hamburger Großhandels, in: FS Deutscher Anwaltstag 1929, S. 12 f.

657 Gesetz zur Änderung einiger Vorschriften der Zivilprozeßordnung über das schiedsrichterliche Verfahren vom 25. Juli 1930, RGBl. 1930 I, S. 361.

658 So die Begründung des Gesetzesentwurfs, RT Drucks, IV. Wahlperiode 1928, Band 443 (1930), Anlage Nr. 2298, S. 3 (Die Entwurfsfassung der Novelle ist mit derjenigen des endgültigen Gesetzes identisch); *Rosenberg*, Neuregelung der Zwangsvollstreckung, in: DJZ, 1930, S. 1229.

659 Siehe dazu ab S. 114 (Nachteile bei der Vollstreckung ausländischer Schiedssprüche); *Volkmar*, Änderungen im schiedsrichterlichen Verfahren, in: Int. Jahrbuch III, S. 4; *Volkmar*, Genfer Abkommen, in: Int. Jahrbuch II, S. 125; *Schwab/Walter*, Schiedsgerichtsbarkeit, Kap. 30 Rz. 1

cherheit, ob und wie gegen den Erlass einer Vollstreckbarerklärung Aufhebungsgründe geltend gemacht werden könnten – ein Nachteil im Vergleich zur Behandlung inländischer Schiedssprüche. Hinzu kamen weitere Schwächen der Novelle von 1924, wie die missverständlich gefassten Voraussetzungen eines vollstreckungsfähigen Schiedsvergleichs nach § 1044 a ZPO 1924.

Ferner hatte Deutschland verschiedene Staatsverträge in Bezug auf die gegenseitige Anerkennung von Schiedsverträgen und Schiedssprüchen abgeschlossen, wobei dem Genfer Protokoll über die Schiedsklauseln im Handelsverkehr vom 24. September 1923[660] und dem Genfer Abkommen zur Vollstreckung ausländischer Schiedssprüche vom 26. September 1927[661] aufgrund ihrer kollektivvertraglichen Gestaltung weitreichende Bedeutung zukam.[662] Mit diesen beiden Genfer Übereinkommen hatte sich Deutschland verpflichtet, ausländische Schiedsklauseln und -vereinbarungen anzuerkennen (Genfer Protokoll, 1923) sowie ausländische Schiedssprüche im eigenen Land zu vollstrecken (Genfer Abkommen, 1927). Insbesondere durften ausländische Schiedssprüche im Vollstreckungsverfahren nicht schlechter als inländische Schiedssprüche gestellt werden. Mit der Ratifikation der beiden Genfer Übereinkommen wurde neben dem völkerrechtlich wirksamen Vertragsschluss zugleich nach Artt. 43 Abs. 3, 7 Nr. 3, 6 Nr. 1 WRV innerstaatliches Reichsrecht geschaffen.[663]

Eine Anpassung des Schiedsverfahrensrechts erschien daher geboten.[664] So übersandte das Reichsjustizministerium am 18. Februar 1930 – zunächst noch informell – einen Gesetzesentwurf an die Landesjustizverwaltungen der im VII. Ausschuss (Rechtsausschuss) des Reichsrats vertretenen Länder.[665] Neben

---

660 RGBl.1925 II, S. 47, dort auch Ratifizierung.

661 RGBl. 1930 II, S. 1067 ff., Ratifizierung S. 1269.

662 Weitere, bilaterale Abkommen bestanden in dem deutsch-russischen Abkommen über Schiedsgerichte in Handelssachen und anderen bürgerlichen Angelegenheiten vom 12. Oktober 1925 (RGBl. 1926 II, S. 1, S. 41, S. 58, Ratifizierung S. 138) und dem deutsch-schweizerischen Abkommen über die Anerkennung und Vollstreckung von gerichtlichen Entscheidungen und Schiedssprüchen vom 28. Juli 1930 (RGBl. 1930 II, S. 1065 ff., Ratifizierung S. 1270). Nach Art. 9 des deutsch-schweizerischen Abkommens galt das Genfer Abkommen von 1927 auch im Verhältnis zwischen Deutschland und der Schweiz. Deutschland schloss weitere bilaterale Staatsverträge ab, die die Anerkennung und Vollstreckung nach dem Vorbild des Genfer Abkommens regelten, beispielsweise mit Italien, Slowakei, Kroatien, Bulgarien, *Schröder*, Genfer Abmachungen, S. 46.

663 *Giese*, WRV, 8. Auflage 1931, Art. 45 Ziff. 6 S. 132.

664 Begründung des Gesetzesentwurfs, RT Drucks, IV. Wahlperiode 1928, Band 443 (1930), Anlage Nr. 2298, S. 3 f.; *Volkmar*, Änderungen im schiedsrichterlichen Verfahren, in: Int. Jahrbuch III, S. 5.

665 Schreiben des Reichsministers der Justiz (Nr. I c 318) vom 18. Februar 1930 (Bl. 29) nebst Gesetzentwurf, BArch R 3001 Nr. 8451 (Bl. 27 ff., Aktenblätter nicht durchgängig nummeriert).

den Landesjustizverwaltungen erhielten auch einige Verbände sowie *Nußbaum* den Gesetzesentwurf. Der Entwurf umfasste vier Artikel, wovon Artikel I die Änderungen der ZPO, Artikel II die Änderungen des Gerichtskostengesetzes und Artikel III die Änderungen der Gebührenordnung für Rechtsanwälte betraf. Artikel IV bestimmte das Inkrafttreten und enthielt eine Übergangsregelung. Zu dem Entwurf nahmen die Länder Baden, Bayern, Hamburg (umfangreich) und Württemberg sowie der Deutsche Richterbund, der Deutsche Industrie- und Handelstag, der Reichsverband des Gross- und Überseehandels sowie *Nußbaum* Stellung.[666]

Mit einigen redaktionellen Änderungen[667] übersandte das Reichsjustizministerium den Gesetzesentwurf am 14. Juni 1930 an den Reichsrat.[668] Der Reichsrat überwies diesen Entwurf zur Beratung am 21. Juni 1930 an den VII. Reichsratsausschuss, in welchem ausschließlich die Länder Hamburg und Hessen Änderungsanträge stellten.[669] Die vom Reichsratsausschuss geringfügig überarbeitete Fassung des Entwurfs wurde am 10. Juli 1930 durch den Reichsrat angenommen[670] und an die Reichsregierung überwiesen.[671]

---

666 Diese Stellungnahmen befinden sich in den Akten des Reichsjustizministeriums, BArch R 3001 Nr. 8451.

667 An folgenden Stellen kam es infolge der informellen Stellungnahmen der Länder zu Änderungen im Wortlaut: § 1041 Abs. 1 Nr. 1, 1044 Abs. 2 S. 1, 1044 a Abs. 2 S. 2 (Württemberg: Schreiben des Justizministeriums Württemberg vom 25. Februar 1930, Bl. 4, Aktenblätter nicht durchgängig nummeriert); § 1041 Abs. 2 (Hamburg: Schreibens der Landesjustizverwaltung Hamburg vom 19. Mai 1930 (Nr. AI 223), ab Bl. 8, Aktenblätter nicht durchgängig nummeriert). Bei den Änderungen handelt es sich um redaktionelle Änderungen und keine maßgeblichen inhaltlichen Umgestaltungen, so dass sich eine Darstellung der Details erübrigt.

668 RR Drucks, Jahrgang 1930, Band 3 Nr. 96 - 155, Nr. 110.

669 Niederschriften über die Vollsitzungen des Reichsrats, 1930,§ 376k, S. 370.

670 Im Vergleich zum Gesetzesentwurf des Reichsjustizministeriums wurden folgende Vorschriften geändert:

- §§ 794 Abs. 1 Nr. 4a, 1042 b Abs. 2 S. 2, 1042 c Abs. 1, Abs. 2 S. 1 (redaktionell),
- § 1043 Abs. 1 S. 1 (Einfügung des Begriffs „rechtskräftig"; Die Vorschrift betrifft die Aufhebung *rechtskräftig* für vollstreckbar erklärter Schiedssprüche im Unterschied zum Widerspruch gegen den Beschluss, der den Schiedsspruch für vollstreckbar erklärt, § 1042 c),
- § 1044 Abs. 1 S. 2 (Ausdrückliche Unabwendbarkeit des § 1039 ZPO auf ausländische Schiedssprüche; Diese Änderung ist auf einen Vorschlag Hamburgs zurückzuführen, vgl. S. 6 der Stellungname vom 19. Mai 1930 (Nr. AI 223) zum informell übersandten Entwurf des Reichsjustizministeriums, BArch R 3001 Nr. 8451, ab Bl. 8, Aktenblätter nicht durchgängig nummeriert),
- § 1044 Abs. 2 (redaktionell, Einführung einer Gliederung), Abs. 3 (Betrifft die Aufhebungsklage gegen die Vollstreckbarerklärung eines ausländischen Schiedsspruches nach dessen Aufhebung im Ausland. Die Frist zur Erhebung der Aufhebungsklage wird durch einen Verweis auf § 1043 Abs. 2 bestimmt. Die Änderung des Wortlauts betrifft den Fristbe-

Ohne weitere Änderungen legte die Reichsregierung den Gesetzesentwurf am 16. Juli 1930 dem Reichstag vor, der diesen am 24. Juli 1930 in der vom Reichsratsausschuss formulierten Fassung annahm.[672] Am Folgetag wurde das Gesetz verkündet[673] und trat am 1. Oktober 1930 in Kraft.[674] Damit waren die Genfer Übereinkommen innerstaatliches Recht geworden, so dass die Anerkennung und Vollstreckung von ausländischen Schiedssprüchen entweder nach den Regeln des Genfer Abkommens oder nach dem hierfür geschaffenen § 1044 ZPO 1930 vollzogen werden konnte. Hierfür sah Art. 5 GenfAbk eine Meistbegünstigungsregel vor, wonach die innerstaatlichen Gesetze durch die Genfer Übereinkommen von der Anwendung nicht ausgeschlossen wurden.

2. Verbindung von Vollstreckungs- und Aufhebungsverfahren (§§ 1042, 1042 a ZPO 1930)

Die oben beschriebenen Nachteile in Bezug auf die Vollstreckung ausländischer Schiedssprüche in Deutschland sollten mit der Novelle von 1930 beseitigt werden, indem die Trennung von Vollstreckungs- und Aufhebungsverfahren wieder aufgehoben und dem Grunde nach zum Rechtszustand von vor der Novelle von 1924 zurückgekehrt wurde. So wurde deutliche Kritik seitens der Wirtschaft an der Novelle von 1924 geübt. Die Handelskammer Duisburg-Wesel bemängelte in einem Schreiben an den Reichsjustizminister die Regelung des § 1042 ZPO 1924, der zum einen eine Trennung von Vollstreckungs- und Aufhebungsverfahren bewirkte und zum anderen die gerichtliche Überprüfung rechtlicher Verstöße des Schiedsspruchs gegen unverzichtbare Vorschriften forderte. Hierin sah die Handelskammer unnötige Verschleppungsmöglichkeiten, ein Umstand, der einer beschleunigten Streiterledigung zuwiderlaufe. Ferner seien die Gerichte genötigt, den Schiedsspruch auf seine sachliche Richtigkeit zu prüfen. Hierfür

---

ginn, der im Falle der Aufhebungsklage mit der Kenntnis von der rechtskräftigen Aufhebung des Schiedsspruches im Ausland beginnt.),

- § 1044 a Abs. 2 (Keine Vollstreckbarerklärung des schiedsgerichtlichen Vergleichs, sofern dieser gegen die guten Sitten oder die öffentliche Ordnung verstößt.),
- § 1045 Abs. 1 (Streichung der Schriftform für Gerichtsstandvereinbarungen; Diese Änderung ist auf einen Vorschlag des Reichsverbands des Deutschen Gross- und Überseehandels e. V. zurückzuführen, vgl. S. 2 unten der Stellungnahme vom 24. April 1930 zum informell übersandten Entwurf des Reichsjustizministeriums, BArch R 3001 Nr. 8451, ab Bl. 23, Aktenblätter nicht durchgängig nummeriert).

671 Niederschriften über die Vollsitzungen des Reichsrats, 1930, §§ 452, 453, S. 424 (Gesetzesentwurf in der Anlage ab S. 425).

672 Niederschriften über die Vollsitzungen des Reichsrats, 1930,§ 482n, S. 447; RT Drucks, IV. Wahlperiode 1928, Band 443 (1930), Anlagen Nrn. 2380, 2298.

673 RGBl. 1930 I, S. 361.

674 Art. IV des Gesetzes.

bestünde aber kein Grund und es seien Verzögerungen und unnötige richterliche Arbeit zu befürchten.[675]

Die Landesjustizverwaltung Hamburgs hatte zudem in einem Schreiben vom 19. Mai 1930 an das Reichsjustizministerium die Einführung eigener Vorschriften zur Anerkennung und Vollstreckung ausländischer Schiedssprüche gefordert.[676] Sie begründete ihre Forderung mit der aus ihrer Sicht unzureichenden Gesetzeslage seit der Novelle von 1924.[677] Dazu verwies sie auf einen nicht näher spezifizierten Rechtsstreit vor den Hamburger Gerichten und dem Reichsgericht aus dem Jahr 1927, das den Parteien sowohl das Vollstreckungsverfahren, als auch das Aufhebungsverfahren versagt habe, da diese Verfahren auf den ausländischen Schiedsspruch nicht anzuwenden seien. Die vor dem Schiedsgericht erfolgreiche Partei sei daher gezwungen gewesen, zusätzlich eine Erfüllungsklage aus dem ausländischen Schiedsspruch vor den ordentlichen Gerichten zu erheben, was dem Zweck eines schnellen Verfahrensablaufs widerspräche.

Neben den Mängeln der Novelle von 1924 machte Deutschlands Beitritt zu den Genfer Übereinkommen eine Änderung der ZPO erforderlich. Nach Art. 3 GenfAbk war die Vollstreckbarerklärung zu versagen, sofern Aufhebungsgründe bestanden, die nicht bereits Anerkennungsvoraussetzungen für das Vollstreckungsverfahren waren. Somit mussten in Verfahren über die Vollstreckbarkeit ausländischer Schiedssprüche die Aufhebungsgründe als Vollstreckungshindernisse Berücksichtigung finden. Da nach § 1044 Abs. 1 ZPO 1930 auch die allgemeinen Vorschriften des 10. Buches der ZPO auf ausländische Schiedssprüche anzuwenden waren, war es erforderlich, die Trennung von Vollstreckungs- und Aufhebungsverfahren insgesamt rückgängig zu machen.[678] So wurde in der Entwurfsbegründung ausgeführt, es sei zweckmäßig, die Spaltung des Vollstreckungs- und des Aufhebungsverfahrens wieder aufzuheben.[679] Die mit der Novelle von 1924 vorgenommene Trennung beider Verfahren sei nachteilig, da der Erlass eines Vollstreckungsbeschlusses nicht gleichzeitig weitere Einwendungen gegen den Schiedsspruch ausschließe, also die Rechtsgültig-

675 BArch R 3001, Nr. 8175, Schreiben der Niederrheinischen Handelskammer Duisburg-Wesel vom 4. Mai 1925, Bl. 36 f. Eine Stellungnahme des Reichsjustizministeriums ist nicht ersichtlich.

676 Vgl. dazu BArch R 3001, Nr. 8451, S. 1 des Schreibens der Landesjustizverwaltung Hamburg vom 19. Mai 1930 (Nr. AI 223), ab Bl. 8 (Aktenblätter nicht durchgängig nummeriert).

677 BArch R 3001, Nr. 8451, S. 1 f. des Schreibens der Landesjustizverwaltung Hamburg vom 19. Mai 1930 (Nr. AI 223), ab Bl. 8 (Aktenblätter nicht durchgängig nummeriert).

678 *Volkmar*, Änderungen im schiedsrichterlichen Verfahren, in: Int. Jahrbuch III, S. 4.

679 Begründung des Gesetzesentwurfs, RT Drucks, IV. Wahlperiode 1928, Band 443 (1930), Anlage Nr. 2298, S. 4 linke Spalte unten.

keit des Schiedsspruchs nicht feststelle.[680] Dies beruhe auf dem Umstand, dass die Aufhebungsgründe, die gegen den Schiedsspruch eingewandt werden könnten, in einem eigenen Verfahren und nicht im Vollstreckungsbeschlussverfahren, geprüft würden. Als weiterer Nachteil der Trennung beider Verfahren wurde in der Entwurfsbegründung das Risiko der Verfahrensverschleppung angeführt, welches darin bestehe, dass die unterlegene Partei das Vollstreckungsbeschlussverfahren jederzeit durch Erhebung der Aufhebungsklage aussetzen lassen konnte.[681]

Nachdem der Gesetzesentwurf des Reichsjustizministeriums an den VII. Reichsratsausschuss überwiesen worden war, beantragte die Hamburger Landesjustizverwaltung, im Falle eines anhängigen Aufhebungsverfahrens nur in diesem Verfahren den Antrag auf Erteilung der Vollstreckbarerklärung zuzulassen.[682] Dies hätte zu einer Verbindung beider Verfahren geführt. Das Reichsjustizministerium lehnte diesen Vorschlag jedoch ab:[683] Es führe zu Instanzverlusten, wenn die obsiegende Partei erst in der Berufungsinstanz des Aufhebungsklagverfahrens (aus welchem Grunde auch immer) die Vollstreckbarerklärung beantrage. Ferner sei der Fall denkbar, dass die Aufhebungsklage bei einem unzuständigen Gericht erhoben werde. Der Gegner solle in diesem Fall nicht genötigt werden, die Zuständigkeit zu bestreiten, gleichzeitig aber die Vollstreckbarerklärung beim unzuständigen Gericht zu beantragen. Im Übrigen ging das Reichsjustizministerium davon aus, dass in der Praxis der Antrag auf Erteilung der Vollstreckbarerklärung ohnehin im Aufhebungsklagverfahren als Widerklage gestellt werden würde. So wurde dieser Änderungsantrag nicht berücksichtigt.

Neben Hamburg stellte auch Hessen Änderungsanträge im VII. Reichsratsausschuss. Danach sollte die Aufhebungsklage nur widerklagend geltend gemacht werden können, wenn ein Antrag auf Erteilung der Vollstreckbarerklärung bereits gestellt war.[684] Gleiches sollte im umgekehrten Fall gelten. Die Reichsregierung lehnte auch diesen Vorschlag als unzweckmäßig ab und ver-

680 Begründung des Gesetzesentwurfs, RT Drucks, IV. Wahlperiode 1928, Band 443 (1930), Anlage Nr. 2298, S. 3.

681 Begründung des Gesetzesentwurfs, RT Drucks, IV. Wahlperiode 1928, Band 443 (1930), Anlage Nr. 2298, S. 3.

682 BArch R 3001, Nr. 8451, S. 2 der Anträge Hamburgs im VII. Reichsratsausschuss vom 1. Juli 1930 (Nr. I c 1452), ab Bl. 64 (Aktenblätter nicht durchgängig nummeriert).

683 BArch R 3001, Nr. 8451, S. 4 f. der Stellungnahme des Reichsjustizministeriums zu den Hamburger Anträgen (Anlage zum Schreiben des Reichjustizministeriums vom 3. Juli 1930, Nr. I c 1476), Bl. 62cff. (Aktenblätter nicht durchgängig nummeriert).

684 BArch R 3001, Nr. 8451, S. 1 f. der Anträge Hessens im VII. Reichsratsausschuss vom 3. Juli 1930 (Nr. I c 1473), Bl. 63 f. (Aktenblätter nicht durchgängig nummeriert)

wies auf die eigene Stellungnahme zu den Hamburger Anträgen.[685] Nach den Anträgen Hessens wäre überdies das Regelbeschlussverfahren zur Erteilung der Vollstreckbarerklärung entfallen, was von der Reichsregierung allerdings nicht gesondert kommentiert wurde.

Nach der neuen Fassung des § 1042 Abs. 2 ZPO 1930 war die Vollstreckbarerklärung daher zu versagen, wenn ein Aufhebungsgrund vorlag. Damit entfiel gleichzeitig die Regelung des § 1042 Abs. 2 ZPO 1924, wonach einem Schiedsspruch, bei dem sich das Schiedsgericht über zwingendes Gesetzesrecht hinweggesetzt hatte, die Vollstreckbarerklärung zu versagen war. Demgegenüber konnten wieder die gesamten Aufhebungsgründe des § 1041 ZPO 1930 im Vollstreckungsbeschlussverfahren geprüft werden, wie es vor der Novelle von 1924 möglich war. Verstöße gegen die guten Sitten und die öffentliche Ordnung (§ 1041 Abs. 1 Nr. 2 ZPO 1930) sowie die Ungültigkeit der Schiedsvereinbarung (§ 1041 Abs. 1 Nr. 1 ZPO 1930) waren von Amts wegen zu prüfen.[686] Die Gründe des § 1041 Abs. 1 Nr. 3 bis Nr. 6 ZPO 1930 mussten dagegen einredeweise geltend gemacht werden.[687]

685 BArch R 3001, Nr. 8451, S. 2 f. der Stellungnahme der Reichsregierung zu den hessischen Anträgen (Nr. I c 1484), Anschreiben des Reichsjustizministeriums vom 5. Juli 1930, Bl. 66 ff. (Aktenblätter nicht durchgängig nummeriert).

686 Begründung des Gesetzesentwurfs, RT Drucks, IV. Wahlperiode 1928, Band 443 (1930), Anlage Nr. 2298, S. 5; So auch *Volkmar*, Genfer Abkommen und die Novelle von 1930 in: JW, 1930, S. 2751.

687 Nach anderer Auffassung sollte auch ein Verstoß gegen den Grundsatz der Gewährung rechtlichen Gehörs (§ 1041 Abs. 1 Nr. 4 ZPO) von Amts wegen zu prüfen gewesen sein, vgl. *Schwab/Walter*, Schiedsgerichtsbarkeit, Kap. 27 Rz. 8.

3. Aufhebungsverfahren (§ 1041 ZPO 1930)

a) Der Einwand der Unzulässigkeit des Schiedsverfahrens (§ 1041 Abs. 1 Nr. 1 ZPO)

Die in § 1041 ZPO 1898 geregelten Aufhebungsgründe wurden teilweise an das Genfer Abkommen angepasst. Ursprünglich regelte § 1041 Abs. 1 Nr. 1 ZPO 1898, dass der Schiedsspruch aufzuheben war,

> *„wenn das Verfahren unzulässig war".*

Bei dieser Gesetzesfassung blieb unklar, ob sich die Unzulässigkeit auf das Verfahren als Ganzes beziehen musste, oder ob auch einzelne unzulässige Verfahrensmaßnahmen ausreichend waren.[688] Die Rechtsprechung ließ einzelne unzulässige Maßnahmen ausreichen, mit der Neuregelung sollte das Gesetz dieser Rechtsprechung angepasst werden.[689] Außerdem wurde der ungültige Schiedsvertrag als ein besonderer Fall des unzulässigen Schiedsverfahrens ausdrücklich aufgenommen, wie es auch Art. 1 Abs. 2 lit. a des Genfer Abkommens vorsah.

Nach der neuen Fassung des § 1041 Abs. 1 Nr. 1 ZPO 1930 war der Schiedsspruch aufzuheben,

> *„wenn dem Schiedsspruch ein gültiger Schiedsvertrag nicht zugrunde liegt oder Schiedsspruch sonst auf einem unzulässigen Verfahren beruht;"*

Diese Fassung wies Parallelen zu früheren Gesetzesentwürfen auf. So stellte bereits der Preußische Entwurf von 1864 in § 1378 Nr. 1 auf einen nicht wirksamen, also ungültigen, Schiedsvertrag als Unzulässigkeitsgrund ab. Diese Formulierung war durch die Kommission des Norddeutschen Entwurfs allerdings nicht übernommen worden, vielmehr wählte sie in § 1172 Nr. 1 die Formulierung eines unzulässigen Schiedsverfahrens, die später Inhalt des § 867 Abs. 1 Nr. 1 CPO 1877 / § 1041 Abs. 1 Nr. 1 ZPO 1898 wurde.

Aus den Akten des Reichsjustizministeriums geht hervor, dass der Wortlaut des § 1041 Abs. 1 Nr. 1, 1. Variante ZPO 1930 (ungültiger Schiedsvertrag) diskutiert wurde. So lautete die ministerielle Entwurfsfassung zunächst

> *„[...] wenn ein gültiger Schiedsvertrag nicht oder nicht mehr vorliegt."*[690]

Diese Fassung hatte der Reichsjustizminister mit Schreiben vom 18. Februar 1930 an die Landesjustizverwaltungen der im Ausschluss des

---

688 Begründung des Gesetzesentwurfs, RT Drucks, IV. Wahlperiode 1928, Band 443 (1930), Anlage Nr. 2298, S. 4.

689 Begründung des Gesetzesentwurfs, RT Drucks, IV. Wahlperiode 1928, Band 443 (1930), Anlage Nr. 2298, S. 4.

690 Art. I Abs. 2 Nr. 1 des Gesetzesentwurfs des Reichsjustizministeriums zum Schreiben des Reichsministers der Justiz (Nr. I c 318) vom 18. Februar 1930, BArch R 3001 Nr. 8451.

Reichsrats vertretenen Länder übersandt. Das Justizministerium Württembergs wies darauf hin, dass es für die Beurteilung der Gültigkeit des Schiedsvertrags in zeitlicher Hinsicht nicht auf den Zeitpunkt der Erhebung der Aufhebungsklage ankäme. Vielmehr sei maßgeblich, dass zum Zeitpunkt des Erlasses des Schiedsspruchs ein gültiger Schiedsvertrag bestanden habe. Württemberg schlug daher eine Formulierung vor, wonach dem Schiedsspruch kein ungültiger Schiedsvertrag „*zugrunde liegen*" dürfe.[691] Diese Fassung wurde später in den Gesetzesentwurf übernommen.

Auch die Landesjustizverwaltung Hamburgs äußerte sich zu dem Entwurf des § 1041 Abs. 1 Nr. 1 ZPO: Es wurde kritisiert, dass die ursprünglich generalklauselartige Fassung der Vorschrift[692] durch die Nennung von Einzelfällen ersetzt werden sollte. Die Fallgruppen, die das Reichsgericht zur Unzulässigkeit des Verfahrens entwickelt habe, bildeten eine feste Entscheidungsgrundlage für die Praxis.[693] Eine abschließende gesetzliche Aufzählung von Einzelfällen würde dagegen nur zu erneuten Auslegungsschwierigkeiten führen. Da der vom Reichsjustizminister mit Schreiben vom 18. Februar 1930 versandten Gesetzesentwurf jedoch keine Aufzählung von Einzelfällen enthielt,[694] bleibt der Einwand Hamburgs unklar.

Erst Hessens Änderungsanträge im VII. Reichsratsausschuss vom 3. Juli 1930 führten zu einer dem späteren Gesetzeswortlaut ähnlichen Formulierung.[695] Hessen schlug vor, nicht nur den ungültigen Schiedsvertrag als Aufhebungsgrund aufzuführen, sondern zusätzlich auf ein *„sonst unzulässiges Verfahren"* abzustellen. Damit sollten die Fallgruppen, die das Reichsgericht zu § 1041 Abs. 1 Nr. 1 ZPO 1898 entwickelt hatte, auch weiterhin Geltung behalten können. Der hessische Vorschlag umfasste darüber hinaus die beispielhafte Aufzählung von

- Besetzungsfehlern,
- der Überschreitung der schiedsrichterlichen Entscheidungsbefugnisse und
- die Möglichkeit einer Teilaufhebung des Schiedsspruchs.

---

691 Schreiben des Reichsministers der Justiz (Nr. I c 318) vom 18. Februar 1930 nebst Gesetzentwurf, BArch R 3001 Nr. 8451, Bl. 29 (Aktenblätter nicht durchgängig nummeriert); Schreiben des Württembergischen Justizministeriums vom 25. Februar 1930, Bl. 4 (Aktenblätter nicht durchgängig nummeriert).

692 § 1041 Abs. 1 Nr. 1 ZPO 1898: „[...] *wenn das Verfahren unzulässig war.*".

693 Zu den Fallgruppen des Reichsgerichts siehe S. **Fehler! Textmarke nicht definiert.**, Fn. 293.

694 § 1041 Abs. 1 Nr. 1 des ministeriellen Entwurfs lautete: „[...] *wenn ein gültiger Schiedsvertrag nicht oder nicht mehr vorliegt* [...]".

695 BArch R 3001, Nr. 8451, S. 3 der Anträge Hessens im VII. Reichsratsausschuss vom 3. Juli 1930 (Nr. I c 1473), ab Bl. 63 (Aktenblätter nicht durchgängig nummeriert).

Hessen begründete diese Beispielsfälle mit den in der Rechtsprechung entwickelten Fallgruppen der Unzulässigkeit eines Schiedsverfahrens.[696] Diese Fallgruppen würden in der ministeriellen Entwurfsfassung zu Unrecht nicht berücksichtigt. Es dürfe nicht der Rechtsprechung obliegen, die Auslegung des unzulässigen Schiedsverfahrens erneut vorzunehmen.

Die Reichsregierung lehnte die Nennung dieser Beispielsfälle ab.[697] Die Beispielsfälle seien selbst nicht eindeutig formuliert und würden daher zu einer Präzisierung des Begriffs der „Unzulässigkeit" nicht beitragen. Der Vorschlag Hessens, im Falle der Unzulässigkeit des Schiedsverfahrens nach § 1041 Abs. 1 Nr. 1 ZPO ausdrücklich eine Teilaufhebung des Schiedsspruchs zuzulassen, war aus Sicht der Reichsregierung irreführend: Daraus ließe sich ableiten, dass eine Teilaufhebung nur bei Verstößen gegen § 1041 Abs. 1 Nr. 1 ZPO zulässig sei, nicht jedoch bei Vorliegen anderer Aufhebungsgründe des § 1041 Abs. 1 ZPO. Dagegen kämen Teilaufhebungen auch in allen anderen Fällen grundsätzlich in Betracht.

Keine Einwände erhob die Reichsregierung in Bezug auf Hessens Ergänzung des *„sonst unzulässigen Verfahrens"*.

In Rechtsprechung und Literatur wurde die Umformulierung des § 1041 Abs. 1 Nr. 1 ZPO 1930 nicht als inhaltliche Veränderung des bis dahin geltenden Rechts, sondern als Klarstellung verstanden.[698] Danach genügte insbesondere ein Verstoß gegen einzelne, wesentliche Verfahrensgrundsätze. Es musste also nicht das gesamte Verfahren in unzulässiger Weise verlaufen sein. Auch die Kausalität zwischen Verfahrensverstoß und Ergebnis des Schiedsspruchs – in der neuen Fassung ausdrücklich mit dem Begriff „beruhen" umschrieben – beinhaltete keine Änderung zur bisherigen Rechtsprechung.

b) Der ordre public Einwand (§ 1041 Abs. 1 Nr. 2 ZPO)

Nach der bisher geltenden Vorschrift des § 1041 Abs. 1 Nr. 2 ZPO 1898 war ein Schiedsspruch, der zu einer verbotenen Handlung verurteilte, aufzuheben.[699]

---

696 BArch R 3001, Nr. 8451, S. 4 f. der Anträge Hessens im VII. Reichsratsausschuss vom 3. Juli 1930 (Nr. I c 1473), Bl. 64 f. (Aktenblätter nicht durchgängig nummeriert).

697 BArch R 3001, Nr. 8451, S. 3 f. der Aufzeichnung über die Stellungnahme der Reichsregierung zu den hessischen Anträgen (Nr. I c 1484), keine Blattnummer (Aktenblätter nicht durchgängig nummeriert).

698 Urteil des Reichsgerichts vom 26. April 1932, Rev. VII 336/31, JW, 1932 S. 2877 - 2878, Nr. 25, S. 2878; Stein/Jonas/*Jonas*, Die Novelle zum schiedsrichterlichen Verfahren, 1930, § 1041 Ziff. III Nr. 1b S. 7; Stein/Jonas/*Jonas*, ZPO, 15. Auflage, 1934/1935, § 1041 Ziff. III Nr. 1.

699 § 1041 Abs. 1 Nr. 2 ZPO 1898: „[...] *wenn der Schiedsspruch eine Partei zu einer Handlung verurtheilt, deren Vornahme verboten ist;*[...]".

Diese Regelung wurde durch die Novelle von 1924 ergänzt. Nach § 1042 Abs. 2 ZPO 1924 bestand auch dann ein Aufhebungsgrund, wenn sich das Schiedsgericht mit dem Schiedsspruch über unverzichtbare gesetzliche Vorschriften hinweggesetzt hatte.[700] Zweifel bestanden allerdings hinsichtlich der Bestimmung der unverzichtbaren Vorschriften sowie hinsichtlich des Begriffs des „Hinwegsetzens".[701] Viele gingen davon aus, dass neben der objektiven Rechtsverletzung auch ein subjektiver Verletzungswille oder zumindest ein fahrlässiges Handeln nachgewiesen werden müsste.[702]

Die neue Fassung des § 1041 Abs. 1 Nr. 2 ZPO 1930 verband die früheren Regelungen des § 1041 Abs. 1 Nr. 2 ZPO 1898 mit der des § 1042 Abs. 2 ZPO 1924 und sollte diese Auslegungsschwierigkeiten vermeiden.[703] Nach der neuen Fassung des § 1041 Abs. 1 Nr. 2 ZPO 1930 verhinderte ein Verstoß gegen

- die guten Sitten oder
- die öffentliche Ordnung

die Vollstreckbarerklärung des Schiedsspruchs und erlaubte dessen Aufhebung. Auf einen Rechtsverletzungswillen seitens der Schiedsrichter kam es somit nicht mehr an.[704]

Mit dieser Neuformulierung wollte der Gesetzgeber die gesetzliche Regelung mit dem Genfer Abkommen in Einklang bringen, das für ausländische Schiedssprüche den *orde-public* Grundsatz einführte.[705] Das Genfer Abkommen präzisierte die Voraussetzungen der Anerkennung eines ausländischen Schiedsspruchs und sah unter anderem vor, dass Verstöße eines Schiedsspruchs gegen den Grundsatz des orde-public den betroffenen Vertragsstaat berechtigte, die Anerkennung oder Vollstreckung des Schiedsspruchs zu versagen.

---

700 § 1041 Abs. 2 ZPO 1924: „[…] *wenn sich der Spruch über eine gesetzliche Vorschrift hinweggesetzt hat, auf deren Innehaltung die Parteien rechtswirksam nicht hätten verzichten können.*".

701 Stein/Jonas/*Jonas*, Die Novelle zum schiedsrichterlichen Verfahren, 1930, § 1041 Ziff. III Nr. 2 S. 8; *Staff*, Neuregelung des Schiedsgerichtswesens, in: Festgabe der DJZ, 1926, S. 52, vgl. dazu oben die Ausführungen zur Novelle von 1924; *Leo*, Unbrauchbarkeit der neuen Bestimmungen, in: HansRZ, 1924, S. 580 f.; Siehe dazu ab S. 116 (Kritik im Zusammenhang mit § 1042 Abs. 2 ZPO 1924).

702 Siehe dazu ab S. 117 (Kritik am Begriff des Hinwegsetzens).

703 Begründung des Gesetzesentwurfs, RT Drucks, IV. Wahlperiode 1928, Band 443 (1930), Anlage Nr. 2298, S. 5; So auch Stein/Jonas/*Jonas*, ZPO, 15. Auflage, 1934/1935, § 1041 Ziff. III Nr. 2.

704 *Volkmar*, Genfer Abkommen und die Novelle von 1930 in: JW, 1930, S. 2750, rechte Spalte.

705 Art. 1 Abs. 2 lit. e GenfAbk; Vgl. Begründung des Gesetzesentwurfs, RT Drucks, IV. Wahlperiode 1928, Band 443 (1930), Anlage Nr. 2298, S. 5.

Die Formulierung des § 1041 Abs. 1 Nr. 2 des Entwurfs führte während der Entwurfsarbeiten zu dem Gesetz zu Diskussionen. Die Hamburger Landesjustizverwaltung lehnte insbesondere die Einführung der des Begriffs der „öffentlichen Ordnung“ ab, da damit der frühere Tatbestand der „verbotenen Handlung“ ohne Grund stark ausgeweitet werden würde.[706] Bei dem Begriff des „ordre public“ handle es ferner um einen öffentlich-rechtlichen Begriff, der bislang nicht ausreichend bestimmt sei. So sei für den zivilrechtlichen Gebrauch nicht klar, was zur öffentlichen Ordnung gehöre. Daher sei wie bei § 1044 Abs. 2 ZPO des ministeriellen Entwurfs vielmehr auf den „Zweck eines deutschen Gesetzes“ abzustellen. Bemerkenswert ist jedoch, dass die Landesjustizverwaltung Hamburgs gerade zu diesem Punkt keinen konkreten Änderungsantrag stellte.[707]

Der Reichsverband des Gross- und Überseehandels Berlin sprach sich dafür aus, die bisherige Fassung des § 1041 Abs. 1 Nr. 2 ZPO 1898 unberührt zu lassen.[708] Der Verband sah die Probleme weniger in der „öffentlichen Ordnung“, als vielmehr in dem Begriff der „guten Sitten“. Es wurde befürchtet, dass über diesen auslegungsbedürftigen Begriff letztlich jeder Schiedsspruch auf seine materiell-rechtliche Fehlerfreiheit hin durch die ordentlichen Gerichte überprüft werden könnte. Darin sah der Verband eine Gefahr für das Hauptziel von Schiedsverfahren, nämlich den Ausschluss der ordentlichen Gerichtsbarkeit zugunsten einer Entscheidung von sachkundigen Schiedsrichtern.

Mit einem Änderungsantrag im VII. Reichsratausschuss nahm Hessen zu § 1041 Abs. 1 Nr. 2 ZPO Stellung. Der Tatbestand der „öffentlichen Ordnung“ solle konkretisiert werden, indem es als Verstoß gegen die öffentliche Ordnung gelten sollte, wenn der Schiedsspruch unverzichtbare Rechtsvorschriften „unbeachtet gelassen“ hatte.[709] Grund hierfür sei, dass die in der Rechtsprechung anerkannten Fälle einer Verletzung unverzichtbarer Rechtsvorschriften, wie beispielsweise die Verurteilung zur Eintragung nicht eintragungsfähiger Rechte im Grundbuch oder die Verurteilung zu nicht der Zwangsvollstreckung zugänglichen Diensten, nicht ohne weiteres unter den neuen Begriff der „öffentlichen Ordnung“ zu fassen seien. Ferner sollte ausdrücklich bestimmt werden, dass § 1041 Abs. 1 Nr. 2 ZPO von Amts wegen zu überprüfen sei.

---

706 BArch R 3001 Nr. 8451, S.4 des Schreibens der Landesjustizverwaltung Hamburg vom 19. Mai 1930 (Nr. AI 223), ab Bl. 8 (Aktenblätter nicht durchgängig nummeriert).

707 BArch R 3001 Nr. 8451, Anträge Hamburgs im VII. Reichsratsausschuss vom 1. Juli 1930 (Nr. I c 1452), ab Bl. 64 (Aktenblätter nicht durchgängig nummeriert).

708 BArch R 3001 Nr. 8451, S. 1 f. des Schreibens des Reichsverbands des Deutschen Gross- und Überseehandels e. V. vom 24. April 1930 an das Reichsjustizministerium, ab Bl. 23 (Aktenblätter nicht durchgängig nummeriert).

709 BArch R 3001, Nr. 8451, S. 3 f. der Anträge Hessens im VII. Reichsratsausschuss vom 3. Juli 1930 (Nr. I c 1473), Bl. 64 f. (Aktenblätter nicht durchgängig nummeriert).

Gegen diesen hessischen Antrag wandte das Reichsjustizministerium ein, der Tatbestand der „öffentlichen Ordnung“ sei durch keinerlei Maßnahmen gesetzlich so zu präzisieren, dass jegliche Zweifel ausgeschlossen werden könnten.[710] Vielmehr sei es Aufgabe der Rechtsprechung, einzelfallangemessene Lösungen zu finden. Den hessischen Vorschlag, wonach anstelle der Formulierung des „Sichhinwegsetzens“ aus § 1042 Abs. 2 ZPO 1924 nunmehr ein „Unbeachtet lassen“ unverzichtbarer Rechtsvorschriften werden sollte, interpretierte das Reichsjustizministerium in der Weise, als dass es neben der *objektiven* Rechtsverletzung auf einen *subjektiv* vorwerfbaren Verletzungswillen der Schiedsrichter nicht ankommen solle.[711] Damit würde jeglicher Rechtsanwendungsfehler durch die ordentlichen Gerichte überprüfbar. Eine solche generelle Überprüfbarkeit von Schiedssprüchen durch die ordentlichen Gerichte würde von der Wirtschaft jedoch nicht akzeptiert werden und sei daher abzulehnen. Hinsichtlich des hessischen Antrags, wonach in § 1041 Abs. 1 Nr. 2 ZPO ausdrücklich bestimmt werden sollte, dass dieser Tatbestand von Amts wegen zu prüfen sei, begründete das Reichsjustizministerium seine Ablehnung damit, dass es hierzu keinen Regelungsbedarf gäbe, da in der Praxis hierüber nie Unklarheiten bestanden hätten.

In der Literatur wurden unterschiedliche Standpunkte zum Begriff der „öffentlichen Ordnung“ vertreten. *Volkmar* sah eine Parallele zu § 328 Nr. 4 ZPO, wonach ausländischen Urteilen die Anerkennung zu versagen war, wenn diese gegen den *„Zweck eines deutschen Gesetzes“* verstieß.[712] Hierin erkannte *Volkmar* eine mit § 1041 Abs. 1 Nr. 2 ZPO 1930 vergleichbare Regelung, so dass sich die öffentliche Ordnung durch zwingende Vorschriften beschreiben ließe, die die Grundlagen des staatlichen und wirtschaftlichen Lebens berührten, reine Zweckmäßigkeitsvorschriften sollten dagegen unbeachtlich sein.[713] Dabei käme es allerdings ausschließlich auf den Tenor des Schiedsspruchs an. Solange dieser nicht zu einer Handlung verurteilte, die gegen die öffentliche Ordnung verstoßen würde, sei der Schiedsspruch als rechtmäßig anzuerkennen. *Volkmar*, *Jonas* sowie Oberlandesgerichtsrat *Sachse* waren ferner der Auffassung, dass ein Verstoß

---

710 Auch zum Nachfolgenden: BArch R 3001, Nr. 8451, S. 4 f. der Aufzeichnung über die Stellungnahme der Reichsregierung zu den hessischen Anträgen (Nr. I c 1484), Bl. 66 (Aktenblätter nicht durchgängig nummeriert).

711 Nach damals geltendem Recht war zwar unklar, ob das „Hinwegsetzen“ über zwingendes Recht nach § 1042 Abs.2 ZPO 1924 auch einen subjektiven Willen der Schiedsrichter erforderte oder die bloße objektive Rechtsverletzung zur Aufhebung des Schiedsspruchs genügte. Allerdings wurde überwiegend vertreten, dass ein subjektiv vorwerfbares Fehlverhalten der Schiedsrichter erforderlich sei, vgl. dazu ab S. 117 (Streitige Bedeutung des Begriffs „Hinwegsetzen“).

712 *Volkmar*, Genfer Abkommen und die Novelle von 1930 in: JW, 1930, S. 2750.

713 *Volkmar*, Änderungen im schiedsrichterlichen Verfahren, in: Int. Jahrbuch III, S.9 f.

gegen die öffentliche Ordnung auch dann vorläge, wenn zwar der Tenor zu einer rechtlich zulässigen Handlung verurteile, die Verpflichtung hierzu aber nicht durch einen privatschriftlichen Vertrag eingegangen werden könne.[714] *Jonas* sah in § 1041 Abs. 1 Nr. 2 ZPO 1930 wie auch *Volkmar* eine Parallele zur Formulierung des § 328 Nr. 4 ZPO, so dass die öffentliche Ordnung durch den Zweck deutscher Gesetze bestimmt werde. Als Verstoß gegen zwingendes Recht im Sinne der öffentlichen Ordnung sei damit beispielsweise eine Verurteilung zur Abtretung eines GmbH-Anteils zu sehen, da die Verpflichtung hierzu nach § 15 Abs. 3 GmbHG der notariellen Form bedürfe. Hier wiedersprach *Volkmar* mit der Begründung, Formvorschriften seien reine Zweckmäßigkeitsregelungen und beträfen gerade nicht die öffentliche Ordnung.[715] Ferner stünde der Schiedsspruch einem rechtskräftigen Urteil nach § 1040 ZPO 1898 gleich. Da aber Urteile die notarielle Form ersetzten, müsste dies auch für den Schiedsspruch gelten. Ferner hielt es *Volkmar* für widersprüchlich, wäre ein Schiedsgericht einerseits in der Lage, einen Anspruch, zu dessen Durchsetzung es einer bestimmten Form bedürfe, abzuweisen, andererseits einen solchen Anspruch aber nicht zusprechen dürfte.

Sachse hielt die Unterscheidung von beachtlichem und unbeachtlichem zwingenden Recht, wie sie von *Volkmar* und von *Jonas* vertreten wurde, für unzutreffend.[716] Jeder Vertrag, der gegen zwingendes Recht verstoße, sei nichtig. Anders könne es auch für einen Schiedsspruch nicht gelten, da dieser auf einem Schiedsvertrag beruhe und die Parteien dem Schiedsgericht keine weitergehenden Kompetenzen verleihen könnten, als ihnen durch die Vertragsfreiheit selbst eingeräumt sei. Demzufolge müsse jeder Verstoß gegen zwingendes (deutsches) Recht – z. B. gegen Verbotsgesetze – die Unwirksamkeit des Schiedsspruchs nach sich ziehen. Allerdings müssten die vom Schiedsgericht beurteilten Sachverhalte eine „gewisse Inlandsbeziehung" aufweisen, damit ein Verstoß gegen inländisches zwingendes Recht auch zu einem ordre public Verstoß führen könne.[717] Zu berücksichtigen sei nämlich der international geprägte Begriff des ordre public und dessen Unterscheidung in den ordre public interne und international. Sei aber ein Schiedsspruch im Ausland ergangen und behandle dieser einen rein ausländisch gelagerten Sachverhalt, so könnten deutsche Verbotsgesetze hier bei der Prüfung der inländischen Anerkennungsfähigkeit keine Beachtung finden.

---

714 Stein/Jonas/*Jonas*, Die Novelle zum schiedsrichterlichen Verfahren, 1930, § 1041 Ziff. III Nr. 2 S. 8 f.; *Sachse*, Verletzung des materiellen Rechts, in: GruchotsBeitr., 1931, S. 579.

715 *Volkmar*, Änderungen im schiedsrichterlichen Verfahren, in: Int. Jahrbuch III, S.10.

716 *Sachse*, Verletzung des materiellen Rechts, in: GruchotsBeitr., 1931, S. 579 f.

717 *Sachse*, Verletzung des materiellen Rechts, in: GruchotsBeitr., 1931, S. 580 f.

c) *Der Verzicht auf den Anspruch auf rechtliches Gehör (§ 1041 Abs. 2 ZPO)*

Bislang konnten die Parteien auf die Gewährung rechtlichen Gehörs verzichten, so dass in einem solchen Fall die Aufhebung des Schiedsspruchs wegen eines Verstoßes gegen den Anspruch auf rechtliches Gehör nach § 1041 Abs. 2, Abs. 1 Nr. 5 ZPO 1898 nicht mehr möglich war. Mit der Novelle von 1930 wurde die Möglichkeit des Verzichts auf den Anspruch auf rechtliches Gehör gestrichen. Begründet wurde dies mit dem Ziel, innerstaatliches und zwischenstaatliches Recht zu harmonisieren. Da die Vorschriften über inländische Schiedssprüche nach § 1044 Abs. 1 S. ZPO 1930 auch auf ausländische Schiedssprüche Anwendung fanden, war es erforderlich, dass die Regelungen der ZPO den Vereinbarungen des Genfer Abkommens genügten. Das Genfer Abkommen sah aber nicht vor, dass auf das rechtliche Gehör verzichtet werden konnte. In der Begründung des Entwurfs der Novelle von 1930 wurde aus Art. 2 Abs. 1 lit. b GenfAbk anscheinend geschlussfolgert, dass das Abkommen stillschweigend von der zwingenden Gewährung rechtlichen Gehörs ausging: Nach Art. 2 Abs. 1 lit. b GenfAbk war einem ausländischen Schiedsspruch die Anerkennung und Vollstreckbarerklärung zu versagen, wenn die unterlegene Partei mangels rechtzeitiger Kenntnis vom Schiedsgerichtsverfahren ihre Angriffs- und Verteidigungsmittel nicht mehr gelten machen konnte. Inhaltlich bedeutet dies den Verlust rechtlichen Gehörs. Daher war die Möglichkeit des Verzichts auf das Gehörsrecht in § 1042 Abs. 2 ZPO nicht mehr vorgesehen.[718] Zudem wurde befürchtet, es könne zum Nachteil einer obsiegenden deutschen Partei sein, wenn sie im Ausland aus dem Schiedsspruch vollstrecken wolle und ihr dort unter Hinweis auf Art. 2 Abs. 1 lit. b GenfAbk ein unzulässiger Verzicht auf das Gehörsrecht vorgehalten werden könnte.[719] Auch der Schutz der wirtschaftlich unterlegenen Partei war ein Grund für die Streichung der Verzichtsmöglichkeit.[720]

Die Landesjustizverwaltung Hamburg sprach sich gegen die Streichung der Möglichkeit eines Verzichts auf den Anspruch auf rechtliches Gehör aus.[721] Es wäre ungerechtfertigt, bei Verfahren mit einem inländischen Schiedsspruch auf die Gewährung rechtlichen Gehörs wirksam verzichten zu können, während dies bei Verfahren mit einem ausländischen Schiedsspruch nicht möglich sein soll-

718 Begründung des Gesetzesentwurfs, RT Drucks, IV. Wahlperiode 1928, Band 443 (1930), Anlage Nr. 2298, S. 5 zu § 1042.

719 Begründung des Gesetzesentwurfs, RT Drucks, IV. Wahlperiode 1928, Band 443 (1930), Anlage Nr. 2298, S. 5 zu § 1042.

720 *Volkmar* wies auf einen entsprechenden Vorschlag des 34. Kölner Juristentags hin, *Volkmar*, Genfer Abkommen und die Novelle von 1930 in: JW, 1930, S. 2750.

721 BArch R 3001, Nr. 8451, S. 6 des Schreibens der Landesjustizverwaltung Hamburg vom 19. Mai 1930 (Nr. AI 223), ab Bl. 8 (Aktenblätter nicht durchgängig nummeriert).

te.[722] In vielen Schlussscheinen im Hamburger Großhandel sei zum Zwecke der Verfahrensbeschleunigung eine Klausel zum Verzicht auf den Anspruch auf rechtliches Gehör enthalten. Einem Bericht des Präsidenten des Hanseatischen Oberlandesgerichts zufolge hätten sich hiergegen niemals Bedenken ergeben. Den entsprechenden Änderungsantrag Hamburgs[723] im VII. Reichsratausschuss lehnte das Reichsjustizministerium jedoch ab.[724] Das Reichsjustizministerium sah in der Möglichkeit, auf den Anspruch auf rechtliches Gehör verzichten zu können, eine Kollision mit Art. 2 Abs. 1 lit. b GenfAbk. Diese Vorschrift sei als Pflicht des Schiedsgerichts zur Gewährung rechtlichen Gehörs zu verstehen. Würde Deutschland davon abweichen, so könne nach Auffassung des Reichsjustizministeriums einer erfolgreichen deutschen Partei im Ausland die Vollstreckung unter Hinweis auf Art. 2 Abs. 1 lit. b GenfAbk versagt werden. Eine erfolgreiche ausländische Partei könnte im Gegensatz dazu gegen die unterlegene deutsche Partei in Deutschland auch trotz des Anspruchs auf rechtliches Gehör aus Art. 2 Abs. 1 lit. b GenfAbk vollstrecken, indem sie sich nach dem Meistbegünstigungsprinzip aus Art. 5 GenfAbk auf das nationale deutsche Recht beriefe, nämlich auf die Möglichkeit des wirksamen Verzichts auf den Anspruch auf rechtliches Gehör. Insgesamt befürchtete das Reichsjustizministerium damit überwiegend Nachteile für deutsche Parteien. Ferner befürchtete das Reichsjustizministerium, leide möglicherweise auch das Ansehen Deutschlands im Ausland, wenn in Deutschland auf einen so wichtigen Verfahrensgrundsatz, wie der des rechtlichen Gehörs sollte verzichtet werden können.[725]

Das Reichsjustizministerium erklärte, dass man nicht von unredlichen Zielsetzungen des Hamburger Handels und Gewerbes ausgehe, wenn dort die Mög-

---

722 BArch R 3001, Nr. 8451, S. 4 f. des Schreibens der Landesjustizverwaltung Hamburg vom 19. Mai 1930 (Nr. AI 223), ab Bl. 8 (Aktenblätter nicht durchgängig nummeriert); vgl. zum Hamburger Großhandel auch *Mathies*, Ständige Schiedsgerichte, S. 76 f.

723 BArch R 3001, Nr. 8451, S. 1 der Anträge Hamburgs im VII. Reichsratsausschuss vom 1. Juli 1930 (Nr. I c 1452), Bl. 64 (Aktenblätter nicht durchgängig nummeriert).

724 BArch R 3001, Nr. 8451, S. 2 bis S. 4 der Stellungnahme des Reichsjustizministeriums zu den Hamburger Anträgen (Anlage zum Schreiben des Reichjustizministeriums vom 3. Juli 1930 (Nr. I c 1476), Bl. 62cff. (Aktenblätter nicht durchgängig nummeriert).

725 Während der Beratungen des Genfer Abkommens hatte Japan ähnlich wie Hamburg gegen die zwingende Verpflichtung des rechtlichen Gehörs Bedenken angemeldet, da zu damaliger Zeit auch im japanischen Schiedsverfahrensrecht ein Verzicht auf den Anspruch auf rechtliches Gehör möglich war, Annex 2 zu den Beschlüssen der Tagung des 2. Komitees vom 13. September 1927 (Bericht des Sekretariats des Völkerbunds), JO 1927, SSp Nr. 56, S. 78 Ziffer 28.

lichkeit des Verzichts favorisiert werde.[726] Vielmehr ginge man davon aus, dass in Hamburg „*regelmäßig angesehene, nach gediegenen Grundsätzen handelnde große Firmen*“ Parteien der Schiedsverfahren seien, denen es lediglich um den Ausschluss sachlich ungerechtfertigter und verzögernder Einwände ginge, nicht aber um die tatsächliche Versagung des rechtlichen Gehörs. Von solch achtenswerten Verhältnissen sei allerdings nicht überall auszugehen.

4. Allgemeine Vollstreckungsvorschriften

Die Novelle von 1930 hielt am Grundsatz des durch die Novelle von 1924 eingeführten Vollstreckungsbeschlusses fest. Der Verfahrensablauf wurde hingegen neu gestaltet. Hierzu wurden die §§ 1042 a bis 1042 d ZPO 1930 in die ZPO eingefügt.

a) Der Vollstreckungsbeschluss als Titel (§ 794 ZPO 1930)

In § 794 Abs. 1 Nr. 4a ZPO 1930 wurden für vollstreckbar erklärte Schiedssprüche und Schiedsvergleiche als Titel der Zwangsvollstreckung aufgenommen. Bis zur Novelle von 1924 wurde die Vollstreckbarkeit eines Schiedsspruchs noch durch ein gerichtliches Urteil ausgesprochen. Dieses Urteil war wie jedes andere Gerichtsurteil nach § 704 Abs. 1 ZPO 1898 ein geeigneter Titel.

Seit der Novelle von 1924 wurde die Vollstreckbarkeit durch einen Beschluss anstelle eines Urteils ausgesprochen. Dieser Beschluss konnte mit der sofortigen Beschwerde angefochten werden. Derartige Beschlüsse waren nach § 794 Nr. 3 ZPO 1898 für die Zwangsvollstreckung geeignete Titel.

Mit der Novelle von 1930 war gegen den Vollstreckungsbeschluss nicht mehr die sofortige Beschwerde, sondern Widerspruch nach § 1042 c ZPO 1930 einzulegen. Dadurch unterlag der insofern geänderte Vollstreckungsbeschluss nicht mehr der Zwangsvollstreckung nach § 794 Nr. 3 ZPO 1898, so dass die neue Regelung erforderlich war.

b) Die mündliche Verhandlung (§ 1042 a ZPO 1930)

Neu war die Regelung, dass eine mündliche Verhandlung immer stattfinden sollte, wenn der Vollstreckungsgegner das Bestehen eines Aufhebungsgrundes einwandte, § 1042 a Abs. 3 ZPO 1930. Im Falle der mündlichen Verhandlung erging kein Beschluss, sondern ein Endurteil. Im Regelfall sollte es aber bei dem schriftlichen Beschlussverfahren bleiben, obgleich es im Ermessen des Gerichts lag, auch in anderen Fällen aufgrund mündlicher Verhandlung zu entscheiden, § 1042 a Abs. 2 ZPO 1930. Durch diese Regelung wurden die Vorteile des

---

726 BArch R 3001, Nr. 8451, S. 3 f. der Stellungnahme des Reichsjustizministeriums zu den Hamburger Anträgen (Anlage zum Schreiben des Reichjustizministeriums vom 3. Juli 1930, Nr. I c 1476), Bl. 62cff. (Aktenblätter nicht durchgängig nummeriert).

schnelleren schriftlichen Verfahrens, welches durch die Novelle von 1924 eingeführt worden war, für die einfacheren Fälle beibehalten.[727]

c) Der Vollstreckungsbeschluss (§§ 1042 b - 1042 d ZPO 1930)

In den neu eingeführten §§ 1042 b - 1042 d ZPO 1930 wurde das Antragsverfahren zur Vollstreckbarerklärung näher ausgestaltet (Beifügung von Abschriften, Terminbestimmung, § 1042 b ZPO 1930).

Wurde die Vollstreckbarerklärung durch *Beschluss* ausgesprochen, so war dieser nach § 1042 c Abs. 1 ZPO 1930 vorläufig vollstreckbar. Hierfür hatte sich bereits kurz nach der Novelle von 1924 die Niederrheinische Handelskammer Duisburg-Wesel in einer Stellungnahme gegenüber dem Reichsjustizministerium eingesetzt.[728] Auch Hamburg und Hessen traten für eine vorläufige Vollstreckbarkeit ein.[729] Hamburg beantragte im VII. Reichsratausschuss insbesondere, die vorläufige Vollstreckbarkeit wie bei Versäumnisurteilen ohne Sicherheitsleistung zu gewähren.[730] Dagegen wandte sich das Reichsjustizministerium mit der Begründung, dass das Vollstreckungsbeschlussverfahren ohnehin geringere Rechtsschutzgarantien für den Vollstreckungsgegner beinhalte, als es bei einem Klagverfahren der Fall sei, welches aufgrund der Säumigkeit einer Partei durch Versäumnisurteil ende. Insofern sei es nicht angemessen, den Schiedsspruch ohne Sicherheitsleistung vorläufig vollstrecken zu lassen. Im Übrigen sei davon auszugehen, dass im Widerspruchsverfahren gegen die Vollstreckbarerklärung die Gerichte die Vollstreckungsmaßnahmen eher einstweilen nach §§ 1042 c Abs. 2 S. 3, 717 ZPO 1930 einstellen würden.

Nach dem Änderungsantrag Hessens im VII. Reichsratausschuss, welcher keine vorläufige Vollstreckbarkeit des Schiedsspruches vorsah, wurde ein Widerspruchsverfahren gegen den Schiedsspruch nach den Regeln des Arrestver-

727 Begründung des Gesetzesentwurfs, RT Drucks, IV. Wahlperiode 1928, Band 443 (1930), Anlage Nr. 2298, S. 3; *Volkmar*, Änderungen im schiedsrichterlichen Verfahren, in: Int. Jahrbuch III, S. 5.

728 BArch R 3001, Nr. 8175, Schreiben der Niederrheinischen Handelskammer Duisburg-Wesel vom 4. Mai 1925, Bl. 36 f.

729 BArch R 3001, Nr. 8451, S. 5 des Schreibens der Landesjustizverwaltung Hamburg vom 19. Mai 1930 (Nr. AI 223), S. 2 der Anträge Hamburgs im VII. Reichsratsausschuss vom 1. Juli 1930 (Nr. I c 1452) sowie S. 2 f. der Anträge Hessens im VII. Reichsratsausschuss vom 3. Juli 1930 (Nr. I c 1473), keine Bl. (Aktenblätter nicht durchgängig nummeriert).

730 BArch R 3001, Nr. 8451, S. 5 des Schreibens der Landesjustizverwaltung Hamburg vom 19. Mai 1930 (Nr. AI 223) sowie BArch R 3001, Nr. 8451, S. 2 der Anträge Hamburgs im VII. Reichsratsausschuss vom 1. Juli 1930 (Nr. I c 1452), ab Bl. 64 (Aktenblätter nicht durchgängig nummeriert).

fahrens (§§ 924 ff. ZPO) vorgeschlagen.[731] Es sei zweckmäßig, auf diese Vorschriften zurückzugreifen, da gegen den Vollstreckungsbeschluss ebenso der Widerspruch statthaft und in den §§ 924 ff. ZPO bereits ein Widerspruchsverfahren geregelt sei. Hiergegen wandte das Reichsjustizministerium ein, es sei inkonsequent, einen Vollstreckungs*beschluss* ohne Sicherheitsleistung, ein Urteil nach den §§ 708 ff. ZPO hingegen gegen Sicherheitsleistung vollstrecken zu lassen.[732] Ferner sei ein Widerspruchsverfahren nach den Vorschriften des Arrestverfahrens ungeeignet, da ein Arrestverfahren durch einen zuzustellenden Schriftsatz eingeleitet werde. Dagegen seien Rechtsbehelfe, die an eine Notfrist gebunden seien durch bloßes Einreichen des Schriftsatzes bei Gericht, einzulegen, wie es in § 1042 d Abs. 1 des Entwurfs vorgesehen sei.

Erging eine Vollstreckbarerklärung hingegen aufgrund eines *Urteils*, bedurfte es keiner besonderen Regelung, da die vorläufige Vollstreckbarkeit in diesem Fall aus §§ 708 ff. ZPO folgte. Hierzu gab es soweit ersichtlich keine Diskussionen.

Gegen den Vollstreckungsbeschluss war der Widerspruch binnen einer zweiwöchigen Frist statthaft, §§ 1042 c, 1042 d ZPO 1930.[733] Gegen ein Vollstreckungsurteil waren die Rechtsmittel der ZPO für Endurteile statthaft.

d) Aufhebung nach Erlass des Vollstreckungsbeschlusses (§ 1043 ZPO 1930)

Die Novelle von 1930 begrenzte die Möglichkeiten, einen bereits für vollstreckbar erklärten Schiedsspruch aufzuheben. Bis zur Novelle von 1924 war eine Aufhebung des Schiedsspruchs nach Erlass des Vollstreckungsbeschlusses nur im Falle von Restitutionsklagegründen möglich gewesen. Die Novelle von 1924 beseitigte diese Schranke, so dass alle Aufhebungsgründe geltend gemacht werden konnten. Dies geschah als Ausgleich dafür, dass im Vollstreckungsbeschlussverfahren die Aufhebungsgründe nicht geprüft wurden, sondern dazu eine separate Klage nötig gewesen war.

Da die Aufhebungsgründe infolge der Novelle von 1930 wieder im Vollstreckungsbeschlussverfahren geprüft werden sollten, wurde auch die frühere Beschränkung auf die Restitutionsklagegründe wieder eingeführt, §§ 1043 Abs. 1, 1041 Abs. 1 Nr. 6, 580 ZPO 1930. Hiergegen stellte Hessen ei-

731 BArch R 3001, Nr. 8451, S. 5 f. der Anträge Hessens im VII. Reichsratsausschuss vom 3. Juli 1930 (Nr. I c 1473), ab Bl. 63 (Aktenblätter nicht durchgängig nummeriert).

732 BArch R 3001, Nr. 8451, S. 6 der Aufzeichnung über die Stellungnahme der Reichsregierung zu den hessischen Anträgen (Nr. I c 1484), Bl. 66 (Aktenblätter nicht durchgängig nummeriert).

733 Anforderungen an beizubringende Unterlagen bestimmte Art. 4 GenfAbk.

nen Änderungsantrag im VII. Reichsratausschuss.[734] Nach diesem Antrag sollte § 1043 ZPO lediglich lauten:

> *„Gegen Urteile oder Beschlüsse, die einen Schiedsspruch für vollstreckbar erklären, ist Klage gemäß § 767 ZPO zulässig."*

Der Entwurf des Reichsjustizministeriums (und ebenso die spätere gesetzliche Regelung) sah dagegen vor, dass bei nachträglich bekannt gewordenen Restitutionsklagegründen (Rechtsbeugung, Eidesverletzung etc.) eine rechtskräftige Vollstreckbarerklärung aufgehoben werden konnte. Die Justizverwaltung Hessens sah darin eine unnötige Wiederholung des § 1041 Abs. 1 Nr. 6 ZPO 1930, der einen Verweis auf die Restitutionsklagegründe enthielt. Die Restitutionsklagegründe seien in der Sache materielle Einwendungen gegen die Vollstreckbarerklärung. Daher könnte ein Schiedsspruch im Falle eines Restitutionsklagegrundes mit Hilfe der Vollstreckungsgegenklage nach § 767 ZPO beseitigt werden, mit der auch materielle Einwendungen gegen ein staatliches Urteil geltend gemacht werden konnte.

Nach Auffassung des Reichsjustizministeriums beträfen die Restitutionsklagegründe jedoch einen Mangel des Schiedsverfahrens und seien keine materiellen Einwendungen.[735] Insofern sei die Vollstreckungsgegenklage nach § 767 ZPO eine ungeeignete Klageart. Der Änderungsvorschlag Hessens wurde daher nicht übernommen.

In § 1043 Abs. 2, Abs. 3 ZPO 1930 wurde die Klagefrist und die Befugnis des Gerichts zur Aufhebung der Vollstreckbarerklärung aus dem früheren § 1044 ZPO 1898 aufgenommen. Danach war die Aufhebungsklage, gestützt auf Restitutionsklagegründe, binnen eines Monats nach Kenntnis des Klagegrunds zu erheben, wobei die Frist erst mit der Rechtskraft der Vollstreckbarerklärung zu laufen begann, § 1042 Abs. 2 S. 1, S. 2 ZPO 1930. Ferner konnte 10 Jahre nach Eintritt der Rechtskraft der Vollstreckbarerklärung die Klage nicht mehr erhoben werden, § 1042 Abs. 2 S. 3 ZPO 1930. In dieser Regelung sah *Rosenberg* eine ungewollte gesetzgeberische Fehlkonstruktion:[736] Da die Vollstreckbarerklärung als Beschluss ergehen könne, der seinerseits nur durch Widerspruch nach § 1042 c Abs. 2 ZPO 1930 angreifbar sei, trete die Rechtskraft des Vollstreckungsbeschlusses bereits mit dessen Zustellung ein. Dies habe nach dem unmittelbaren Gesetzeswortlaut des § 1043 Abs. 1 ZPO 1930 die Folge,

---

734 BArch R 3001, Nr. 8451, S. 6 und S.8 der Anträge Hessens im VII. Reichsratsausschuss vom 3. Juli 1930 (Nr. I c 1473), Bl. 63 ff. (Aktenblätter nicht durchgängig nummeriert).

735 BArch R 3001, Nr. 8451, S. 7 der Stellungnahme der Reichsregierung zu den hessischen Anträgen (Nr. I c 1484), Anschreiben des Reichsjustizministeriums vom 5. Juli 1930, Bl. 66 ff. (Aktenblätter nicht durchgängig nummeriert).

736 *Rosenberg*, Neuregelung der Zwangsvollstreckung, in: DJZ, 1930, S. 1230.

dass der Vollstreckungsbeschluss niemals aufgrund anderer Aufhebungsgründe angegriffen werden könne, als den Restitutionsklagegründen. Ferner beginne die 10 Jahresfrist bereits mit der Beschlusszustellung, was jedoch vom Gesetzgeber nicht beabsichtigt gewesen sein könne, vielmehr sei die Rechtskraft des Vollstreckungsbeschluss erst mit Ablauf der Widerspruchsfrist von zwei Wochen ab Zustellung anzunehmen, die § 1042 d Abs. 1 ZPO 1930 vorsah.[737] Damit sei es überhaupt erst möglich, den Widerspruch auf die übrigen Aufhebungsgründe zu stützen.

5. Spezielle Vollstreckungsvorschriften für ausländische Schiedssprüche (§ 1044 ZPO 1930)

Aufgrund der neu eingefügten §§ 1042 a - 1042 d ZPO 1930 war der bisherige § 1044 ZPO entfallen. An dieser Stelle wurde die neue Regelung zur Vollstreckung ausländischer Schiedssprüche aufgenommen.[738]

a) Qualifizierung als ausländischer Schiedsspruch

In den Genfer Übereinkommen gab es keine Bestimmung darüber, wann ein Schiedsspruch aus ausländisch zu gelten habe.[739] Auch die Novelle von 1930 enthielt keine Bestimmung hierzu. Unterschiedliche Anknüpfungspunkte wurden zur Bestimmung eines Schiedsspruchs als ausländisch herangezogen, wie beispielsweise der Verhandlungsort des Schiedsgerichts (Territorialitätstheorie) oder das auf das Schiedsverfahren anzuwendende Verfahrensrecht.[740] Durch die fehlende gesetzliche Regelung war diese Frage der Rechtsprechung überlassen worden.[741]

---

737 So im Ergebnis auch *Baumbach*, ZPO, 12. Auflage, 1936, § 1043 Ziff. 1.

738 Art. I Nr. 3 des Gesetzes zur Änderung einiger Vorschriften der Zivilprozeßordnung über das schiedsrichterliche Verfahren vom 25. Juli 1930, RGBl. 1930 I, S. 361.

739 *Jonas* wies darauf hin, dass man sich bei den Verhandlungen zum Genfer Abkommen vergeblich um die Klärung dieser Frage bemüht hatte, Stein/Jonas/*Jonas*, Die Novelle zum schiedsrichterlichen Verfahren, 1930, § 1044 Ziff. II S. 31.

740 *Ernemann* befasste sich mit der Bestimmung des ausländischen Schiedsspruchs im Jahr 1978 und untersuchte dabei sowohl die damals geltende Rechtsprechung des Bundesgerichtshofs, als auch die reichsgerichtliche Rechtsprechung, *Ernemann*, Vollstreckung ausländischer Schiedssprüche, S. 42 ff.; *Marx*, Anerkennung und Vollstreckung ausländischer Schiedssprüche, S. 44 ff.; Stein/Jonas/*Jonas*, Die Novelle zum schiedsrichterlichen Verfahren, 1930, § 1044 Ziff. II lit. b S. 31 f., *Volkmar*, Änderungen im schiedsrichterlichen Verfahren, in: Int. Jahrbuch III, S. 11 f.

741 Das Reichsgericht stellte auf den Sitz des Schiedsgerichts ab, Urteil vom 22. Februar 1927, Rev. VI 410/26, RGZ 116, S. 193 - 196, S. 194; Urteil vom 10. Dezember 1892, Rev. I 297/92, RGZ 30, S. 368 - 372, S. 370.

b) Anerkennung und Vollstreckbarkeit des Schiedsspruchs (§ 1044 ZPO 1930)

Hinsichtlich der Anerkennungsvoraussetzungen erfüllte die Vorschrift des § 1044 ZPO 1930 die Anforderungen der Artt. 1, 2 GenfAbk. Die Vorschrift des § 1044 ZPO 1930 bewirkte jedoch über das Genfer Abkommen hinaus, dass jeder ausländische Schiedsspruch nach Maßgabe des § 1044 ZPO 1930 in Deutschland für vollstreckbar erklärt werden konnte, und zwar auch dann, wenn der Schiedsspruch nicht in den Anwendungsbereich des Genfer Abkommens fiel.[742]

Voraussetzung für die Vollstreckbarerklärung war ein ausländischer Schiedsspruch, der nach dem auf ihn anwendbaren Recht verbindlich geworden war § 1044 Abs. 1 ZPO 1930.[743] Diese Regelung knüpfte an Art. 1 Abs. 2 lit. d GenfAbk an, wonach der Schiedsspruch nach dem Recht des Staates, in dem er ergangen war, endgültig geworden sein musste. Damit war ein Schiedsspruch nach § 1044 Abs. 1 ZPO 1930 nicht verbindlich, wenn er zwingenden ausländischen Formvorschriften nicht genügte oder die Berufung oder ein anderer Rechtsbehelf noch zulässig waren, so dass der Schiedsspruch möglicherweise noch abgeändert oder aufgehoben werden konnte.[744]

Die Vorschrift des § 1039 ZPO fand keine Anwendung auf ausländische Schiedssprüche.[745] Nach dieser Regelung mussten inländische Schiedssprüche

742 Stein/Jonas/*Jonas*, ZPO, 15. Auflage, 1934/1935, § 1044 Ziff. VIII.
Auf die besondere Schiedsfreundlichkeit des § 1044 ZPO 1930 wies *Ernemann* später hin. So war die Wahl zwischen nationalen Rechtsgrundlagen und dem Genfer Abkommen nach der Meistbegünstigungsklausel, Art. 5 GenfAbk, möglich. Diese Vorschrift erlaubte es den Parteien, neben den Bestimmungen des Genfer Abkommens auch auf die nationalen Gesetze der Vertragsstaaten zurückzugreifen, sofern diese günstiger waren. Für den Gläubiger eines Schiedsspruchs sei nach Ernemann insbesondere die spätere Rechtsprechung des Bundesgerichtshofs zu § 1044 ZPO 1930 vorteilhaft, wonach die Vollstreckbarerklärung bei Fehlen eines wirksamen Schiedsvertrags nur so lange versagt werden könne, wie wegen dieses Mangels die Aufhebung des Schiedsspruchs beantragt werden könne. Demgegenüber kam es nach Art. 1 Abs. 2 lit. a GenfAbk auf diese Frist nicht an. So konnte gegen die Vollstreckbarerklärung zu jeder Zeit eingewandt werden, dass der Schiedsvertrag ungültig gewesen war. Stützte der Gläubiger eines Schiedsspruchs seinen Antrag auf Erteilung der Vollstreckbarerklärung daher auf § 1044 ZPO 1930 und nicht auf das Genfer Abkommen, so konnte der Schuldner den Einwand des ungültigen Schiedsvertrags nur solange erheben, wie eine entsprechen Aufhebungsklage zulässig wäre, *Ernemann*, Vollstreckung ausländischer Schiedssprüche, S. 1 f., Urteil des Bundesgerichtshofs vom 21. Oktober 1971, VII Zr 45/70, BGHZ 57, S. 153 - 159, S. 157.

743 Diese Bestimmung beruhte auf Art. 1 Abs. 2 lit. d GenfAbk.

744 *Volkmar*, Genfer Abkommen und die Novelle von 1930 in: JW, 1930, S. 2751, 2747.

745 Nach dem Entwurf des Reichsjustizministeriums wurde die Geltung des § 1039 ZPO auf ausländische Schiedssprüche noch nicht ausgeschlossen, Art. I Abs. 3, § 1044 des Gesetzesentwurfs des Reichsjustizministeriums zum Schreiben des Reichsministers der Justiz (Nr. I c 318)

ordnungsgemäß unterzeichnet, zugestellt und bei dem zuständigen Gericht niedergelegt werden. Andernfalls lag kein vollstreckungsfähiger Schiedsspruch vor.

Gefordert wurde nach § 1044 Abs. 2 Nr. 1 ZPO 1930 ferner die Rechtswirksamkeit des Schiedsspruchs nach dem für das Schiedsverfahren geltenden Recht, soweit nicht Staatsverträge etwas anderes bestimmten.[746] Dies hatte zur Folge, dass die deutschen Gerichte das auf das Schiedsverfahren maßgebende ausländische Recht anwenden mussten.[747] Dieser Grundsatz fand sich bereits in der Rechtsprechung des Reichsgerichts wieder, nach der die Gültigkeit des ausländischen Schiedsspruchs nach dem auf das Schiedsverfahren anwendbaren ausländischen Recht zu prüfen war.[748] Ferner durfte der Schiedsspruch nicht durch eine weitere schiedsgerichtliche Instanz oder durch ein Rechtsmittel vor einem staatlichen Gericht angreifbar sein, wobei die Möglichkeit einer Aufhebungsklage im Ausland die Rechtsverbindlichkeit des Schiedsspruchs, mithin seine Vollstreckbarkeit in Deutschland, nicht verhinderte.[749]

Nach § 1044 Abs. 2 Nr. 2 bis Nr. 4 ZPO 1930 war der Antrag auf Erteilung der Vollstreckbarerklärung aus folgenden Gründen abzulehnen:

---

vom 18. Februar 1930, BArch R 3001 Nr. 8451 (keine Blattnummer). In der Entwurfsbegründung erkannte das Reichsjustizministerium jedoch an, dass die Wirksamkeit des ausländischen Schiedsspruchs nach dem auf ihn anwendbaren *ausländischen* Recht zu beurteilen sei, BArch R 3001, Nr. 8451, S. 10 der Entwurfsbegründung, keine Blattnummer (Aktenblätter nicht durchgängig nummeriert). Es liegt daher nahe, dass das Reichjustizministerium § 1039 ZPO ebenfalls nicht auf ausländische Schiedssprüche anwenden wollte. Der ausdrückliche Ausschluss des § 1039 ZPO in § 1044 Abs. 1 S. 2 ZPO 1930 geht allerdings auf einen entsprechenden Vorschlag der Hamburger Landesjustizverwaltung zurück, BArch R 3001, Nr. 8451, S. 6 des Schreibens der Landesjustizverwaltung Hamburg vom 19. Mai 1930 (Nr. AI 223) sowie S. 2 der Anträge Hamburgs im VII. Reichsratsausschuss vom 1. Juli 1930 (Nr. I c 1452), ab Bl. 64 (Aktenblätter nicht durchgängig nummeriert).

746 Art. 1 Abs. 2 lit. a - c, Art. 2 lit. a, c GenfAbk. Auch hier fehlt es an einer Kollisionsnorm zur Bestimmung des auf den Schiedsspruch anwendbaren Rechts.

747 Begründung des Gesetzesentwurfs, RT Drucks, IV. Wahlperiode 1928, Band 443 (1930), Anlage Nr. 2298, S. 6 zu § 1044; So auch schon § 1044 Abs. 2 S. 2 des Entwurfs des Reichsjustizministeriums, Art. I Abs. 3 § 1044 des Gesetzesentwurfs des Reichsjustizministeriums zum Schreiben des Reichsministers der Justiz (Nr. I c 318) vom 18. Februar 1930, BArch R 3001 Nr. 8451, ebenso die Entwurfsbegründung des Reichsjustizministeriums, S. 10.

748 Urteile des Reichsgerichts vom 17. Oktober 1916, Rev. VII 198/16, LZ, 1917, S. 339 Nr. 12 und vom 28. Januar 1927, Rev. 468/26, RGZ 116, S. 76 - 78, S. 77; Zu differenzieren war die Frage, ob die zusätzlichen Voraussetzungen des § 1039 ZPO für eine deutsche Vollstreckbarerklärung ebenfalls vorlagen.

749 Begründung des Gesetzesentwurfs, RT Drucks, IV. Wahlperiode 1928, Band 443 (1930), Anlage Nr. 2298, S. 6 zu § 1044; Entsprechend auch *Volkmar*, Genfer Abkommen und dic Novelle von 1930 in: JW, 1930, S. 2751.

- Verstoß gegen die guten Sitten oder die öffentliche Ordnung, insbesondere, wenn die Umsetzung des Schiedsspruchs eine nach deutschem Recht verbotene Handlung erfordern würde, § 1044 Abs. 2 Nr. 2 ZPO 1930,[750]
- Fehlhafte Vertretung einer Partei, § 1044 Abs. 2 Nr. 3 ZPO 1930,[751]
- Verstoß gegen den Grundsatz des rechtlichen Gehörs im Schiedsverfahren, § 1044 Abs. 2 Nr. 4 ZPO 1930[752].

Die Voraussetzungen der § 1044 Abs. 2 Nr. 2 bis Nr. 4 ZPO 1930 waren am Maßstab des deutschen Rechts zu prüfen, wenn ein deutsches Gericht die Vollstreckbarerklärung erteilen durfte.[753] Die Aufhebungsgründe dienten damit wieder als Versagungsgründe im Vollstreckungsverfahren, wie es schon vor der Novelle von 1924 gewesen war. Dadurch wurde vermieden, dass die Aufhebungsgründe nur in einer separaten Klage verfolgt werden konnten, die jedoch vor deutschen Gerichten nicht gegen ausländische Urteile durchgeführt werden konnte.[754]

c) Aufhebung des Schiedsspruchs und des Vollstreckungsbeschlusses (§ 1044 ZPO 1930)

Nach der bis 1930 gültigen Rechtslage bestand nur eine Regelung, die bei Vorliegen von Aufhebungsgründen die Aufhebung des Schiedsspruchs vorsah, wobei zwischen in- und ausländischen Schiedssprüchen nicht differenziert wurde, § 1044 Abs. 3 ZPO 1924. Nach der Rechtsprechung des Reichsgerichts konnten deutsche Gerichte diese Vorschrift nicht auf einen *ausländischen* Schiedsspruch anwenden.[755] Die neue Fassung der Vorschrift bestimmte daher, dass im Falle von Aufhebungsgründen ein ausländischer Schiedsspruch in Deutschland lediglich nicht anzuerkennen sei.

Sofern der Schiedsspruch jedoch im Ausland aufgehoben wurde, war auf einen entsprechenden (fristgebundenen) Klagantrag hin die Aufhebung eines in

---

750 Art. 1 Abs. 2 lit. e GenfAbk.

751 Art. 2 lit. b GenfAbk.

752 Art. 2 lit. b GenfAbk.

753 Begründung des Gesetzesentwurfs, RT Drucks, IV. Wahlperiode 1928, Band 443 (1930), Anlage Nr. 2298, S. 6 zu § 1044; Für § 1044 Abs. 2 Nr. 4 ZPO 1930 stellte das Hanseatische Oberlandesgericht ebenfalls fest, dass deutsches Recht für die Beurteilung des Anspruchs auf rechtliches Gehör maßgeblich sei, Urteil vom 15. Januar 1932, Bf. V 470/31, HRR 1932, Nr. 1615.

754 Siehe dazu ab S. 109 (Trennung von Vollstreckungs- und Aufhebungsverfahren).

755 Urteil des Reichsgerichts vom 22. Februar 1927, Rev. VI 410/26, RGZ 116, S. 193 - 196; Urteil des Reichsgerichts vom 7. Februar 1928, Rev. VII 436/27, Nußbaum, Int. Jahrbuch III, S. 321 - 322 bzw. JW, 1928, S. 1223 Nr. 21; Siehe zu dieser Rechtsprechung ab S. 228 (Rechtsprechung zur Rechtslage zwischen 1924 und 1930); So auch die Begründung des Gesetzesentwurfs, RT Drucks, IV. Wahlperiode 1928, Band 443 (1930), Anlage Nr. 2298, S. 4 oben links.

Deutschland bereits erlassenen Vollstreckungsbeschlusses durch gerichtliches Urteil auszusprechen, §§ 1044 Abs. 4, 1043 Abs. 4 ZPO 1930. Insofern war der Urteilstenor des aufhebenden ausländischen Gerichts für das deutsche Gericht bindend. Die Bestimmung des § 1044 Abs. 4 ZPO 1930 entsprach Art. 1 Abs. 2 lit. d GenfAbk, wonach in Falle der Aufhebung des Schiedsspruchs keine endgültige Entscheidung des Schiedsgerichts mehr vorlag. Die Aufhebung des Schiedsspruchs selbst konnte indessen nur durch ein ausländisches Gericht erfolgen. Bei inländischen Schiedssprüchen war dies anders, hier durfte das Gericht den Schiedsspruch selbst aufheben, § 1043 Abs. 3 ZPO 1930.

Hatte jedoch das ausländische Gericht die Aufhebungsklage abgewiesen, da es die Aufhebungsgründe als nicht gerechtfertigt ansah, so war der deutsche Richter im Vollstreckungsverfahren an dieses Ergebnis nur dann gebunden, wenn das ausländische, klagabweisende Urteil nach § 328 ZPO in Deutschland anerkannt wurde. Andernfalls konnte der deutsche Richter eine eigene Prüfung der Aufhebungsgründe durchführen, da § 1044 Abs. 3 ZPO 1930 keine Bindung an das klagabweisende ausländische Aufhebungsurteil vorsah.

War die Vollstreckbarerklärung bereits rechtskräftig erteilt worden, konnte diese nach § 1043 Abs. 1 ZPO 1930 dann aufgehoben werden, wenn sich später ein Restitutionsklagegrund ergab. Ein Gegenstück zu § 1043 Abs. 1 ZPO 1930 bestand für ausländische Schiedssprüche nicht.[756] Die Geltendmachung von Aufhebungsgründen sollte dem ausländischen Aufhebungsverfahren vorbehalten bleiben und kein deutsches Parallelverfahren geschaffen werden.[757]

6. Schiedsvergleiche (§ 1044 a ZPO 1930)

a) Voraussetzungen des Schiedsvergleichs (§ 1044 a Abs. 1 ZPO 1930)

Die Novelle von 1924 hatte erstmals die Vollstreckbarkeit von Schiedsvergleichen eingeführt, § 1044 a ZPO 1924.[758] In der Fassung von 1924 wurde von einem durch das Schiedsgericht „vermittelten“ Vergleich gesprochen. Unklar war jedoch der Begriff der „Vermittlung“ und der damit verbundenen Mitwirkungsintensität des Schiedsgerichts.[759] Um diesem Auslegungsproblem zu entgehen, änderte das Reichsjustizministerium den Wortlaut der Vorschrift in seinem Ent-

756 Aus § 1044 Abs. 2, Abs. 3 ZPO 1930 ergab sich zunächst, dass § 1043 Abs. 1 ZPO 1930 nur für inländische Schiedssprüche galt.

757 Begründung des Gesetzesentwurfs, RT Drucks, IV. Wahlperiode 1928, Band 443 (1930), Anlage Nr. 2298, S. 6 f. zu § 1044.

758 Eine solche Regelung wäre auch von Art. 9 Abs. 3 des deutsch-schweizerischen Abkommens gefordert worden, wonach die Vollstreckung von Schiedsvergleichen ebenfalls sicherzustellen war.

759 *Staff*, Zu § 1044 a ZPO, in: ZZP, 1925, S. 339 ff.

wurf ab und ließ einen schiedsrichterlichen Vergleich genügen.[760] Ausreichend sollte nun jegliche Form der schiedsrichterlichen Mitwirkung bei dem Vergleichsabschluss sein, so dass selbst die bloße Billigung des Vergleichs durch das Schiedsgericht ausreichte, um einen schiedsrichterlichen Vergleich anzunehmen.[761]

Weitere Voraussetzung für die Vollstreckbarerklärung war nach wie vor die Unterwerfung der Parteien unter die sofortige Zwangsvollstreckung sowie die Unterzeichnung und Niederlegung des Vergleichs bei Gericht. Ferner musste der Vergleich wirksam sein, § 1044 a Abs. 1, Abs. 2 ZPO 1930.[762]

b) Verstoß gegen die guten Sitten oder die öffentliche Ordnung (§ 1044 a Abs. 2 ZPO 1930)

Bis 1930 konnte die Vollstreckbarerklärung eines Schiedsvergleichs nicht wegen etwaiger Rechtsverstöße verweigert werden. Durch die Novelle von 1930 wurde die Möglichkeit einer Prüfung auf Verstöße gegen die guten Sitten oder gegen die öffentliche Ordnung eingeführt, § 1044 a Abs. 2, 2. Halbsatz ZPO 1930. Diese Regelung war im Entwurf des Reichsjustizministeriums noch nicht enthalten und gelangte erst später in den Text.[763] Nunmehr sollten die Vorschriften zum Aufhebungsverfahren (§§ 1042 a - 1042 d ZPO 1930) auf den schiedsrichterlichen Vergleich entsprechende Anwendung finden, § 1044 a Abs. 3 S. 1 ZPO 1930.

Dies kritisierte der Reichsverband des deutschen Gross- und Überseehandels Berlin als praxisfern.[764] Zur Vermeidung der Anforderungen aus §§ 1042 a - 1042 d ZPO 1930 würde die Praxis voraussichtlich notarielle Vergleichsverhandlungen aufnehmen. Mit dieser Kritik drang der Verband jedoch nicht durch.

---

760 Vgl. BArch R 3001, Nr. 8451, S. 6 des Schreibens der Landesjustizverwaltung Hamburg vom 19. Mai 1930 (Nr. AI 223), ab Bl. 8 (Aktenblätter nicht durchgängig nummeriert).

761 *Volkmar*, Änderungen im schiedsrichterlichen Verfahren, in: Int. Jahrbuch III, S. 14 f.; Ausführlich: *Staff*, Neue ZPO, in: ZZP, 1925, S. 106 ff.

762 Keine Anwendung fand § 1044 a ZPO 1930 allerdings dann, wenn Staatsverträge etwas anderes bestimmten, wie beispielsweise das deutsch-schweizerische Abkommen über die gegenseitige Anerkennung und Vollstreckung von gerichtlichen Entscheidungen und Schiedssprüche von 1929. Nach Art. 9 Abs. 3 dieses Abkommens bestimmte sich die Vollstreckung schiedsrichterlicher Vergleiche nur nach den Bestimmungen für Schiedssprüche, also nicht nach § 1044 a ZPO 1930.

763 Siehe § 1044 a des Entwurfs des Reichsjustizministeriums, BArch R 3001 Nr. 8451, Gesetzentwurf zum Schreiben Nr. I c 318, keine Blattnummer (Aktenblätter nicht durchgängig nummeriert).

764 BArch R 3001, Nr. 8451, S. 2 f. des Schreibens des Reichsverbands des Deutschen Gross- und Überseehandels e. V. vom 24. April 1930 an das Reichsjustizministerium keine Blattnummer (Aktenblätter nicht durchgängig nummeriert).

Der Einwand der Rechtsunwirksamkeit des Vergleichs sollte dem Einwand von Aufhebungsgründen bei der Anwendung der §§ 1042 a - 1042 d ZPO 1930 gleichgesetzt werden. Konnte der Vollstreckungsgegner also einen Unwirksamkeitsgrund darlegen und erforderlichenfalls beweisen, so war der Vergleich für unwirksam zu erklären und die Vollstreckbarerklärung zu versagen, §§ 1044 a Abs. 3 S. 1, 1042 Abs. 2 ZPO 1930. Dadurch war der Rechtsstreit weiterhin unerledigt, so dass das Schiedsgericht weiter zu Entscheidung des Rechtsstreits berufen war.[765]

c) Ausländische schiedsrichterliche Vergleiche

Für ausländische schiedsrichterliche Vergleiche wurde mit der Novelle von 1930 keine gesonderte Regelung eingeführt. Daher war § 1044 a ZPO 1930 hinsichtlich der formalen Voraussetzungen für die Vollstreckbarerklärung anzuwenden.[766] Die materiellen Wirksamkeitsvoraussetzungen waren nach dem auf den Vergleich anwendbaren materiellen Recht zu prüfen. Die Vollstreckbarerklärung eines wirksam zustande gekommenen Vergleichs konnte nur an einem Verstoß gegen die guten Sitten oder die öffentliche Ordnung scheitern, § 1044 a Abs. 2 ZPO 1930.

7. Zuständigkeitsregelung (§§ 1045, 1046 ZPO 1930)

Die Zuständigkeitsregelung in §§ 1045, 1046 ZPO 1898 wurde umformuliert, wobei sich ihr bisheriger Anwendungsbereich nicht änderte, aber zusätzlich die Vollstreckbarerklärung ausländischer Schiedssprüche und Schiedsvergleiche berücksichtigt wurden.

Hervorzuheben ist eine Änderung in § 1045 Abs. 1 ZPO. Nach der Fassung von 1898 war dort geregelt, dass die Vereinbarung des örtlich zuständigen Gerichts schriftlich zu erfolgen hatte. Nach einem Antrag Hamburgs wurde das Erfordernis der Schriftform gestrichen.[767] Die Schriftform sei unpraktisch und ungerechtfertigt. Viele Großhandelsgeschäfte würden nur durch unkommentierte Maklerschlussnoten oder einseitige Auftragsbestätigungen zustande kommen. In

765 Stein/Jonas/*Jonas*, Die Novelle zum schiedsrichterlichen Verfahren, 1930, § 1044 a Ziff. IV Nr. 2a S. 46., *Volkmar*, Änderungen im schiedsrichterlichen Verfahren, in: Int. Jahrbuch III, S. 16. Etwas gilt nur, wenn das Schiedsgericht weggefallen ist oder die Entscheidung verweigert, § 1033 Nr. 1 ZPO.

766 Auch zum Nachfolgenden: *Volkmar*, Änderungen im schiedsrichterlichen Verfahren, in: Int. Jahrbuch III, S. 16 f.

767 BArch R 3001, Nr. 8451, S. 6 des Schreibens der Landesjustizverwaltung Hamburg vom 19. Mai 1930 (Nr. AI 223), ab Bl. 8 und S. 3 der Anträge Hamburgs im VII. Reichsratsausschuss vom 1. Juli 1930 (Nr. I c 1452), Bl. 62 (Aktenblätter nicht durchgängig nummeriert).

diesen Dokumenten seien Schiedsklauseln enthalten, die ihrerseits auch ohne Einhaltung einer Form wirksam seien. Das Schriftformerfordernis für die Gerichtsstandvereinbarung, wie es das bisherige Recht vorsah, widerspräche kaufmännischen Gepflogenheiten und sei unbegründet. Wenn der Schiedsvertrag selbst keiner Schriftform bedürfe, so sei kein Grund ersichtlich, diese für die Gerichtsstandvereinbarung zu fordern. Diese Auffassung vertrat auch der Reichsverband des deutschen Gross- und Überseehandels Berlin.[768] Die Reichsregierung schloss sich dieser Sichtweise an, so dass die Schriftform in § 1045 Abs. 1 ZPO 1930 gestrichen wurde.[769]

8. Ergebnisse zur Novelle von 1930

Die Novelle von 1930 sollte das Schiedsverfahrensrecht entsprechend den Bedürfnissen der Praxis verbessern und diejenigen Hindernisse beseitigen, die sich im Zusammenhang mit der Anerkennung und Vollstreckung ausländischer Schiedssprüche durch die Regelungen der Novelle von 1924 ergeben hatten.[770] Insofern entsprach auch die Motivation der Novelle von 1930 der Leitlinie der CPO von 1877, die zu einer „*gedeihlichen Entfaltung*" des Schiedsgerichtswesens beitragen sollte.[771]

Die Einführung des § 1044 ZPO 1930 zur Vollstreckbarkeit ausländischer Schiedssprüche war angesichts der Genfer Übereinkommen einerseits folgerichtig. Andererseits waren nach § 1044 ZPO 1930 sogar solche ausländische Schiedssprüche im Deutschen Reich vollstreckbar, die aus einem Nicht-Vertragsstaat der Genfer Übereinkommen stammte. Insofern spricht die Schaffung des § 1044 ZPO 1930 dafür, dass es dem Gesetzgeber um eine möglichst weitgehende Vollstreckbarkeit ausländischer Schiedssprüche ging, er also daran interessiert war, die Anerkennung und Vollstreckung ausländischer Schiedssprüche über die Genfer Übereinkommen hinaus im Deutschen Reich zu vereinfachen. Dies lässt den Schluss zu, dass die eingangs der Arbeit aufgestellte *These 2* zutrifft.[772]

---

768 BArch R 3001, Nr. 8451, S. 2 f. des Schreibens des Reichsverbands des Deutschen Gross- und Überseehandels e.V. vom 24. April 1930 an das Reichsjustizministerium, keine Blattnummer (Aktenblätter nicht durchgängig nummeriert).

769 BArch R 3001, Nr. 8451, S. 6 der Aufzeichnung über die Stellungnahme der Reichsregierung zu den hessischen Anträgen (Nr. I c 1484), Bl. 66 (Aktenblätter nicht durchgängig nummeriert).

770 Begründung des Gesetzesentwurfs, RT Drucks, IV. Wahlperiode 1928, Band 443 (1930), Anlage Nr. 2298, S. 3; *Rosenberg* hielt die Novelle in diesem Sinne für gelungen, *Rosenberg*, Neuregelung der Zwangsvollstreckung, in: DJZ, 1930, S. 1229.

771 Begr.-CPO-E 3, S. 489.

772 Vgl. zu den Thesen S. 28 f.

Im Zusammenhang mit der Frage, inwiefern Gerichte Schiedssprüche auf ihre inhaltliche Richtigkeit hin überprüfen könnten, zeigte sich, dass den Schiedsgerichten eine weitgehend privatautonome Tätigkeit zugestanden werden sollte. Das Reichsjustizministerium hatte ausdrücklich vor Regelungen gewarnt, die eine sachliche Revision des Schiedsspruchs ermöglichen hätte können[773] und damit das Schiedsverfahren und den Schiedsspruch vor weitreichenden inhaltlichen Befugnissen staatlicher Gerichte bewahren wollen. Insofern trifft auch *These 3* zu.

Eine eher restriktive Einstellung zeigte das Reichsjustizministerium allerdings bei der Behandlung von zwei Anträgen Hamburgs und Hessens zum Aufhebungs- und Vollstreckungsverfahren. Die Vorschläge, nur bei anhängigem Aufhebungsverfahren den Antrag auf Erteilung der Vollstreckbarerklärung zu gestatten bzw. umgekehrt, nur bei Beantragung der Vollstreckbarerklärung das Aufhebungsverfahren zuzulassen, wurde mit der Begründung abgelehnt, dass Instanzverluste vor den ordentlichen Gerichten drohten, wenn die Vollstreckbarerklärung beispielsweise erst in der Berufungsinstanz des Aufhebungsklagverfahrens beantragt werde.[774] Lange und über viele Instanzen andauernde Verfahren an den ordentlichen Gerichten entsprechen aber gerade nicht dem Interesse von Schiedsverfahrensparteien.[775] Ob das Reichsjustizministerium den Instanzenzug zum Schutz der unterlegenen Partei erhalten wollte oder ob staatliche Eingriffsbefugnisse nicht aufgeben werden sollten, ist aus der Gesetzesbegründung nicht ersichtlich.

Im Zusammenhang mit der Diskussion um den Wegfall der Möglichkeit auf den Anspruch auf rechtliches Gehör zu verzichten, zeigte sich dagegen, dass die Novelle von 1930 auch zur Attraktivität Deutschlands als Schiedsort beitragen sollte. So äußerte das Reichsjustizministerium seine Sorge um Deutschlands internationalen Ruf, würde ein so wichtiger Verfahrensgrundsatz im deutschen Recht zur Disposition gestellt werden.[776]

Mit der Einführung einer vorläufigen Vollstreckbarkeit (§ 1042 c Abs. 2 ZPO 1930) und dem Wegfall der Schriftform bei Gerichts-

773 BArch R 3001, Nr. 8451, S. 5 der Aufzeichnung über die Stellungnahme der Reichsregierung zu den hessischen Anträgen (Nr. I c 1484), Bl. 66 (Aktenblätter nicht durchgängig nummeriert).

774 BArch R 3001, Nr. 8451, S. 4 f. der Stellungnahme des Reichsjustizministeriums zu den Hamburger Anträgen (Anlage zum Schreiben des Reichjustizministeriums vom 3. Juli 1930, Nr. I c 1476), Bl. 62cff. (Aktenblätter nicht durchgängig nummeriert).

775 Vgl. *Berger*, Schiedsgerichtsbarkeit, lit. A, S. 5 f. und *Raeschke-Kessler*, Internationale Schiedsgerichtsbarkeit, in: NJW, 1988, S. 3051 Nr. 3.

776 BArch R 3001, Nr. 8451, S. 2 bis S. 4 der Stellungnahme des Reichsjustizministeriums zu den Hamburger Anträgen (Anlage zum Schreiben des Reichjustizministeriums vom 3. Juli 1930 (Nr. I c 1476), Bl. 62c ff. (Aktenblätter nicht durchgängig nummeriert).

standvereinbarungen (§ 1045 Abs. 1 ZPO 1930) folgte der Gesetzgeber erneut den Wünschen der Wirtschaftsvertretungen.

Insgesamt ergaben sich hinreichende Anhaltspunkte zur Bestätigung der *These 2*.[777]

V. Der Entwurf einer neuen ZPO von 1931

1. Zur Entstehung und den Motiven des Entwurfs

Im Jahr 1931 veröffentliche die Abteilung I des Reichsjustizministeriums unter Leitung des Ministerialdirektors *Volkmar* einen Entwurf einer vollständig überarbeiteten ZPO.[778] Dieser Entwurf beruhte auf den Arbeiten der im Jahr 1920 eingesetzten Zivilprozessrechtkommission, die selbst keinen vollständigen Entwurf aufgestellt hatte. Teile der Kommissionsarbeiten waren bereits in Einzelmaßnahmen umgesetzt worden, wie beispielsweise in der Beschleunigungsverordnung von 1923 oder in der Prozess- bzw. Emminger-Verordnung von 1924 (*Novelle von 1924*). Der Entwurf von 1931 bildete eine Zusammenfassung der Kommissionsarbeiten und sollte Grundlage einer umfassenden Neugestaltung der ZPO sein.[779] Zu einer großen ZPO Reform kam es jedoch nicht, was vorwiegend mit den innenpolitischen Verwerfungen der dreißiger Jahre zusammenhing.[780]

Zweck der Veröffentlichung der Kommissionsarbeiten als Entwurf im Jahr 1931 war es, eine umfassende Reform der gesamten ZPO vorzubereiten.[781] Be-

777 Ein Vergleich mit der Umsetzung der Genfer Übereinkommen in englisches Recht unterstützt die Annahme einer überwiegend schiedsfreundlichen ZPO-Novelle von 1930. Der auf den Genfer Übereinkommen beruhende Arbitration (Foreign Awards) Act von 1930 ließ es für die Vollstreckung eines ausländischen Schiedsspruchs nämlich nicht ausreichen, dass er aus einem Vertragsstaat der Genfer Übereinkommen stammte. Zusätzlich musste durch Verordnung für diesen Vertragsstaat festgestellt werden, dass die Gegenseitigkeit verbürgt war, also die Genfer Übereinkommen in dem fremden Vertragsstaat auch tatsächlich umgesetzt wurden, Sec. 1 subsec. (1) para. (c) Arbitration (Foreign Awards) Act von 1930, abgedruckt in Nußbaum, Internationales Jahrbuch für Schiedsgerichtswesen in Zivil- und Handelssachen Band II, S. 252. Eine solche Einschränkung sah die Novelle von 1930 in Deutschland nicht vor.

778 *Schubert*, Akademie für Deutsches Recht, Zivilprozeß und Gerichtsverfassung, S. 11; In der Begründung des Entwurfs von 1931 wurde ausdrücklich die Verbindung zu den Entwürfen der Kommission von 1920 hergestellt, da alle Ergebnisse der Kommission eingehend beraten worden seien, auf Mehrheitsentscheidungen beruhten oder zumindest so gut begründet seien, dass eine öffentliche Bekanntgabe des Entwurfs gerechtfertigt erscheine, Begründung des Entwurfs von 1931, S. 245.

779 Begründung des Entwurfs von 1931, S. 245, S. 251.

780 *Dannreuther*, Zivilprozeß, S. 443; *Book*, Justizreform der BRD, S. 45.

781 Begründung des Entwurfs von 1931, S. 251 unter Ziff. IV und S. 245.

gründet wurde der Reformbedarf mit der Schwerfälligkeit des gegenwärtigen Zivilprozessverfahrens, das zudem anfällig für Prozessverschleppungen sei.[782] Auch im Zwangsvollstreckungsrecht seien Maßnahmen zu ergreifen, um eine zügigere und erfolgreichere Zwangsvollstreckung zu gewährleisten.[783] Ziel war daher eine grundlegende Überarbeitung des Zivilprozessrechts zur Beschleunigung und Vereinfachung des Verfahrens sowie zur Beseitigung von Unstimmigkeiten und Zweifelsfragen aus dem Gesetz.[784] Gerade während der Zeit der Wirtschaftskrise hätten sich Abwanderungstendenzen in die private Schiedsgerichtsbarkeit gezeigt, so dass ganze Rechtsgebiete der ordentlichen Gerichtsbarkeit entzogen worden seien.[785] Angesichts dieser Entwicklung käme der Gesetzgeber nicht umhin, die Beschleunigung des Zivilprozesses voranzutreiben, auch wenn die Sicherung materieller Gerechtigkeit von hoher Bedeutung für das Verfahren sei.

Mit der oben beschriebenen Zielsetzung löste sich der Entwurf von 1931 – wie bereits die ZPO-Kommission von 1920 – von der liberaleren Haltung des Gesetzgebers von 1877. Die Ausgestaltung der CPO von 1877 war dem damals verbreiteten Liberalismus gefolgt, wonach die Prozessparteien vor staatlicher Bevormundung bewahrt werden sollten. Den Schiedsgerichten sollte daher möglichst freie Handhabe gewährt werden.[786] In der Begründung des Entwurfs von 1931 wurde dagegen die Berücksichtigung der Interessen der schwächeren Partei in den Vordergrund gerückt und die Auffassung vertreten, dass die bisherigen, weitgehenden Freiheiten der Parteien zu Benachteiligungen der schwächeren oder prozessual weniger geschickten Partei geführt hätten.[787] Daher sollten nach der Begründung des Entwurfs von 1931 Erleichterungen des Schiedsverfahrens nur eingeführt werden, wenn gleichzeitig Maßnahmen zur Vermeidung von Missbrauchsfällen ergriffen würden.[788]

Neben den Änderungen des Zivilprozesses enthielt der Entwurf auch mehrere Modifikationen des Schiedsverfahrensrechts. Dabei sollten Vereinfachungen des Verfahrens eingeführt und gleichzeitig einigen als negativ beurteilten Entwicklungen entgegengetreten werden.[789] Das Bedürfnis der Bürger nach einer Streitentscheidung außerhalb staatlicher Gerichte wurde anerkannt. Aufgrund

782 Begründung des Entwurfs von 1931, S. 241.

783 Begründung des Entwurfs von 1931, S. 243.

784 Begründung des Entwurfs von 1931, S. 251 unter Ziff. IV.

785 Begründung des Entwurfs von 1931, S. 252.

786 Begr.-CPO-E 3, S. 494.

787 Begründung des Entwurfs von 1931, S. 255 f.

788 Begründung des Entwurfs von 1931, S. 389 f.; Auf diesen Perspektivenwandel verwies auch *Berard*, Aufhebung des Schiedsspruchs, S. 4 f., hin.

789 Begründung des Entwurfs von 1931, S. 255 f.

einer neuen Gliederung des Entwurfs wurde das Schiedsverfahrensrecht in das achte Buch der ZPO verschoben, wodurch sich auch die Nummerierung der Paragraphen veränderte.

2. Der Schiedsvertrag

a) Sittenwidrige Schiedsverträge (§ 738 ZPO E 31)

Um den „Auswüchsen des Schiedsgerichtswesens" zu begegnen, wurde § 738 ZPO E 31 vorgesehen, wonach Schiedsverträge unwirksam sein sollten, sofern eine Partei ihre wirtschaftliche oder soziale Überlegenheit genutzt und die andere Partei zum Abschluss des Schiedsvertrags auf diese Weise genötigt hatte.[790] Ebenso sollten Vereinbarungen, der der überlegenen Partei Sonderrechte bei der Ernennung oder Ablehnung der Schiedsrichter gewährte, unwirksam sein.

Zweck dieser Regelung war es, die wirtschaftlich schwächere Partei davor zu schützen, Schiedsgerichte akzeptieren zu müssen, obwohl sie eigentlich die ordentliche Gerichtsbarkeit vorgezogen hätte.[791] Dabei knüpft die Entwurfsbegründung an § 138 Abs. 1 BGB an, wonach sittenwidrige Verträge nichtig sind. Dieses Prinzip des Zivilrechts wurde durch § 738 ZPO E 31 ausdrücklich auf Schiedsverträge übertragen.

Sollte ein Schiedsspruch ergehen, der auf einem nach § 738 ZPO E 31 unwirksamen Schiedsvertrag beruhte, so sollte der Schiedsspruch ohne weitere Anfechtung als Verstoß gegen die öffentliche Ordnung nach §§ 755 Abs. 2, 757 Nr. 2 ZPO E 31 nichtig sein.

b) Schriftform (§§ 739, 768 ZPO E 31)

Nach damals geltendem Recht war der Schiedsvertrag ausnahmsweise dann formbedürftig, wenn dies aus der Formbedürftigkeit des Hauptvertrags folgte. Damit unterlag der Schiedsvertrag grundsätzlich keinen Formerfordernissen, sondern war im Einzelfall von bürgerlich-rechtlichen Formgeboten abhängig, wie beispielsweise bei Grundstücksgeschäften. Nach dem Entwurf von 1931 sollte die Schiedsvereinbarung dagegen schriftlich und auf einer separaten Urkunde abgefasst werden, § 739 Abs. 2 S. 2 ZPO E 31.

---

790 Begründung des Entwurfs von 1931, S. 394; Auch *Volkmar* berichtete hierüber im Zusammenhang mit seinen Erläuterungen zur Emminger-Verordnung und meinte, es hätten sich schwere Schäden in schiedsrichterlichen Verfahren gezeigt, zudem seien Fälle bekannt, bei denen die stärkere Partei der schwächeren den Abschluss eines Schiedsvertrags aufgenötigt habe, *Volkmar*, Prozessverordnung 1924, S. 211 f.

791 Begründung des Entwurfs von 1931, S. 394.

Ein etwaiger Formmangel sollte jedoch durch die Verhandlung vor dem Schiedsgericht geheilt werden können, § 739 Abs. 2 S. 2 ZPO E 31. Gleiches sollte für Schiedsvereinbarungen bei Gesellschaftsverträgen oder anderen Vereinigung gelten, § 768 Abs. 2 ZPO E 31. Vollkaufleute im Sinne des HGB wären dem Entwurf zufolge von dem Formzwang ausgenommen worden, § 739 Abs. 3 ZPO E 31.

Begründet wurde der Formzwang damit, dass der Schiedsvertrag von weitreichender Bedeutung für die Parteien sei.[792] Es solle der ordentliche Rechtsweg nicht durch versteckte Klauseln in langen Verträgen ausgeschlossen werden, so dass eine separate Urkunde erforderlich sei.[793] Zudem sollten die Parteien durch die Schriftform vor unüberlegten Schiedsverträgen gewarnt werden.[794]

Bereits der Preußische Entwurf von 1864 hatte in § 1363 eine Schriftform vorgesehen. Demgegenüber hatte sich die CPO-Kommission ausdrücklich dagegen ausgesprochen, nachdem bereits die Kommission des Norddeutschen Entwurfs eine Schriftform wegen zu befürchtender Hemmnisse im Handelsverkehr abgelehnt hatte.[795]

In § 768 ZPO E 31, der ansonsten § 1048 ZPO 1898 entsprach, wurde ein zweiter Absatz über die Vereinsschiedsgerichtsbarkeit eingefügt. Danach musste die Unterwerfung unter ein Vereins- oder Verbandsschiedsgericht stets in einer separaten Urkunde erfolgen, sofern es sich nicht auf beiden Seiten um Gewerbetreibende handelte.

3. Die Schiedsrichter

a) Ernennung der Schiedsrichter (§ 740 ZPO E 31)

Vereinbarungen, nach denen eine Partei auch den Schiedsrichter für die andere Partei benennen durfte, sollten nach § 740 Abs. 1 S. 2 ZPO E 31 unwirksam sein. Nach der Begründung des Entwurfs wären auch solche Vereinbarungen erfasst gewesen, nach denen im Falle der Versäumnis der Ernennung durch eine Partei das Ernennungsrecht der anderen Partei zufiel.[796]

Ferner war für Mehrpersonen-Schiedsgerichte vorgesehen, dass die Schiedsrichter einen Obmann, also einen Vorsitzenden, wählen konnten, § 740 Abs. 2 ZPO E 31. Damit sollte das „praktische Institut“ des Obmanns gefördert werden, vermutlich, um die Objektivität des Schiedsgerichts zu verbes-

792 Begründung des Entwurfs von 1931, S. 390.

793 Begründung des Entwurfs von 1931, S. 394 f.

794 Begründung des Entwurfs von 1931, S. 390.

795 Prot.-ND-E, S. 2226 f.

796 Begründung des Entwurfs von 1931, S. 395.

sern, was aus der Entwurfsbegründung aber nicht ausdrücklich hervorgeht.[797] Der Entwurf von 1931 sah damit den Regelfall eines Dreipersonen-Schiedsgerichts vor, wohingegen das geltende Recht von einem in der Praxis weniger üblichen Zweipersonen-Schiedsgericht ausgegangen war.

b) Wegfall eines nicht im Schiedsvertrag benannten Schiedsrichters (§ 743 ZPO E 31)

Fiel ein Schiedsrichter, der nicht bereits im Schiedsvertrag namentlich bestimmt worden war, weg, so durfte nach damals geltender Rechtslage die Partei, die diesen Schiedsrichter ernannt hatte, einen neuen Schiedsrichter benennen, § 1031 ZPO 1898. Da in der Praxis häufig Dritte zur Ernennung der Schiedsrichter beauftragt waren, sollte die Neuwahl wegen eines weggefallen Schiedsrichters ausdrücklich auch durch einen Dritten möglich sein, § 743 Abs. 2 ZPO E 31.[798]

c) Wegfall eines im Schiedsvertrag benannten Schiedsrichters; Obmann (§ 747 ZPO E 31)

Die bisherige Rechtslage, wonach der Schiedsvertrag nach § 1033 ZPO 1898 beendet war, wenn ein im Schiedsvertrag namentlich bestimmter Schiedsrichter wegfiel (vorbehaltlich abweichender Parteivereinbarung) oder wenn die Schiedsrichter zu keiner Einigung kamen oder Stimmgleichheit vorlag, sollte nach dem Entwurf von 1931 ausgeweitet werden. Danach sollte der Schiedsvertrag auch dann enden, wenn ein zu wählender Obmann nicht bestellt werden konnte, § 747 Nr. 2 ZPO E 31. Sofern das Schiedsgericht die Entscheidung des Streitfalles ablehnte, sollte der Schiedsvertrag ebenfalls außer Kraft treten, § 747 Nr. 3 ZPO E 31. Nach geltendem Recht war diese Rechtsfolge nicht eindeutig geregelt. Die Neuregelung sollte zum einen die Schiedsrichter in die Lage versetzen, die Entscheidung von Rechtsstreitigkeiten auch nach Übernahme des Schiedsrichteramtes abzulehnen. Zum anderen sollten Schiedsrichter in einem solchen Fall nicht auf Erfüllung des Schiedsrichtervertrags – also der Streitentscheidung – verklagt werden können, sondern höchstens zum Schadensersatz verpflichtet sein.[799] Anlass dieser Regelung war der Wunsch, Schiedsrichtern, die erst nach Übernahme des Amtes erkannten, dass sie nicht in der Lage waren, das Schiedsverfahren durchzuführen, die Niederlegung des Schiedsrichteramtes zu ermöglichen.

797 Begründung des Entwurfs von 1931, S. 395.

798 Begründung des Entwurfs von 1931, S. 395.

799 Begründung des Entwurfs von 1931, S. 396.

d) Ablehnung eines Schiedsrichters (§§ 744, 745 ZPO E 31)

Zu einer Verschärfung sollte es in Hinblick auf die personelle Besetzung des Schiedsgerichts kommen. Durch die Regelung des § 744 ZPO E 31 waren geschäftsunfähige, beschränkt geschäftsfähige Personen (also auch Minderjährige) oder Personen, die die bürgerlichen Ehrenrechte verloren hatten, grundsätzlich vom Schiedsrichteramt ausgeschlossen. Wurden sie dennoch als Schiedsrichter ernannt, war das Schiedsverfahren unzulässig und der Schiedsspruch nach § 756 Nr. 1 ZPO E 31 aufzuheben.[800]

Nach der geltenden Rechtslage konnte die Aufhebung nur beantragt werden, wenn zuvor der betreffende Schiedsrichter auch abgelehnt worden war. Die ungeeigneten Schiedsrichter konnten aber auch weiterhin von den Parteien abgelehnt werden, § 745 Nr. 1 ZPO E 31. Eine Ablehnung kam auch hinsichtlich unter Pflegschaft stehender Personen in Betracht.[801]

e) Verschwiegenheitsverpflichtung (§ 746 ZPO E 31)

Neu war die Verschwiegenheitsverpflichtung der Schiedsrichter, § 746 ZPO E 31. Mit dieser Pflicht sollte das Vertrauen in die Schiedsrichter gestärkt werden.[802]

4. Das Schiedsverfahren

a) Vertretung durch Rechtsanwälte (§ 748 ZPO E 31)

Zum Schutz der freien Rechtsanwaltschaft sollten Rechtsanwälte von dem Schiedsgericht keinesfalls ausgeschlossen werden dürfen, § 748 Abs. 2 ZPO E 31.[803] Damit sollten Parteivereinbarungen oder Schiedsgerichtsordnungen, die Rechtsanwälte ausschlossen, künftig in dieser Hinsicht wirkungslos sein.[804] Würde ein Rechtsanwalt dennoch ausgeschlossen werden, sollte der Schiedsspruch anfechtbar sein, § 756 Nr. 3 ZPO E 31.[805] Nach damals geltender Rechtslage oblag es den Schiedsgerichten im Rahmen der freien Ver-

---

800 Begründung des Entwurfs von 1931, S. 395.

801 § 745 ZPO E 31 und § 1032 ZPO 1898; Begründung des Entwurfs von 1931, S. 395.

802 Begründung des Entwurfs von 1931, S. 395.

803 Begründung des Entwurfs von 1931, S. 396.

804 Begründung des Entwurfs von 1931, S. 396.

805 Eine ähnliche Regelung sah bereits der Entwurf des Deutschen Anwaltvereins zu Leipzig von 1928 in § 1033 a Abs. 1 Nr. 3 vor, BArch R 3001, Nr. 8161, Gesetzesentwurf nebst Begründung in der Anlage des Schreibens des Deutschen Anwaltvereins zu Leipzig vom 20. November 1928, keine Blattnummer (Aktenblätter nicht durchgängig nummeriert). Ob der Entwurf des Deutschen Anwaltvereins Einfluss auf den Entwurf von 1931 hatte, ist nicht überliefert.

fahrensgestaltung nach § 1034 ZPO, ob sie Rechtsanwälte zur Verhandlung zuließen.[806]

b) Beweiserhebungen im Schiedsverfahren (§§ 749, 750 ZPO E 31)

Das Verbot, Eide durch das Schiedsgericht abnehmen zu lassen, sollte auf Versicherungen an Eides statt erstreckt werden, § 749 ZPO E 31.

Eine Befugnis für Schiedsrichter mit der Befähigung zum Richteramt, Eide selbst abzunehmen, wurde zwar diskutiert, aber abgelehnt, da diese Tätigkeit eine reine Amtstätigkeit sei und nicht durch Private ausgeübt werden solle.[807] Insofern schloss sich der Entwurf der geltenden Rechtslage an.

Das umständliche Verfahren zur Beantragung gerichtlicher Rechtshilfe wegen einer Beweiserhebung sollte dadurch vereinfacht werden, dass nun nicht nur die Parteien selbst, sondern auch das Schiedsgericht einen entsprechenden Antrag bei dem ordentlichen Gericht stellen konnten, § 750 Abs. 1 ZPO E 31. Bei Beweisaufnahmen durch das ordentliche Gericht durften die Schiedsrichter anwesend sein und Fragen stellen, § 750 Abs. 3 ZPO E 31.

Zuständig für diese Anträge war im Übrigen nicht mehr das Hauptsachegericht, sondern das örtlich zuständige Amtsgericht am Sitz des Schiedsgerichts, § 765 Abs. 1 ZPO E 31.

5. Der Schiedsspruch

a) Formale Anforderungen (§ 753 ZPO E 31)

Einige Vereinfachungen waren auch für die formale Dokumentation des Schiedsspruchs vorgesehen.[808] Die bisherige Vorschrift des § 1039 ZPO 1898 war vielfacherer Kritik aus Literatur und Praxis ausgesetzt.[809] Nach dieser Regelung galt das Datum des Tages der schriftlichen Abfassung des Schiedsspruchs als Datum des Schiedsspruchs. Der Tag der schriftlichen Abfassung des Schiedsspruchs konnte jedoch dem Tag seines Erlasses nachfolgen und war aus Sicht der Entwurfskommission nicht von Bedeutung.[810] Der Zeitpunkt des Erlasses sei maßgeblich für die Beendigung des Schiedsverfahrens, da auf diesen Tag die inhaltliche Entscheidung und Abstimmung der Schiedsrichter falle. Insofern

806 Seuffert/Walsmann/*Walsmann*, ZPO, Nachtrag, 12. Auflage, 1934, § 1034 Ziff. 2.

807 Begründung des Entwurfs von 1931, S. 396 f.; Über diese Frage war schon früher von der CPO-Kommission im Jahr 1875 kontrovers diskutiert worden, *Hahn*, Materialien zur CPO 1877, S. 885, 886.

808 Begründung des Entwurfs von 1931, S. 397.

809 Beispielsweise: *Nußbaum*, Neuordnung des Schiedsgerichtswesen, 1918, S. 2 - 5; BArch R 3001, Nr. 8175, Schreiben der Niederrheinischen Handelskammer Duisburg-Wesel vom 4. Mai 1925, Bl. 36.

810 Begründung des Entwurfs von 1931, S. 397.

sei auf diesen Tag abzustellen, wie es in § 753 Abs. 1 S. 1 ZPO E 31 aufgenommen wurde.[811]

Da in der Praxis die Schiedsrichter häufig ihre Unterschrift auf dem Schiedsspruch verweigerten und so den formalen Abschluss des Schiedsverfahrens verhinderten, sollte in solchen Fällen das ordentliche Gericht die Unterschrift durch einen entsprechenden Vermerk ersetzen können, § 753 Abs. 1 S. 2 ZPO E 31.[812] Der Schiedsspruch sollte ferner schon mit seiner Zustellung an die Parteien wirksam werden, § 753 Abs. 1 ZPO E 31. Damit entfiel in der Regel die Niederlegung des Schiedsspruchs bei Gericht, sie sollte nur im Falle der Beantragung einer Vollstreckbarerklärung erforderlich sein, §§ 757 Nr. 1, 753 Abs. 3 ZPO E 31. Im Falle der Niederlegung sollten dem Schiedsspruch künftig auch die Akten des Schiedsgerichts beigefügt werden.

b) Wirkung des Schiedsspruchs (§ 754 ZPO E 31)

Methodisch eine der auffälligeren Vorschläge des Entwurfs von 1931 ist die Änderung der Rechtsnatur des Schiedsspruchs. Nach § 1040 ZPO 1898 war der Schiedsspruch einem rechtskräftigen Urteil gleichgestellt, sofern er ordnungsgemäß unterzeichnet und niedergelegt worden war. Nach § 754 ZPO E 31 sollte dem Schiedsspruch dagegen die Wirkung eines Vertrages zukommen, in welchem das streitige Rechtsverhältnis festgestellt wurde und an den die Parteien gebunden waren, solange sie nicht übereinstimmend etwas anderes vereinbarten. Der Schiedsspruch erscheine nach dem geltenden § 866 CPO 1877 / § 1040 ZPO 1898 als ein staatlich delegiertes Urteil.[813] Mit einem Urteil sei der Schiedsspruch dagegen nicht vergleichbar. Das Urteil ermittle einen tatsächlichen Sachverhalt und leite daraus die gesetzlichen Rechtsfolgen ab, stelle also im Wesentlichen einen Rechtserkenntnisakt dar. Demgegenüber sei das Schiedsgericht sehr viel freier und werde von den Parteien eingesetzt, um das streitige Rechtsverhältnis nach Zweckmäßigkeits- und Billigkeitsgesichtspunkten neu zu ordnen. Jedenfalls solle das Schiedsgericht nicht lediglich eine Rechtsfolge aus dem Sachverhalt ableiten. Zudem sei das Schiedsgericht nicht an das Gesetz gebunden. Es sei ihm lediglich nicht möglich, Schiedssprüche unter Missachtung zwingenden Rechts zu erlassen (Verstoß gegen die guten Sitten und die öffentliche Ordnung).[814] Da nach geltendem Recht ein Schiedsspruch

811 Begründung des Entwurfs von 1931, S. 397.

812 Begründung des Entwurfs von 1931, S. 397.

813 Begründung des Entwurfs von 1931, S. 390 f.

814 Auch wenn die Parteien die Schiedsrichter ausdrücklich beauftragen, nur nach Recht und Gesetz zu entscheiden, ändere dies nicht die fehlende Vergleichbarkeit des Schiedsspruchs zum Urteil. Vielmehr seien die Schiedsrichter durch eine derartige Beauftragung nur den Parteien vertraglich verpflichtet, Begründung des Entwurfs von 1931, S. 391.

bei Verstoß gegen die guten Sitten und die öffentliche Ordnung anfechtbar war,[815] müsse das ordentliche Gericht eine entsprechende Prüfungskompetenz erhalten. Würde der Schiedsspruch dagegen weiterhin einem rechtskräftigen Urteil gleichgesetzt werden, käme eine inhaltliche Prüfung des Schiedsspruchs nicht in Betracht, da es gegen rechtskräftige Urteile keine Rechtmittel gibt.[816] Mit dieser Begründung schloss sich der Entwurf von 1931 der auch von der reichsgerichtlichen Rechtsprechung vertretenen, sogenannten Vertragstheorie an, die im Gegensatz zur sogenannten Urteilstheorie den Schiedsspruch nicht als Akt staatlicher Rechtsprechung betrachtete.[817]

Diese systematischen Argumente werden in der Entwurfsbegründung allerdings dadurch relativiert, dass für bestimmte Funktionen der Schiedsspruch gleichwohl wie ein rechtskräftiges Urteil wirken sollte. Dazu gehörten die Streitbeendigung, die Vollstreckbarkeit und die dreißigjährige Verjährungsfrist.[818]

Durch § 754 S. 2 ZPO E 31 wurde insbesondere bestimmt, dass sich die Parteien nicht mehr auf die ursprüngliche Rechtslage berufen konnten. Der Schiedsspruch wurde damit zu einer Art Vergleichsvertrag mit einer verbindlich neugestaltenden Wirkung (*Novation*) für das streitige Rechtsverhältnis. Wirksamkeitsvoraussetzungen waren die Unterzeichnung und die Zustellung des Schiedsspruchs, § 753 Abs. 1, Abs. 2 ZPO E 31.

6. Nichtigkeit, Aufhebung und Vollstreckbarkeit des Schiedsspruchs

a) Nichtigkeit und Aufhebung (§§ 755f., 761f. ZPO E 31)

Die bisherigen Aufhebungsgründe nach § 1041 ZPO 1898 wurden in Nichtigkeitsgründe nach § 755 ZPO E 31 und Aufhebungsgründe nach § 756 ZPO E 31 aufgeteilt. Bislang waren in der ZPO keine Gründe vorgesehen, die zur Nichtig-

---

815 Nach § 755 Abs. 1 Nr. 2 ZPO E 31 führte der Verstoß gegen die guten Sitten und öffentliche Ordnung sogar zur Nichtigkeit des Schiedsspruchs.

816 Begründung des Entwurfs von 1931, S. 391.

817 Vgl. das Urteil des Reichsgerichts vom 5. November 1881, Rev. I 595/81, RGZ 5, S. 397 - 403. Nach der **Vertragstheorie** konkretisierte der Schiedsspruch den Inhalt eines zwischen den Parteien zur Streitbeilegung in Form eines Schiedsvertrags geschlossenen Vergleichsvertrags. Eine Folge dieser Sichtweise war, dass ausländische Schiedssprüche durch eine Erfüllungsklage vor den ordentlichen Gerichten durchgesetzt werden konnten. Die **Urteilstheorie** hielt den Schiedsspruch für einen Akt mit Gerichtsgewalt, dessen Grundlage das gesetzliche Schiedsverfahrensrecht war. Ausländische Schiedssprüche wurden nach den Regeln für ausländische Urteile vollstreckt, vgl. *Pappenheim/Rheinstein*, Vollstreckung im Ausland, S. 10 - 15; Genauere Ausführungen finden sich ab S. 215 (Rechtsprechung zur Gleichbehandlung in- und ausländischer Schiedssprüche).

818 Begründung des Entwurfs von 1931, S. 391 f.

keit des Schiedsspruchs hätten führen können. Zwar wurden die Aufhebungsgründe des § 1041 Abs. 1 Nr. 1, Nr. 2 ZPO 1898 wie Nichtigkeitsgründe von Amts wegen geprüft, jedoch gingen die Verfasser des Entwurfs von 1931 davon aus, dass die Prüfung von Nichtigkeitsgründen die Gerichte eher in die Lage versetzen würde, Sachverhalte, die nicht von den Parteien in den Prozess eingeführt wurden, zu verwerten.[819]

Nach dem Entwurf von 1931 sollte demnach ein Schiedsspruch nichtig sein, wenn er

- nicht auf der Grundlage eines wirksamen Schiedsvertrags ergangen war oder
- gegen die guten Sitten oder die öffentliche Ordnung verstieß, § 755 Abs. 1 Nr. 1, Nr. 2 ZPO E 31.

Die Gerichte hatten bei allen Verfahren (z. B. beim Verfahren über die Vollstreckbarerklärung) von Amts wegen zu prüfen, ob ein Nichtigkeitsgrund vorlag.[820] Dies beruhte darauf, dass der Schiedsspruch im Wesentlichen nicht mehr wie ein rechtskräftiges Urteil, sondern als Vertrag behandelt werden sollte und Nichtigkeitsgründe bei Verträgen stets von Amts wegen zu prüfen waren (§ 754 ZPO). Mit dieser Gestaltung hatten die Entwurfsverfasser etwaigen Missbrauch im Blick: Es sollte nicht auf den Antrag einer Partei ankommen, den Schiedsspruch wegen eines Verstoßes gegen die guten Sitten oder die öffentliche Ordnung aufzuheben, um die Gerichte in der Lage zu versetzen, solche Rechtsverstöße zu prüfen.[821]

Die Aufhebungsgründe (§ 756 ZPO E 31) entsprachen im Wesentlichen[822] denen des § 1041 ZPO 1930. In § 756 Abs. 1 Nr. 3 ZPO E 31 wurde insofern ergänzt, dass ein nicht „ausreichend" gewährtes rechtliches Gehör ein Aufhebungsgrund wäre. Damit sollte deutlich werden, dass hier nicht die gleichen Maßstäbe, wie im Zivilprozess, anzulegen waren.[823]

Sobald ein Schiedsspruch rechtskräftig für vollstreckbar erklärt worden wäre, sollten die gleichen begrenzen Angriffsmöglichkeiten gelten, wie in § 1043 ZPO 1930 geregelt worden war. Insbesondere sollten nur die Restitutionsklagegründe zur Aufhebung berechtigen und neuerdings auch die Nichtigkeit des Schiedsspruchs (§§ 761f. ZPO E 31).

819 Begründung des Entwurfs von 1931, S. 392 f.

820 Begründung des Entwurfs von 1931, S. 392 f., 397.

821 Begründung des Entwurfs von 1931, S. 392.

822 Ergänzungen gegenüber der Fassung von 1930: Ausschluss eines Rechtsanwalts und zwei weitere Restitutionsklagegründe (Arglistiges Erschleichen eines Urteils und Widerruf eines für das Urteil erheblichen, unvereidigten Aussage eines Zeugen oder einer Partei, § 546 Nr. 6, Nr. 7 E31).

823 Begründung des Entwurfs von 1931, S. 398.

b) Vollstreckbarkeit des Schiedsspruchs (§§ 757 - 760 ZPO E 31)

Die Entwurfsvorschriften zur Vollstreckbarkeit des Schiedsspruchs wurden an die Unterscheidung zwischen Nichtigkeits- und Aufhebungsgründen angepasst. So sollte die Vollstreckbarerklärung nach § 757 Abs. 2 ZPO E 31 versagt werden, wenn

- die formalen Anforderungen an den Schiedsspruch nicht erfüllt waren, § 753 ZPO E 31,
- der Schiedsspruch nichtig war, da ein wirksamer Schiedsvertrag dem Schiedsspruch nicht zugrunde lag, § 755 Abs. 1 ZPO E 31 oder
- ein Aufhebungsgrund vorlag, § 756 ZPO E 31.

Der Ablauf des Verfahrens zur Erteilung der Vollstreckbarerklärung (vormals §§ 1042 a, 1042 b ZPO 1930) blieb weitgehend erhalten, insbesondere das Beschlussverfahren, § 758 ZPO E 31. Sofern ein Vollstreckungsverfahren bereits anhängig war, sollte im Aufhebungs- bzw. Nichtigkeitsklagverfahren der Antrag auf Erteilung der Vollstreckbarerklärung als Widerklage gestellt werden, §§ 755, 756, 762 Abs. 1, ZPO E 31. Damit sollte die gemeinsame Verhandlung von Vollstreckbarkeitsverfahren und Aufhebungs- bzw. Nichtigkeitsverfahren sichergestellt werden, um einen möglichst effizienten Verfahrensablauf zu gewährleisten.[824] Die Trennung von Vollstreckungs- und Aufhebungsverfahren, wie es durch die Novelle von 1924 eingeführt worden war, wurde als hinderlich betrachtet. Im Zusammenhang mit dem Entwurf der Novelle von 1930 hatte das Land Hessen bereits eine dem Entwurf von 1931 vergleichbare Regelung gefordert, die allerdings durch das Reichsjustizministerium abgelehnt worden war.[825]

Der Beschluss der Vollstreckbarkeit sollte nach wie vor für vorläufig vollstreckbar erklärt werden, § 759 Abs. 1 ZPO E 31. Gegen den Beschluss sollte unverändert gegenüber § 1042 c ZPO 1930 der Widerspruch statthaft sein, §§ 759 Abs. 2, 760 ZPO E 31. Ebenfalls nicht verändert werden sollte der Rechtsbehelf der sofortigen Beschwerde gegen einen Beschluss, mit dem der Antrag auf Erteilung der Vollstreckbarerklärung abgelehnt worden war, § 759 Abs. 3 ZPO E 31. Um einem Instanzverlust vorzubeugen, sollte gegen die zurückweisende Entscheidung des Beschwerdegerichts eine weitere Beschwerde ausdrücklich für den Fall zugelassen werden, dass das Gericht der ersten Beschwerde bereits ein Oberlandesgericht war. Vorausgesetzt wurde allerdings,

824 Begründung des Entwurfs von 1931, S. 398.

825 BArch R 3001, Nr. 8451, S. 1 f. der Anträge Hessens im VII. Reichsratsausschuss vom 3. Juli 1930 (Nr. I c 1473), Bl. 63 f. (Aktenblätter nicht durchgängig nummeriert); BArch R 3001, Nr. 8451, S. 2 f. der Stellungnahme der Reichsregierung zu den hessischen Anträgen (Nr. I c 1484), Anschreiben des Reichsjustizministeriums vom 5. Juli 1930, Bl. 66 ff. (Aktenblätter nicht durchgängig nummeriert).

dass bei einem hypothetischen Klagverfahren anstelle des vorgesehen Beschlussverfahrens die Revision gegen die zurückweisende abweisende Entscheidung statthaft wäre.

7. Ausländische Schiedssprüche und Vergleiche

Die geltenden Regelungen über die Vollstreckbarkeit ausländischer Schiedssprüche und schiedsgerichtlicher Vergleiche blieben unberührt, abgesehen von der Berücksichtigung der Nichtigerklärung neben der Aufhebung des Schiedsspruchs, §§ 763, 764 ZPO E 31.

8. Die Zuständigkeiten der ordentlichen Gerichte

Hervorzuheben ist, dass für die Ernennung von Schiedsrichtern, für Rechthilfemaßnahmen, den gerichtlichen Ersatz schiedsrichterlicher Unterschriften auf dem Schiedsspruch und für die Niederlegung nicht das Gericht der Hauptsache zuständig sein sollte, sondern das örtlich zuständige Amtsgericht am Sitz des Schiedsgerichts (§§ 765 - 768 ZPO E 31). Durch die räumliche Nähe und den fehlenden Anwaltszwang sollte eine Vereinfachung und Beschleunigung erreicht werden.[826]

9. Ergebnisse zum Entwurf von 1931

Der Entwurf von 1931 enthielt ein vollständiges, neues Schiedsverfahrensrecht. Im Detail wurden viele Änderungen von unterschiedlicher Reichweite vorgeschlagen: Auf Seiten der Verbesserungen sind der Wechsel zu einem Dreipersonen-Schiedsgericht (§ 740 ZPO E 31), die Möglichkeit der Ernennung von Ersatzschiedsrichtern bei Wegfall eines Schiedsrichters (§ 743 ZPO E 31), die Ausweitung des Antragsrechts bei der gerichtlichen Rechtshilfe auf die Schiedsrichter (§ 750 ZPO E 31) sowie die Vereinfachung der formalen Anforderungen an den Schiedsspruch (§ 753 ZPO E 31) zu nennen. Demgegenüber wurden Verschärfungen vorgesehen, indem der Schiedsspruch unter bestimmten Voraussetzungen bereits nichtig gewesen wäre (§ 755 ZPO E 31). Dabei wurde die Bindung des Schiedsspruchs an gewisse materiell-rechtliche Grundbedingungen eingeführt, bei deren Missachtung der Schiedsspruch nichtig war.[827] Ferner wurde ein spezieller Tatbestand des sittenwidrigen und folglich unwirksamen Schiedsvertrags für die Fälle eingeführt, bei denen die überlegene Partei den

826 Begründung des Entwurfs von 1931, S. 399.

827 Begründung des Entwurfs von 1931, S. 389.

Abschluss des Schiedsvertrags erzwungen hatte (§ 738 ZPO E 31).[828] Zudem war der Schiedsvertrag formbedürftig (§ 739 Abs. 2, Abs. 3 ZPO E 31).[829]

VI. Die Novelle von 1933

1. Zur Entstehung und den Motiven der Novelle

Am 20. Juli 1933 beschloss und verkündete die Reichsregierung Hitlers das Gesetz zur Änderung einiger Vorschriften der Rechtsanwaltsordnung, der Zivilprozeßordnung und des Arbeitsgerichtsgesetzes.[830] Gemeinsam mit dem Gesetz zur Änderung des Verfahrens in bürgerlichen Rechtstreitigkeiten vom 27. Oktober 1933[831] wurde die ZPO am 8. November 1933 neu bekanntgemacht (Novelle von 1933).[832] Inhaltlich beruhten die Änderungen im Wesentlichen auf den Kommissionsarbeiten zum Entwurf von 1931.[833]

Beide Gesetze wurden als sogenannte „Regierungsgesetze" nach Art. I S. 1 des Gesetzes zur Behebung der Not von Volk und Reich vom 24. März 1933[834] von der Reichsregierung Hitlers beschlossen und verkündet. Eine Beteiligung von Reichstag und Reichsrat erfolgte daher nicht.[835] Der Entwurf des Gesetzes vom 27. Oktober 1933 wurde vom Reichsjustizministerium mit Schreiben vom 18. Oktober 1933 an die Reichskanzlei nebst umfangreicher Begründung übersandt.[836] Die Entwurfsfassung der Vorschriften zum Schiedsverfahrensrecht wurde am 25. Oktober 1933 durch das Kabinett ohne Veränderungen beschlos-

828 Vgl. dazu § 1025 Abs. 2 ZPO in der Fassung der Novelle von 1933.

829 Vgl. dazu § 1027 ZPO in der Fassung der Novelle von 1933.

830 RGBl. 1933 I, S. 522.

831 RGBl. 1933 I, S. 780.

832 RGBl. 1933 I, S. 821, Berichtigung S. 1020. Eine Lediglich sprachliche Änderung in § 1035 Abs. 2 ZPO 1933, wonach anstelle von der „Abnahme des Eides" nun von der „Vereidigung" gesprochen wurde, wird nachfolgend nicht näher kommentiert.

833 Stein/Jonas/*Schumann*, ZPO, 20. Auflage, 1988, Einl. II H, Rz. 133.

834 RGBl. 1933 I, S. 141.

835 Der Reichsrat hatte durch die Gleichschaltungsgesetze vom 31. März und 7. April 1933 seine Funktion als Organ der Gesetzgebung verloren. Der Reichstag verlor seine gesetzgebende Funktion durch das Parteiverbotsgesetz vom 14. Juli 1933, wonach nur noch die NSDAP als Partei zugelassen war. Durch die Ermächtigungsgesetzgebung vom 24. März 1933 wurde die Reichsregierung mit eigener Gesetzgebungsgewalt ausgestattet, so dass der Reichstag seine Funktion als Gesetzgeber verlor, *Laufs*, Rechtsentwicklung in Deutschland, S. 388 f.

836 Schreiben des Reichsjustizministeriums vom 18. Oktober 1933 nebst Kabinettsvorlage Nr. I 1 4696 (Entwurf des Gesetzes und Begründung), BArch R 43 II, Nr. 1529, Bl. 23 - 62.

sen.[837] Gegenstand dieser Regelungen waren Änderungen im Zusammenhang mit den Wirksamkeitsvoraussetzungen des Schiedsvertrags in §§ 1025, 1027 ZPO 1933. Übergeordneter Zweck des Gesetzes vom 27. Oktober 1933 war abermals die Beschleunigung des Zivilprozesses.[838] Zwar sei eine „Gesamtreform des Prozeßrechts" nötig, dies würde jedoch geraume Zeit in Anspruch nehmen, die aufgrund der derzeitigen wirtschaftlichen Notlage nicht zur Verfügung stünde.[839] Insofern sei die jetzige Maßnahme als erster Schritt zu sehen. Neben dieser Zielsetzung wurde versucht, der ZPO den Anstrich nationalsozialistischer Ideologie zu geben, indem der Schutz des „Volksganzen" durch eine zügige Rechtspflege den Interessen des Einzelnen übergeordnet wurde.[840] Hierin äußerte sich der nationalsozialistische Grundsatz „Gemeinnutz geht vor Eigennutz".[841]

Das Gesetz vom 20. Juli 1933 beruht ebenfalls auf einem Entwurf des Reichsjustizministeriums.[842] Das Gesetz sah in den §§ 1032, 1034 ZPO 1933 den Ausschluss von sogenannten „Nichtariern" aus dem Schiedsverfahren vor. Die vorgeschlagenen Änderungen der ZPO wurden am 14. Juli 1933 von dem Kabinett ohne Änderungen beschlossen.[843] Hierzu wurde auf die Regelungen des Gesetzes zur Wiederherstellung des Berufsbeamtentums vom 7. April 1933[844] sowie auf das Anwaltsgesetz vom 7. April 1933[845] verwiesen.

Weitere gesetzliche Änderungen des Schiedsverfahrensrecht der ZPO gab es bis zum Jahr 1945 nicht. In einem späteren Entwurf einer Zivilprozessordnung der Arbeitsfachgemeinschaft „Zivilprozessrecht" des Bunds Nationalsozialisti-

---

837 Niederschrift der Kabinettssitzung vom 25. Oktober 1933, Historische Kommission bei der Bayerischen Akademie der Wissenschaften (Hrsg.), Akten der Reichskanzlei, Regierung Hitler, Teil I, Band 2, Dokument Nr. 237 S. 924.

838 Begründung des Gesetzes vom 27. Oktober 1933, RGBl. 1933 I, S. 780; ebenso auch die Entwurfsbegründung vom 18. Oktober 1933, BArch R 43 II, Nr. 1529, Bl. 38 - 40; ebenso aus dieser Zeit auch Pfundtner/Neubert/*Jonas*, Das neue Deutsche Reichsrecht, Band II b 18, S. 3 ff. *Schumann* fasste die Maßnahmen wie folgt zusammen: Konzentration des Verfahrens durch die Leitung des Richters, Unmittelbarkeit der Beweisaufnahme, Parteivernehmung und Beeidigung nach Ermessen des Gerichts, Armenrecht und Revision, Stein/Jonas/*Schumann*, ZPO, 20. Auflage, 1988, Einl. II H, Rz. 133.

839 Entwurfsbegründung vom 18. Oktober 1933, BArch R 43 II, Nr. 1529, Bl. 38.

840 Gesetzesbegründung, RGBl. 1933 I, S. 780; ebenso auch die Entwurfsbegründung vom 18. Oktober 1933, BArch R 43 II, Nr. 1529, Bl. 40.

841 *Dannreuther*, Zivilprozeß, S. 449.

842 Schreiben des Reichsjustizministeriums vom 7. Juli 1933 nebst Kabinettsvorlage Nr. I 1 3311 (Entwurf des Gesetzes und Begründung), BArch R 43 II, Nr. 1534, Bl. 24 - 33.

843 Niederschrift der Kabinettssitzung vom 14. Juli 1933, BArch R 43 II, Nr. 1534, Bl. 34.

844 RGBl. 1933 I, S. 175.

845 RGBl. 1933 I, S. 188.

scher Deutscher Juristen aus dem Jahr 1936 wurde das Schiedsverfahrensrecht gestrichen und Schiedsverfahren für unzulässig erklärt, da der nationalsozialistische Staat es nicht mehr dulden könne, dass neben der staatlichen Gerichtsbarkeit auch private Rechtsprechung zu vollstreckbaren, aber inhaltlich nicht überprüfbaren Entscheidungen führe.[846] Zwar gelte die Vertragsfreiheit fort, der Staat könne jedoch nicht zum „Büttel" der Schiedsgerichte werden, ohne prüfen zu können, ob die Schiedssprüche den Zielen und Grundsätzen des Staates entsprächen.

2. Unwirksamkeit des Schiedsvertrags (§ 1025 Abs. 2 ZPO 1933)

Nach dem neuen § 1025 Abs. 2 ZPO 1933 war ein Schiedsvertrag unwirksam, wenn eine Partei ihre wirtschaftliche oder soziale Überlegenheit ausgenutzt hatte, um einen Schiedsvertrag abzuschließen. Gleiches galt, wenn einer Partei Sonderrechte eingeräumt wurden, insbesondere in Bezug auf die Ernennung und Ablehnung von Schiedsrichtern. Anlass dieser Vorschrift war die Sorge vor einer *„ungesunden Ausdehnung"* der Schiedsgerichtsbarkeit, bei der die schwächere Partei benachteiligt werde.[847] Oftmals seien in der Vergangenheit Schiedsvereinbarungen der schwächeren Partei aufgezwungen und einseitige Schiedsrichterernennungsrechte zu Gunsten der überlegeneren Partei durchgesetzt worden.[848] Dieser Entwicklung sollte mit § 1025 Abs. 2 ZPO 1933 begegnet werden. Schiedssprüche, die aufgrund eines nach dieser Vorschrift nichtigen Schiedsvertrags ergangen waren, konnten daher aufgehoben werden, § 1041 Abs. 1 Nr. 1 ZPO 1930.

---

846 BNSDJ Entwurf 1936, Heft 5, S. 6 f.

847 Begründung des Gesetzesentwurfs vom 18. Oktober 1933 des Reichsjustizministeriums (Nr. I 1 4696), BArch R 43 II, Nr. 1529, Bl. 59. Bereits im Zusammenhang mit der Novelle von 1924 äußerte sich *Volkmar*, Prozessverordnung 1924, S. 211 f., in ähnlicher Weise zu negativen Entwicklungen der Schiedsgerichtsbarkeit.

848 Begründung des Gesetzesentwurfs vom 18. Oktober 1933 des Reichsjustizministeriums (Nr. I 1 4696), BArch R 43 II, Nr. 1529, Bl. 59; Pfundtner/Neubert/*Jonas*, Das neue Deutsche Reichsrecht, Band II b 18 S. 20 zu § 1025 sowie die Begründung des Entwurfs von 1931, S. 393 ff. Ähnlich äußerte sich auch der Deutsche Anwaltverein aus Leipzig im Zusammenhang mit seinem eigenen Gesetzesentwurf von 1928, S. 20 f. der Begründung des Gesetzesentwurfs, BArch R 3001, Nr. 8161, Gesetzesentwurf nebst Begründung in der Anlage des Schreibens des Deutschen Anwaltvereins zu Leipzig vom 20. November 1928, keine Blattnummer (Aktenblätter nicht durchgängig nummeriert).

Bereits der Entwurf von 1931 hatte auf derartige negative Entwicklungen verwiesen und sah in § 738 eine Regelung vor, die dem § 1025 Abs. 2 ZP 1933 dem Wortlaut nach entsprach.[849]

3. Form des Schiedsvertrags (§ 1027 ZPO 1933)

Die bisherige Formfreiheit des Schiedsvertrags wurde zugunsten eines zwingenden Schriftformerfordernisses aufgegeben, § 1027 Abs. 1 ZPO 1933. Danach musste die Schiedsvereinbarung in einem Dokument enthalten sein. Regelungen außerhalb des Schiedsverfahrens durften in diesem Dokument nicht getroffen werden. Ausgenommen von diesem Schriftformerfordernis waren Handelsgeschäfte und Vollkaufleute im Sinne des HGB, § 1027 Abs. 2, Abs. 3 ZPO 1933. Ferner waren Kartellverträge vom Formzwang ausgenommen.[850] So sollten nach der Begründung des Gesetzesentwurfs insbesondere standardmäßige Schiedsklauseln in allgemeinen Geschäftsbedingungen unwirksam sein.[851] Ähnlich lautete auch die Begründung zu § 739 Abs. 2, Abs. 3 ZPO E 31, auf dessen Wortlaut der neue § 1027 ZPO 1933 zurückzuführen ist. Danach sollten Nicht-Kaufleute vor „erschlichenen" Schiedsvereinbarungen geschützt werden.[852]

In der Praxis dürfte nach der Beobachtung von *J. Günzenhauser* der Formzwang kaum zu Änderungen geführt haben, da „99% aller Schiedsverträge" trotz der bisherigen Formfreiheit schriftlich abgefasst würden.[853]

4. Ablehnung von Schiedsrichtern (§ 1032 Abs. 3 ZPO 1933)

Die einzige, nationalsozialistisch beeinflusste Modifikation der Novelle von 1933 erfolgte in § 1032 ZPO 1933. Es konnten nun Personen, die als „Nichtarier" galten, von den Parteien als Schiedsrichter abgelehnt werden, § 1032 Abs. 3 S. 2 ZPO 1933. Wer als „Nichtarier" galt, ergab sich aus dem Gesetz zur Wiederherstellung des Berufsbeamtentums vom 7. April 1933,[854] welches dazu diente, sogenannte „Nichtarier" und politische Gegner des Regimes

---

849 Begründung des Entwurfs von 1931, S. 393 f., S. 397. Allerdings sollte ein Schiedsspruch, der trotz unwirksamen Schiedsvertrags ergangen war, nach § 755 Nr. 1 ZPO E 31 nichtig sein, so dass es keiner Anfechtung bedurft hätte.

850 Gesetz über Schiedsabreden in Kartellverträgen vom 18. Dezember 1933, RGBl. 1933 I, S. 1081.

851 Begründung des Gesetzesentwurfs vom 18. Oktober 1933 des Reichsjustizministeriums (Nr. I 1 4696), BArch R 43 II, Nr. 1529, Bl. 59.

852 Begründung des Entwurfs von 1931, S. 394 f., so auch Pfundtner/Neubert/*Jonas*, Das neue Deutsche Reichsrecht, Band II b 18, S. 21 zu § 1027.

853 *Günzenhauser*, Schiedsverfahren nach deutschem und englisch-amerikanischem Recht in: ZZP, 1930, S. 482.

854 RGBl. 1933 I, S. 175.

aus dem Beamtenstand zu entfernen. Rechtsanwälte konnten nach § 1032 ZPO 1933 ebenfalls abgelehnt werden, die als sogenannte „Nichtarier“ galten. Nach der Entwurfsbegründung sei es keiner Partei zuzumuten, dass über ihre Rechtsangelegenheit ein „Nichtarier“ befinde.[855]

Allerdings wurde in § 3 Abs. 2 des Gesetzes zur Wiederherstellung des Berufsbeamtentums ein sogenanntes *Frontkämpferprivileg* aufgenommen. Danach wurden „Nichtarier“ nicht aus dem Beamtendienst entfernt, die bereits vor dem 1. August 1914 im Beamtendienst waren oder im ersten Weltkrieg gekämpft oder einen Vater oder Sohn im Kampfeinsatz verloren hatten. Diese Begünstigung wirkte sich nicht auf das Ablehnungsrecht nach § 1032 Abs. 3 ZPO 1933 in der Weise aus, so dass Personen, die dem Frontkämpferprivileg unterfielen, nicht hätten als Schiedsrichter abgelehnt werden können.[856] Das Ablehnungsrecht des § 1032 Abs. 3 ZPO 1933 knüpfte an den Begriff des „Nichtariers“ in § 3 Abs. 1 des Gesetzes zur Wiederherstellung des Berufsbeamtentums an. Der Begriff des „Nichtariers“ wurde aufgrund § 17 des Gesetzes zur Wiederherstellung des Berufsbeamtentums mit der ersten Verordnung zur Durchführung des Gesetzes zur Wiederherstellung des Berufsbeamtentums näher definiert. Das Frontkämpferprivileg des § 3 Abs. 2 beeinflusste diese Begriffsdefinition des „Nichtariers“ jedoch nicht, sondern gewährte diesen „Nichtariern“ nur eine kurzfristige Verschonung.[857] Insofern konnten auch „nichtarische“ Schiedsrichter, die Frontkämpfer des ersten Weltkriegs waren, nach § 1032 Abs. 3 ZPO 1933 abgelehnt werden.[858]

5. Ausschluss von Verfahrensbeteiligten (§§ 1034, 157 ZPO 1933)

Bis zur Novelle von 1933 lag es im Ermessen der Schiedsrichter, Parteivertreter vom Verfahren auszuschließen. Diese Ermessensfreiheit beruhte auf dem Recht der freien Verfahrensgestaltung nach § 1034 ZPO. Nach §§ 1034 Abs. 1 S. 2, S. 3, 157 Abs. 1 ZPO 1933 mussten Prozessbevollmächtigte, die keine Rechtsanwälte waren, von der mündlichen Verhandlung ausgeschlossen werden, sofern sie die gerichtliche Vertretung geschäftsmäßig betrieben. Einer Ermessensentscheidung bedurfte es insofern nicht mehr, § 157 Abs. 1 ZPO 1933.

---

855 Begründung des Gesetzesentwurfs vom 7. Juli 1933 (Nr. I 1 3311), BArch R 43 II, Nr. 1534, Bl. 31 zu Nr. 2; Pfundtner/Neubert/*Jonas*, Das neue Deutsche Reichsrecht, Band II b 18, S. 2.

856 So im Ergebnis auch Stein/Jonas/*Jonas*, ZPO, 15. Auflage, 1934/1935, § 1032 Ziff. II Nr. 4.

857 Mit dem Reichsbürgergesetz vom 15. September 1935 (RGBl. 1935 I, S. 1146) und den dazugehörigen Verordnungen wurde das Frontkämpferprivileg abgeschafft.

858 Die Gesetzeserläuterung von *Jonas* lässt diese Schluss ebenfalls zu, da es nach den Erläuterungen für eine Ablehnung ausreicht, „Nichtarier“ zu sein, Pfundtner/Neubert/*Jonas*, Das neue Deutsche Reichsrecht, Band II b 18, S. 2.

Zwar konnten die Schiedsgerichte nun Rechtsanwälten die Teilnahme an Schiedsverfahren nicht mehr versagen, dagegen war nichtanwaltlichen Prozessbevollmächtigten, sogenannten „Rechtskonsulenten", grundsätzlich die Möglichkeit verwehrt, Parteien vor Schiedsgerichten zu vertreten. Die Frage, ob Rechtskonsulenten aus der mündlichen Verhandlung ausgeschlossen werden sollten, wurde schon früher diskutiert. Im Entwurf von 1931 war mit § 255 ZPO E 31 eine Regelung vorgeschlagen worden, wie sie nun durch § 157 Abs. 1 ZPO 1933 aufgegriffen wurde. Danach wurde die richterliche Ermessensentscheidung zugunsten einer zwangsweisen Ausschließung ersetzt, um die Richter von der Last der Einzelfallentscheidungen zu entbinden.[859]

Grund für die Einführung des § 1034 Abs. 1 S. 3 ZPO 1933 war der Wunsch der Regierung Hitlers, sogenannte „Nichtarier" aus der Rechtspflege zu entfernen. Mit dem Anwaltsgesetz vom 7. April 1933[860] wurde sogenannten „Nichtariern" die Betätigung als Rechtsanwalt untersagt. In Folge dessen wurde befürchtet, dass viele ehemalige Rechtsanwälte sich als Rechtskonsulenten betätigen würden.[861] Diesen Personen drohte der Verlust ihrer wirtschaftlichen Existenz, so dass es naheliegend war, sich als Rechtskonsulent zu betätigen. Da die Nationalsozialisten bemüht waren, öffentliche Aufgabenbereiche von sogenannten „Nichtariern" in jeglichen Funktionen freizuhalten, wurde der zwingende Ausschluss von Rechtskonsulenten durch die Verbindung von § 1034 Abs. 1 S. 3 und § 157 Abs. 1 ZPO 1933 bewerkstelligt.

6. Ergebnisse zur Novelle von 1933

Kenzeichnend für die Novelle von 1933 war die Gesetzgebung zum Ausschluss von Juden und anderer dem Regime unliebsamen Bevölkerungsteile aus der Schiedsgerichtsbarkeit, §§ 1032, 1034 ZPO 1933. Bei der Beurteilung der zur Beantwortung gestellten Thesen der Arbeit muss jedoch differenziert werden: Der Ausschluss bestimmter Personengruppen diente der Diffamierung der betroffenen Personen und nicht der Beschränkung der Schiedsgerichtsbarkeit an sich, so dass sich hieraus noch kein Rückschluss auf die Thesen ziehen lässt.

In der Einführung des § 1025 Abs. 2 ZPO 1933 drückt sich allerdings ein Misstrauen gegenüber der Schiedsgerichtsbarkeit aus. *Kisch* bezeichnete dies 1934 als Misstrauen des „neuen Staates" gegenüber der „privaten Gerichtsbarkeit".[862] Stellt man auf die Begründung des Entwurfs von 1931 ab, dem die Re-

859 Begründung des Entwurfs von 1931, S. 318 - 320.

860 RGBl. 1933 I, S. 188.

861 Begründung des Gesetzesentwurfs vom 7. Juli 1933 (Nr. I 1 3311), BArch R 43 II, Nr. 1534, Bl. 30 zu Nr. 1; Pfundtner/Neubert/*Jonas*, Das neue Deutsche Reichsrecht, Band II b 18, S. 1.

862 *Kisch*, Probleme des Schiedsgerichtswesens, in: DJZ, 1934, S. 8 f.

gelung des § 1025 Abs. 2 ZPO 1933 zumindest ihrem Wortlaut nach entnommen wurde, so war hier lediglich der Schutz schwächerer Parteien Anlass für die Gesetzesänderung. Die Entwurfsbegründung der Regierung Hitler griff diese Zielsetzung auf. Allerdings zeigt die Entwurfsbegründung der Regierung Hitler auch, dass das totalitäre Staatsverständnis Grund dafür war, die Schiedsgerichtsbarkeit einzuschränken.[863] Insofern können die *Thesen 1 bis 3* dieser Arbeit nicht als bestätigt angesehen werden.[864]

VII. Zusammenfassung zur Entwicklung zwischen 1898 und 1933

In einem Aufsatz zu den Problemen der Schiedsgerichtsbarkeit von 1926 stellte *Nußbaum* fest, dass die Schiedsgerichtsbarkeit die Unterstützung der Gesetzgebung sowie der Rechtsprechung benötige, um effizient tätig werden zu können.[865] Dazu gehörten in erster Linie die rechtlichen Rahmenbedingungen, nach denen ausländische Schiedsverträge und Schiedssprüche im Inland anerkannt werden würden.[866] In dieser Hinsicht beurteilte *Nußbaum* Deutschland im Vergleich zu anderen Ländern als sehr schiedsfreundlich.[867]

Soweit damit die Akzeptanz des Schiedsgerichtswesens gemeint war, ist der Beurteilung *Nußbaums* aufgrund der untersuchten Gesetzesmaterialien mit Ausnahme der Novelle von 1933 zuzustimmen. Die Motive der CPO 1877 belegen, dass der Gesetzgeber die Schiedsgerichtsbarkeit als Teil der Rechtspflege anerkannte und ihre Entwicklung ausbauen wollte. Diese Intention kommt bei der Begründung verschiedener Regelungen wiederholt zum Ausdruck, wie beispielsweise bei dem ursprünglichen Verzicht auf die Schriftform des Schiedsvertrags, der Ablehnung einer Berufung zu den ordentlichen Gerichten und der Freiheit des Schiedsgerichts in der Verfahrensgestaltung. Die Einführung des Beschlussverfahrens für die Vollstreckbarerklärung durch die Novelle von 1924 sollte der Beschleunigung der Vollstreckung von Schiedssprüchen dienen. Die

---

863 RGBl. 1933 I, S. 780; ähnlich äußerte sich auch *Kisch*, der danach fragte, ob das neue totalitäre Staatsverständnis die Schiedsgerichtsbarkeit überhaupt noch in der bisherigen Form zulassen könne, *Kisch*, Probleme des Schiedsgerichtswesens, in: DJZ, 1934, S. 8. Deutlicher wurde *Spörl*, der von einem *„Schiedsgerichtsproblem“* sprach, welches er darin sah, dass es überhaupt private Schiedsgerichte in dem neuen *„autoritären Staat“* gab, deren Entscheidungen vollstreckbar waren. Schiedssprüche hielt er in dem autoritären NS-Staat dagegen für „Spielereien“, die zurückzudrängen seien, *Spörl*, Schiedsverfahren in: DJZ, 1935, S. 1282 f.

864 Vgl. zu den Thesen S. 28 f.

865 *Nußbaum*, Internationales Schiedsgerichtswesen, in: Int. Jahrbuch I, S. 11.

866 *Nußbaum*, Internationales Schiedsgerichtswesen, in: Int. Jahrbuch I, S. 11.

867 Stellungnahme *Nußbaums* gegenüber der deutschen Gruppe der Internationalen Handelskammer aus 1927, ohne näheres Datum, BArch R 901, Nr. 39873, Bl. 27.

wenig praktische Ausgestaltung dieses Beschlussverfahrens wurde mit der Novelle von 1930 verbessert.

Die deutschen Beiträge zur Gestaltung des Genfer Abkommens von 1927 fügen sich in das Bild des die Schiedsgerichtsbarkeit fördernden Gesetzgebers ein. Die Zeichnung des Genfer Abkommens stand zu keiner Zeit in Frage oder in Abhängigkeit von politischen Erwägungen, wie die Auswertung des ministeriellen Aktenmaterials ergab. Politische Erwägungen wären aber durchaus denkbar gewesen, war Deutschland doch erst nach anfänglich starkem Widerstand Mitglied des Völkerbunds geworden und hatte sich immer noch als einem Diktat der Siegermächte unterworfen betrachtete.

Der Bewertung der deutschen Haltung gegenüber dem Schiedsgerichtswesen als aufgeschlossenen könnten objektiv bestehende Nachteile des Schiedsverfahrensrecht entgegengehalten werden.[868] Dies ändert grundsätzlich nichts an der Feststellung, dass die Akzeptanz der Schiedsgerichtsbarkeit hoch war und der Wille bestand, dem Schiedsgerichtswesen günstige Rahmenbedingungen zu verschaffen.[869]

868 Auch andere, nicht unmittelbar schiedsverfahrensrechtliche Gesetze konnten zu objektiv ungünstigen Rahmenbedingungen für ein Schiedsverfahren führen, wie beispielsweise die Stempelgesetzgebung. Schiedssprüche unterlagen am Ort ihres Erlasses den jeweiligen landesrechtlichen Stempelgesetzen. Der landesrechtliche Stempel löste eine Stempelgebühr aus, die sich der Höhe nach am Gegenstandswert des Schiedsverfahrens berechnete. Als Hamburg im Jahr 1923 seinen bis dato geltende Gebührensatz von 0,5% auf 5% verzehnfachte, soll es dazu gekommen sein, dass Hamburg als Schiedsort gemieden wurde und sogar die Verlegung des Hamburger Seeschiedsgerichts nach Bremen erwogen wurde. Dies berichtete *Mittelstein* aus seiner eigenen praktischen Erfahrung aus Beratungen. Bereits ein Jahr nach der massiven Erhöhung habe der Hamburger Senat die Erhöhung unter dem Druck der beteiligten Interessenvertreter teilweise zurückgenommen und auf 2% gesenkt – im Vergleich zu Englands damaligen Stempelkosten oder denen des damals noch nicht eingemeindeten Altona oder Wandsbek ein immer noch sehr hoher Betrag. Diese Beobachtung Mittelsteins zeigt, dass die Reputation eines Schiedsortes eben nicht nur von den rechtlichen Rahmenbedingungen des Schiedsverfahrens abhängen, und sich an dieser Stelle die Verhaltensweisen des Gesetzgebers auf die Ruf eines Standortes auswirken können. Auch die fiskalische Behandlung kann einen Standort benachteiligen, wobei es im Hamburger Beispielsfall gerade nicht die Intention des Gesetzgebers war, das Schiedsgerichtswesen zu „erdrosseln", vielmehr wollte man an dem positiven Wachstum der Schiedsgerichtsbarkeit verdienen, *Mittelstein*, Schiedsgerichts-Fragen, in: HansRZ, 1925, S. 7 f. Durch diese Erhöhung der Stempelgebühren kann daher nicht – wie bei anderen funktionalen Nachteilen des Schiedsverfahrensrechts ebenso – auf eine schiedsfeindliche Intention geschlossen werden.

869 Zugunsten des deutschen Schiedsverfahrensrechts ist zu berücksichtigen, dass ausländische Schiedssprüche in Deutschland regelmäßig mit der Erfüllungsklage durchgesetzt werden konnten, noch bevor es Vorschriften zur Vollstreckung ausländischer Schiedssprüche in der ZPO gab.

D. Ergebnisse zu Abschnitt 2

Die Untersuchung der Entstehung und Entwicklung des 10. Buches der ZPO hat gezeigt, dass der deutsche Gesetzgeber daran interessiert war, die gesetzlichen Regelungen im Interesse eines praxisgerechten Schiedsverfahrens zu gestalten. Dazu gehörte es auch, den Abschluss von Schiedsvereinbarungen und die Vollstreckbarkeit von Schiedssprüchen nicht zu erschweren. Beides hatte bereits der Gesetzgeber der CPO 1877 zum Ziel. Hieraus lässt sich schließen, dass die *These 1* zutrifft, der Gesetzgeber also das Ziel verfolgt hatte, die Schiedsgerichtsbarkeit zu fördern und insbesondere bestrebt war, den Abschluss von Schiedsvereinbarungen und die Vollstreckung von Schiedssprüchen zu begünstigen.[870]

In Bezug auf die Anerkennung und Vollstreckung ausländischer Schiedssprüche hatte der CPO-Gesetzgeber von 1877 keinerlei Regelungen vorgesehen, was aber nicht auf eine schiedsfeindliche Haltung zurückzuführen ist, sondern auf mangelnde Vorausschau. Das Engagement Deutschlands im Zusammenhang mit den Genfer Übereinkommen, namentlich dem Genfer Abkommen von 1927, belegt, dass ein hohes Interesse an einer reibungslosen Anerkennung und Vollstreckung ausländischer Schiedssprüche im Inland bestand. Dies wird zusätzlich durch § 1044 ZPO der Novelle von 1930 unterstrichen, der die Gleichstellung von in- und ausländischen Schiedssprüchen – unabhängig von den Genfer Übereinkommen – gesetzlich normierte. Insoweit bestätigte sich die *These 2*.

Die Parteiautonomie, ein wesentliches Merkmal des Schiedsgerichtswesens, hielt bereits der Gesetzgeber der CPO von 1877 für derart wichtig, dass er die Bindung der Schiedsgerichte an die Vorschriften des Zivilprozesses sowie eine Berufung zu den ordentlichen Gerichten ablehnte. Ebenso widersprach der spätere Gesetzgeber der Novelle von 1930 etwaigen Tendenzen einer inhaltlichen Überprüfung des Schiedsspruchs durch die ordentlichen Gerichte. Daran ist ersichtlich, dass der Parteiwille, einen Rechtsstreit möglichst ohne inhaltliche Einflussnahme der ordentlichen Gerichte auszutragen, nach dem Willen des Gesetzgebers respektiert werden sollte. Insoweit bestätigte sich auch die *These 3*.

Ausgenommen von der bis hierin getroffenen Bewertung ist die Novelle von 1933. Sie weist Tendenzen des totalitären NS-Staatsverständnisses auf und ist ihrer Zielsetzung nach nicht eindeutig im Sinne der *These 3* einzuordnen.

Ferner begünstigte Deutschland im Gegensatz zu anderen Ländern schiedsrichterlicher Vergleiche bei der Vollstreckung. Auch forderten einige Länder ein doppeltes Exequaturverfahren bei ausländischen Schiedssprüchen, was in Deutschland nicht der Fall war, *Nußbaum*, Internationales Schiedsgerichtswesen, in: Int. Jahrbuch I, S. 32 f., 35.

870 Vgl. zu den Thesen S. 28 f.

Abschnitt 3: Zur Rechtsprechung des Reichsgerichts

A. Einführung in den Abschnitt

Der deutsche Gesetzgeber hatte in der Zeit von 1877 bis 1930 eine schiedsfreundliche Haltung eingenommen, wie die Auswertung des vorherigen Abschnitts zeigt. Ob dies auch für die Judikatur galt, soll nachfolgend untersucht werden. Hierzu wurden drei Fragenkomplexe ausgewählt. Es handelt sich um

(1) die Frage nach der Bindung der Schiedsgerichte an materielles Recht,
(2) die Durchsetzung ausländischer Schiedssprüche in der Zeit bis 1930[871] sowie um
(3) die Rechtsprechung zur Unwirksamkeit von Schiedsklauseln in Verträgen und Vertragsbedingungen.

Zu diesen Fragen enthielt die ZPO keine eindeutigen Regelungen, so dass dem Reichsgericht eine rechtsfortbildende Aufgabe zukam.

B. Die Bindung des Schiedsgerichts an materielles Recht

I. Einleitung

Das Gesetz gab in der mit dieser Arbeit untersuchten Zeitspanne von 1877 bis 1945[872] keine eindeutige Antwort auf die Frage, nach welchen Kriterien ein Schiedsgericht den ihm vorgelegten Rechtsstreit zu entscheiden hatten. Denkbar war eine Entscheidung auf Grundlage des materiellen Rechts oder nach Billigkeit. Wären die Schiedsgerichte an die Gesetze gebunden, so war zudem unklar, ob ein materiell-rechtlich fehlerhafter Schiedsspruch durch die ordentlichen Gerichte aufgehoben werden konnte. Auch hierzu enthielt die ZPO keine eindeutigen Bestimmungen.

---

871 Erst nach der Ratifizierung des Genfer Abkommens zur Vollstreckung ausländischer Schiedssprüche vom 26. September 1927 und dessen Inkrafttreten in Deutschland im Jahr 1930 sowie der ZPO-Novelle von 1930 bestanden im deutschen Recht Regelungen zur Vollstreckung ausländischer Schiedssprüche. Siehe dazu ab S. 124 (Genfer Übereinkommen) und ab S. 148 (Novelle von 1930).

872 Seit der Neuregelung des Schiedsverfahrensrechts von 1997 bestimmt § 1051 ZPO 1997, dass die Schiedsgerichte an materielles Recht gebunden sind, es sei denn, die Parteien vereinbaren eine Entscheidung nach Billigkeit.

Die Klärung dieser Fragen ist für die Schiedsgerichtsbarkeit von großer Bedeutung, da sie einen Grenzbereich zwischen der privaten Schiedsgerichtsbarkeit und den ordentlichen Gerichten betreffen. Ausgehend von der Absicht der Parteien, ihre Rechtsstreitigkeiten unter Ausschluss der ordentlichen Gerichtsbarkeit auszutragen, widerspräche es der Parteiautonomie, wenn sich die ordentlichen Gerichte inhaltlich in die Rechtsstreitigkeiten einmischen könnten. Die Parteiautonomie ist eine wesentliche Grundlage eines jeden Schiedsverfahrens. Den Parteiinteressen stehen allerdings rechtsstaatliche Interessen gegenüber: Der Staat, der zur Durchsetzung eines privaten Schiedsspruchs, an dessen Entstehung er keinen Anteil hat' Zwangsmittel zur Durchsetzung zur Verfügung stellt, wird dies nur dann für gerechtfertigt erachten, wenn die Vollstreckung des Schiedsspruchs zu keinen massiven Rechtsverletzungen führt.[873]

Die vorhandenen gesetzlichen Regelungen trugen zu keine eindeutigen Klärung der Frage nach der Bindung der Schiedsgerichte an materielles Recht bei: Nach § 1034 ZPO 1898[874] war lediglich bestimmt, dass die Schiedsrichter in der Gestaltung des Verfahrens frei waren, sofern keine Parteivereinbarung über das Verfahren bestand. Eine Aussage zum materiellen Recht enthielt das Gesetz an dieser Stelle nicht.

In Bezug auf die Frage, ob ein materiellrechtlich fehlerhafter Schiedsspruch gerichtlich aufgehoben werden konnte, kam nur zwei der in § 1041 ZPO 1898 geregelten Aufhebungstatbestände in Betracht. Nach § 1041 Abs. 1 Nr. 1 ZPO 1898[875] waren Schiedssprüche aufzuheben, die auf einem unzulässigen Verfahren beruhten. Diese Vorschrift bot einen weiten Auslegungsspielraum, da der Wortlaut der Vorschrift nichts darüber aussagte, welche Umstände ein Verfahren unzulässig machten.[876] Ebenso waren Schiedssprüche nach § 1041 Abs. 1 Nr. 2 ZPO 1898[877] aufzuheben, mit denen zu einer gesetzlich verbotenen Handlung verurteilt worden war.

Durch die Novelle von 1930 wurden die Tatbestände des § 1041 Abs. 1 Nr. 1 und Nr. 2 ZPO zwar umformuliert, zu einer Klärung der hier aufgeworfenen Fragen führte dies aber nicht.[878]

Die zwischen 1924 und 1930 existierende Vorschrift des § 1042 Abs. 2 ZPO 1924 bestimmte, dass im Vollstreckungsbeschlussverfahren von Amts wegen zu prüfen war, ob sich der Schiedsspruch über zwingendes Recht hinweggesetzt hatte. Damit war aber nicht geklärt, ob Schiedsgerichte

873 Vgl. dazu Münchener Kommentar/*Münch*, ZPO, 3. Auflage, 2008, § 1060 Rz. 3 f.

874 Die Regelung entsprach § 860 CPO 1877.

875 Die Regelung entsprach § 867 Abs. 1 Nr. 1 CPO 1877.

876 Vgl. Stein/Jonas/*Jonas*, ZPO, 12./13. Auflage, 1926, § 1034 Ziff. I.

877 Die Regelung entsprach § 867 Abs. 1 Nr. 2 CPO 1877.

878 Siehe zur Rechtsänderung näher ab S. 159 (Aufhebungsverfahren).

auch an abdingbares materielles Recht gebunden waren. Im Zuge der Novelle von 1930 wurde die Vorschrift zudem aufgehoben.[879]

Der unklare Regelungszustand konnte auch nicht mit Hilfe einer Auslegung nach dem historischen gesetzgeberischen Willen eindeutig bestimmt werden. Aus der Entstehungsgeschichte des 10. Buches der CPO von 1877 kann kein eindeutiger Rückschluss auf den Gesetzgeberwillen gezogen werden. Nach dem Preußischen Entwurf von 1864, der großen Einfluss auf das 10. Buch der CPO von 1877 hatte, waren die Schiedsrichter bei ihrer Entscheidungsfindung an geltendes Recht gebunden, § 1372.[880] Damit sollte vermieden werden, dass schiedsrichterliche Entscheidungen allein auf Billigkeit und Rücksichtnahme beruhten.[881] Dagegen lehnte die Mehrheit der Kommission des Norddeutschen Entwurfs von 1866 die Bindung an materielles Recht ausdrücklich ab.[882] Es läge im Pateiinteresse, dass der Schiedsrichter weniger die Strenge des Gesetzes befolgen müsse, sondern vielmehr Billigkeit (*bon sens*) walten lassen könne, zumal der Schiedsspruch sachlich nicht überprüfbar sei. Die Entwurfskommissionen der CPO von 1877 waren sich zumindest darüber einig, dass der Schiedsspruch nicht auf seine materielle Gerechtigkeit hin *überprüft* werden dürfe, da dies dem Parteiinteresse widerspräche.[883] Ob Schiedsrichter gleichwohl an das materielle Recht gebunden sein sollten, lässt sich anhand der Quellen zur CPO nicht ableiten.

So waren auch die Autoren in der Literatur geteilter Auffassung. Einige traten für, andere gegen eine Gesetzesbindung der Schiedsgerichte ein.[884] Als Argument für eine Bindung an materielles Recht wurde vorgetragen, dass jedermann, also auch der Schiedsrichter, an das Gesetz gebunden sei. Dafür spräche auch die Strafvorschrift des § 336 StGB, wonach auch Schiedsrichter im Falle der Rechtsbeugung strafbar seien. Dagegen wurde vertreten, dass die ordentlichen Gerichte zur Überprüfung des Schiedsspruchs auf seine inhaltliche, materiell-rechtliche Richtigkeit gerade nicht befugt seien, da die Schiedsrichter nach freiem Ermessen entscheiden dürften. Aus dem Umstand, dass der Schieds-

879 Siehe zur Rechtsänderung näher ab S. 148 (Novelle von 1930).

880 Siehe dazu ab S. 64 (Mindestanforderungen an das Verfahren).

881 Mot.-Prß-E, S. 334.

882 Prot.-ND-E, S. 2234.

883 Mot.-Prß-E, S. 335, dort im Zusammenhang mit dem Verfahren zur Erteilung eines Vollstreckungszeugnisses und den dort zu prüfenden Vernichtungsgründen erwähnt; Prot. ND-E, S. 2239; Begr.-CPO-E 1, S. 515; nicht ausdrücklich, aber inhaltlich genauso Begr.-CPO-E 3, S. 496 und gleichlautend die Begründung des 2. Entwurfs.

884 Grundlegend: *Oertmann*, Staatliches Recht, in: ZZP, 1918, S. 118; *Breit*, Staatliches Recht, in: LZ, 1918, S. 1176; Näher zum Stand der Literatur ab S. 116 (Kritik im Zusammenhang mit § 1042 Abs. 2 ZPO 1924).

spruch inhaltlich nicht überprüfbar war wurde geschlussfolgert, dass sich die Schiedsgerichte nicht an das materielle Recht zu halten hätten. Der Rechtsprechung blieb es überlassen, die vorhandene Gesetzeslücke zu schließen.

Die nachfolgende Darstellung der Rechtsprechung orientiert sich an der zeitlichen Reihenfolge der ergangenen Entscheidungen. Das Reichsgericht hatte sich bereits im ausgehenden 19. Jahrhundert mit den Folgen eines Verstoßes gegen materielles Recht befasst während die Frage, ob die Schiedsgerichte grundsätzlich an materielles Recht gebunden waren, erst im Jahr 1929 zur Entscheidung gelangte.

II. Die Rechtsprechung

1. Die Rechtsfolgen eines Verstoßes gegen materielles Recht

a) Das Urteil vom 11. April 1890

In der Entscheidung des Reichsgerichts vom 11. April 1890 befasste sich der III. Zivilsenat mit der Frage, inwiefern die Verletzung materieller Rechtsvorschriften innerhalb der Vollstreckungs- und Aufhebungsverfahren von den ordentlichen Gerichten geprüft werden konnte.[885]

Zu beurteilen war ein gescheitertes Spekulationsgeschäft zwischen einem New Yorker Getreidehändler und einem Getreidehändler aus Darmstadt. Der Darmstädter Händler hatte bei dem Händler aus New York eine ratierlich zu liefernde Menge Getreide gekauft, vermittelt durch einen Agenten. Vereinbart wurde, dass auf Anforderung des New Yorker Verkäufers Preiszuschläge (*Margins*) zu zahlen waren. In den Geschäftsbedingungen, die dem Geschäft zugrunde lagen, war unter anderem die folgende Schiedsklausel vereinbart:

> *„Bei Meinungsverschiedenheiten, Differenzen und Streitigkeiten verzichten beide Teile hiermit ausdrücklich auf den Regress an die Gerichte und unterwerfen sich ohne Einrede dem Schiedsspruche guter Mannschaft, welche von der Handelskammer zu ernennen ist.“*[886]

In der Folgezeit stieg an den Börsen der Getreidepreis, so dass der Verkäufer einen Preiszuschlag forderte, worüber die Parteien in Streit gerieten. Daraufhin führte der Verkäufer ein Deckungsgeschäft an der New Yorker Börse durch und verlangte Ersatz für die ihm entstanden Verluste und Kosten von dem Getreidehändler aus Darmstadt. Hierzu beauftragte der Verkäufer die Handelskammer in Darmstadt, ein Schiedsgericht zu ernennen. Das daraufhin gebildete Schiedsgericht verurteilte den Getreidehändler aus Darmstadt zum Schadenersatz. Der

885 Urteil des Reichsgerichts vom 11. April 1890, Rev. III 9/90, RGZ 26, S. 371 - 376.

886 RGZ 26, S. 371, S. 371.

Verkäufer erhob daraufhin Klage, um den Schiedsspruch in Deutschland für vollstreckbar erklären zu lassen. Hiergegen wandte der beklagte Käufer aus Darmstadt ein, der Schiedsspruch sei aufzuheben, da ein ungültiges Differenzgeschäft vorgelegen habe.

Der III. Zivilsenat des Reichsgerichts wies diesen Einwand zurück. Die Frage, ob das Schiedsgericht überhaupt an materielles Recht gebunden war oder ob es davon losgelöst nach Billigkeit hätte entscheiden dürfen, beantwortete das Reichsgericht zwar nicht. Es stellte aber klar, dass ein Schiedsspruch nicht allein wegen eines materiellen Rechtsverstoßes aufgehoben werden könne:[887]

> *„[...] Denn der Schiedsspruch hat nach § 866 daselbst die Wirkung eines rechtskräftigen gerichtlichen Urteiles und kann nur im Wege der Klage oder der Einrede nach Maßgabe des Gesetzes angefochten werden. Zu den Anfechtungsgründen gehört aber nicht die angebliche Verletzung von Vorschriften des materiellen Rechts. [...]“*

Eine sachliche Überprüfung des Schiedsspruchs durch die ordentlichen Gerichte hielt das Reichsgericht für unzulässig, da dem Schiedsspruch die Wirkung eines rechtskräftigen Urteils zukäme und ein rechtskräftiges Urteils ebenfalls nicht anfechtbar sei. Somit käme nur eine Aufhebung bei Vorliegen der gesetzlich geregelten Aufhebungsgründe des § 867 CPO 1877[888] in Betracht, wozu Verstöße gegen materielles Recht nicht zu zählen seien. Insbesondere käme die Aufhebung nach § 867 Abs. 1 Nr. 2 CPO 1877 nicht in Betracht, wonach ein Schiedsspruch aufzuheben war, wenn er zu einer verbotenen Handlung verurteilte. Mit dieser Regelung seien nach Ansicht des Reichsgerichts ausschließlich solche Schiedssprüche gemeint, die zu einer mit den Mitteln des Zwangsvollstreckungsrechts nicht erzwingbaren Handlung verurteilt hatten. Ein solcher Fall lag aber nicht vor, da die ausgeurteilte Geldzahlung durch Zwangsvollstreckungsmaßnahmen durchsetzbar war.

b) Das Urteil vom 27. Oktober 1897

Ähnlich, wie der III. Zivilsenat urteilte auch der I. Zivilsenat des Reichsgerichts in seiner Entscheidung vom 27. Oktober 1897.[889] Solange der Schiedsspruch keine Willkür erkennen lasse und zu keiner verbotenen Handlung verurteilt werde, könne nicht überprüft werden, ob die Vorschriften des bürgerlichen Rechts eingehalten worden seien:

887 Anzumerken ist, dass das Reichsgericht – wie weiter oben dargestellt – erst im Jahr 1929 feststellte, dass Schiedsgerichte grundsätzlich an materielles Recht gebunden sind.

888 Ab 1898: § 1041 ZPO.

889 Urteil des Reichsgerichts vom 27. Oktober 1897, Rev. I 217/97, JW, 1897, S. 632 - 633, Nr. 14.

„[...] Denn die Gültigkeit eines Schiedsspruchs ist nicht davon abhängig, daß das Schiedsgericht einer materiellen gesetzlichen Bestimmung entsprechend erkannt habe. Und die Staatsgerichte haben nicht nachzuprüfen, ob sich aus dem vom Schiedsgericht festgestellten Thatbestand der Ausspruch des Schiedsgerichts nach den Bestimmungen des bürgerlichen Rechts ergiebt. [...]“

Vielmehr sei die Gültigkeit – also Wirksamkeit – des Schiedsspruchs zu akzeptieren, da diese nicht von der inhaltlichen, materiell-rechtlichen Richtigkeit des Schiedsspruches abhinge.[890] Somit stellte sich auch der I. Zivilsenat auf den Standpunkt, dass eine bloße Verletzung materieller Rechtsvorschriften keinen Aufhebungsgrund nach § 867 ZPO 1877 begründete. Eine umfassende Prüfung der materiellen Grundlagen des Schiedsspruchs war demzufolge nicht möglich.

c) Das Urteil vom 28. März 1924

In einem Urteil vom 28. März 1924 prüfte der VII. Zivilsenat, ob ein unzulässiges Schiedsverfahren im Sinne des § 1041 Abs. 1 Nr. 1 ZPO 1898[891] aufgrund eines nichtigen Schiedsvertrags vorlag.[892] Der Senat hob in diesem Zusammenhang abermals hervor, dass Schiedssprüche grundsätzlich inhaltlich nicht überprüfbar seien, mit Ausnahme der Wirksamkeit des Schiedsvertrags:[893]

„Insofern unterliegt der Schiedsspruch, wenn auch grundsätzlich die sachliche Nachprüfung seiner Entscheidung unzulässig ist, doch der Nachprüfung durch das Staatsgericht.“

Die Prüfung der Wirksamkeit des Schiedsvertrags sei den ordentlichen Gerichten gestattet, da sie die Unzulässigkeit des Schiedsverfahrens nach § 1041 Abs. 1 Nr. 1 ZPO 1898 festzustellen hätten. Dazu müsse geprüft werden, ob der Schiedsspruch auf einem wirksamen Schiedsvertrag beruhe. Hatte das Schiedsgericht zur Wirksamkeit des Schiedsvertrags bereits selbst Stellung genommen, seien die ordentlichen Gerichte hieran jedoch nicht gebunden, viel-

---

890 Diese Begründung des Reichsgerichts lässt annehmen, dass das Reichsgericht im Zweifel den Parteiwillen gelten lassen wollte, aufgrund dessen es zur Schiedsvereinbarung kam, auf dem der Schiedsspruch beruhte. Der Gedanke einer solchen Gewichtung des Parteiwillens „*in favorem validitatis*“ gilt heute in der Schiedsgerichtsbarkeit als anerkannt, *Berger*, Schiedsgerichtsbarkeit, lit. A, S. 5; ähnlich auch *Berger*, Wirtschaftsschiedsgerichtsbarkeit, S. 502; Zu Bedeutung dieses Grundsatzes in den Principles of International Commercial Contracts (*UNIDROIT-Principles*) siehe *Berger*, Transnationales Wirtschaftsrecht, S. 158 f. Das Schiedsverfahrensrecht der ZPO bis 1997 war in dieser Hinsicht mancher Kritik ausgesetzt, da es vielfach diesem Grundsatz doch nicht entsprochen wurde und viele Möglichkeiten des Außerkrafttretens der Schiedsvereinbarung bot, *Berger*, Schiedsgerichtsbarkeit, lit. A, S. 5.

891 Bis 1898: § 867 Abs. 1 Nr. 1 CPO 1877.

892 Urteil des Reichsgerichts vom 28. März 1924, Rev. VII 455/23, RGZ 108, S. 139 - 144, S. 140.

893 RGZ 108, S. 140.

mehr hätten nach Auffassung des Reichsgerichts die ordentlichen Gerichte eine eigene Prüfung des Schiedsvertrags durchzuführen.

2. Die Bindung des Schiedsgerichts an materielles Recht (Urteil vom 19. November 1929)

Das Reichsgericht hatte zur Gesetzesbindung und deren Überprüfung durch die Gerichte lange keine Stellung genommen. Unter dem Gesichtspunkt der Aufhebung von Schiedssprüchen hatte das Reichsgericht zunächst vertreten, dass materiell-rechtliche Einwände gegen den Schiedsspruch nur insoweit für die Aufhebung des Schiedsspruches von Bedeutung seien, als sie die Wirksamkeit der Schiedsvereinbarung beträfen. Alle weiteren materiell-rechtlichen Einwendungen seien unbeachtlich.[894] Damit war aber nicht geklärt, ob Schiedsgerichte auch ohne die Möglichkeit einer inhaltlichen Überprüfung durch die staatlichen Gerichte an das materielle Recht gebunden waren.

Erstmals im Jahr 1929 äußerte sich das Reichsgericht ausdrücklich zur Bindung der Schiedsgerichte an materielles Recht. In seiner Entscheidung vom 19. November 1929 sprach sich der VII. Zivilsenat ausdrücklich für eine Gesetzesbindung der Schiedsgerichte aus.[895] Ohne detailliertere Begründung stellte das Reichsgericht fest, dass Schiedsgerichte ihre Entscheidung grundsätzlich unter Anwendung materiellen Rechts zu treffen hätten, sofern die Parteien nicht etwas anderes vereinbart hätten.[896]

Der Entscheidung des Reichsgerichts lag ein Rechtsstreit zugrunde, in dessen Verlauf zwei Berufungsurteile und ein früheres Revisionsurteil des Reichsgerichts vom 15. Mai 1928 ergangen waren. Diese Revisionsentscheidung vom 15. Mai 1928 hatte zu einer Zurückverweisung des Rechtsstreits an das Berufungsgericht geführt. Gegen die sodann ergangene Berufungsentscheidung wur-

894 Urteile des Reichsgerichts vom 11. April 1890, Rev. III 9/90, RGZ 26, S. 371 - 376, S. 376; 24. November 1922, Rev. VII 49/22, RGZ 105, S. 386 - 387, S. 387; 28. März 1924, Rev. VII 455/23, RGZ 108, S. 139 - 144, S. 140 f.; siehe dazu sogleich unter Nr. 2 (Rechtsfolgen eines Verstoßes gegen materielles Recht), S. 206.

895 Urteil des Reichsgerichts vom 19. November 1929, Rev. VII 38/29, JW, 1930, S. 1862 - 1863, Nr. 2.

896 JW, 1930, S. 1863 linke Spalte; kurz zuvor hatte sich schon das Bayrische Oberste Landesgericht zur Gesetzesbindung der Schiedsgerichte geäußert. Nach der Entscheidung vom 20. Oktober 1928 war aber in der Regel von einer Billigkeitsentscheidung auszugehen, nur bei besonderer Parteivereinbarung habe das Schiedsgericht das materielle Recht anzuwenden. Eine nähere Begründung gab das Gericht hierzu nicht ab, Urteil des Bayerischen Obersten Landesgerichts, Reg. I Nr. 16/28, JW, 1929, S. 866 - 867, S. 866. Damit gingen das Reichsgericht und das Bayerische Oberste Landesgericht von einem gegensätzlichen Regel-Ausnahme-Verhältnis aus.

de erneut Revision eingelegt, woraufhin die hier besprochene Entscheidung vom 19. November 1929 erging.

In der Sache ging es dabei um ein Frachtgeschäft. Ein Frachtführer hatte für seinen Auftraggeber Waren gegen Nachnahmezahlung auszuliefern und diese Nachnahmebeträge seinem Auftraggeber gutzuschreiben. Die Geschäfte wurden in polnischer Mark[897] abgewickelt. Der Frachtführer bevorschusste die Nachnahmebeträge und glich diese Vorschusszahlungen durch die eingezogenen Nachnahmebeträge aus, erhielt aber keine vollständige Deckung der verauslagten Vorschüsse. Die ungedeckten Vorschüsse forderte der Frachtführer einschließlich eines Währungsverlustausgleichs, der aufgrund des Wertverlustes der polnischen Mark entstanden sei, bei seinem Auftraggeber ein. Der Auftraggeber meinte, der Frachtführer sei vertraglich verpflichtet gewesen, die Währungsverluste durch Konvertierungen in stabile Währungen zu verhindern, so dass er jedenfalls für die streitigen Währungsverluste der polnischen Mark nicht einzustehen habe. Mit dieser Argumentation drang der Auftraggeber jedoch nicht durch und wurde entsprechend des Klagantrags durch Schiedsspruch vom 8. Juli 1926[898] zur Zahlung verurteilt.

Der vor dem Schiedsgericht erfolgreiche Frachtführer erhob Vollstreckungsklage, um den Schiedsspruch für vollstreckbar erklären zu lassen. Gegen die Vollstreckungsklage des Frachtführers erhob der Auftraggeber eine Klage aus § 826 BGB und stützte diese auf ein angeblich arglistiges Erschleichen des Schiedsspruchs: Tatsächlich habe der Frachtführer teilweise Währungskonvertierungen vorgenommen und dadurch einen Teil der behaupteten Währungsverluste gar nicht erlitten. Der geltend gemachte und durch Schiedsspruch zuerkannte Anspruch sei daher unbegründet und arglistig erschlichen worden.

Mit dem *ersten Berufungsurteil* wies das Berufungsgericht die Klage des Auftraggebers zurück, da dieser nicht nachgewiesen habe, dass das Schiedsgericht anders entschieden hätte, wären die von dem Auftraggeber behauptete Währungskonvertierung bewiesen worden. Hiergegen legte der Auftraggeber die *erste Revision* zum Reichsgericht ein.[899] Der VII. Zivilsenat des Reichsgerichts verwies am 15. Mai 1928 den Rechtsstreit an das Berufungsgericht zur erneuten Verhandlung zurück. Das Berufungsgericht habe festzustellen, ob der Frachtführer rechtlich zur Währungskonvertierung verpflichtet gewesen sei und ob eine Währungskonvertierung tatsächlich stattgefunden habe. Ferner habe das Berufungsgericht zu prüfen, ob das Schiedsgericht im Falle einer Verpflichtung zur

897 Polnische Mark war die Landeswährung im sogenannten Regentschaftskönigreich Polen zwischen 1916 und 1918 sowie in der Republik Polen zwischen 1918 und 1924.

898 Urteil des Reichsgerichts vom 19. November 1929, Rev. VII 38/29, S. 2 des Originalurteils.

899 Urteil des Reichsgerichts vom 15. Mai 1928, Rev. VII 6/28, JW, 1928, S. 1853 - 1854.

Währungskonvertierung anders entschieden hätte. Mit dieser ersten Revisionsentscheidung äußerte sich das Reichsgericht also selbst nicht zur Frage, ob eine Gesetzesbindung der Schiedsgerichte überhaupt vom Gesetz vorgesehen war.

Das Berufungsgericht stellte daraufhin fest, dass tatsächlich Währungskonvertierungen stattgefunden hatten. Auf den Vertrag zwischen den Parteien wandte das Berufungsgericht österreichisches Sachrecht an und kam zu dem Schluss, dass der Frachtführer zur Währungskonvertierung nicht verpflichtet war. Die Klage des Auftraggebers aus § 826 BGB wies das Berufungsgericht daher mit dem *zweiten Berufungsurteil* ab. Gegen dieses Berufungsurteil ging der Auftraggeber in Revision, die allerdings erfolglos blieb.[900] Der VII. Zivilsenat des Reichsgerichts stützte sich auf die Feststellung des Berufungsgerichts, dass der Frachtführer vertraglich nicht zur Währungskonvertierung verpflichtet war.[901] Somit habe das Schiedsgericht keines Falls zu einem anderen Schiedsspruch gelangen können. Das Reichsgericht äußerte sich in dieser Entscheidung erstmals dazu, dass Schiedsgerichte an materielles Recht grundsätzlich gebunden seien und nur bei besonderen Umständen oder Vereinbarungen hiervon abgewichen werden könne. So formulierte das Reichsgericht:[902]

> *„Als richtig mag gelten, daß der Schiedsspruch, weil er von einem deutschen Schiedsgericht gefällt ist, nach deutschem Recht zu beurteilen ist (Stein-Jonas S. 1152 Bem. IX 1 zu § 1042), und richtig mag auch sein, daß die Schiedsrichter seitens der Parteien von der Anwendung des sachlich nach dem Gesetz bestehenden Rechts* ***in gewissem Umfange entbunden werden können und dabei mehr oder minder auch der freien Rechtsfindung Raum gelassen sein kann*** *(Stein-Jonas Bem. I zu § 1034).* ***Aber daß sich die Parteien nach dieser Richtung geeinigt haben*** *und die Entscheidung ihres Streits durch die Schiedsrichter nach deutschem Recht und unter besonderer Berücksichtig kaufmännischer Verkehrsauffassungen und der Rundsätze von Treu und Glauben hat getroffen werden sollen, ergibt das Schiedsabkommen nicht."(Hervorhebung durch den Verfasser.)*

Das Reichsgericht hielt danach eine schiedsrichterliche Billigkeitsentscheidung nach kaufmännischen Gesichtspunkten für möglich, sofern die Parteien dies vereinbart hätten, ansonsten sollte das sachliche Recht maßgeblich sein.[903] Eine Begründung für diese Rechtsauffassung äußerte das Reichsgericht nicht und es nahm auch nicht Bezug auf die unterschiedlichen Auffassungen in der Litera-

900 Urteil des Reichsgerichts vom 19. November 1929, Rev. VII 38/29, JW, 1930, S. 1862 - 1863, Nr. 2.

901 Feststellungen des Berufungsgerichts zum ausländischen Recht waren nicht revisibel und mussten daher der Entscheidung des Reichsgerichts zugrundegelegt werden, Stein/Jonas/*Jonas*, ZPO, 12./13. Auflage, 1926, vor § 545 Ziff. III.

902 Urteil des Reichsgerichts vom 19. November 1929, Rev. VII 38/29, S. 4 des Originalurteils.

903 So auch *Leo*, Anm. zur Reichsgerichtsurteil vom 15. Mai 1928, Rev. VII 6/28, in: JW, 1930, S. 1863, zu Nr. 2, Abs. 4.

tur.[904] Denkbar wäre, dass das Reichsgericht davon ausgegangen war, die Rechtsbindung folge aus § 1042 Abs. 2 ZPO 1924, wonach zwingendes Recht einzuhalten war.[905] Nach dieser Vorschrift war ein Schiedsspruch unvollstreckbar, sofern er sich über unverzichtbare gesetzliche Vorschriften hinweggesetzt hatte. Allerdings verweist auch der vollständige Wortlaut der Abschrift des Original-Urteils weder auf § 1042 Abs. 2 ZPO 1924 noch auf eine andere Vorschrift.

Es ist aber auch aus einem weiteren Grund nicht anzunehmen, dass das Reichsgericht auf § 1042 Abs. 2 ZPO 1924 abstellen wollte: Diese Vorschrift betraf ausschließlich *zwingendes* Gesetzesrecht. In der Entscheidungsbegründung prüfte das Reichsgericht jedoch, ob die Parteien eine Entscheidung nach Billigkeit vereinbart hatten. Das Reichsgericht hielt es also für rechtlich möglich, dass das Schiedsgericht losgelöst von jeglichen Rechtsvorschriften entscheiden durfte. Es ging dem Gericht also nicht um die Frage, ob *zwingendes* Gesetzesrecht durch das Schiedsgericht anzuwenden gewesen war, sondern darum, ob *überhaupt* eine Entscheidung nach materiellem Recht geboten war. Daraus kann geschlussfolgert werden, dass die Rechtsauffassung des Reichsgerichts nicht von der bereits mit der Novelle von 1930 abgelösten Vorschrift des § 1042 Abs. 2 ZPO 1924 abhing, so dass dem Urteil eine allgemeinverbindliche Aussagekraft hinsichtlich der Bindung der Schiedsgerichte an materielles Recht zukam.

In einer Urteilsanmerkung von *Leo* fand die Entscheidung zur grundsätzlichen Bindung der Schiedsgerichte an materielles Recht ohne weitere Ausführungen Zustimmung.[906] Im Übrigen führte dieses Urteil in der Literatur zu keiner erkennbar neuen Auseinandersetzung über die Frage der Gesetzesbindung. Eine vollständige Klärung bewirkte die reichsgerichtliche Entscheidung von 1929 jedoch nicht. So hielt *Jonas* in seiner Kommentierung von 1934 den Streit mangels klarer gesetzlicher Regelungen noch nicht für geklärt.[907] In einer späteren Kommentierung von 1966 verwies *Lauterbach* zwar auf die Entscheidung des Reichsgerichts von 1929 und brachte zum Ausdruck, dass die Parteien grundsätzlich eine Entscheidung nach Billigkeit oder nach materiellem Recht frei wählen könnten, grundlegende zwingende gesetzliche Vorschriften aber in jedem Falle anzuwenden seien. Insoweit teilte *Lauterbach* die Auffassung des Reichsgerichts. Die Einzelheiten zum Umfang der zwingend zu beachtenden

904 Siehe zur Literatur näher ab S. 118 (Zur Bindung der Schiedsgerichte an materielles Recht).

905 Der streitgegenständliche Schiedsspruch war im Jahr 1926 – also während der Geltung der ZPO-Novelle von 1924 – ergangen.

906 *Leo*, Anm. zur Reichsgerichtsurteil vom 15. Mai 1928, Rev. VII 6/28, in: JW, 1930, S. 1863, zu Nr. 2, Abs. 4.

907 Stein/Jonas/*Jonas*, ZPO, 15. Auflage, 1934/1935, § 1034 Ziff. I und Fn. 2.

Vorschriften waren nach Auffassung *Lauterbachs* mangels entsprechender Gesetzesregelungen jedoch weiterhin unklar.[908] *Schlosser* vertrat eine ähnliche Auffassung (1994), ohne dabei auf die Entscheidung des Reichsgerichts von 1929 zu verweisen.[909]

III. Ergebnisse

Die Entscheidung des Reichsgerichts zu der Frage, ob Schiedsgerichte an materielles Recht gebunden seien, deckte sich zum Teil mit dem Konzept des Preußischen Entwurfs, wonach die Schiedsgerichte materielles Recht zu beachten hatten. Ob damit auch dem Willen des CPO-Gesetzgebers entsprochen wurde oder ob dieser eher eine freie Entscheidung nach Billigkeit befürwortete, ist nicht feststellbar, da das Gesetzesmaterial hierzu keine Anhaltspunkte liefert. Der CPO-Gesetzgeber hatte zur Bindung an materielles Recht keine ausdrückliche Regelung getroffen. Das Reichsgericht hatte mit dem Urteil vom 19. November 1929 eine liberale Entscheidung getroffen, da den Parteien freigestellt wurde, ob sie eine Entscheidung nach Billigkeit vereinbaren wollten oder eine Entscheidung auf Grundlage des materiellen Rechts ergehen sollte.

Trotz der grundsätzlichen Bindung an materielles Recht räumte das Reichsgericht den ordentlichen Gerichten eine nur sehr begrenzte Prüfungskompetenz ein. Damit entsprach die Rechtsprechung den Absichten des CPO-Gesetzgebers sowie denen der Entwurfskommission des Norddeutschen Bundes, die eine sachliche Überprüfung des Schiedsspruchs grundsätzlich ablehnten. Die Sonderfälle von Willkür und einer Verurteilung zu einer verbotenen Handlung, die nach Auffassung des Reichsgerichts zu einer Prüfung des Schiedsspruches führen konnten, waren durch die Aufhebungstatbestände der § 867 Abs. 1 Nr. 2, Nr. 4 CPO 1877[910] gedeckt, so dass die Rechtsprechung des Reichsgerichts zumindest nicht als extensive Auslegung dieser Tatbestände beurteilt werden kann.

Allerdings ist aus den Urteilsbegründungen nicht ersichtlich, dass für diese Rechtsprechung eine besonders schiedsfreundliche Haltung des Reichsgerichts verantwortlich war. Vielmehr orientierte sich das Reichsgericht eng am Gesetzeswortlaut. Eine eindeutig schiedsfreundliche Haltung der Judikatur im Sinne der *These 4* kann daraus nicht mit Sicherheit geschlussfolgert werden.[911] Die Frage der materiell-rechtlichen Bindung des Schiedsgerichts wurde erneut vom

908 Baumbach/Lauterbach/*Lauterbach*, ZPO, 29. Auflage, 1966, Einführung zu §§ 1034 - 1039 ZPO Ziff. 2.

909 Stein/Jonas/*Jonas*, ZPO, 21. Auflage, 1994, § 1034 Rz. 1 f.

910 Später: § 1041 Abs. 1 Nr. 2, Nr. 4 ZPO 1930.

911 Vgl. zu den Thesen S. 28 f.

Bundesgerichtshof im Jahr 1985 behandelt.[912] Erst mit der Schiedsverfahrensrechtsnovelle von 1997 wurde mit § 1051 ZPO 1997 eine gesetzliche Regelung geschaffen.

C. Die Durchsetzung ausländischer Schiedssprüche

I. Einleitung

Der gesetzlich geregelte Weg, einen Schiedsspruch durchzusetzen, sah eine gerichtlich erteilte Vollstreckbarerklärung vor, § 868 CPO 1877.[913] Durch diese Vollstreckbarerklärung erstarkte der Schiedsspruch zum vollstreckbaren Titel, der durch einen Gerichtsvollzieher durchgesetzt werden konnte. Das Gesetz sah aber bis zum Jahr 1930 keine ausdrücklichen Regelungen zur Vollstreckbarkeit *ausländischer* Schiedssprüche vor.[914] Erst nach der Ratifizierung des Genfer Abkommens zur Vollstreckung ausländischer Schiedssprüche vom 26. September 1927 und dessen Inkrafttreten in Deutschland im Jahr 1930 sowie die ZPO-Novelle von 1930 änderte sich dies.[915]

Die Rechtsprechung des Reichsgerichts behandelte jedoch ausländische und inländische Schiedssprüche von Anfang an gleich (*dazu sogleich unter Ziff. II Nr. 1*). Dies bedeutet, dass auch ausländische Schiedssprüche grundsätzlich nach § 868 CPO 1877[916] für vollstreckbar erklärt werden konnten.

Waren jedoch die formalen Voraussetzungen des § 865 CPO 1877[917] nicht erfüllt, war die Vollstreckbarerklärung zu versagen. In diesem Fall stellte sich die Frage, ob der Schiedsspruch auch auf anderem Wege hätte durchgesetzt werden können. Hier ließ die Rechtsprechung die sogenannte Erfüllungsklage (*Judikatsklage, actio judicati*) aus dem Schiedsspruch zu (*dazu sogleich unter Ziff. II Nr. 2*).

912 Dazu ab S. 247 (Rechtsprechung des BGH zur Bindung an materielles Recht).

913 Später: § 1042 ZPO 1898.

914 Dies änderte sich erst 1930 mit dem Genfer Abkommen zur Anerkennung und Vollstreckung ausländischer Schiedssprüche von 1927 und der ZPO Novelle von 1930. Bis zum Jahr 1930 war es daher Sache der Rechtsprechung, sich zur Durchsetzbarkeit ausländischer Schiedssprüche in Deutschland zu äußern.

915 Siehe zu diesen Rechtsänderungen auch ab S. 124 (Genfer Übereinkommen) und S. 148 (Novelle von 1930).

916 Später: § 1042 ZPO 1898.

917 Unterschriften aller Schiedsrichter auf dem Schiedsspruch, Zustellung des Schiedsspruchs an die Parteien durch die Schiedsrichter, Niederlegung des Schiedsspruchs bei dem zuständigen Gericht, später: § 1039 ZPO 1898.

In Hinblick auf das Verfahren zur Vollstreckbarerklärung des Schiedsspruchs ergab sich durch die Novelle von 1924 eine Besonderheit für ausländische Schiedssprüche:[918] Die möglichen Aufhebungsgründe, die eine Vollstreckbarerklärung verhindern konnten, waren bis 1924 im Verfahren über die Vollstreckbarerklärung zu prüfen. Durch die Novelle von 1924 wurde diese Prüfung in ein separates Aufhebungsklagverfahren verlagert, § 1042 Abs. 3 ZPO 1924. Die Aufhebungsklage konnte nach der Rechtsprechung des Reichsgerichts gegen ausländische Schiedssprüche jedoch nicht mehr erhoben werden, da deutsche Gerichte einen ausländischen Schiedsspruch nicht aufheben konnten. Daran knüpfte sich ein Streit, ob ausländischen Schiedssprüchen nun auch das Verfahren zur Vollstreckbarerklärung versperrt sei. Dies hätte zur Folge gehabt, dass ausländische Schiedssprüche auch dann, wenn die formalen Anforderungen des § 1039 ZPO 1898 eingehalten worden waren, nicht für vollstreckbar hätten erklärt werden können (*dazu sogleich unter Ziff. II. Nr. 3*).

II. Die Rechtsprechung

1. Gleichbehandlung in- und ausländischer Schiedssprüche (Urteil vom 5. November 1881)

Am 5. November 1881, zwei Jahre, nachdem das Reichsgericht seine Arbeit aufgenommen hatte, traf der I. Zivilsenat eine Grundsatzentscheidung zur Vollstreckung ausländischer Schiedssprüche.[919] Dem lag folgender Sachverhalt zugrunde:

Zwischen einem Danziger Lieferanten und einem Kaufmann aus Antwerpen wurde am 11. Oktober 1879 ein Kaufvertrag abgeschlossen, nach welchem der Danziger Kaufmann 120 Tonnen Weizen an den Kaufmann aus Antwerpen verkaufte. Die Parteien hatten sich zudem geeinigt, alle Streitigkeiten aus diesem Vertragsverhältnis durch die Chambre Arbritrale et de Conciliation d'Anvers schiedsrichterlich entscheiden zu lassen. Nachdem der Verkäufer vertragswidrig nicht geliefert und der Käufer seine Ansprüche an einen Dritten, den späteren Kläger, zediert hatte, lud der Kläger den Verkäufer vor das vereinbarte Schiedsgericht. Dort wurde der Verkäufer zum Schadensersatz verurteilt.

Der Kläger erhob daraufhin Klage vor dem Landgericht Danzig, um den Schiedsspruch für vollstreckbar erklären zu lassen. Das Landgericht Danzig gab der Klage statt und stellte im Tatbestand fest, dass der Schiedsspruch den An-

918 Siehe dieser Rechtsänderung auch ab S. 109 (Trennung von Vollstreckungs- und Aufhebungsverfahren).

919 Urteil des Reichsgerichts vom 5. November 1881, Rev. I 595/81, RGZ 5, S. 397 - 403.

forderungen des § 865 CPO 1877[920] entspräche, insbesondere ordnungsgemäß zugestellt worden sei. Die daraufhin von dem verurteilen Verkäufer erhobene Berufung wurde von dem Oberlandesgericht Marienwerder zurückgewiesen.

Mit der Revision zum Reichsgericht hatte der Beklagte dagegen Erfolg. Der I. Zivilsenat des Reichsgerichts stellte anhand der in den Gerichtsakten befindlichen Urkunden fest, dass dem Kläger der Schiedsspruch überhaupt nicht und dem Verkäufer nur eine Abschrift des Schiedsspruchs zugestellt worden war. Zudem war die Zustellung an den Verkäufer durch den Kläger und nicht durch die Schiedsrichter veranlasst worden. Das Reichsgericht begründete sein klagabweisendes Urteil damit, dass die Voraussetzungen des § 865 CPO 1877 nicht erfüllt seien. Sofern in Deutschland eine Vollstreckbarerklärung beantragt werde, seien die Voraussetzungen der §§ 865, 868 CPO 1877 zu erfüllen.[921] Im Übrigen lehnte das Reichsgericht die Anwendung des für ausländische Urteile geltende Exequaturverfahrens nach §§ 660 f. CPO 1877[922] ab. Nach diesen Vorschriften konnten Urteile ausländischer Gerichte in Deutschland nur anerkannt und vollstreckt werden, wenn das Urteil bestimmte gesetzliche Mindestvoraussetzungen erfüllte. Da Schiedssprüche ihre Grundlage jedoch in der Parteivereinbarung fänden, seien sie nicht wie ausländische Urteile zu behandeln.[923]

920 § 865 CPO 1877 / § 1039 ZPO 1898: *„Der Schiedsspruch ist unter Angabe des Tages der Abfassung von den Schiedsrichtern zu unterschreiben, den Parteien in einer von den Schiedsrichtern unterschriebenen Ausfertigung zuzustellen und unter Beifügung der Beurkundung der Zustellung auf der Geschäftsstelle des zuständigen Gerichts niederzulegen."*.

921 So auch *Moeller*, Vollstreckungsurtheil, in: ZZP, 1882, S. 277.

922 § 660 CPO 1877: *„(1) Aus dem Urtheil eines ausländischen Gerichts findet die Zwangsvollstreckung nur statt, wenn ihre Zulässigkeit durch ein Vollstreckungsurtheil ausgesprochen ist.[...]"*
§ 661 CPO 1877: *„(1) Das Vollstreckungsurtheil ist ohne Prüfung der Gesetzmäßigkeit der Entscheidung zu erlassen.*
(2) Dasselbe ist nicht zu erlassen:
1. wenn das Urtheil des ausländischen Gerichts nach dem für dieses Gericht geltenden Rechte die Rechtskraft noch nicht erlangt hat;
2. wenn durch die Vollstreckung eine Handlung erzwungen werden würde, welche nach dem Rechte des über die Zulässigkeit der Zwangsvollstreckung urtheilenden deutschen Richters nicht erzwungen werden darf;
3. wenn nach dem Rechte des über die Zulässigkeit der Zwangsvollstreckung urtheilenden deutschen Richters die Gerichte desjenigen Staates nicht zuständig waren, welchem das ausländische Gericht angehört;
4. wenn der verurtheilte Schuldner ein Deutscher ist und sich auf den Prozeß nicht eingelassen hat, sofern die den Prozeß einleitende Ladung oder Verfügung ihm weder in dem Staate des Prozeßgerichts in Person noch durch Gewährung der Rechtshülfe im Deutschen Reiche zugestellt ist;
5. wenn die Gegenseitigkeit nicht verbürgt ist.".

923 RGZ 5, S. 397 - 403, S. 399.

Demzufolge war eine Exequaturentscheidung eines ausländischen Gerichts für die Vollstreckung des ausländischen Schiedsspruchs in Deutschland nicht erforderlich.[924] Diese Rechtsauffassung zur Rechtsnatur des Schiedsspruchs findet sich ähnlich bereits in der Rechtsprechung des Reichsoberhandelsgerichts wieder, auf die nachfolgend eingegangen wird.[925] Diese, auch als *Vertragstheorie* bezeichnete Rechtsauffassung besagte, dass der Schiedsspruch den Inhalt eines Vergleichsvertrags konkretisiert, den die Parteien zur Streitbeilegung in Form des Schiedsvertrags abgeschlossen hatten.[926] Diese Auffassung vertrat auch Oberlandesgerichtsrat *Moeller*, der aufgrund der vertraglichen Grundlage des Schiedsspruchs eine Anwendung der §§ 660 f. CPO 1877 ebenso, wie das Reichsgericht ausschloss.[927] Im Ergebnis erforderte die Vollstreckung ausländischer Schiedssprüche daher keine verbürgte Gegenseitigkeit. Zu den Ländern, die der Vertragstheorie folgten, zählten Dänemark, Belgien, Frankreich, Holland, Norwegen, Schweden, Finnland und das Deutsche Reich zählte zu den Vertretern der Vertragstheorie.[928]

Im Gegensatz zur Vertragstheorie ging die *Urteilstheorie* davon aus, dass ein Schiedsspruch ein Akt mit Gerichtsgewalt war, dessen Grundlage das gesetzliche Schiedsverfahrensrecht bildete.[929] Einige Staaten forderten eine Vollstreckbarerklärung desjenigen Staates, in welchem der Schiedsspruch ergangen war (Exequatur). Der Schiedsspruch bzw. die Exequaturentscheidung wurde nach den Regeln für ausländische Urteile vollstreckt. Hierbei wurde jedoch die Gegenseitigkeit zwischen dem Vollstreckungsstaat und demjenigen Staat, in dem der Schiedsspruch ergangen war, vorausgesetzt.

Eine dritte, der Urteilstheorie nahestehende Auffassung, bei *Pappenheim/Rheinstein* als *Unverbindlichkeitstheorie* bezeichnet, ging davon aus, dass der Schiedsspruch selbst keinerlei Wirkungen entfalte.[930] Erst das Exequatur eines Gerichts des Staates, in dem der Schiedsspruch ergangen war, könne dem Schiedsspruch zur Wirksamkeit verhelfen. Vertreter der Urteilstheorie sowie der

924 RGZ 5, S. 397 - 403, S. 399 f.

925 Dazu sogleich unter Nr. 2.

926 Auch zum Nachfolgenden: *Pappenheim/Rheinstein*, Vollstreckung im Ausland, S. 10 - 15.

927 *Moeller*, Vollstreckungsurtheil, in: ZZP, 1882, S. 276 f.

928 Siehe Fn. 926; Als Vertreter der Vertragstheorie aus der Literatur sind beispielsweise zu nennen: *Moeller*, Vollstreckungsurtheil, in: ZZP, 1882, S. 277 oder *Kollmann*, Internationale Rechtsverfolgung, in: DJZ, 1914, S. 970 letzter Absatz. Anhänger der Urteilstheorie innerhalb der deutschen Literatur sind nicht auszuschließen, konnten aber nicht nachgewiesen werden.

929 Zum Nachfolgenden: *Pappenheim/Rheinstein*, Vollstreckung im Ausland, S. 10 - 15.

930 *Pappenheim/Rheinstein*, Vollstreckung im Ausland, S. 12.

Unverbindlichkeitstheorie waren Italien, Großteil der Schweizer Kantone, Österreich, Ungarn, Tschechoslowakei, Jugoslawien, Rumänien und Russland.[931]

In einem Nebensatz seiner Entscheidung vom 5. November 1881 bemerkte das Reichsgericht, dass ein ausländischer Schiedsspruch, der nicht den Vorschriften der CPO – also insbesondere § 865 CPO 1877 – entsprach, deswegen aber nicht nutzlos sei, sondern gleichwohl einen Rechtsanspruch verkörpere.[932] Damit schien das Reichsgericht bereits anzudeuten, solche Schiedssprüche, die nicht ordnungsgemäß zugestellt und niedergelegt worden waren, als Anspruchsgrundlage für eine Erfüllungsklage akzeptieren zu wollen.

2. Die Erfüllungsklage aus dem Schiedsspruch

Bereits vor Inkrafttreten der CPO von 1877 waren zwei wichtige Urteile des Reichsoberhandelsgerichts ergangen, die ebenfalls auf der Vertragstheorie beruhten und die Erfüllungsklage aus dem Schiedsspruch für statthaft erklärten. Dieser Rechtsprechung zur Erfüllungsklage hatte sich das Reichsgericht später ausdrücklich angeschlossen. Aus diesem Grund wird im Folgenden zunächst die Rechtsprechung des Reichsoberhandelsgerichts dargestellt und im Anschluss diejenige des Reichsgerichts.

a) Exkurs: Die Rechtsprechung des Reichsoberhandelsgerichts

In einer Entscheidung des Reichsoberhandelsgerichts vom 1. September 1873 nach der preußischen Allgemeinen Gerichtsordnung ging es um einen Schiedsspruch, der in Warschau nach französischem Recht ergangen war und in Deutschland vollstreckt werden sollte.[933] Der Schiedsspruch war den Parteien jedoch nicht ordnungsgemäß zugestellt worden. Das Reichsoberhandelsgericht prüfte, ob daher dem ausländischen Schiedsspruch die Vollstreckbarerklärung in Deutschland zu versagen wäre. Für Urteile ausländischer Gerichte galt, dass ihnen die Vollstreckbarerklärung in Deutschland dann zu versagen war, wenn es an den gesetzlichen Vollstreckungsvoraussetzungen fehlte. Diese strikte Regelung rechtfertigte sich nach Ansicht des Reichsoberhandelsgerichts dadurch, dass die Anerkennung und Vollstreckung von Gerichtsurteilen fremder Staaten die staatlichen Souveränitätsinteressen Deutschlands berührten. Dies gelte aber nicht für einen privat erlassenen Schiedsspruch. Der Schiedsspruch habe vielmehr vertragliche Wirkungen, die auch dann anzuerkennen seien, wenn er im Ausland nach ausländischem Recht ergangen sei.[934] Käme eine unmittelbare

931 Siehe Fn. 926.

932 RGZ 5, S. 397, S. 398 f.

933 Urteil des Reichsoberhandelsgerichts vom 1. September 1873, Rep. 444/73, ROHG-E 10, S. 391 - 402.

934 ROHG-E 10, S. 391, S. 396 f.

Vollstreckung aus dem Schiedsspruch nicht Betracht, weil die formalen Vollstreckungsvoraussetzungen nicht erfüllt wären, könne zumindest auf Erfüllung der im Schiedsspruch festgestellten Verpflichtung geklagt werden. Dabei sei der Schiedsspruch auch die richtige Grundlage einer Erfüllungsklage, da der Schiedsspruch entsprechend der Schiedsvereinbarung das ursprüngliche, streitige Rechtsverhältnis der Parteien „konsumiert" habe.

Das Reichsoberhandelsgericht sprach dem Schiedsspruch also eine novatorische Wirkung zu, indem es die Klage ausdrücklich nur aus dem Schiedsspruch und nicht aus dem ursprünglichen, streitigen Rechtsverhältnis zuließ.[935] Daraus folgte, dass die Erfüllungsklage lediglich einen wirksam zustande gekommenen Schiedsvertrag und Schiedsspruch voraussetzte. Einwendungen gegen den Schiedsspruch konnten daher nicht mehr aus dem ursprünglichen Rechtsverhältnis geltend gemacht werden. Zur Verteidigung gegen die Erfüllungsklage konnte die unterlege Partei daher nur auf die gesetzlich geregelten Aufhebungsgründe zurückgreifen, die sonst die Aufhebung des Schiedsspruches ermöglichten oder im Verfahren zur Vollstreckbarerklärung geprüft wurden.

Damit ist das Reichsoberhandelsgericht bereits als Vertreter der Vertragstheorie einzuordnen, nach welcher der Schiedsspruch als besondere Vertragsart betrachtet wurde.[936] Den Begriff „Vertragstheorie" nutzte das Reichsoberhandelsgericht jedoch nicht.[937]Diese Rechtsprechung setzte das Reichsoberhandelsgericht mit einer weiteren Entscheidung aus dem Jahr 1875 fort.[938]

b) Die Rechtsprechung des Reichsgerichts

aa) Das Urteil vom 29. Dezember 1888

Der I. Zivilsenat hatte in seiner Entscheidung vom 5. November 1881[939] zur Vollstreckbarkeit ausländischer Schiedssprüche Stellung genommen und angemerkt, dass selbst solche Schiedssprüche, die den formalen Anforderungen des § 865 CPO 1877 nicht entsprachen, nicht deswegen wirkungslos seien. Mit der Entscheidung vom 29. Dezember 1888 sprach sich der I. Zivilsenat im Anschluss an die Rechtsprechung des Reichsoberhandelsgerichts für die Erfüllungsklage aus einem ausländischen Schiedsspruch aus.[940] Diese Entscheidung

---

935 ROHG-E 10, S. 391, S. 398 f.

936 Vgl. zur Vertragstheorie die Einleitung oben S. 214.

937 Auch im Text des Originalurteils wird nicht von der Vertragstheorie gesprochen. Im Übrigen entspricht die Fassung ROHG-E 17, S. 425 - 428 bis auf einen letzten Absatz dem Originalurteil.

938 Urteil des Reichsoberhandelsgerichts vom 21. April 1875, Rep. 1340/74, ROHG-E 17, S. 425 - 428, S. 428.

939 Urteil des Reichsgerichts vom 5. November 1881, Rev. I 595/81, RGZ 5, S. 397 - 403.

940 Urteil des Reichsgerichts vom 29. Dezember 1888, Rev. I 294/88, JW, 1889, S. 169 - 170.

beruhte auf folgendem Sachverhalt: In einem Rechtsstreit zwischen S. Weibezahl (Klägerin) und der Maxwell Surage & Son (Beklagte) hatte die Klägerin aus einem ausländischen Schiedsspruch die Erfüllungsklage erhoben. Hiergegen wandte die Beklagte ein, die Erfüllungsklage sei unstatthaft. Das Gesetz habe mit der Regelung der Vollstreckbarerklärung das einzig zulässige Verfahren vorgegeben, mit dem ein Schiedsspruch zur Vollstreckung geführt werden könne.[941]

Dieser Rechtsauffassung der Beklagten widersprach das Reichsgericht und hielt die Erfüllungsklage aus dem Schiedsspruch für statthaft, obgleich die CPO

941 So sahen es auch beispielsweise die österreichischen Gerichte. Die österreichische Rechtslage erlaubte keine Erfüllungsklage aus dem Schiedsvertrag und dem Schiedsspruch. Ein in Österreich nicht vollstreckbarer ausländischer Schiedsspruch konnte daher überhaupt nicht nutzbar gemacht werden, es musste ein vollständiges Klagverfahren aus dem ursprünglichen Rechtsverhältnis vor den österreichischen Gerichten durchgeführt werden. Grund hierfür war, dass die österreichische Rechtsprechung in der Erfüllungsklage eine unzulässige Umgehung der Exekutionsordnung sah, die die Vollstreckung regelte. Damit würde der österreichische Richter gehindert, den streitigen Anspruch selbst einer eigenen Prüfung zu unterziehen, Oberster Gerichtshof, Entscheidung vom 16. Dezember 1908, in: Int. Jahrbuch I, S. 321 - 323, S. 322. Ausgangspunkt der Entscheidung war ein englischer Schiedsspruch der London Corn Trade Association, der aber mangels verbürgter Gegenseitigkeit nach der österreichischen Exekutionsordnung nicht für vollstreckbar erklärt werden konnte. Hier zeigt sich, dass Österreich die Urteilstheorie verfolgte, also einen Schiedsspruch wie ein gerichtliches Urteil behandelte. Aus der Urteilsbegründung wird der Wunsch nach gerichtlicher Überprüfung des Schiedsspruchs sehr deutlich, den das Reichsgericht nicht vertrat.

Anders dagegen entschied das Schweizer Bundesgericht am 26. März 1920. In dem dort entschiedenen Fall stritten ein Schweizer und ein US-amerikanisches Unternehmen vor dem vertraglich vereinbarten Schiedsgericht der London Corn Trade Association wegen Forderungen aus einem Weizengeschäft. Das Schweizer Unternehmen klagte vor den ordentlichen Gerichten in Zürich aus dem Schiedsspruch auf Zahlung der Forderung. Dem hielt die Beklagte unter anderem entgegen, dass der Schiedsspruch nicht beim Master of the High Court hinterlegt und ein Vollstreckungsbefehl dort ebenfalls nicht erwirkt worden war. In den Vorinstanzen war die Klägerin auch deshalb gescheitert, weil die Gegenseitigkeit nicht verbürgt sei. Das Bundesgericht hielt die Gegenseitigkeit für unerheblich, da der Schiedsspruch ein privatrechtlicher Akt sei und einem gerichtlichen Urteil nicht gleichzusetzen sei. Insofern komme es auf die Gegenseitigkeit nicht an, die nur bei der Vollstreckung fremder staatlicher Entscheidungen die Konformität der fremden Entscheidung mit den eigenen inländischen Rechtsvorstellungen sicherstellen solle. Im Übrigen sei die Erfüllungsklage nur davon abhängig, dass der Schiedsvertrag wirksam sei und der auf ihm beruhende Schiedsspruch Gültigkeit erlangt habe. In einem solchen Fall sei die Erfüllungsklage zulässig und begründet. Rechtsvergleichend verwies das Bundesgericht auf die entsprechende Handhabung in Deutschland, Urteil des Bundesgerichts vom 26. März 1920, in: Int. Jahrbuch II, S. 343 - 347, S. 345 f.

diese Klage nicht explizit regelte.[942] Dem stünde auch nicht entgegen, dass das Gesetz in den §§ 660 f. CPO 1877 ein spezielles Exequaturverfahren für die Anerkennung und Vollstreckung *ausländischer Urteile staatlicher Gerichte* regele, wodurch eine Erfüllungsklage aus einem ausländischen staatlichen Urteil unstatthaft wurde. Die Existenz dieses Exequaturverfahrens bewirke nicht, dass die Erfüllungsklage aus einem ausländischen Schiedsspruch ebenfalls unstatthaft sei, da Schiedssprüche nicht mit einem Urteil gleichgesetzt werden könnten.

Ein ausländisches staatliches Urteil sei Ausdruck fremder Staatsgewalt. Aus diesem Grund bestünde ein staatliches Interesse daran, Urteile fremder Staaten ausschließlich im Falle der Einhaltung bestimmter Vorgaben im Inland anzuerkennen, die aus §§ 660 f. CPO 1877 folgten. Hierin drücke sich die Schutzfunktion der §§ 660 f. CPO 1877 vor Rechtsakten fremder Staaten aus, die wesentlichen Rechtsvorstellungen Deutschlands nicht genügten.

Demgegenüber beruhe der Schiedsspruch auf dem Parteiwillen und nicht auf fremder Staatsgewalt,[943] sondern hätten Vertragscharakter, so dass sich der Staat nicht vor Eingriffen fremder staatlicher Akte durch ein Exequaturverfahren schützen müsse. Ferner sei aus dem Umstand, dass *ausländische* Schiedssprüche im 10. Buch der der CPO von 1877 überhaupt nicht erwähnt werden, abzuleiten, dass der Gesetzgeber eine Gleichbehandlung zwischen in- und ausländischen Schiedssprüchen wünsche.[944] Dies ergäbe sich auch aus der in den Motiven der CPO niedergelegten Zielsetzung eines einfachen und praktischen Schiedsverfahrensrechts, welches bestehende Schranken beseitigen und zu einer gedeihlichen Entfaltung des Schiedsgerichtswesens beitragen solle.[945]

Mit diesem Urteil führte das Reichsgericht die Rechtsprechung des Reichsoberhandelsgerichts zur Vertragstheorie fort, wonach einem Schiedsspruch vertraglicher Charakter beigemessen wurde aus diesem Grund auf Erfüllung des Schiedsspruchs geklagt werden konnte. Dadurch wurde vermieden, dass der ursprüngliche Rechtsstreit erneut vor einem Schiedsgericht oder einem ordentli-

942 Weder in den Entwürfen des Deutsches Reiches zur CPO noch in der CPO von 1877 ist die Erfüllungsklage ausdrücklich erwähnt. Der Entwurf des Norddeutschen Bunds von 1870 dagegen sah eine Erfüllungsklage in § 1176 Abs. 1. vor. Dieser Umstand wurde in der untersuchten Rechtsprechung nicht erwähnt. Die Motive zur CPO von 1877 beinhalten keine Anhaltspunkte, ob die Erfüllungsklage bewusst nicht übernommen wurde.

943 So auch *Wach*, Handbuch, S. 248 zu Nr. 3.

944 *Planck* war dagegen der Auffassung, die fehlende Nennung ausländischer Schiedssprüche im Gesetz sei so zu interpretieren, dass ein Vollstreckungsurteil für sie gerade nicht zulässig sei, *Planck*, Lehrbuch, S 628 f. Wach dagegen wollte diesen Schluss nicht gelten lassen und sah – wie das Reichsgericht auch – in der fehlenden Unterscheidung in- und ausländischer Schiedssprüche eher einen Grund für deren Gleichbehandlung, *Wach*, Handbuch, S. 249.

945 Begr.-CPO-E 3, S. 489.

chen Gericht verhandelt werden musste, da so nur der in dem Schiedsspruch tenorierte Anspruch Gegenstand der Klage war.[946]

bb) Die Urteile vom 10. Dezember 1892 und 16. Dezember 1896

Der I. Zivilsenat setzte sich in einer Entscheidung vom 10. Dezember 1892 mit dem Einwand auseinander, dass die Zulassung der Erfüllungsklage aus dem ausländischen Schiedsspruch, welcher die Voraussetzungen des § 865 CPO 1877 nicht erfülle, eine Umgehung des Gesetzes sei.[947] Das Reichsgericht erkannte an, dass eine Erfüllungsklage aus einem ausländischen Urteil die Schutzfunktion des Exequaturverfahrens (§§ 660 f. CPO 1877) umgehen würde und daher unstatthaft war.[948] Eine unberechtigte Gesetzesumgehung läge dagegen im Falle der Erfüllungsklage aus dem ausländischen Schiedsspruch nicht vor. In diesem Punkt stützte sich der I. Zivilsenat ausdrücklich auf seine vorherige Entscheidung vom 29. Dezember 1888.[949]

Die Wirksamkeit des Schiedsspruchs beurteile sich nicht nach der CPO, sondern nach dem Recht des Staates, in welchem der Schiedsspruch ergangen sei. Insofern sei nach den Grundsätzen internationalen Rechts dem wirksam zustande gekommenen Schiedsspruch zur Anerkennung zu verhelfen, so dass die Erfüllungsklage zuzulassen sei. Das Reichsgericht schloss sich in seiner Entscheidung ausdrücklich der Rechtsprechung des Reichsoberhandelsgerichts an.[950] In einer weiteren Entscheidung vom 16. Dezember 1896 führte der I. Zivilsenat diese Rechtsprechung ausdrücklich fort.[951]

cc) Das Urteil vom 30. April 1901

In einer Entscheidung des II. Zivilsenats ging es um eine Erfüllungsklage aus einem Schiedsspruch, der in Antwerpen ergangen war.[952] Der II. Zivilsenat schloss sich ausdrücklich der Entscheidung des I. Zivilsenats vom 29. Dezember 1888 an und hielt die Erfüllungsklage für zulässig. Der Schiedsspruch selbst sowie der ihn tragende Schiedsvertrag sei Grundlage der Erfül-

946 Die Anspruchsgrundlage bildeten gemeinsam der Schiedsvertrag und der Schiedsspruch. Beide mussten wirksam sein, der Schiedsspruch durfte insbesondere nicht die äußeren Grenzen des Schiedsvertrags überschreiten.

947 Urteil des Reichsgerichts vom 10. Dezember 1892, Rev. I 297/92, RGZ 30, S. 368 - 372.

948 Urteile des Reichsgerichts vom 29. Dezember 1888, Rev. I 294/88, JW, 1889, S. 169 - 170, S. 170 und vom 30. Juni 1886, Rev. I 183/86, RGZ 16, S. 427 - 436, S. 433.

949 RGZ 30, S. 368, S. 370.

950 RGZ 30, S. 368, S. 371.

951 Urteil des Reichsgerichts vom 16. Dezember 1896, Rev. I 266/96, JW, 1897, S. 84 Nr. 23.

952 Urteil des Reichsgerichts vom 30. April 1901, Rev. II 48/01, ZIP 1902, S. 445 - 448 bzw. JW, 1901, S. 424 Nr. 6.

lungsklage. Dieser müsse lediglich nach dem auf ihn anwendbaren Recht wirksam sein.

dd) Das Urteil vom 22. Dezember 1911

Die vom I. und II. Zivilsenat vertretene Auffassung zur Statthaftigkeit der Erfüllungsklage und deren Voraussetzungen teilte auch der VII. Zivilsenat, der sich hierzu in einer Entscheidung vom 22. Dezember 1911 äußerte.[953] Darin sprach das Reichsgericht dem Schiedsspruch ausdrücklich auch eine prozessuale Wirkung zu. Diese prozessuale Wirkung bestünde darin, dass im Falle eines wirksam zustande gekommenen Schiedsspruchs, der zusätzlich die Vollstreckungsvoraussetzungen des § 1039 ZPO 1898 einhielte, die Klage auf Erteilung der Vollstreckbarerklärung Aussicht auf Erfolg habe.

Fehle es dem Schiedsspruch jedoch an den Vollstreckungsvoraussetzungen des § 1039 ZPO 1898, so zeige sich die materiell-rechtliche Seite des Schiedsspruchs: Der Schiedsspruch sei Teil des Schiedsvertrags, mit dem sich die Parteien auch verpflichtet hätten, dasjenige zu leisten, was in dem Schiedsspruch bestimmt werde. Damit sei der Schiedsspruch in Verbindung mit dem Schiedsvertrag die Anspruchsgrundlage einer Erfüllungsklage, nicht jedoch das ursprüngliche (streitige) Rechtsverhältnis. Insofern stünden die Einreden aus dem ursprünglichen Rechtsverhältnis gegen den Schiedsspruch nicht mehr zur Verfügung. Der VII. Zivilsenat wiederholte diese Rechtsprechung in seinen folgenden Entscheidungen.[954]

ee) Das Urteil vom 28. Januar 1927

Wie schon der I., II. und VII. Zivilsenat vertrat auch der VI. Zivilsenat die Auffassung, dass aus einem ausländischen Schiedsspruch die Erfüllungsklage statthaft sei.

In dem mit Urteil vom 28. Januar 1927 entschiedenen Fall gerieten die Parteien eines Reishandelsgeschäfts in Streit.[955] Die Käuferin, eine Gesellschaft aus München, hatte bei der belgischen Verkäuferin 50 Tonnen Saigon-Reis erworben. Bestandteil des Handelsgeschäfts war eine Schiedsabrede. Nachdem der

953 Urteil des Reichsgerichts vom 22. Dezember 1911, Rev. VII 411/11, WarnRspr., 1912, S. 154 - 155, Nr. 139, SeuffArchiv, 1912, S. 426 - 428, Nr. 240 oder in Nußbaum, Internationales Jahrbuch für Schiedsgerichtswesen in Zivil- und Handelssachen Band I, S. 276 - 278.

954 Urteile des Reichsgerichts vom 20. November 1914, Rev. VII 314/14, WarnRspr., 1915, S. 95 - 96, Nr. 68; 17. Oktober 1916, Rev. VII 198/16, LZ, 1917, S. 339 - 340, Nr. 12.

955 Urteil des Reichsgerichts vom 28. Januar 1927, Rev. VI 468/26, RGZ 116, S. 76 - 78. Die Novelle von 1924 hatte auf diese Entscheidung keinen Einfluss. Die von der Novelle vorgenommenen Rechtsänderungen beschränkten sich auf das Vollstreckungs- und Aufhebungsverfahren und schufen keine Regelungen in Bezug auf die Erfüllungsklage.

Reis per Schiff von Saigon in Vietnam nach Hamburg verschifft worden war, nahm die Käuferin den Reis weder ab, noch zahlte sie den Kaufpreis. Die Verkäuferin führte daraufhin einen Deckungsverkauf durch und machte anschließend Schadenersatzansprüche gegen die Käuferin vor dem vereinbarten Schiedsgericht geltend. Das Schiedsgericht verurteilte die Käuferin zur Zahlung des Schadenersatzes.

Die Verkäuferin erhob daraufhin die Erfüllungsklage aus dem Schiedsspruch. Das Reichsgericht gab der Verkäuferin Recht und sprach die Erfüllungsklage zu. Grundsätzlich sei nach Auffassung des Reichsgerichts die Erfüllungsklage eine statthafte Klageart aus einem Schiedsspruch. Der Umstand, dass der Schiedsspruch deutschem Schiedsverfahrensrecht nicht entspräche, da die Voraussetzungen des § 1039 ZPO 1898 nicht erfüllt seien, stünde dem Erfolg der Klage nicht entgegen. Die Einhaltung deutschen Schiedsverfahrensrechts zu fordern, widerspräche den Grundsätzen internationalen Privatrechts, wobei das Reichsgericht allgemein auf das Genfer Protokoll von 1923 verwies.[956] Danach seien der Schiedsspruch und der Schiedsvertrag nur nach dem auf sie anwendbaren ausländischen Recht zu prüfen.[957] Im Falle ihrer Wirksamkeit seien sie nach Meinung des Reichsgerichts Grundlage für eine Erfüllungsklage. Insbesondere seien die Voraussetzungen des § 328 ZPO[958] für die Vollstreckung ausländischer Urteile nicht zu prüfen, da der deutsche Richter die Wirksamkeit des Schiedsspruchs ausschließlich nach ausländischem Recht festzustellen habe. Dem stimmten einige Vertreter der Literatur ausdrücklich zu.[959]

---

956 Urteil des Reichsgerichts vom 28. Januar 1927, Rev. VI 468/26, S. 4 des Originalurteils.

957 Ob das Genfer Protokoll eine Kollisionsnorm für das auf den Schiedsvertrag anwendbare Recht enthielt, war sehr umstritten. In Betracht kam Art. 2 Abs. 1 GenfProt, der aber den Schiedsvertrag nicht erwähnte; Näheres ab S. 137 (Bestimmung des anwendbaren Rechts).

958 Diese Vorschrift regelt die Voraussetzungen der Anerkennung ausländischer Urteile im Inland. Die Vollstreckbarkeit wurde von § 722 ZPO bestimmt. Früher wurde dies in den §§ 660 f. CPO 1877 geregelt.

959 *Wieruszowski*, Anm. zum Reichsgerichtsurteil vom 28. Januar 1927, Rev. VI 468/26, in: Int. Jahrbuch II, S. 303; *Jonas*, Vollstreckung ausländischer Schiedssprüche, in: JW, 1927, S. 1300; *Nußbaum*, Internationales Schiedsgerichtswesen, in: Int. Jahrbuch I, S. 18 f.
Einen gegenteiligen Standpunkt nahm das tschechoslowakische Recht zur Vollstreckung ausländischer Schiedssprüche ein. Nach einer Entscheidung des Obersten Gerichtshofs der Tschechoslowakei vom 16. September 1925 wurde für die Vollstreckung eines deutschen Schiedsspruchs in der Tschechoslowakei eine Vollstreckbarerklärung des zuständigen deutschen Gerichts gefordert, die nach den Exequaturvorschriften der Exekutionsordnung der Tschechoslowakei vollstreckbar war. Darüber hinaus wandte der Oberste Gerichtshof die Vorschrift des § 328 ZPO 1898 (Vollstreckungsvoraussetzungen für ausländische Urteile) auf den deutschen Schiedsspruch an. Dadurch sollte die Gegenseitigkeit hergestellt werden, indem die für die Vollstreckung des deutschen Schiedsspruchs in der Tschechoslowakei die gleichen Vorausset-

ff) Das Urteil vom 1. Juli 1927

Zu ausführlicherer Kritik an der Erfüllungsklage führte die Entscheidung des VI. Zivilsenats vom 1. Juli 1927, mit der das Reichsgericht die Erfüllungsklage auch aus *inländischen* Schiedssprüchen für statthaft erkläre.[960] Die bisherige Rechtsprechung hatte sich ausschließlich mit ausländischen Schiedssprüchen befasst. Da die Entscheidung von 1927 jedoch zu intensiver Auseinandersetzung mit der Erfüllungsklage innerhalb der Literatur führte, soll die Entscheidung trotz des Umstands, dass es um einen inländischen Schiedsspruch ging, hier berücksichtigt werden.

Das Reichsgericht schränkte in seiner Entscheidung die Zulässigkeit der Erfüllungsklage ein. Läge ein perfekter Schiedsspruch vor, seien also die Vollstreckungsvoraussetzungen des § 1039 ZPO 1898 erfüllt, wäre das Verfahren zur Erteilung der Vollstreckbarerklärung vorrangig und eine Erfüllungsklage daher unzulässig.

Diese Rechtsprechung blieb in der Literatur umstritten. *Leo* kritisierte die Entscheidung, da sie für die Praxis Nachteile berge. Wände der Vollstreckungsgegner Aufhebungsgründe ein, könnte der Vollstreckungsbeschluss erst nach der rechtskräftigen Entscheidung über die Aufhebungsgründe erlassen werden.[961]

---

zungen gelten, wie für ausländische Urteile in Deutschland, Urteil des Obersten Gerichtshofs der Tschechoslowakei vom 16. September 1925 Nr. 5280 R. II 226/25, in: Int. Jahrbuch I, S. 324 - 326; Vgl. auch das Urteil des Obersten Gerichtshofs der Tschechoslowakei vom 17. Mai 1927, GZRv. 1885/26, in: Int. Jahrbuch II, S. 360 - 362, S. 362.

England dagegen akzeptierte wiederum die Erfüllungsklage, basierend auf dem Schiedsvertrag und Schiedsspruch, Entscheidung des High Court of Justice, London vom 20. Mai 1927 [43 Times Law Reports 1927, 541], in: Int. Jahrbuch II, S. 312 - 313; Vgl. auch *Oppenheimer*, Anm. zu Bankers & Shippers Insurance Company New York v. Liverpool Marine & General Insurance Company Ltd. (London Court of Appeal vom 2. Februar 1925), in: Int. Jahrbuch I, S. 296.

960 Urteil des Reichsgerichts vom 1. Juli 1927, Rev. (VII) VI 13/27, RGZ 117, S. 386 - 388, S. 387.

961 *Leo*, Anm. zum Reichsgerichtsurteil vom 1. Juli 1927, Rev. VI 13/1927, in: ZZP, 1928, S. 47; Nach § 1042 Abs. 3 ZPO 1924 war die rechtskräftige Entscheidung über die Aufhebungsklage abzuwarten. Vor und nach der Novelle von 1924 waren die Aufhebungsgründe im Verfahren zur Vollstreckbarerklärung mit zu verhandeln. Insofern musste der Vollstreckungskläger zu jeder Zeit warten, bis das Gericht über die Aufhebungsgründe entschieden hatte, bis er eine Vollstreckbarerklärung erhalten konnte. Die Novelle von 1924 konnte aber zu einer besonderen Verzögerung führen, da die Aufhebungsgründe in einem separaten Klagverfahren verhandelt wurden und die hier ergehende Entscheidung der Berufung und Revision unterlag. Bei Ausschöpfung der Rechtsmittel konnte also viel Zeit verstreichen.

Nach der Novelle von 1930 konnte der Schiedsspruch vor Eintritt der Rechtskraft der Entscheidung über die Vollstreckbarerklärung zumindest vorläufig vollstreckt werden, da ein Endurteil über die Vollstreckbarerklärung erging und diese vorläufig vollstreckbar waren, § 1042 a Abs. 1, Abs. 2 ZPO 1930.

Dies eröffne dem Vollstreckungsgegner Verschleppungsmöglichkeiten. Dadurch könne der Vollstreckungskläger in einzelnen Fällen bis zur Zwangsvollstreckung viel Zeit verlieren, die er verkürzen könnte, dürfte er bereits vorher aus dem Schiedsspruch auf Erfüllung klagen. Ferner war nach der Meinung von *Leo* die Argumentation des Reichsgerichts in sich widersprüchlich.[962] Einerseits mache das Reichsgericht jegliche rechtsverbindliche Wirkungen des Schiedsspruchs von der Einhaltung der Vorgaben des § 1039 ZPO 1898 abhängig.[963] Andererseits werde ein Schiedsspruch, der die Voraussetzungen des § 1039 ZPO 1898 nicht erfülle, als Grundlage einer Erfüllungsklage akzeptiert, dem Schiedsspruch also doch eine verbindliche Wirkung zuerkannt.

Demgegenüber war *Kisch* in seiner Urteilsanmerkung der Auffassung, dass solche Verzögerungen dem gesetzgeberischen Willen entsprächen, die sich aus dem Zeitablauf bis zur Rechtskraft der gerichtlichen Aufhebungsentscheidung ergäben. Der Gesetzgeber habe nämlich die Hemmung des Vollstreckungsverfahrens während des Aufhebungsklagverfahrens bewusst vorgesehen.[964] Insofern stünde dem Vollstreckungskläger kein anerkanntes Rechtsschutzinteresse hinsichtlich einer Erfüllungsklage zur Seite. Später argumentierte der Bundesgerichtshof in seiner Rechtsprechung zur Erfüllungsklage in vergleichbarer Weise und hielt nur in besonderen Fällen die Erfüllungsklage für zulässig. Im Regelfall sei das gesetzlich vorgegebene Verfahren zur Vollstreckbarerklärung vorrangig.[965]

gg) Zwischenergebnis

Das Reichsgericht ließ die Erfüllungsklage aus dem Schiedsspruch grundsätzlich zu. Zuspruch fand diese Rechtsprechung auch in der Literatur.[966] Voraussetzung

---

962 *Leo*, Anm. zum Reichsgerichtsurteil vom 1. Juli 1927, Rev. VI 13/1927, in: ZZP, 1928, S. 47.

963 Urteile des Reichsgerichts vom 11. Februar 1888, Rev. I 382/87, SeuffArchiv, 1889, S. 124 - 126, Nr. 77, S. 125; 15. Januar 1896, Rev. I 305/95, RGZ 37, S. 412 - 415, S. 413; 23. Oktober 1896, Rev. II 169/96, RGZ 38, S. 392 - 396, S. 393; 29. Oktober 1901, Rev. VII 278/01, RGZ 49, S. 409 - 411, S. 409 f.; 16. November 1911, Rev. VII. 168/11, RGZ 77, S. 315 - 317, S. 316; 1. März 1921, Rev. VII 349/20, RGZ 101, S. 392 - 397, S. 395.

964 *Kisch*, Anm. zum Reichsgerichtsurteil vom 1. Juli 1927, Rev. VI 13/1927, in: JW, 1928, S. 713.

965 Siehe dazu ab S. 249 (Erfüllungsklage aus dem Schiedsspruch).

966 *Planck*, Lehrbuch, S. 629; *Baumbach*, ZPO, 8. Auflage, 1933, § 1042 Ziff. 1; Gaupp/Stein/*Stein*, ZPO, 3. Auflage, 1898, § 868 Ziff. I; *Wieruszowski*, Anm. zum Reichsgerichtsurteil vom 1. Juli 1927, Rev. (VII) VI 13/27, in: Int. Jahrbuch II, S. 308; *Leo*, Anm. zum Reichsgerichtsurteil vom 1. Juli 1927, Rev. VI 13/1927, in: ZZP, 1928, S. 47; *Kisch*, Anm. zum Reichsgerichtsurteil vom 1. Juli 1927, Rev. VI 13/1927, in: JW, 1928, S. 713.
Jonas meinte sogar, es bestünde überhaupt kein Widerspruch in der Literatur gegen die Zulässigkeit der Erfüllungsklage aus ausländischen Schiedssprüchen, Stein/Jonas/*Jonas*, ZPO, 15. Auflage, 1934/1935, § 1044 Ziff. I Fn. 7.

der Erfüllungsklage war, dass die Voraussetzungen für die Erteilung einer Vollstreckbarerklärung nicht vorlagen. In diesem Fall war das Verfahren zur Erteilung einer Vollstreckbarerklärung vorrangig, einer etwaigen Erfüllungsklage fehlte es daher am Rechtsschutzbedürfnis.[967]

Die Argumentation des Reichsgerichts, wonach die Erfüllungsklage aus einem ausländischen Schiedsspruch, nicht jedoch aus einem ausländischen Urteile, statthaft sei, erscheint nicht zwingend. Der Gesetzgeber hatte für die Vollstreckung ausländischer *Urteile* ein zwingendes Exequaturverfahren in den §§ 660 f. CPO 1877 geschaffen. Die Existenz dieses speziellen Exequaturverfahrens führte zur allgemeinen Annahme, dass das Exequaturverfahren und dessen Voraussetzungen für die Anerkennung eines ausländischen Urteils nicht durch eine Erfüllungsklage umgangen werden durfte.

Mit gleichen Argumenten wäre es vertretbar gewesen, dass das Bestehen des Vollstreckungsklag- bzw. später Vollstreckungsbeschlussverfahrens nach § 865 CPO 1877 den gesetzgeberischen Willen zum Ausdruck brachte, dass die Vollstreckung von Schiedssprüchen ebenfalls nicht außerhalb des dafür vorgesehenen Verfahrens nach § 865 CPO 1877 möglich sein sollte. Das Argument, zwischen einem ausländischen Urteil und einem ausländischen Schiedsspruch bestehe ein wesentlicher Unterschied, da die Vollstreckung eines ausländischen Urteils im Inland einen Eingriff fremder Hoheitsgewalt in die Rechtsprechungsgewalt des Deutschen Reiches bewirke, führt nicht zwingend zu der Annahme, dass deshalb das Exequaturverfahren der §§ 660 f. CPO 1877 zwingend war, dagegen das Vollstreckungsbeschlussverfahren des § 865 CPO 1877 vom Gesetzgeber zur Disposition gestellt werden sollte. Ebenso wäre denkbar, dass der Gesetzgeber die Vollstreckung von Schiedssprüchen ausschließlich bei Einhaltung der in der CPO bestimmten Vollstreckungsvoraussetzungen des § 865 CPO 1877 gestatten wollte, so dass die Erfüllungsklage diesen vorgegebenen Rechtsweg der CPO in unzulässiger Weise umgehen würde.[968]

Kritik an der Erfüllungsklage übte *Littauer*. Er wandte ein, dass der Schiedsvertrag nach dem Willen der Parteien nicht dazu führe, ein neues Rechtsverhältnis an die Stelle des ursprünglichen, streitigen Rechtsverhältnisses zwischen den Parteien zu begründen.[969] Insofern käme eine Erfüllungsklage aus dem Schiedsvertrag in Verbindung mit dem Schiedsspruch nicht in Betracht. Außerdem sei

---

Stein hielt abweichend vom Reichsgericht nicht den Schiedsspruch (und den Schiedsvertrag) für die Grundlage der Erfüllungsklage, sondern war der Meinung, es müsse aus dem ursprünglichen Rechtsverhältnis geklagt werden, Gaupp/Stein/*Stein*, ZPO, 8./9. Auflage, 1908, § 1042 Ziff. III Abs. 2 a. E. Damit wäre der Schiedsspruch völlig obsolet geworden.

967 Siehe dazu die Besprechung des Urteils vom 1. Juli 1927 oben unter Nr. 2b, S. 225.

968 So beispielsweise die österreichische Rechtsprechung, siehe näher auf S. 220, Fn. 941.

969 *Littauer*, Schiedsgerichtsbarkeit und materielles Recht, in: ZZP, 1930, S. 21 f.

sie Erfüllungsklage überflüssig, da der Schiedsspruch nach § 1040 ZPO mit Rechtskraft ausgestattet sei. Dabei berücksichtigte *Littauer* nicht, dass ein praktisches Bedürfnis bestand, eine Vollstreckungsmöglichkeit für ausländische Schiedssprüche zu schaffen, die die Voraussetzungen des § 1039 ZPO nicht erfüllten. Das Reichsgericht verfolgte daher eine schiedsfreundliche Rechtsprechung, die die Anforderungen der Praxis beachtete. Überzeugend war es daher, die Erfüllungsklage gerade zur Erleichterung der Vollstreckung ausländischer Schiedssprüche zuzulassen.

3. Die Vollstreckbarerklärung ausländischer Schiedssprüche zwischen 1924 und 1930

Es hat sich gezeigt, dass die Rechtsprechung auch ausländische Schiedssprüche nach § 868 CPO 1877 für vollstreckbar erklärte und daneben die Erfüllungsklage aus dem Schiedsspruch zuließ, sofern eine Vollstreckbarerklärung nicht zu erlangen war.

Hinsichtlich der Möglichkeit der Erteilung einer Vollstreckbarerklärung ergaben sich jedoch infolge der Novelle von 1924 in Bezug auf ausländische Schiedssprüche besondere Schwierigkeiten, die nachfolgend erörtert werden.

a) Zur besonderen Rechtslage infolge der Novelle von 1924

Wie oben gezeigt, ging das Reichsgericht grundsätzlich von einer Gleichbehandlung in- und ausländischer Schiedssprüche aus.[970] Bis zum Inkrafttreten der Novelle von 1924 konnten daher auch ausländische Schiedssprüche für vollstreckbar erklärt werden, sofern die formalen Voraussetzungen des § 1039 ZPO 1898 erfüllt waren. Infolge der Trennung des Vollstreckungs- und Aufhebungsverfahren durch § 1042 Abs. 2 und Abs. 3 ZPO 1924 entstand ein neues Rechtsproblem.[971] Dieses bestand darin, dass Aufhebungsgründe als Hinderungsgrund einer Vollstreckbarerklärung nur noch durch eine eigenständige Klage auf Aufhebung des Schiedsspruchs geltend gemacht werden konnten. Das Reichsgericht entschied jedoch mit dem nachfolgend besprochenen Urteil vom 22. Februar 1927, dass ein ausländischer Schiedsspruch nicht durch inländische Gerichte aufgehoben werden könne, da dies die Jurisdiktionsgrenzen der inländischen Gerichte überschreiten würde.[972] In der Auseinandersetzung mit dieser Entscheidung war *Jonas* zu dem Ergebnis gekommen, dass nunmehr auch das Vollstreckungsbeschlussverfahren keine Anwendung mehr auf ausländische Schiedssprüche fin-

970 Siehe dazu die Besprechung des Urteils vom 5. November 1881 oben unter Nr. 1, S. 215.

971 Siehe dazu auch ab S. 109 (Trennung von Vollstreckungs- und Aufhebungsverfahren).

972 Zu dieser Entscheidung nachfolgend auf S. 229.

den dürfe.[973] Stünde der unterlegenen Partei des Schiedsverfahrens die Aufhebungsklage nach der Rechtsprechung des Reichsgerichts nicht zur Verfügung, so dürfe die erfolgreiche Partei im Umkehrschluss auch nicht das für sie günstige Vollstreckungsbeschlussverfahren in Anspruch nehmen. Andernfalls würde die erfolgreiche Partei des Schiedsverfahrens besser gestellt werden, als die unterlegene Partei.[974] Eine gegenteilige Ansicht, wonach Vollstreckbarerklärungen auch weiterhin ausländischen Schiedssprüchen erteilt werden könnten, vertraten dagegen *Sauerländer, Rheinstein, Kisch* und *Wieruszowski*.[975]

b) Das Urteil vom 22. Februar 1927

Der Entscheidung des Reichsgerichts vom 22. Februar 1927 lag ein Schiedsverfahren zwischen einem deutschen Mehlhändler und einer elsässischen Partei zugrunde. Die deutsche Käuferin hatte bei der elsässischen Verkäuferin im Jahr 1925 mehrfach Mehl gekauft, worüber die Parteien anschließend in Streit gerieten.[976] Die Verkäuferin erhob daraufhin bei dem dafür vereinbarten Schiedsgericht der Straßburger Warenbörse erfolgreich die Schiedsklage auf Zahlung von Schadensersatz. Anschließenden beantragte die Verkäuferin vor dem Landgericht Rottweil die Vollstreckbarerklärung des Schiedsspruchs. Für diese Entscheidung war die Rechtslage infolge der Novelle von 1924 maßgeblich. Das Landgericht setzte der Käuferin zum Nachweis, dass sie eine Aufhebungsklage erhoben habe, eine Frist nach § 1042 Abs. 3 ZPO 1924. Daraufhin erhob die Käuferin die Aufhebungsklage, die von allen Instanzen – einschließlich der Revisionsinstanz – abgewiesen wurde.

Der VI. Zivilsenat des Reichsgerichts begründete seine Abweisung damit, dass ein deutsches Gericht ebenso wenig einen ausländischen Schiedsspruch wie ein ausländisches Urteil aufheben könne.[977] Konstitutive Rechtsakte aus dem Ausland könnten nicht durch inländische Gerichte beseitigt werden. Dies folge aus „zwischenstaatlichen Rechtsgrundsätzen", wobei das Reichsgericht auf Grenzen inländischer Gerichtsbarkeit bei Rechtsakten des Auslandes verwies.[978]

---

973 *Jonas*, Vollstreckung ausländischer Schiedssprüche, in: JW, 1927, S. 1299.

974 *Jonas*, Vollstreckung ausländischer Schiedssprüche, in: JW, 1927, S. 1299; *Kisch*, Anm. zum Reichsgerichtsurteil vom 22. Februar 1927, Rev. VI 410/26, in: JW, 1927, S. 1376.

975 *Sauerländer*, Vollstreckbarerklärung von Schiedssprüchen, in: LZ, 1928, S. 521 f.; *Rheinstein*, Anm. zur Bundesgerichtsentscheidung vom 26. März 1920, in: Int. Jahrbuch II, S. 349 f.; *Kisch*, Anm. zum Reichsgerichtsurteil vom 22. Februar 1927, Rev. VI 410/26, in: JW, 1927, S. 1376; *Wieruszowski*, Anm. zum Reichsgerichtsurteil vom 22. Februar 1927, Rev. VI 410/26, in: Int. Jahrbuch II, S. 307.

976 Urteil des Reichsgerichts vom 22. Februar 1927, Rev. VI 410/26, RGZ 116, S. 193 - 196.

977 RGZ 116, S. 193, S. 195.

978 Urteil des Reichsgerichts vom 22. Februar 1927, Rev. VI 410/26, S. 3 des Originalurteils.

Lägen Aufhebungsgründe vor, so könnte der ausländische Schiedsspruch von einem deutschen Gericht daher nicht aufgehoben werden. Es sei lediglich möglich, dem Schiedsspruch die Vollstreckbarerklärung zu verweigern. Diese Auffassung fand Zuspruch in der Literatur.[979]

Eine auf das deutsche Staatsgebiet beschränkte Aufhebung des ausländischen Schiedsspruchs käme nach Auffassung des VII. Zivilsenats auch nicht in Betracht, da damit eine zu große Rechtsunsicherheit hinsichtlich des Bestands des Schiedsspruchs entstünde.[980] Zwar konnten Aufhebungsgründe infolge der Rechtsänderung der ZPO-Novelle von 1924 nicht mehr im Vollstreckungsbeschlussverfahren geprüft werden, da hierfür zwingend ein separates Aufhebungsklagverfahren vorgeschrieben war, § 1042 Abs. 3 ZPO 1924. Die Klägerin könne aber entsprechende Rechtsbehelfe vor den ausländischen Gerichten geltend machen, so dass eine unzumutbare Benachteiligung des Schuldners – also hier der Klägerin – nicht bestünde.

In der Literatur wurde diese Entscheidung aufgegriffen und teilweise geschlussfolgert, dass auch die Vollstreckbarerklärung ausländischer Schiedssprüche nicht mehr möglich sei, da beide Verfahren – Vollstreckungs- und Aufhebungsverfahren – einander bedingten.[981] Andere Autoren hielten ausländische Schiedssprüche weiterhin im Inland für vollstreckbar.[982] Diese Unsicherheiten wurden mit der Novelle von 1930 beseitigt, indem die Vollstreckung ausländischer Schiedssprüche ausdrücklich im Gesetz geregelt wurde, § 1044 ZPO 1930.[983]

979 *Kisch*, Anm. zum Reichsgerichtsurteil vom 22. Februar 1927, Rev. VI 410/26, in: JW, 1927, S. 1375; *Jonas*, Vollstreckung ausländischer Schiedssprüche, in: JW, 1927, S. 1299; *Wieruszowski*, Anm. zum Reichsgerichtsurteil vom 22. Februar 1927, Rev. VI 410/26, in: Int. Jahrbuch II, S. 307.

980 RGZ 116, S. 193, S. 195.

981 *Jonas*, Vollstreckung ausländischer Schiedssprüche, in: JW, 1927, S. 1299.

982 *Sauerländer*, Vollstreckbarerklärung von Schiedssprüchen, in: LZ, 1928, S. 521 f.; *Rheinstein*, Anm. zur Bundesgerichtsentscheidung vom 26. März 1920, in: Int. Jahrbuch II, S. 349 f.; *Kisch*, Anm. zum Reichsgerichtsurteil vom 22. Februar 1927, Rev. VI 410/26, in: JW, 1927, S. 1376; *Kahn*, Vollstreckung ausländischer Schiedssprüche, in: ZZP, 1930, S. 117; *Wieruszowski*, Anm. zum Reichsgerichtsurteil vom 22. Februar 1927, Rev. VI 410/26, in: Int. Jahrbuch II, S. 307; ähnlich *Leo*, Anm. zum Reichsgerichtsurteil vom 7. Februar 1928, Rev. VII 436/27, in: JW, 1929, S. 1453 f.

983 Siehe zum Rechtszustand der Novelle von 1924 ab S. 114 (Nachteile bei der Vollstreckung ausländischer Schiedssprüche) und zum Rechtszustand der Novelle von 1930 ab S. 173 (Anerkennung und Vollstreckung ausländischer Schiedssprüche).

c) Das Urteil vom 7. Februar 1928

In der Entscheidung vom 7. Februar 1928 knüpfte der VII. Zivilsenat ausdrücklich an die Entscheidung des VI. Zivilsenats vom 22. Februar 1927 an.[984] In dem entschiedenen Fall ging es um einen Schiedsspruch, der in Wien erlassen worden war. Die im Schiedsverfahren unterlegene Partei erhob vor einem deutschen Gericht die Aufhebungsklage. Diese wurde in allen Instanzen abgewiesen. Das Reichsgericht verwies zur Begründung auf die Entscheidung vom 22. Februar 1927 und betonte, dass die Aufhebung eines ausländischen Schiedsspruchs die Gerichtshoheit des ausländischen Staates verletzen würde.

III. Ergebnisse

Bis zu den Genfer Übereinkommen und der Novelle von 1930 fehlte es an gesetzlichen Regelungen hinsichtlich der Vollstreckung ausländischer Schiedssprüche in Deutschland. Der Umstand, dass in der ZPO zwischen in- und ausländischen Schiedssprüchen keine Unterscheidung vorgesehen war, führt nicht zwingend zu dem Schluss, dass der Gesetzgeber eine Gleichbehandlung herbeiführen wollte. Die Gesetzesbegründung liefert weder für eine Gleichbehandlung Anhaltspunkte, noch werden ausländische Schiedssprüche überhaupt erwähnt. Eine gesetzgeberische Festlegung, wie mit ausländischen Schiedssprüchen zu verfahren werden sollte, war demnach weder aus dem Gesetzestext noch aus den Gesetzesmaterialen abzuleiten gewesen.

Indem sich das Reichsgericht mit seiner Entscheidung vom 5. November 1881 vor dem Hintergrund dieser lückenhaften Rechtslage für die Gleichbehandlung von in- und ausländischen Schiedssprüchen entschied, nahm es eine für die Praxis der Schiedsgerichtsbarkeit günstige Haltung ein.[985] Diese Rechtsprechung des Reichsgerichts beruhte maßgeblich auf der Annahme, der Schiedsspruch habe eine vertragliche Grundlage und sei daher nicht als Urteil zu behandeln. Es scheint allerdings, als dass das Reichsgericht während der Geltung der Novelle von 1924 die bis dahin vertretene Vertragstheorie verlassen hatte.[986] Hierfür spricht, dass die Aufhebung ausländischer Schiedssprüche nach Auffassung des Reichsgerichts die ausländische Gerichtshoheit verletzen würde und konstitutive Rechtsakte des Auslands nicht durch inländische Gerichte beseitigt werden könnten. Damit wurde dem Schiedsspruch die Bedeutung eines ausländischen, gerichtlichen Urteils beigemessen, was der Vertragstheorie wi-

---

984 Urteil des Reichsgerichts vom 7. Februar 1928, Rev. VII 436/27, Nußbaum, Int. Jahrbuch III, S. 321 - 322 bzw. JW, 1928, S. 1223 Nr. 21.

985 Vgl. zu den Thesen S. 28 f.

986 Siehe dazu die Besprechungen der Entscheidungen des Reichsgerichts vom 22. Februar 1927 und 7. Februar 1928, S. 229 ff.

dersprach. Für einen wirklichen Meinungswechsel der Senate sind aber keine weiteren Anhaltspunkte ersichtlich. So verhielten sich die Gerichte derjenigen Länder, die der Urteilstheorie folgten, sehr viel restriktiver, wie etwa in der Schweiz oder Tschechoslowakei.[987] Dies äußerte sich insbesondere in dem Verlangen nach verbürgter Gegenseitigkeit, wie es auch bei der Anerkennung ausländischer Urteile nach § 328 Abs. 1 Nr. 5 ZPO der Fall war. Der Begriff „Gegenseitigkeit" bezeichnet eine Garantie der wechselseitigen Vollstreckung von Schiedssprüchen des jeweils anderen Staates. Das Gegenseitigkeitserfordernis machte das Schiedsverfahren für die Parteien weniger kalkulierbar: Nicht immer war vorhersehbar, in welchem Staat später die Zwangsvollstreckung erfolgen würde und ob dort die Gegenseitigkeit verbürgt ist. Derartiges verlangte das Reichsgericht nicht.

Bemerkenswert ist in diesem Zusammenhang das Urteil vom 29. Dezember 1888.[988] In diesem Urteil stellte das Reichsgericht ausdrücklich auf die Motive der CPO ab. Danach sollte das Schiedsverfahren einfach und praktisch in seiner Handhabung sein. Hierauf stützte das Reichsgericht seine Ansicht, dass die Erfüllungsklage aus einem ausländischen Schiedsspruch zuzulassen sei. In den Motiven der CPO sei zwar nicht von *ausländischen* Schiedssprüchen oder Schiedsverfahren gesprochen worden, jedoch sei auf die „*gedeihliche*" Entfaltung der Schiedsgerichtsbarkeit Wert gelegt worden.

Das Reichsgericht zeigte sich also frühzeitig gegenüber der internationalen Schiedsgerichtsbarkeit aufgeschlossen, indem es sich an diesen liberalen Grundsätzen der CPO-Motive orientierte und diese seiner Rechtsprechung zugrunde legte. Die zusätzliche Anerkennung der Erfüllungsklage erlaubt die Schlussfolgerung, dass das Reichsgericht in Hinblick auf die Anerkennung und Vollstreckung ausländischer Schiedssprüche eine förderliche Rechtsprechung pflegte (*These 4*).

D. Zum Schicksal der Schiedsklausel bei unwirksamen Hauptvertrag

I. Einleitung

Die Wirksamkeit der Schiedsvereinbarung ist eine Grundvoraussetzung für das spätere Schiedsverfahren und die Vollstreckung des Schiedsspruchs. Ohne sie konnte nach § 274 Abs. 2 Nr. 3 ZPO 1898 nicht die Einrede des Schiedsvertrags vor den ordentlichen Gerichten erhoben werden. Ein dennoch ergangener

---

987 Vgl. *Pappenheim/Rheinstein*, Vollstreckung im Ausland, S. 10 - 15.

988 Siehe dazu die Besprechung auf S. 219 ff.

Schiedsspruch unterlag nach § 1041 Abs. 1 Nr. 1 ZPO 1898 der Aufhebung und konnte nicht vollstreckt werden.[989] Selbst die Erfüllungsklage wäre unbegründet gewesen, da sie neben dem Schiedsspruch eine wirksame Schiedsvereinbarung voraussetzte.[990]

Häufig befinden sich Schiedsklauseln in den jeweiligen Hauptverträgen, die das eigentliche Geschäft der Parteien regelten. Teilweise sind sie auch in separaten, allgemeinen Bedingungen zu finden. Ziel der Parteien ist es, auftretende Streitigkeiten aus ihrem Geschäft einem Schiedsgericht zur Entscheidung zu überweisen. Wenn jedoch der Hauptvertrag unwirksam wurde oder von Anfang an unwirksam war und gleichzeitig Rückabwicklungsansprüche aus dem gescheiterten Geschäft streitig geworden waren, so stellte sich die Frage, ob das Schiedsgericht oder die ordentlichen Gerichte zuständig waren. Das Reichsgericht hatte hier die Verträge im Einzelfall auszulegen, und zu klären, ob auch im Falle eines gescheiterten Hauptvertrags die Schiedsvereinbarung fortbestand. Die damit einhergehende Rechtsunsicherheit im Zusammenhang mit der Vertragsauslegung veranlasste *Kisch* im Nachgang zur Novelle von 1933 zu fragen, ob hierzu nicht gesetzliche Bestimmungen als Teil einer „Gesamtreform" geschaffen werden müssten, der damit auf die praktische Bedeutung des Problems hinwies.[991]

Es wird nachfolgend untersucht, wie die Rechtsprechung mit Fällen der Nichtigkeit oder Unwirksamkeit von Verträgen und Schiedsklauseln umgegangen ist. Eine erste Fallgruppe bilden dabei die Verträge, die eine Schiedsklausel unmittelbar im Vertragstext enthalten. Die zweite Gruppe bilden die Fälle, bei denen die Schiedsklausel nicht in dem Hauptvertrag selbst enthalten, sondern Bestand separater, allgemeiner Bedingungen war.

II. Die Rechtsprechung

1. Schiedsklauseln in Verträgen

a) Das Urteil vom 8. November 1882

Der V. Zivilsenat des Reichsgerichts entschied im Jahr 1882 über folgenden Sachverhalt. Die Parteien des Rechtsstreits hatten in § 8 eines zwischen ihnen geschlossenen Vertrags über die Lieferung von Bügeleisen und Glühbolzen eine

---

989 Ebenso: Art. 1 Abs. 2 lit. a GenfAbk.

990 Siehe dazu in Besprechung der Rechtsprechung des Reichsgerichts zur Erfüllungsklage ab S. 219 ff.

991 *Kisch*, Probleme des Schiedsverfahrens, in: DJZ, 1934, S. 6; vgl. auch die spätere Fassung des § 1040 Abs. 1 S. 2 ZPO 1997, der dieses Problem regelte, vgl. ab S. 266 ff. (Neuregelung der ZPO 1997).

Schiedsklausel aufgenommen.[992] Diese Schiedsklausel bestimmte, dass bei *„entstehenden Differenzen"* ein Schiedsgericht entscheiden solle. Die Parteien kamen über die Vertragserfüllung derart in Streit, dass der spätere Kläger die Aufhebung des Liefervertrags und die Zahlung von Schadensersatz vor dem ordnungsgemäß gebildeten Schiedsgericht durchsetzte.

Die anschließende Vollstreckungsklage verlor der Kläger jedoch in den beiden ersten Instanzen. Kernargument des Oberlandesgerichts war, dass der Schiedsvertrag vom Gesetz nur *„geduldet würde"* und daher *„strikt"*, also eng auszulegen sei.[993] Die Schiedsklausel in § 8 des Liefervertrags stelle auf Streitigkeiten ab, die aus dem Vertragsverhältnis herrührten. Daher sei das Schiedsgericht nicht für solche Fälle vereinbart worden, denen das Schiedsgericht über die Beendigung des Liefervertrags zu entscheiden habe. Für diesen Fall seien die ordentlichen Gerichte zuständig. Hiergegen legte der Kläger erfolgreich Revision ein.

Der V. Zivilsenat des Reichsgerichts widersprach der Auffassung des Oberlandesgerichts, der Schiedsvertrag sei lediglich eine gesetzlich geduldete Vertragsart und müsse restriktiv ausgelegt werden. Vielmehr müssten nach Meinung des Reichsgerichts auch Schiedsverträge nach den allgemeinen Auslegungsregeln für Verträge beurteilt werden.[994] Das Gesetz enthalte zudem keine Vorschrift, wonach nur der ausdrücklich im Vertrag niedergelegte Wille der Parteien zu beachten sei.[995] Demnach sei die streitgegenständliche Schiedsklausel so zu verstehen, dass die Parteien dem Schiedsgericht *jegliche* Streitigkeit im Zusammenhang mit dem Liefervertrag zuweisen wollten. Folglich sei die Schiedsklausel auch für den Fall wirksam vereinbart worden, bei dem der Liefervertrag beendet werde. Der Schiedsspruch war daher nicht in unzulässiger Weise ergangen.[996]

b) Das Urteil vom 18. Oktober 1907

Die Entscheidung des VII. Zivilsenats vom 18. Oktober 1907 behandelte unter anderem die Frage, ob ein zwischen den Parteien geschlossener Hauptvertrag durch Anfechtung einer Partei wirksam beendet worden war.[997] Wegen eines nach der Anfechtung ergangenen Schiedsspruchs hatte das Gericht ferner zu klären, ob das Schiedsgericht überhaupt über die Wirksamkeit des Hauptvertrags

---

992 Urteil des Reichsgerichts vom 8. November 1882, Rev. V 469/82, GruchotsBeitr., 1883, S. 1053 - 1057.

993 GruchotsBeitr., 1883, S. 1053, S. 1053 f.

994 Zustimmend wohl auch Stein/Jonas/*Jonas*, ZPO, 12./13. Auflage, 1926, § 1025 Ziff. VII.

995 GruchotsBeitr., 1883, S. 1053, S. 1054.

996 GruchotsBeitr., 1883, S. 1053, S. 1055.

997 Urteil des Reichsgerichts vom 18. Oktober 1907, Rev. VII 12/07, JW, 1908, S. 17 - 18, Nr. 22.

einschließlich der Schiedsklausel entscheiden konnte. Nachdem ein Schiedsspruch ergangen war, stritten die Parteien um die Aufhebung des Schiedsspruchs wegen eines unzulässigen Schiedsverfahrens, § 1041 Abs. 1 Nr. 1 ZPO 1898.

Das Reichsgericht war der Meinung, dass der Wille der Parteien regelmäßig nicht soweit gehe, dem Schiedsgericht auch die Entscheidungskompetenz hinsichtlich der Wirksamkeit des Hauptvertrags zuzuweisen. Etwas anderes könne nur dann gelten, wenn besondere Umstände eindeutig auf einen entsprechenden Parteiwillen hinweisen würden.[998] Diese Aussage des Reichsgerichts betrifft zwar vorrangig die Frage nach der sogenannten Kompetenz-Kompetenz des Schiedsgerichts, also der Entscheidungsgewalt des Schiedsgerichts über seine eigene Zuständigkeit. Es klingt hier allerdings bereits die Auffassung durch, dass eine Schiedsklausel in der Regel ohne wirksamen Hauptvertrag ohnehin nicht bestehen könne. In dem Fall war allerdings nach Auffassung des Reichsgerichts eine neue Schiedsvereinbarung durch das rügelose Verhandeln der Parteien vor dem Schiedsgericht zustande gekommen. Daher habe das Schiedsgericht ausnahmsweise auch hierüber unter Ausschluss der ordentlichen Gerichte entscheiden müssen. Das Reichsgericht befasste sich daher nicht weiter mit der Frage, ob bei Abschluss des Hauptvertrags die Parteien bereits beabsichtigten, dem Schiedsgericht auch die Entscheidung über die Wirksamkeit des Hauptvertrags zu übertragen.[999]

c) Das Urteil vom 17. April 1914

In einer Entscheidung vom 17. April 1914 äußerte sich der VII. Zivilsenat des Reichsgerichts erneut zum Verhältnis von Schiedsklauseln und dem Bestand des Hauptvertrags. Danach seien Schiedsklauseln *nicht zwingend* als unselbständiger Bestandteil des Hauptvertrags zu sehen, so dass die Wirksamkeit einer Schiedsklausel nicht zwangsläufig von dem Schicksal des Hauptvertrags abhinge.[1000] Vielmehr sei der Wille der Parteien im jeweiligen Enzelfall dafür maßgeblich, ob der Schiedsklausel eine selbständige, vom Bestand des Vertrags zu trennende Bedeutung zukam.

In dem Fall ging es um einen Lizenzvertrag über eine Brotschutzhülle vom 9. April 1910. Über die Lizenz waren die Vertragsparteien in Streit geraten. In einem gerichtlichen Vergleich, der das Lizenzvertragsverhältnis neu regelte, hatten die Parteien folgende Schiedsklausel aufgenommen:

---

998 JW, 1908, S. 17, S. 18 rechte Spalte.

999 *Jonas* kommentiert diese Entscheidung als *„bedenklich"*, in: Stein/Jonas/*Jonas*, ZPO, 12./13. Auflage, 1926, § 1025 Fn. 76. Inwiefern *Jonas* die Entscheidung als bedenklich empfand, ist nicht ersichtlich.

1000 Urteil des Reichsgerichts vom 17. April 1914, Rev. VII 47/14, JW, 1914, S. 773 - 774, Nr. 19.

„Etwaige Streitigkeiten aus vorstehendem Vertrag sollen der Entscheidung eines Schiedsgerichts unterliegen."

In der Folgezeit gerieten die Parteien erneut in Streit, woraufhin der Lizenzgeber vor dem Landgericht Klage erhob. Die Klage stützte der Lizenzgeber auf den ursprünglichen Lizenzvertrag vom 9. April 1910, nicht jedoch auf den gerichtlichen Vergleich. Nach Auffassung des Klägers war der Vergleich wegen Verstoßes gegen die guten Sitten und wegen Wuchers nichtig, jedenfalls habe er ihn wegen Betrugs wirksam angefochten. Daher bestünde der Vergleich nicht weiter. Der VII. Zivilsenat des Reichsgerichts hielt es für unerheblich, ob die im Vergleich geregelte Schiedsklausel wirksam war, da der Kläger ausdrücklich aus dem ursprünglichen Vertrag vom 9. April 1910 geklagt habe. Die Einrede des Schiedsvertrags könne dieser Klage ohnehin nicht entgegengehalten werden, da sich die Schiedsklausel nur auf den Vergleich bezog, nicht aber auf den Vertrag vom 9. April 1910. Aus diesem Grund entschied das Reichsgericht für diesen Fall nicht, ob die Schiedsklausel wirksam war. Dennoch führte der VII. Zivilsenat aus, dass Schiedsklauseln in Verträgen nicht in jedem Fall unselbständige Bestandteile eines Vertrags seien, sondern ihnen auch selbständige, vom Bestand des Vertrags unabhängige Wirkung zukommen könne, sofern dies dem Parteiwillen entspräche.[1001]

d) Das Urteil vom 7. Februar 1930

Mit dem Urteil vom 7. Februar 1930 vertrat das Reichsgericht auch im Fall von Gesellschaftsverträgen die erstmals in der Entscheidung vom 18. Oktober 1907 zutage getretene Auffassung, dass Schiedsklauseln in der Regel unselbständiger Bestandteil ihres Hauptvertrags wären.

In der Entscheidung des II. Zivilsenats vom 7. Februar 1930 ging es um den Gesellschaftsvertrag einer GmbH, die eine Zuckerfabrik betrieb.[1002] An der Zuckerfabrik-GmbH waren zwischen 150 bis 200 Zuckerrübenbauern beteiligt. Zweck der Gesellschaft war es, Zuckerrüben zu verarbeiten und die Erzeugnisse zu vermarkten. Der Gesellschaftsvertrag verpflichtete die Gesellschafter daher, bestimmte Mindestmengen Rüben an die Zuckerfabrik zu liefern. Ferner durften die Gesellschafter an keine andere Fabrik Rüben liefern. Der Gesellschaftsvertrag bestimmte weiter, dass alle Streitigkeiten zwischen der Zuckerfabrik-GmbH und ihren Gesellschaftern über deren Verpflichtungen und Rechte durch ein dreiköpfiges Schiedsgericht zu entscheiden sei.[1003]

1001 JW, 1914, S. 773 Nr. 19, rechte Spalte.

1002 Urteil des Reichgerichts vom 7. Februar 1930, Rev. II 247/29, RGZ 128, S. 1 - 18.

1003 RGZ 128, S. 1 - 18, S. 2.

Partei des später von dem Reichsgericht entschiedenen Falls war der A, der ein Rittergut erworben und dabei einen Geschäftsanteil an der Zuckerfabrik-GmbH übernommen hatte. Nachdem er über längere Zeit seine auf dem Gut angebauten Rüben ausschließlich an eine andere Zuckerfabrik geliefert und ausdrücklich erklärt hatte, an die Zuckerfabrik-GmbH keine Rüben zu liefern, verlangte die Zuckerfabrik-GmbH die Zahlung einer Vertragsstrafe und Schadensersatz. Der A kündigte den Gesellschaftsvertrag und verweigerte die Zahlung. Daraufhin rief die Zuckerfabrik-GmbH das Schiedsgericht an, welches den A antragsmäßig verurteilte.

Gegen den Schiedsspruch erhob der A die Aufhebungsklage. Dabei stützte sich der A unter anderem auf die Behauptung, der Schiedsspruch beruhe auf einem unzulässigen Schiedsverfahren, da der Gesellschaftsvertrag insgesamt nichtig und damit auch die darin enthaltene Schiedsklausel unwirksam sei. Sowohl in den Vorinstanzen, als auch vor dem Reichsgericht hatte der A mit seinem Aufhebungsbegehren keinen Erfolg. Den Grundsatz, dass in der Regel die Schiedsklausel als unselbständiger Bestandteil des Hauptvertrags dessen rechtliches Schicksal teile, wandte das Reichsgericht ausdrücklich auch in Bezug auf den Gesellschaftsvertrag an.[1004] In dem entschiedenen Fall war der Gesellschaftsvertrag als wirksam anzunehmen, so dass die Unwirksamkeit der Schiedsklausel nicht in Betracht kam, folglich das Schiedsverfahren nicht nach § 1041 Abs. 1 Nr. 1 ZPO unzulässig war.

e) Das Urteil vom 5. März 1935

In der Entscheidung vom 5. März 1935 hatte sich der II. Zivilsenat erneut mit einem gesellschaftsrechtlichen Fall zu befassen.[1005] Der spätere Beklagte A hatte den späteren Kläger B unter bewusster Vorgabe falscher Umsatzzahlen dazu veranlasst, sich an einer Gesellschaft mit einer Einlage von 10.000 Reichsmark zu beteiligen. Von der Fälschung der Umsatzzahlen erfuhr der B erst nach Eintritt in die Gesellschaft. In Kenntnis der wahren Umsätze kam eine Bestätigungsvereinbarung zwischen den Parteien über die Beteiligung an der Gesellschaft zustande, die unter anderem folgende Bestimmung enthielt:

> *„Streitigkeiten aus dieser Vereinbarung sollen von einem Schiedsgerichte […] entschieden werden."*

In der Folgezeit kam es zum Streit. Der B war der Auffassung, er habe den Gesellschaftsvertrag wirksam durch Anfechtung zu Fall gebracht, da er hinsichtlich der Umsatzzahlen arglistig getäuscht worden sei. Hinsichtlich der Frage, ob die ordentlichen Gerichte oder ein Schiedsgericht für die Entscheidung des Rechts-

1004 Urteil des Reichgerichts vom 7. Februar 1930, Rev. II 247/29, RGZ 128, S. 1 - 18, S. 5.

1005 Urteil des Reichsgerichts vom 5. März 1935, Rev. II 294/34, JW, 1935, S. 2617 Nr. 1.

streits zuständig waren, prüfte das Reichsgericht, ob die oben genannte Schiedsklausel für den Rechtsstreit Wirkung entfaltete oder ob die Schiedsklausel infolge der behaupteten Nichtigkeit des Gesellschaftsvertrags ebenfalls unwirksam war. Aus der Formulierung der Schiedsklausel und aus den äußeren Umständen des Vertragsschlusses folgerte das Reichsgericht, dass die Schiedsvereinbarung nach dem Parteiwillen nur Streitigkeiten aus einem tatsächlich *bestehenden* Gesellschaftsvertrag erfassen sollte. Dass das Schiedsgericht auch die Wirksamkeit des Gesellschaftsvertrags selbst sollte feststellen dürfen, hielt das Reichsgericht für nicht vereinbart, da für einen derartigen Parteiwillen keine Anhaltspunkte vorgelegen hätten. Ob die Bestätigungsvereinbarung zu einer Vertragsbestätigung im Sinne von § 144 BGB[1006] geführt hatte, entschied das Reichsgericht nicht, sondern verwies den Rechtsstreit zur Klärung weiterer Tatsachenfragen an das Oberlandesgericht zurück.

2. Schiedsklauseln in separaten Bedingungen

Im Unterschied zu den oben unter 1 besprochenen Fällen wurden Schiedsklauseln in vielen Fällen nicht direkt in den jeweiligen Hauptvertrag aufgenommen, sondern befanden sich in separaten Geschäftsbedingungen. Auch bei dieser Vertragsgestaltung prüfte das Reichsgericht, ob die Schiedsklausel in den Geschäftsbedingungen nach dem Willen der Parteien auch dann gelten sollte, wenn das Hauptgeschäft unwirksam war.

a) Das Urteil vom 30. April 1890

Der I. Zivilsenat entschied am 30. April 1890 einen Fall, bei dem die Parteien im Laufe einer dauernden Geschäftsbeziehung unter Zugrundelegung von allgemeinen Geschäftsbedingungen tätig geworden waren.[1007] In diesen Geschäftsbedingungen war die streitgegenständliche Schiedsklausel enthalten.[1008] Das Reichsgericht kam zu dem Schluss, dass die Parteien eine selbständige, vom Bestand des jeweiligen Einzelgeschäfts losgelöste Schiedsvereinbarung getroffen hatten. Insofern war das Schiedsgericht auch für die zwischen den Parteien streitige Frage nach der Wirksamkeit des Hauptvertrags zuständig. Grund für diese Auslegung der allgemeinen Geschäftsbedingungen war, dass die Parteien während ihrer *sehr langen Geschäftsbeziehung* diese allgemeinen Geschäftsbedingungen *allen Geschäften* zugrunde gelegt hatten. Dieser Umstand bewog das

1006 § 144 Abs. 1 BGB: *„Die Anfechtung ist ausgeschlossen, wenn das anfechtbare Rechtsgeschäft von dem Anfechtungsberechtigten bestätigt wird.“.*

1007 Urteil des Reichsgerichts vom 30. April 1890, Rev. I 54/90, JW, 1890, S. 203 Nr. 7.

1008 Dies ergibt sich aus RGZ 27, S. 378, S. 380 und RGZ 31, S. 399, wo auf den hier besprochenen Fall näher Bezug genommen wird.

Reichsgericht anzunehmen, dass die Parteien – stillschweigend – ihre *gesamte Geschäftsbeziehung* unter die Schiedsabrede gestellt hatten.

b) Das Urteil vom 17. Januar 1891

Der I. Zivilsenat äußerte sich bereits kurze Zeit nach der oben unter lit. a dargestellten Entscheidung erneut zur Frage des Verhältnisses von Schiedsklauseln in separaten Vertragsbedingungen zum jeweiligen Hauptvertrag. Dem am 17. Januar 1891 entschiedenen Rechtsstreit lag ein Verkauf von Hafer auf Basis der Schlussschein-Bedingungen Berliner Makler zugrunde.[1009] Diese Schlussschein-Bedingungen enthielten eine Schiedsklausel. Über das Geschäft gerieten die Parteien in Streit, der mit einem Schiedsspruch zu Lasten des Verkäufers endete. Der Käufer begehrte die Vollstreckbarerklärung des Schiedsspruchs, wogegen sich der Beklagte zur Wehr setzte. Er wandte ein, das Schiedsverfahren sei unzulässig gewesen, da der Hauptvertrag ein nichtiges Differenzgeschäft gewesen sei. Insofern bestünde auch keine wirksame Schiedsvereinbarung. Daher müsse der Schiedsspruch aufgehoben und die Vollstreckbarerklärung versagt werden.

Das Reichsgericht gab dem Beklagten Recht. Nach Auffassung des Reichsgerichts war die Schiedsklausel der Schlussschein-Bedingungen lediglich ein unselbstständiger Bestandteil des Kaufgeschäfts. Da das Kaufgeschäft unwirksam war, läge demzufolge auch keine wirksame Schiedsvereinbarung vor. Anders könne es nur sein, wenn die Parteien etwas anderes gewollt hätten. Dafür bestanden in dem entschiedenen Fall jedoch keine Anhaltspunkte.[1010] Insbesondere läge keine „*dauernde Geschäftsbeziehung*" vor, die es gerechtfertigt hätte, von einer selbständigen Schiedsvereinbarung auszugehen.[1011]

c) Das Urteil vom 25. März 1893

An seine Entscheidung vom 17. Januar 1891 zu den Schlussschein-Bedingungen knüpfte der I. Zivilsenats in seinem Urteil vom 25. März 1893 ausdrücklich an und entschied, dass auch bei Aufnahme einer Schiedsklausel in allgemeine Ge-

1009 Urteil des Reichsgerichts vom 17. Januar 1891, Rev. I 311/90, RGZ 27, S. 378 - 381, S. 380 f.

1010 In diesem Sinne auch das Urteil des Reichsgerichts vom 23. November 1895, Rev. I 237/95, JW, 1896, S. 7 Nr. 25.

1011 In einem weiteren Fall, der eine Schiedsklausel in Schlussschein-Bedingungen enthielt, entschied auch der II. Zivilsenat in gleicher Weise, Urteil des Reichsgerichts vom 11. April 1919, Rev. II 349/14, WarnRspr., 1919, S. 318 - 320, Nr. 201.

schäftsbedingungen in erster Linie davon auszugehen sei, dass die Parteien keine selbständige Schiedsvereinbarung abgeschlossen hätten.[1012]

In Abgrenzung zu seiner Entscheidung vom 30. April 1890 führte der I. Zivilsenat aus, dass es sich im vorliegenden Fall auch nicht um eine dauernde Geschäftsbeziehung auf Grundlage der Bedingungen handle, die die Schiedsklausel enthalten hatten. Daher bestünde kein Anhaltspunkt dafür, dass die Parteien eine selbständige Schiedsvereinbarung für ihre gesamte Geschäftsbeziehung hätten treffen wollen.[1013]

d) Das Urteil vom 14. November 1903

Am 14. November 1903 entschied der I. Zivilsenat des Reichsgerichts erneut über eine Schiedsklausel in allgemeinen Geschäftsbedingungen.[1014] Zwischen dem Kläger und der Beklagten, einer Berliner Bank, bestand zwischen 1896 und 1900 ein Kontokorrentgeschäftsverhältnis. Gegenstand der Geschäftsbeziehung waren Börsentermingeschäfte, die die Beklagte für den Kläger abwickelte. Der Kläger war nicht im Börsenregister eingetragen.

Das Saldoguthaben des Klägers war infolge der Veräußerung bestimmter Aktien im Wege eines Termingeschäfts streitig geworden. Diesem Börsentermingeschäft lagen allgemeine Bedingungen zugrunde, die in § 9 eine Schiedsklausel enthielten. Der Kläger erhob Zahlungsklage aus dem Guthaben vor dem Landgericht, wogegen sich die Beklagte unter anderem mit der Einrede des Schiedsvertrags zur Wehr setzte.

Wie auch die Vorinstanzen urteilte der I. Zivilsenat des Reichsgerichts, dass eine wirksame, durchsetzbare Schiedsvereinbarung nicht bestand.[1015] Das Hauptgeschäft – das Börsentermingeschäft – sei nach §§ 48, 66 Abs. 4 des Börsengesetzes nicht klagbar, da der Kläger nicht im Börsenregister eingetragen war. Auch unter dem Gesichtspunkt des unzulässigen Differenzgeschäftes seien die Ansprüche nicht gerichtlich durchsetzbar. Differenzgeschäfte wurden als Form eines verdeckten Spielvertrags nach § 762 BGB beurteilt, der keine klagbare Verbindlichkeit begründete. Die fehlende Verbindlichkeit oder Klagbarkeit des Termingeschäfts erfasse auch die Schiedsklausel. Ein Schiedsverfahren könne daher nicht erzwungen werden, da die Schiedsklausel das Schicksal des Hauptgeschäfts teile. Insofern sei die Einrede des Schiedsvertrags unbegründet. Nähere Ausführungen, weshalb in diesem Fall eine Schicksalsgemeinschaft von

---

1012 Urteil des Reichsgerichts vom 25. März 1893, Rev. I 469/92, RGZ 31, S. 397 - 400, S. 398 ff.; ebenso zuvor auch das Urteil vom 3. November 1892, Rev. IV 183/92, JW, 1893, S. 61 f. Nr. 16.

1013 Urteil des Reichsgerichts vom 25. März 1893, Rev. I 469/92, RGZ 31, S. 397 - 400, S. 399.

1014 Urteil des Reichsgerichts vom 14. November 1903, Rev. I 244/03, RGZ 56, S. 19 - 24.

1015 RGZ 56, S. 19, S. 20 f.

Hauptvertrag und Schiedsklausel bestand und nicht etwa ein anderer Parteiwille bestand, machte das Reichsgericht nicht.

e) Das Urteil vom 18. Mai 1904

Einen weiteren Fall aus dem Bereich der Börsentermingeschäfte entschied der I. Zivilsenat des Reichsgerichts am 18. Mai 1904.[1016] Zwischen einer nicht im Börsenregister notierten Gesellschaft und einer Frankfurter Bank bestand eine lange Geschäftsbeziehung. Im Jahr 1899 wurde das Konkursverfahren über die Gesellschaft eröffnet. Die Bank befriedigte sich wegen verschiedener Börsengeschäfte aus dem Depot der in Konkurs gefallenen Gesellschaft. Der Konkursverwalter war der Auffassung, es habe sich teilweise um ungültige Börsentermin- und Differenzgeschäfte gehandelt, so dass ihm ein entsprechender Erstattungsanspruch zustünde, den er klagweise geltend machte. Die Vorinstanzen wiesen die Klage des Konkursverwalters jedoch ab und nahmen an, es läge eine wirksame Schiedsvereinbarung vor, so dass ausschließlich das Schiedsgericht zuständig sei. Die Schiedsvereinbarung beruhe auf einer allgemeinen Geschäftsbedingung, die eine Schiedsklausel beinhaltete. Die Klausel lautete:

> *„Für alle Streitigkeiten aus Liefergeschäften auf festbestimmte Zeit unterwerfen sich die Partien der Entscheidung eines Schiedsgerichts von drei Personen. Die drei Schiedsrichter ernennt der Präsident der Frankfurter Handelskammer oder dessen Stellvertreter."*

In der Revisionsinstanz hatte der Konkursverwalter Erfolg. Im Gegensatz zu den Vorinstanzen maß der I. Zivilsenat den allgemeinen Geschäftsbedingungen, und somit der Schiedsklausel, erneut keine selbständige Wirkung bei.[1017] Die allgemeinen Geschäftsbedingungen seien ausschließlich dazu gedacht, für noch abzuschließende Geschäfte diejenigen Regelungen zu bieten, die für das jeweilige Geschäft gelten sollten. Eine allgemeine Vereinbarung, die auch ohne wirksame Geschäftsabschlüsse Geltung erlange, sei die allgemeinen Geschäftsbedingungen nach dem Willen der Partei jedoch nicht. Insofern teilten die allgemeinen Geschäftsbedingungen einschließlich der Schiedsklausel das Schicksal des jeweiligen Hauptgeschäfts. Das hier streitige Hauptgeschäft war unwirksam, da es sich um ungültige Differenzgeschäfte bzw. nicht klagbare Termingeschäfte gehandelt habe. Demzufolge läge auch keine wirksame Schiedsvereinbarung vor, so dass die ordentlichen Gerichte für die Klage des Konkursverwalters zuständig waren.

1016 Urteil des Reichsgerichts vom 18. Mai 1904, Rev. I 76/04, RGZ 58, S. 151 - 156.

1017 RGZ 58, S. 151, S. 154 f.

f) Das Urteil vom 25. April 1905

In einem weiteren Fall aus dem Bankenwesen urteilte der VII. Zivilsenat über eine Schiedsklausel in den allgemeinen Bedingungen einer Bank in gleicher Weise, wie zuvor der I. Zivilsenat in seiner Entscheidung vom 18. Mai 1904.[1018] In der Entscheidung vom 25. April 1905 ging es ebenfalls um die Frage, ob eine Schiedsklausel in den allgemeinen Bedingungen einer Bank bereits eine selbständige, von der Wirksamkeit eines Hauptvertrags unabhängige Schiedsvereinbarung war. Das Reichsgericht beurteilte die allgemeinen Bedingungen nicht als selbständigen Schiedsvertrag, sondern als ergänzende Bedingungen eines noch abzuschließenden Hauptvertrags. Infolgedessen war zwischen den Parteien dieses Rechtsstreits keine wirksame Schiedsvereinbarung zustande gekommen, so dass die ordentlichen Gerichte zur Streitentscheidung zuständig waren.

g) Die Urteile vom 26. März 1926

Auch der VI. Zivilsenat teilte die Auffassung, dass Schiedsklauseln separater Geschäftsbedingungen in der Regel einen wirksamen Hauptvertrag voraussetzten.[1019]

Gegenstand des entschiedenen Rechtsstreits war eine Aufhebungsklage, mit der die Klägerin einen gegen sie ergangenen Schiedsspruch beseitigen lassen wollte. Dem Schiedsspruch lag ein Liefergeschäft zwischen der Klägerin (Käuferin) und der Beklagten (Verkäuferin) über 674 Tonnen Heringe zugrunde. Dieses Geschäft war durch einen Makler vermittelt worden. Dem Geschäft wurden die Bedingungen des Stettiner Heringshandels zugrundegelegt, die eine Schiedsklausel enthielten. Über die Wirksamkeit dieses Geschäftsabschlusses waren die Parteien geteilter Auffassung. Nachdem die Käuferin die Heringe nicht abgenommen und die Verkäuferin infolgedessen einen Deckungsverkauf durchgeführt hatte, betrieb die Verkäuferin das Schiedsverfahren gegen die Käuferin. Die Käuferin wurde von dem Schiedsgericht zum Ausgleich des durch das Deckungsgeschäft entstandenen Mindererlöses zuzüglich Kosten verurteilt.

Die Käuferin stützte ihre anschließend erhobene Aufhebungsklage auf die Unzuständigkeit des Schiedsgerichts. Das Reichsgericht gab der Käuferin Recht und prüfte, ob das Schiedsgericht über seine Zuständigkeit selbst entscheiden könne und welche Wirkung diese Entscheidung habe. Grundsätzlich könne ein Schiedsgericht über seine Zuständigkeit selbst entscheiden. Die Entscheidung des Schiedsgerichts sei aber nur dann für die ordentlichen Gerichte bindend, wenn die Vereinbarung der Parteien dem Schiedsgericht auch die Entschei-

1018 Urteil des Reichsgerichts vom 25. April 1905, Rev. VII 100/05, JW, 1905, S. 401 Nr. 28.

1019 Urteil des Reichsgerichts vom 26. März 1926, Rev. VI 555/25, WarnRspr., 1926, S. 203 - 204, Nr. 141.

dungskompetenz über die Wirksamkeit des Hauptvertrags und der darin enthaltenen Schiedsklausel zugewiesen habe (sogenannte Kompetenz-Kompetenz).

In diesem Zusammenhang stellte der VI. Zivilsenat fest, es sei grundsätzlich denkbar, dass eine Schiedsklausel in Geschäftsbedingungen als selbständige Schiedsvereinbarung gelte und somit unabhängig von der Wirksamkeit des jeweiligen Hauptvertrags Bestand habe. Hierfür bedürfte es jedoch einer besonderen Parteivereinbarung, für deren Vorliegen das Reichsgericht im entschiedenen Fall keine Anhaltspunkte erkannte. Mit dieser Rechtsauffassung schloss sich der VI. Zivilsenat ausdrücklich der Entscheidung des I. Zivilsenats vom 18. Mai 1904 an.[1020]

III. Ergebnisse

Das Reichsgericht hatte deutlich gemacht, dass der Schiedsvertrag wie alle anderen Vereinbarungen nach allgemeinen Vertragsgrundsätzen auszulegen war und dabei keine besonders restriktiven Auslegungsmaßstäbe galten. Damit maß das Reichsgericht der Vertragsfreiheit eine hohe Priorität zu. Tatsächlich scheiterten Schiedsklauseln in fehlerhaften Vertragswerken meist daran, dass das Reichsgericht ihre Reichweite auf ein konkretes, wirksames Einzelgeschäft beschränkte. Daraus folgte, dass Streitigkeiten aufgrund gescheiterter Hauptverträge in der Mehrzahl der Fälle gerade keinem Schiedsgericht zugewiesen wurden. Ausnahmen von dieser Regel bildeten nur die Entscheidungen vom 8. November 1882[1021] und 30. April 1890[1022], bei denen aus Sicht des Reichsgerichts entweder die Schiedsklausel weit genug gefasst war (Urteil vom 8. November 1882) oder die allgemeinen Geschäftsbedingungen wie ein Rahmenvertrag unabhängig von Einzelgeschäften als wirksam vereinbart bewertet wurden (Urteil vom 30. April 1890).

Es erscheint zweifelhaft, ob mit der regelmäßigen Auslegung gegen die Wirksamkeit der Schiedsklausel dem wirklichen Parteiinteresse (§ 133 BGB) und dem Grundsatz der Vertragsfreiheit entsprochen wurde. Naheliegend ist, dass gerade in Fällen gescheiterter Verträge die daraus resultierenden Rückabwicklungs- oder Ersatzansprüche ebenso von einem Schiedsgericht hätten entschieden werden sollen, wie es für streitige Ansprüche im Laufe einer wirksa-

1020 Urteil des Reichsgerichts vom 26. März 1926, Rev. VI 555/25, S. 3 des Originalurteils. Das Urteil wurde oben unter lit. e besprochen; Entsprechend entschied auch der VI. Zivilsenat in seinem Urteil vom 11. Februar 1918, Rev. VI 424/17, LZ, 1918, S. 858 - 859, Nr. 24.

1021 Urteil des Reichsgerichts vom 8. November 1882, Rev. V 469/82, GruchotsBeitr., 1883, S. 1053 - 1057.

1022 Urteil des Reichsgerichts vom 30. April 1890, Rev. I 54/90, JW, 1890, S. 203 Nr. 7.

men Vertragsbeziehung gedacht war.[1023] Zu diesem Ergebnis hätte die Rechtsprechung möglicherweise mit der Anwendung der Methode der ergänzenden Vertragsauslegung gelangen können.[1024] Es ist denkbar, dass Parteien, die sich gegen die ordentliche Gerichtsbarkeit und für ein Schiedsgericht entschieden haben, dieses auch dann entscheiden lassen wollen, wenn das beabsichtigte Geschäft nicht wirksam war. Mit der ergänzenden Vertragsauslegung befasste sich das Reichsgericht in den untersuchten Fällen jedoch nicht. Ob aber bei Anwendung dieser Auslegungsmethode in den Einzelfällen andere Entscheidungen zu rechtfertigen gewesen wären, muss offen bleiben, da es sich hierbei um Tatfragen handelt und anhand der Urteilsgründe nicht abschließend bewertet werden kann, ob eine andere Vertragsauslegung in den konkreten Einzelfällen vertretbar gewesen wäre.

Die Entscheidungsgründe der untersuchten Urteile geben keine klaren Anhaltspunkte, um von einer Bestätigung der These 4 auszugehen, die von einer besonders schiedsfreundlichen Judikatur ausgeht.[1025] Der Umstand, dass die überwiegende Anzahl der Entscheidungen von der Unwirksamkeit der Schiedsvereinbarungen ausging, könnte zwar den Verdacht nachlegen, das Reichsgericht habe eine restriktive, die Schiedsgerichtsbarkeit einschränkende Haltung eingenommen. Hierfür mangelt es aber ebenfalls an eindeutigen Anhaltspunkten in den Entscheidungsgründen, da die vom Reichsgericht jeweils vorgenommenen Vertragsauslegungen nicht tendenziös erscheinen und von Sachargumenten getragen.

E. Ergebnisse zu Abschnitt 3

Die untersuchte Rechtsprechung spiegelt ein gemischtes Bild wider. Insgesamt ist die *These 4* in Bezug auf die untersuchte Rechtsprechung nicht belegbar, da sie zu wenige eindeutige Hinweise auf eine schiedsfreundliche Zielsetzung des

---

1023 Siehe zur heutigen Rechtslage nach § 1040 Abs. 1 S. 2 ZPO 1997, der dieses Problem regelt ab S. 251 (Schicksal der Schiedsklausel bei unwirksamem Hauptvertrag).

1024 Die ergänzende Vertragsauslegung hat zum Ziel, eine planwidrige Regelungslücke eines Vertrags zu schließen. Sie kommt zum Einsatz, wenn die Auslegung des ausdrücklichen Vertragsinhalts nach Wortlaut, Sinn und Zweck, Systematik und Entstehungsgeschichte zu keinem Ergebnis führt und ohne eine ergänzende Regelung der Vertrag die Zielsetzung der Parteien verfehlen würde. Danach wäre zu fragen, was die Parteien vereinbart haben würden, hätten sie von der Unwirksamkeit oder Nichtigkeit des Hauptvertrags gewusst; Urteil des Reichsgerichts vom 19. Juni 1915, Rev. V 51/15, RGZ 87, S. 211 - 215, S. 213; Münchener Kommentar/*Mayer-Maly/Busche*, BGB, 4. Auflage, 2001, § 157 Rz. 25, 38.

1025 Vgl. zu den Thesen S. 28 f.

Gerichts aufweist.[1026] Als der internationalen Schiedsgerichtsbarkeit förderlich gegenüber eingestellt zeigte sich das Reichsgericht allerdings im Zusammenhang mit der Rechtsprechung zur Vollstreckung ausländischer Schiedssprüche, indem gesetzgeberische Motive, die die Förderung der Schiedsgerichtsbarkeit zum Ziel hatten, ausdrücklich beachtet wurden.[1027] Daraus resultierte die Gleichstellung aus- und inländischer Schiedssprüche, die das Reichsgericht von Anbeginn seiner Tätigkeit vertrat. Hier ist auch die Zulassung einer Erfüllungsklage zu berücksichtigen, mit der formal unvollständige Schiedssprüche noch der Vollstreckung zugeführt werden konnten. In Bezug auf diese Rechtsprechung ist die *These 4* als belegt anzusehen.

1026 Vgl. zu den Thesen S. 28 f.

1027 Siehe dazu die Besprechung der Rechtsprechung zur Durchsetzung ausländischer Schiedssprüche ab S. 214.

Abschnitt 4: Überblick über die Entwicklung nach 1945

A. Einführung in den Abschnitt

Dieser Abschnitt vermittelt einen Überblick über wesentliche Entwicklungen nach 1945. Dabei wird die Rechtsprechung des Bundesgerichtshofs in Bezug auf die Fragen, die in Abschnitt 3 behandelt wurden, dahingehend untersucht, ob die Rechtsprechung des Reichsgerichts beibehalten oder aufgegeben wurde. Ferner werden die Übereinkommen, die den Genfer Übereinkommen nachfolgten sowie die Änderungen in der ZPO darstellt.

B. Zur Rechtsprechung des Bundesgerichtshofs

Der in Abschnitt 3 besprochenen Rechtsprechung des Reichsgerichts schloss sich der Bundesgerichtshof teilweise an. Zum Teil führte auch die Neuregelung des Schiedsverfahrensrechts von 1997[1028] dazu, dass die bisher ergangene Rechtsprechung durch gesetzliche Bestimmungen ihre Bedeutung verlor.

I. Die Bindung des Schiedsgerichts an materielles Recht

Der Bundesgerichtshof nahm, soweit feststellbar, erstmals im Jahr 1985 ausdrücklich zur Frage der Bindung der Schiedsgerichte an materielles Recht Stellung. In seiner Entscheidung knüpfte der Bundesgerichtshof jedoch nicht ausdrücklich an die Rechtsprechung des Reichsgerichts an.

In dem vom Bundesgerichtshof entschiedenen Fall hatten die Parteien die Schiedsverfahrensordnung der Internationalen Handelskammer in Paris (*International Chamber of Commerce, ICC*) vereinbart. Nach Art. 13 Abs. 4 der Schiedsverfahrensordnung der ICC bedurfte es für eine Billigkeitsentscheidung einer ausdrücklichen Parteivereinbarung. In dem entschiedenen Fall bestand keine derartige Vereinbarung, so dass der Bundesgerichtshof zu der Auffassung gelangte, das Schiedsgericht habe bei seiner Entscheidungsfindung grundsätzlich nach materiellem Recht zu entscheiden.[1029] Insofern wäre ein Verstoß gegen materielles Recht durch die ordentliche Gerichte nur zu prüfen, wenn das Schiedsgericht nach Billigkeit entschieden habe, die Parteien dieses aber nicht vereinbart hatten.[1030] Damit schloss sich der Bundesgerichtshof der damals herr-

1028 Hierzu nachfolgend ab S. 261 ff..

1029 Urteil des Bundesgerichtshofs vom 26. September 1985, III Zr 16/84, NJW, 1986, S. 1436 - 1438, S. 1437 rechte Spalte.

1030 So auch Stein/Jonas/*Jonas*, ZPO, 20. Auflage, 1988, § 1041 Rz. 19 und Fn. 104.

schenden Auffassung an, wonach ein Verfahrensfehler nach § 1041 Abs. 1 Nr. 1 ZPO vorlag, wenn das Schiedsgericht anstelle nach objektiven Rechtsnormen nach Billigkeit entschieden hatte.[1031] Entsprechend formulierte der Bundesgerichtshof, dass eine Überprüfung des Schiedsspruchs, ob das materielle Recht nur fehlerhaft angewandt wurde, nicht in Betracht komme:

> *„Ob die Schiedsrichter aus dem Verhalten der Parteien die nach englischem Recht zutreffenden rechtlichen Folgerungen gezogen haben, ist unerheblich; denn unrichtige Anwendung des (richtigen) materiellen Rechts ist kein Grund für die Aufhebung eines Schiedsspruchs."*[1032]

Danach kam eine Aufhebung des Schiedsspruchs nicht in Betracht, wenn das Schiedsgericht formal das materielle Recht seiner Entscheidung zugrundegelegt hatte, jedoch die Anwendung des materiellen Rechts fehlerhaft erfolgt war. *Hafke* sah in dieser beschränkten Überprüfbarkeit des Schiedsspruchs ein typisches „materielles Risiko", dass die Parteien eines Schiedsverfahrens eingingen.[1033]

Die Neuregelung der ZPO von 1997 führt in § 1051 ZPO 1997[1034] zu einer gesetzlich festgeschriebenen Bindung des Schiedsgerichts an die Beachtung materielles Rechts, § 1051 Abs. 1 S. 1 ZPO 1997.[1035] Die Möglichkeit der Parteien,

---

1031 NJW, 1986, S. 1437 Ziff. 1 (dort weitere Nachweise); Eine dogmatisch abweichende Auffassung vertrat *Sandrock*, der – für den entschiedenen Fall – eine Verletzung des ordre public Grundsatzes als näherliegend annahm, wenn das Schiedsgericht nach Billigkeit entschieden hat, obgleich die Parteien mit einem kollisionsrechtlichen Verweisungsvertrag vereinbart hätten, dass englisches materielles Recht angewendet werden soll, *Sandrock*, Zügigkeit und Leichtigkeit versus Gründlichkeit, in: JZ, 1986, S. 373 f. Jedoch kam *Sandrock* damit zu keinem anderen Ergebnis, als der Bundesgerichtshof.

1032 NJW, 1986, S. 1437.

1033 *Hafke*, Anmerkung zum Urteil des Bundesgerichtshofs vom 26. September 1985, III ZR 16/84, in: WuB VII A § 1041 Abs. 2 ZPO 1.86, S. 505, S. 507 Ziff. 4; Ähnlich auch *Schönke*, der eine nur unbewusste Missachtung der Maßgaben materiellen Rechts nicht als Grund einer Aufhebung bewertete. Damit geht *Schönke* wohl davon aus, dass das Schiedsgericht grundsätzlich an materielles Recht gebunden sei, Fehler bei der Rechtsanwendung aber nicht überprüft werden könnten, *Schönke*, Schiedsgerichtsverfahren, S. 195; Ähnlich, wie der Bundesgerichtshof auch *Geimer*, der eine grundsätzliche Gesetzesbindung der Schiedsgerichte befürwortete, Zöller/*Geimer*, ZPO, 20. Auflage 1997, § 1034 Rz. 29 - 31.

1034 Siehe dazu ab S. 271 (Schiedsspruch und Schieds¬ver¬gleich); Ausführlich dazu: Münchener Kommentar/*Münch*, ZPO, 3. Auflage, 2008, § 1051 Rz. 5 ff.

1035 Unter zwei Gesichtspunkten hat das staatliche Gericht im Aufhebungsverfahren die Anwendung (ausländischen) materiellen Rechts durch das Schiedsgericht zu prüfen:

1. Ist das Schiedsgericht nach § 1051 ZPO an die Beachtung (ausländischen) materiellen Rechts gebunden und stellt ein Gericht anlässlich eines Aufhebungsverfahrens fest, dass das materielle Recht nicht angewandt wurde, so kommt eine Aufhebung des Schiedsspruchs nach § 1059 Abs. 2 Nr. 1 lit. d ZPO 1997 in Betracht.

eine Entscheidung nach Billigkeit zu vereinbaren, sieht § 1051 Abs. 3 ZPO 1997 vor.

In einer früheren Entscheidung aus dem Jahr 1960 hatte der Bundesgerichtshof klargestellt, dass Parteien auch durch Vereinbarung das Schiedsgericht nicht von der Beachtung *zwingenden* Rechts entbinden können, und zwar unabhängig davon, ob eine Verletzung zwingenden Rechts durch das Schiedsgericht auch zu einer Aufhebung nach § 1041 ZPO führen könne.[1036]

II. Die Erfüllungsklage aus dem Schiedsspruch

Der Bundesgerichtshof hielt die Erfüllungsklage aus dem Schiedsspruch unter bestimmten Bedingungen weiterhin für zulässig. In einer Entscheidung aus dem Jahr 1969 ging es um die Frage, ob dem Kläger in dem konkreten Fall ein berechtigtes Rechtsschutzinteresse für die von ihm erhobene Erfüllungsklage zuzuerkennen oder ob die grundsätzlich vorrangige Vollstreckbarerklärung zu beantragen sei.[1037]

In dem entschiedenen Fall ging es um einen Schiedsspruch eines tschechoslowakischen Schiedsgerichts der Handelskammer in Prag, der in Deutschland vollstreckt werden sollte. In der Person des Schuldners war es zu einer Rechtsnachfolge gekommen. Unklar war, ob der erlassene Schiedsspruch auf den neuen Schuldner entsprechend §§ 727 ff. ZPO umgeschrieben werden durfte, so dass der Schiedsspruch gegen den neuen Schuldner vollstreckt werden könnte.

Der Bundesgerichtshof hielt vor dem Hintergrund, dass zweifelhaft war, ob aus dem vorliegenden Schiedsspruch die Zwangsvollstreckung betrieben werden könnte, die Erfüllungsklage in dem entschiedenen Fall für zulässig. Die Erfüllungsklage sei auch nicht aufwändiger, als ein infolge einer Umschreibung des Schiedsspruches durchzuführendes Vollstreckungsverfahren.[1038] Dies beruhte nach Auffassung des Gerichts auf dem Umstand, dass die Beklagte sowohl im

---

2. Stellt das Gericht dagegen fest, dass das Schiedsgericht das anzuwendende materielle Recht lediglich falsch angewandt hat, kommt eine Aufhebung nur in Betracht, wenn dadurch gleichzeitig ein Verstoß gegen den orde public liegt, Musielak/*Voit*, ZPO, 9. Auflage, 2012, § 1051 Rz. 9.

1036 Urteil des Bundesgerichtshofs vom 25. Februar 1960, II ZR 144/58, MDR 1960, S. 472, Rz. 13 (zitiert nach Juris).

1037 Urteil des Bundesgerichtshofs vom 6. März 1969, VII Zr 163/68, WM 1969, S. 671 - 673 oder KTS 1970, S. 30 – 35, Rz. 20 - 27, insb. Rz. 25 (zitiert nach Juris).

1038 *Voit* und *Münch* bestreiten die Statthaftigkeit der Erfüllungsklage ebenfalls nicht, gehen aber davon aus, dass in der Regel die Klage unzulässig ist, da ihr Aufgrund des vorrangigen Vollstreckbarerklärungsverfahrens das Rechtsschutzbedürfnis fehle, Musielak/*Voit*, ZPO, 9. Auflage, 2012, § 1060 Rz. 4; Münchener Kommentar/*Münch*, ZPO, 3. Auflage, 2008, § 1060 Rz. 41 f.

Vollstreckungsverfahren, als auch im Erfüllungsklagverfahren gleichermaßen Aufhebungsgründe geltend machen würde und das Vollstreckungsverfahren aus diesem Grund ebenso mündlich zu verhandeln wäre, wie es bei der Erfüllungsklage der Fall sei.[1039]

Der Bundesgerichtshof hielt die Erfüllungsklage aus dem Schiedsspruch allerdings nicht in jedem Fall für zulässig, sondern forderte ein besonderes Rechtsschutzbedürfnis. Der Bundesgerichtshof nahm das Rechtsschutzbedürfnis in dem entschiedenen Fall an, da der Kläger nicht sicher davon ausgehen konnte, den Schiedsspruch gegen den in Wege der Rechtsnachfolge eingetretenen neuen Schuldner umschreiben lassen zu können.[1040]

Eine Änderung dieser Rechtsprechung trat infolge der umfassenden Neuregelung des Schiedsverfahrensrechts mit der Novelle von 1997 nicht ein. Die Erfüllungsklage aus dem Schiedsspruch ist auch heute nur dann zulässig, wenn ein besonderes Rechtsschutzbedürfnis besteht, wie es in der Entscheidung des Bundesgerichtshofs von 1969 der Fall war.[1041] Andernfalls würde das vom Gesetz vorgegebene Verfahren einschließlich der Möglichkeit, die Durchsetzung des Schiedsspruchs bei Vorliegen von Aufhebungsgründen zu verhindern, umgangen werden.[1042]

III. Zum Schicksal der Schiedsklausel bei unwirksamen Hauptvertrag

Entgegen der bisherigen Rechtsprechung des Reichsgerichts[1043] ging der Bundesgerichtshof in einer Entscheidung von 1970 davon aus, dass Schiedsvereinbarung und Hauptvertrag unabhängig voneinander bestünden und insbesondere § 139 BGB unanwendbar sei (sogenanntes *Autonomieprinzip*).[1044] Somit konnte ein unwirksamer oder nichtiger Hauptvertrag die Schiedsvereinbarung nicht zu Fall bringen, wovon aber das Reichsgericht in der Mehrzahl der untersuchten Fälle ausgegangen war. Nach der Rechtsprechung des Reichsgerichts war das Schiedsgericht nur dann zuständig, wenn aus den Umständen des Einzelfalles

1039 § 1042 a Abs. 3 ZPO 1930.

1040 Musielak/*Voit*, ZPO, 9. Auflage, 2012, § 1060 Rz. 4 Fn. 9.

1041 Musielak/*Voit*, ZPO, 9. Auflage, 2012, § 1060 Rz. 4; ; Zöller/*Geimer*, ZPO, 29. Auflage 2012, § 1060 Rz. 8; Münchener Kommentar/*Münch*, ZPO, 3. Auflage 2008, § 1060 Rz. 41 f.

1042 Musielak/*Voit*, ZPO, 9. Auflage, 2012, § 1060 Rz. 4.

1043 Insbesondere sind zu nennen: Urteile des Reichsgerichts vom 17. Januar 1891, Rev. I 311/90, RGZ 27, S. 378 - 381 und vom 17. April 1914, Rev. VII 47/14, JW, 1914, S. 773 - 774, Nr. 19, siehe die Besprechung der Urteile auf S. 235 und S. 239.

1044 Urteil des Bundesgerichtshofs vom 27. Februar 1970, VII Zr 68/68, NJW, 1970, S. 1046 - 1047.

klar hervorging, dass die Parteien auch unabhängig von der Gültigkeit des jeweiligen Hauptvertrags eine Schiedsvereinbarung getroffen hatten. Somit war das Reichsgericht zwar nicht von einer zwingenden Gesamtnichtigkeit von Haupt- und Schiedsvertrag ausgegangen. In der überwiegenden Anzahl der untersuchten Fälle kam das Reichsgericht jedoch zu dem Schluss, dass die Schiedsklausel keinen Bestand habe.

Demgegenüber wandte sich der Bundesgerichtshof von der Anwendung des § 139 BGB ab und entschied sich für eine grundsätzliche Auslegungsregel, nach der im Zweifel von einer umfassenden Zuständigkeit des Schiedsgerichts auszugehen sei.[1045] Der Bundesgerichtshof ging dabei davon aus, dass die Parteien typischerweise keine Trennung der Rechtswege wünschten, also ein einziges Gericht, nämlich das Schiedsgericht, über alle Ansprüche entscheiden solle, unabhängig davon, ob der Vertrag wirksam war oder ob es um die Abwicklung eines unwirksamen Vertragsverhältnisses ging. Ansonsten wären die Parteien mit Schwierigkeiten belastet, wenn die Gültigkeit des Vertrags im Streit stünde und je nach Ergebnis das zuerst angerufene Gericht sich für zuständig oder unzuständig erklären müsste, der Rechtsstreit folglich vor dem dann zuständigen Gericht erneut aufgenommen werden müsste. Derartige Komplikationen seien in der Regel von den Parteien nicht erwünscht.

Mit der Neuregelung der ZPO wurde in § 1040 Abs. 1 S. 2 ZPO 1997 das vom Bundesgerichtshof bereits vertretene Autonomieprinzip gesetzlich geregelt. Nach dieser Vorschrift kann das Schiedsgericht über die eigene Zuständigkeit und über das Bestehen oder die Gültigkeit der Schiedsvereinbarung entscheiden. Hierbei ist eine Schiedsklausel als eine von den übrigen Vertragsbestimmungen unabhängige Vereinbarung zu behandeln. Durch Autonomieprinzip ist gewährleistet, dass das Schiedsgericht auch dann zuständig ist, wenn der Hauptvertrag, der eine an sich wirksame Schiedsklausel enthält, unwirksam oder nichtig ist.[1046]

C. Internationale Übereinkommen

Die Genfer Übereinkommen von 1923 und 1927 zur internationalen Schiedsgerichtsbarkeit galten zu damaliger Zeit als sehr fortschrittlich.[1047] Dennoch be-

1045 Urteil des Bundesgerichtshofs vom 27. Februar 1970, VII Zr 68/68, NJW, 1970, S. 1046 - 1047, S. 1047, so auch das Urteil des Bundesgerichtshofs vom 22. September 1977, Rev. III Zr 144/76, NJW, 1978, S. 212 - 213, S. 212.

1046 Münchener Kommentar/*Münch*, ZPO, 3. Auflage, 2008, § 1040 Rz. 9.

1047 *Volkmar*, Genfer Abkommen in: Int. Jahrbuch II, S. 125; Stein/Jonas/*Schlosser*, ZPO, 21. Auflage, 1994, vor § 1044 Rz. 2; *Jaeger*, Umsetzung des UNCITRAL-Modellgesetzes, S. 33.

standen Einschränkungen und ungelöste Fragen, deren Beantwortung für die tägliche Praxis der Schiedsgerichtsbarkeit von großer Bedeutung war.

Zum einen wurde der territoriale Anwendungsbereich als zu eingeschränkt angesehen, da insgesamt nur 24 Staaten dem Genfer Abkommen von 1927 beigetreten waren.[1048] Somit war die internationale Vereinheitlichung der Vollstreckung ausländischer Schiedssprüche auf ein überschaubares räumliches Gebiet beschränkt. Zudem waren die USA als weltweit wichtigste Handelsnation dem Abkommen ferngeblieben, was als besonders schwerwiegender Nachteil bewertet wurde.[1049]

Auch der sachliche Anwendungsbereich der Genfer Übereinkommen war zu ungenau bestimmt.[1050] Nach Art. 1 Abs. 1 GenfAbk war es erforderlich, dass die Parteien des Schiedsverfahrens der Gerichtsbarkeit eines Vertragsstaats unterlagen. Die Bestimmung der im englischen Text als „*subject to the jurisdiction*" beschriebenen Gerichtsbarkeit wurde unterschiedlich interpretiert. Teilweise wurde vertreten, dass an die Staatsangehörigkeit der Parteien anzuknüpfen sei, andere Autoren hielten den innerstaatlichen Gerichtsstand für maßgeblich, so dass je nach Auffassung unterschiedliche sachliche Anwendungsbereiche angenommen wurden.[1051] Dies führte für die Parteien zu einer Rechtsunsicherheit, da unklar war, in welchem Fällen die Vollstreckung nach dem Genfer Abkommen überhaupt möglich war.

Weitere Kritikpunkte waren die fehlende Bestimmung des auf den Schiedsvertrag anwendbaren Rechts[1052], die zwingende Einhaltung des nationalen Schiedsverfahrensrechts für die Vollstreckung von Schiedssprüchen[1053] sowie

1048 *Bülow*, Revision des Genfer Abkommens, in: RiW 1956, S. 37; vgl. auch *Bruns*, Reform der Vollstreckung internationaler Schiedssprüche, in: ZZP, 1957, S. 9.

1049 *Bülow*, Revision des Genf er Abkommens, in: RiW 1956, S. 37.

1050 Siehe dazu ab S. 134, Fn. 579 (Anwendungsbereich der Genfer Übereinkommen).

1051 *Bülow*, Revision des Genfer Abkommens, in: RiW 1956, S. 38; *Habscheid*, Nationale oder supranationale Schiedssprüche?, in: ZZP, 1957, S. 35.

1052 Die Genfer Übereinkommen regelten lediglich, welches Recht auf das Schiedsverfahren anzuwenden war (Art. 2 Abs. 1 GenfProt), nicht jedoch, welches Recht auf den Schiedsvertrag Anwendung finden sollte, siehe dazu Stein/Jonas/*Schlosser*, ZPO, 21. Auflage, 1994, vor § 1044 Rz. 2; *Schwab/Walter*, Schiedsgerichtsbarkeit, Kap. 43 Rz. 4; siehe dazu S. 137 (Bestimmung des anwendbaren Rechts).

1053 Beispielsweise: Die Endgültigkeit des Schiedsspruchs nach dem Recht des Staates, in dem er ergangen war, Art. 1 Abs. 2 lit. d GenfAbk; *Bruns* nennt die Einhaltung nationalen Schiedsverfahrensrechts als einen wesentlichen Nachteil der Genfer Übereinkommen, *Bruns*, Reform der Vollstreckung internationaler Schiedssprüche, in: ZZP, 1957, S. 9; So auch *Habscheid*, Nationale oder supranationale Schiedssprüche?, in: ZZP, 1957, S. 26.

die Anknüpfung des anwendbaren Verfahrensrechts an den Ort des Schiedsverfahrens.[1054]

Insgesamt wurden die Genfer Übereinkommen daher als unklar sowie unvollständig und dadurch als schwierig in der praktischen Handhabung beanstandet.[1055] Aus diesen Gründen begannen bereits in den dreißiger Jahren erste Reformbemühungen, die in den fünfziger Jahren intensiviert wurden.[1056]

Die Fortentwicklung der internationalen Vereinheitlichung des Schiedsverfahrensrechts wird nachfolgend anhand des Übereinkommens über die Anerkennung und Vollstreckung ausländischer Schiedssprüche vom 10. Juni 1958 sowie des Genfer Europäischen Übereinkommens über die internationale Handelsschiedsgerichtsbarkeit vom 21. April 1961 veranschaulicht. Sie zählen heute zu den wichtigsten schiedsverfahrensrechtlichen Übereinkommen.

I. Das UN-Übereinkommen (1958)

1. Entstehung des Übereinkommens

Vor dem Hintergrund der wachsenden Bedeutung des internationalen Handels und eines verstärkt auf internationale Rechtsvereinheitlichung ausgerichteten Rechtsdenkens[1057] entstand das Übereinkommen vom 10. Juni 1958 über die Anerkennung und Vollstreckung ausländischer Schiedssprüche, das die Genfer Übereinkommen ablöst, Art. 7 Abs. 2 UNÜ.

Kernanliegen des UN-Übereinkommens ist die weitere Vereinheitlichung der Anerkennungs- und Vollstreckungsvoraussetzungen für ausländische Schiedsvereinbarungen bzw. Schiedssprüche sowie die Vereinfachung der Vollstreckung von Schiedssprüchen im Ausland.[1058] Wesentliche Regelungen des UN-Übereinkommens betreffen die Anerkennung von Schiedsvereinbarungen und die Durchsetzung von Schiedssprüchen im Ausland. Mit dem UN-Überein-

1054 Art. 2 Abs. 1 GenfProt. bestimmte, dass das Schiedsverfahren nach dem Parteiwillen **und** dem Recht des Staates bestimmt sei, in dem das Schiedsverfahren stattfinde. Allerdings war nicht immer klar, wo das Verfahren wirklich stattgefunden hatte, wenn es beispielsweise zu Ortswechseln gekommen war. Ferner wurde kritisiert, dass eine möglicherweise willkürliche Ortswahl weitreichende Bedeutung für das Verfahren erlangen könne.

1055 *Schwab/Walter*, Schiedsgerichtsbarkeit, Kap. 41 Rz. 2.

1056 Hierzu *Bruns*, Reform der Vollstreckung internationaler Schiedssprüche, in: ZZP, 1957, S. 9; *Bülow*, Revision des Genfer Abkommens, in: RiW 1956, S. 40 f.; *Habscheid*, Nationale oder supranationale Schiedssprüche?, in: ZZP, 1957, S. 26 f.

1057 Vgl. Stein/Jonas/*Schlosser*, ZPO, 21. Auflage, 1994, vor § 1044 Rz. 1.

1058 *Adolphsen*, Europäisches Zivilverfahrensrecht, § 2 S. 311; *Jaeger*, Umsetzung des UNCITRAL-Modellgesetzes, S. 33 f.; ähnlich *Maier*, Europäisches und UN-Übereinkommen, S. 5.

kommen verloren die meisten bilateralen Abkommen ihre Wirkung, da ein Großteil der am internationalen Handel beteiligten Staaten dem UN-Übereinkommen beitraten.[1059] Deutschland unterzeichnete das Übereinkommen am 10. Juni 1958, der Bundestag verkündete am 15. März 1961 das Gesetz zu dem Übereinkommen vom 10. Juni 1958 über die Anerkennung und Vollstreckung ausländischer Schiedssprüche.[1060] Im Jahr 2011 waren 146 Länder an dem UN-Übereinkommen beteiligt, und verfügt damit über einen ausgedehnteren räumlichen Anwendungsbereich, als die Genfer Übereinkommen.[1061] Damit bildet das UN-Übereinkommen die wichtigste staatsvertragliche Rechtsquelle für das internationale Schiedsgerichtswesen.[1062]

2. Überblick zu den Regelungen

a) Der Anwendungsbereich

Das UN-Übereinkommen findet auf Schiedssprüche Anwendung, die auf dem Gebiet eines von dem Vollstreckungsstaat unterschiedlichen Staat ergangen sind, Art. 1 Abs. 1 S. 1. Dabei muss der Staat, in dem der Schiedsspruch ergangen war, nicht zwingend ein Vertragsstaat des UN-Übereinkommens sein, da Art. 1 Abs. 1 S. 1 nicht auf Vertragsstaaten abstellt. So kann das UN-Übereinkommen einen Vertragsstaat zur Anerkennung und Vollstreckung eines Schiedsspruchs zwingen, der aus einem Nicht-Vertragsstaat stammt. Diese weitreichende Wirkung konnten die Vertragsstaaten bei Zeichnung des UN-Übereinkommens jedoch ausschließen, Art. 1 Abs. 3 S. 1 (Gegenseitigkeitsvorbehalt). Von dieser Möglichkeit haben zwei Drittel der Vertragsstaaten Gebrauch gemacht, unter anderem auch die Bundesrepublik Deutschland.[1063] Die Staatszugehörigkeit der Parteien war für die Anwendung des UN-Übereinkommens nicht maßgeblich. Dadurch wurden die Schwierigkeiten, die noch bei Anwendung der Genfer Übereinkommen von 1923/1927 bestanden, überwunden.[1064]

Ferner ist das UN-Übereinkommen auch auf solche Schiedssprüche anwendbar, die nach dem Recht des Vollstreckungsstaates als ausländische Schiedssprüche eingeordnet werden, obwohl sie im Vollstreckungsstaat selbst

---

1059 *Nienaber*, Anerkennung und Vollstreckung aufgehobener Schiedssprüche, S. 37.

1060 BGBl. 1961 II, S. 121; Eine überblicksartige Darstellung des UN-Übereinkommens findet sich bei *Maier*, Europäisches und UN-Übereinkommen, S. 29 - 46.

1061 www.uncitral.org/uncitral/en/uncitral_texts/arbitration/NYConvention_status.html, abgerufen am: 5. März 2012.

1062 Stein/Jonas/*Schlosser*, ZPO, 21. Auflage, 1994, vor § 1044 Rz. 1.

1063 Stein/Jonas/*Schlosser*, ZPO, 21. Auflage, 1994, vor § 1044 Rz. 13.

1064 Nach Art. 1 Abs. 1 GenfAbk war nicht eindeutig, ob die Parteien des Schiedsverfahrens für die Anwendung der Genfer Übereinkommen ihre Gerichtsstände in verschiedenen Vertragsstaaten haben mussten, vgl. dazu ab S. 134 (Voraussetzungen der Anerkennung und Vollstreckung).

ergangen waren, Art. 1 Abs. 1 S. 2. Mit dieser Vorschrift wird denjenigen Staaten Rechnung getragen, die die Zuordnung als aus- oder inländischer Schiedsspruch nach der sogenannten verfahrensrechtlichen Theorie bestimmen. Nach dieser Theorie gilt ein Schiedsspruch dann als ausländisch, wenn er nach ausländischem Schiedsverfahrensrecht ergangen war. Demgegenüber knüpft die territoriale Theorie an den Sitz des Schiedsgerichts an. Bis 1945 vertrat das Reichsgericht die territoriale Theorie, der Bundesgerichtshof hingegen ging zwischenzeitlich von der verfahrensrechtlichen Theorie aus.[1065] Seit der Neuregelung des 10. Buches der ZPO von 1997 gilt nach § 1025 Abs. 1 ZPO 1997 in Deutschland die territoriale Theorie.[1066]

b) Die Anerkennung von Schiedsvereinbarungen und die Vollstreckung von Schiedssprüchen

Nach Art. 2 Abs. 1 muss jeder Vertragsstaat Schiedsvereinbarungen anerkennen, sofern der Gegenstand der Schiedsvereinbarung schiedsfähig ist. Die subjektive Schiedsfähigkeit der Parteien ist nach ihrem Personalstatut zu beurteilen, welches nach dem Kollisionsrecht des jeweiligen Vollstreckungsstaates zu bestimmen ist, Art. 5 Abs. 1 lit. a.

Die Wirksamkeit der Schiedsvereinbarung ist nach dem von den Parteien gewählten Recht zu beurteilen, hilfsweise nach dem Recht des Staates, in dem der Schiedsspruch ergangen ist, Art. 5 Abs. 1 lit. a. Eine solche Regelung ist in den Genfer Übereinkommen nicht enthalten, so dass unklar bleibt, nach welchem Recht die Wirksamkeit der Schiedsvereinbarung zu prüfen ist.[1067] Die Wirksamkeit der Schiedsvereinbarung ist wiederum eine notwendige Voraussetzung für die Vollstreckbarkeit des Schiedsspruchs (Art. 1 Abs. 2 lit. a GenfAbk), so dass das Problem des anwendbaren Rechts von erheblicher Bedeutung war.[1068]

Staatliche Gerichte müssen die Parteien auf das Schiedsgerichtsverfahren verweisen, sofern ihnen ein Fall vorliegt, der einer Schiedsvereinbarung unterliegt, Art. 2 Abs. 3.

1065 Der Bundesgerichtshof hatte in seiner Entscheidung vom 3. Oktober 1956, V Zr 32/55, BGHZ 21, S. 365 - 370, S. 367 f. die verfahrensrechtliche Theorie zur Bestimmung ausländischer Schiedssprüche gewählt. Das Reichsgericht hatte demgegenüber auf den Sitz des Schiedsgerichts abgestellt, Urteil vom 22. Februar 1927, Rev. VI 410/26, RGZ 116, S. 193 - 196, S. 194; Urteil vom 10. Dezember 1892, Rev. I 297/92, RGZ 30, S. 368 - 372, S. 370.

1066 Zur Neuregelung des 10. Buches der ZPO nachfolgend ab S. 266 ff. (Neuregelung der ZPO 1997).

1067 Siehe dazu ab S. 137 (Bestimmung des anwendbaren Rechts).

1068 Siehe dazu S. 137, Fn. 587 (Bestimmung des jeweils anwendbaren Rechts).

Ausländische Schiedssprüche sind den inländischen Schiedssprüchen im Wesentlichen gleichzustellen. Dies betrifft die Verfahrensvorschriften zur Anerkennung und Vollstreckung sowie die damit verbundenen Verfahrenskosten. Möchte eine Partei einen Schiedsspruch im Ausland vollstrecken lassen, so muss sie

- den Schiedsspruch und
- die Schiedsvereinbarung im Original oder in beglaubigter Abschrift

bei dem zuständigen Exequaturgericht vorlegen, Art. 4 Abs. 1. Weitere Anforderungen stellt das UN-Übereinkommen für diesen Antrag nicht. Im Unterschied dazu muss nach Art. 4 GenfAbk der Nachweis geführt werden, dass

- der Anwendungsbereich der Genfer Übereinkommen eröffnet,
- der vorgelegte Schiedsspruch eine endgültige Entscheidung,
- die Schiedsvereinbarung gültig,
- der Streitgegenstand im Vollstreckungsstaat schiedsfähig und
- das Schiedsgericht ordnungsgemäß besetzt

war.

Die Vollstreckbarerklärung konnte nach dem UN-Übereinkommen versagt werden, wenn entsprechende Mängel des Schiedsspruchs oder der Schiedsvereinbarung vorliegen. Hierzu führt Art. 5 einen Katalog an Versagungsgründen, die denen des Art. 4 GenfAbk ähnlich sind. Die Darlegungs- und Beweislast für das Bestehen eines Versagungsgrundes trägt nach dem UN-Übereinkommen überwiegend die Partei, die die Vollstreckbarerklärung verhindern möchte, Art. 5 Abs. 1 S. 1. Nur sofern das Vollstreckungsgericht die Schiedsfähigkeit des Streitgegenstands bezweifelt oder einen Verstoß gegen den ordre public des Vollstreckungsstaates erkennt, muss der Antragssteller des widerlegen, Art. 5 Abs. 2.[1069]

c) Die Vollstreckungshindernisse

Die Gründe, die nach dem UN-Übereinkommen gegen eine Vollstreckbarerklärung eingewandt werden können, sind in Art. 5 abschließend aufgezählt und in zwei Kategorien geteilt, wovon nur diejenigen von Amts wegen zu prüfen sind, die in Art. 5 Abs. 2 genannt sind.[1070] Dabei handelt es sich um die fehlende Schiedsfähigkeit des Streitgegenstands und um Verstöße gegen die öffentliche Ordnung (*orde-public*), wobei in beiden Fällen das Recht des Vollstreckungsstaats maßgeblich ist.

1069 *Kilgus*, Anerkennung und Vollstreckbarerklärung, S. 39

1070 Ob die amtswegige Prüfung auch eine Amtsermittlung erfordert, ist umstritten, näher bei Kilgus, Anerkennung und Vollstreckbarerklärung, S. 39

Die Versagungsgründe des Art. 5 Abs. 1 können nur auf die Einrede des Vollstreckungsschuldners hin geprüft werden. Sie betreffen folgende Fälle:

- Keine wirksame Schiedsvereinbarung oder eine Partei war subjektiv nicht schiedsfähig,
- Verletzung des Anspruch auf rechtliches Gehörs,
- Überschreitung des Umfangs der Schiedsvereinbarung,
- Mängel bei der Zusammensetzung des Schiedsgerichts,
- Mängel im Schiedsverfahren,
- der Schiedsspruch ist nicht endgültig, wurde aufgehoben oder in seiner Wirkung gehemmt.

d) Die Aufhebung des Schiedsspruchs

Der Schiedsspruch kann nur in dem Land aufgehoben werden, in dem er ergangen oder dessen Recht er unterstellt ist, Art. 5 Abs. 1 lit. e.

Wird in einem Staat ein Antrag auf Aufhebung eines Schiedsspruches gestellt und wird ferner in einem anderen Staat ein Antrag auf Vollstreckbarerklärung nach dem UN-Übereinkommen gestellt, so können die Behörden des Vollstreckungsstaates die Entscheidung über die Vollstreckbarerklärung bis zur Aufhebungsentscheidung aussetzen, Art. 6. Damit soll vermieden werden, dass ein Schiedsspruch in einem Staat aufgehoben, in einem anderen Staat jedoch für vollstreckbar erklärt wird.[1071]

II. Das Europäische Übereinkommen (1961)

1. Entstehung des Übereinkommens

Das Schiedsverfahrensrecht des UN-Übereinkommens sollte durch das Genfer Europäische Übereinkommen vom 21. April 1961 über die internationale Handelsschiedsgerichtsbarkeit ergänzt werden.[1072] Das Europäische Übereinkommen entstand parallel zu dem UN-Übereinkommen und sollte vorrangig beim Handel mit den sozialistischen Oststaaten zur Anwendung gebracht werden, um den europäischen Handel zu fördern.[1073]

1071 *Nienaber*, Anerkennung und Vollstreckung aufgehobener Schiedssprüche, S. 25.

1072 *Maier*, Europäisches und UN-Übereinkommen, S. 5.

1073 Diesen Zweck machte die Präambel des Europäischen Übereinkommens deutlich: „*Desirous of* ***promoting the development of European trade*** *by, as far as possible, removing certain difficulties that may impede the organization and operation of international commercial arbitration in relations between physical or legal persons of* ***different European countries,***“ (Hervorhebung durch den Verfasser); Stein/Jonas/*Schlosser*, ZPO, 21. Auflage, 1994, vor § 1044 Rz. 1; Nienaber, Anerkennung und Vollstreckung aufgehobener Schiedssprüche, S. 28; *Schütze*, Rechtsverfolgung, Ziff. VIII Nr. 2, S. 217.

Gegenstand des Europäischen Übereinkommens ist vorrangig die Regelung des Schiedsverfahrens sowie die Anerkennung von Schiedsverträgen.[1074] Dabei differenziert das Europäische Übereinkommen in Art. IV Abs. 1 zwischen institutionalisierten oder ständigen sowie ad-hoc Schiedsgerichten. Ad-hoc Schiedsgerichte sind solche, bei denen das Schiedsgericht nur für den jeweiligen Einzelfall gebildet wird. Demgegenüber sind institutionalisierte oder ständige Schiedsgerichte einer Organisation zuzuordnen, die den Ablauf des Schiedsverfahrens administrativ unterstützt, meist eine Verfahrensordnung bereitstellt und Schiedsrichterlisten führt.

Für ad-hoc Schiedsgerichte sieht das Europäische Übereinkommen besondere Unterstützungsmaßnahmen der örtlichen Handelskammerpräsidenten oder eines sogenannten „Besonderen Komitees" vor, das mit Vertretern der ost- und westeuropäischen Staaten besetzt ist.[1075] Dadurch wird die Rechtshilfe staatlicher Gerichte ersetzt.

Der jeweilige Handelskammerpräsident oder das Besondere Komitee kann die Parteien eines ad-hoc Schiedsverfahrens unterstützen und dazu folgende Maßnahmen nach Art. IV Abs. 4 treffen:

(1) Ernennung eines Einzelschiedsrichters, eines Obmanns, eines Oberschiedsrichters oder eines dritten Schiedsrichters,
(2) Ernennung eines oder mehrerer Schiedsrichter, sofern der oder die bisherigen Schiedsrichter entgegen dem in Art. IV Abs. 2 vorgesehenen Verfahren bestellt worden waren,
(3) Bestimmung des Ortes des schiedsrichterlichen Verfahrens,
(4) Bestimmung der Schiedsverfahrensregeln.

Grundsätzlich kommt eine Rechtshilfe erst in Betracht, wenn eine Partei infolge einer nicht beizulegenden Meinungsverschiedenheit den Handelskammerpräsidenten anruft. Sofern dieser nicht binnen 60 Tage nach Eingang eines Antrags diesen erledigt hat, kann auf Antrag einer Partei das Besondere Komitee die begehrte Rechtshilfe leisten, Art. IV Abs. 7.

Deutschland unterzeichnete das Übereinkommen am 21. April 1961, der Bundestag verkündete am 15. April 1964 das Gesetz zu dem Europäischen Übereinkommen vom 21. April 1961 über die internationale Handelsschiedsgerichtsbarkeit.[1076]

1074 *Adolphsen*, Europäisches Zivilverfahrensrecht, § 2 S. 311.

1075 Stein/Jonas/*Schlosser*, ZPO, 21. Auflage, 1994, vor § 1044 Rz. 33; Die Zusammensetzung des Besonderen Komitees wird in der Anlage zu dem Europäischen Übereinkommen näher geregelt.

1076 BGBl. 1964 II, S. 425; Eine überblicksartige Darstellung zum Europäischen Übereinkommen findet sich bei *Maier*, Europäisches und UN-Übereinkommen, S. 7 - 28.

2. Überblick zu den Regelungen

a) Der Anwendungsbereich

Das Europäische Übereinkommen findet auf solche Schiedsvereinbarungen Anwendung, die eine Streitigkeit aus einem internationalen Handelsgeschäft zum Gegenstand haben, Art. I Abs. 1a. Hervorzuheben ist die Anknüpfung an den gewöhnlichen Aufenthalt oder Sitz der Parteien. Anders, als bei den Genfer Übereinkommen von 1923/1927[1077] und dem UN-Übereinkommen[1078] können auf diese Weise Schiedsverfahren erfasst werden, ohne dass es dabei auf den Verhandlungsort oder das anwendbare nationale Verfahrensrecht ankommt.

b) Das Schiedsverfahren

In Art. IV finden sich nähere Bestimmungen zur Konstituierung des Schiedsgerichts und zum Ablauf des Schiedsverfahrens. Haben die Parteien ein ad-hoc Schiedsgerichtsverfahren vereinbart, sich aber über die Bestellung der Schiedsrichter und den Verfahrensablauf nicht einigen können, so sind die örtlichen Handelskammerpräsidenten oder das sogenannte „Besondere Komitee" berufen, entsprechende Entscheidungen für die Parteien zu treffen, Art. IV.

Hinsichtlich der Rüge der Unzuständigkeit des Schiedsgerichts oder der Einrede des Schiedsvertrags vor den ordentlichen Gerichten gibt das Übereinkommen strenge Regelungen vor: Grundsätzlich sind diese Rügen bzw. Einreden frühzeitig im Verfahren geltend zu machen, andernfalls droht der Verlust der Rüge bzw. Einrede, Art. V Abs. 1, Abs. 2, Art. VI Abs. 1. Sofern bereits ein Schiedsverfahren im Gange ist, wird dieses trotz der Rüge der Unzuständigkeit des Schiedsgerichts nicht ausgesetzt, Art. V Abs. 3, Art. VI Abs. 3. Dadurch soll einer möglichen Verschleppung durch die Erhebung unbegründeter Unzuständigkeitsrügen und Einreden entgegengewirkt werden.[1079]

Das Europäische Übereinkommen sieht in Art. VI Abs. 2 einheitliches Kollisionsrecht vor. Danach steht den Parteien die freie Wahl des die Schiedsvereinbarung anwendbaren Rechts zu. Fehlt eine Rechtswahl der Parteien, so soll an den Ort des voraussichtlichen Erlasses des Schiedsspruches angeknüpft werden. Ist dieser Ort (noch) nicht bekannt, so hat das staatliche Gericht sein eigenes Kollisionsrecht anzuwenden und danach das auf die Schiedsvereinbarung anwendbare Sachrecht zu ermitteln.

Hinsichtlich des für die Entscheidung des Rechtsstreits anwendbaren Rechts bestimmt Art. VII Abs. 1 S. 1, dass grundsätzlich nach materiellem Recht zu entscheiden ist. Auch hier gilt vorrangig die freie Rechtswahl der Parteien. Be-

1077 Art. 1 GenfProt, Art. 1 GenfAbk.

1078 Art. I Abs. 1 UNÜ.

1079 *Maier*, Europäisches und UN-Übereinkommen, S. 19 Anm. zu Art. V Nr. 12.

steht keine Rechtswahl, so hat das Schiedsgericht zur Ermittlung des anwendbaren Sachrechts dasjenige nationale Kollisionsrecht anzuwenden, dass aus seiner Sicht am sachnächsten ist, Art. VII Abs. 1. Diese freizügige Regelung beruht auf dem Umstand, dass eine international einheitliche Kollisionsregelung nicht besteht und die Bestimmung des Kollisionsrechts des Schiedsgerichts problematisch ist,[1080] da nach allgemeiner Auffassung das Schiedsgericht keine eigene lex fori wie ein staatliches Gericht, besitzt, über welches das anwendbare Sachrecht ermittelt werden könnte.[1081] Die Parteien konnten aber auch auf eine Rechtsentscheidung verzichten und das Schiedsgericht zur Entscheidung nach Billigkeit verpflichten, Art. VII Abs. 2.

c) Anerkennung und Vollstreckung von Schiedssprüchen

Anerkennungsvorschriften enthält das Europäische Übereinkommen nicht. Die Anerkennung und Vollstreckung von ausländischen Schiedssprüchen bestimmt sich daher nach anderen Regelungen, etwa dem UN-Übereinkommen oder auch nationalen Anerkennungs- und Vollstreckungsvorschriften.

Eine Ausnahme hiervon bildet Art. IX. Dort wird geregelt, unter welchen Bedingungen die Aufhebung eines Schiedsspruchs in dem einen Staat die Gerichte des anderen Staates bei deren Entscheidung über die Vollstreckbarkeit des (aufgehobenen) Schiedsspruchs bindet. Im Wesentlichen tritt diese Bindungswirkung nur ein, wenn die Aufhebung durch ein Gericht desjenigen Staates erfolgte, in dem der Schiedsspruch ergangen war oder nach dessen Recht das Schiedsverfahren zu beurteilen war, Art IX Abs. 1. Ferner sind nur die Aufhebungsgründe Art. IX Abs. 1 lit. a - lit. d maßgeblich.[1082] Ist die Aufhebung aus einem anderen Grund erfolgt, tritt die Bindungswirkung nicht ein.[1083]

1080 *Maier*, Europäisches und UN-Übereinkommen, S. 19 Anm. zu Art. VII Nr. 4.

1081 Diese These stellte *Gentinetta* allerdings in Frage, worauf hier nicht weiter eingegangen werden kann, *Gentinetta*, Die Lex Fori internationaler Schiedsgerichte.

1082 Diese Vorschriften betrafen die Fälle fehlender Schiedsfähigkeit, Verletzung des rechtlichen Gehörs im Schiedsverfahren und Überschreitung der Grenzen der Schiedsvereinbarung.

1083 Art. V Abs. 1 lit. e UNÜ geht hier weiter: Danach ist die Anerkennung und Vollstreckung des Schiedsspruchs zu versagen, wenn der Schiedsspruch in dem Land seines Erlasses oder von einem Gericht des Staates, nach dessen Recht der Schiedsspruch ergangen war, aufgehoben wurde.

D. Änderungen der ZPO

Die bereits frühzeitig in Erscheinung getretenen Bestrebungen einer umfassenden Reform der ZPO[1084] wurden zu keiner Zeit umgesetzt. Die Arbeiten der ZPO-Kommission in den 1920er Jahren dienten zwar ursprünglich diesem Ziel, der auf diese Kommission zurückzuführende Entwurf von 1931 trat nie jedoch in Kraft. Anstelle dessen wurden nur einzelne Bereiche des 10. Buches der ZPO novelliert. Dies änderte sich auch nicht nach Ende des 2. Weltkriegs,[1085] obwohl das Schiedsverfahrensrecht der ZPO zunehmend als rückständig und unpraktikabel kritisiert wurde, insbesondere bezüglich der Lückenhaftigkeit des Gesetzes. Gerade für ausländische Parteien sei es unpraktikabel, den geltenden Rechtszustand nur unter Zuhilfenahme von Rechtsprechung in Literatur in Erfahrung bringen zu können, so dass eine ausführlichere Regelung im Gesetz gerade für internationale Schiedsverfahren als notwendig erachtet wurde.[1086] Viele Regelungen des bis 1997 geltenden Rechts entsprächen zudem nicht den modernen Anforderungen, wie beispielsweise das Zwei-Personen-Schiedsgericht nach § 1028 ZPO 1898, das Außerkrafttreten des Schiedsvertrags bei Stimmgleichheit nach § 1033 ZPO 1898, die Unwirksamkeit des Schiedsvertrags im Falle sozialen oder wirtschaftlichen Übergewichts einer Partei nach § 1025 Abs. 2 ZPO 1933, der vollständige Instanzenzug bei der gerichtlichen Aufhebungsklage nach § 1041 ZPO 1930 oder die Anwendbarkeit deutschen Schiedsverfahrensrechts aufgrund Parteivereinbarung anstelle der Geltung des Territorialitätsprinzips.[1087]

Im Zuge der Neuregelung des deutschen internationalen Privatrechts wurde daher im Jahr 1986 die sogenannte kleine Reform des Schiedsverfahrensrechts durchgeführt, um die dringendsten Probleme zu beseitigen.[1088] Im Jahr 1997 kam es zur vollständigen Neuregelung des 10. Buches der ZPO.

Zuvor, im Jahr 1969, wurde bereits die Vorschrift des § 1032 Abs. 3 ZPO 1933 geändert. Nach der Regelung von 1933 konnten soge-

---

1084 Näheres zu den frühen Reformbestrebungen ab S. 89 (Entstehung und Motive der Novelle von 1898) sowie S. 98 (Der weitere Reformprozess).

1085 Zu den vergeblichen Versuche einer großen Justizreform zu Beginn der Bundesrepublik: *Book*, Justizreform der BRD, S. 275 ff., insbesondere S. 283 ff.

1086 So die Begründung des Entwurf der Bundesregierung, BT Drucks, 13. Wahlperiode, Nr. 5274, S. 1, S. 22 rechte Spalte Abs. 2, 3; Beispielhaft aus der Literatur: *Raeschke-Kessler/Lehne*, Schiedsgerichtsbarkeit, S. 88; *Schulze*, Schiedsfähigkeit, S. 2 Fn. 14, 15; *Berger*, Schiedsgerichtsbarkeit, lit. A, S. 4 ff.; ähnlich *Berger*, Wirtschaftsschiedsgerichtsbarkeit, S. 38.

1087 *Berger*, Schiedsgerichtsbarkeit, lit. A, S. 2 Fn. 7 und S. 5 f.; Vgl. *Bredow*, Das neue 10. Buch der ZPO in: BB Beilage 2, 1998, S. 2; Zu § 1025 Abs. 2 ZPO vgl. *Schlosser*, Notwendige Reformen des deutschen Rechts der Schiedsgerichtsbarkeit in: ZIP, 1987, S. 492 f.

1088 *Haas*, Anerkennung und Vollstreckung, S. 41.

nannte „Nichtarier“ als Schiedsrichter abgelehnt werden. Diese Bestimmung trat aufgrund Art. 2 des Kontrollratsgesetzes Nr. 1 betreffend die Aufhebung von NS-Recht vom 20. September 1945[1089] außer Kraft. Mit dem Ersten Gesetz zur Reform des Strafrechts vom 25. Juni 1969 wurde die Vorschrift teilweise neu formuliert.[1090] Der Begriff der bürgerlichen Ehrenrechte wurde gestrichen. Nunmehr konnten Personen, denen aufgrund Richterspruchs die Fähigkeit zur Bekleidung öffentlicher Ämter aberkannt wurde, abgelehnt werden.

I. Die Novelle von 1986 (IPR-Novelle)

1. Zur Entstehung der Novelle

Anlass der IPR-Novelle war die Modernisierung des deutschen internationalen Privatrechts.[1091] Zu dem Gesetzesentwurf nahm der Bundesrat Stellung, machte aber in Hinblick auf das Schiedsverfahrensrecht keine eigenen Vorschläge.[1092] Daraufhin übersandte die Bundesregierung am 20. Oktober 1983 den Entwurf an den Bundestag.[1093] Der Bundestag überwies den Entwurf an den 6. Rechtsausschuss. Dieser entwarf auf Betreiben des Deutschen Instituts für Schiedsgerichtswesen e. V. (DIS) einige Änderungen für das 10. Buch der ZPO.[1094] Dabei ging es um praktische Schwierigkeiten, wenn einzelne Schiedsrichter ihre Unterschrift unter dem Schiedsspruch verweigerten oder wenn das geltende Recht kein für die Niederlegung des Schiedsspruches zuständiges Gericht bestimmte. Mit diesen Änderungsvorschlägen empfahl der Rechtsausschuss dem Bundestag am 6. Juni 1986, den Gesetzesentwurf anzunehmen.[1095] Der Bundestag stimmte dem vorgelegten Entwurf zu, das Gesetz wurde am 25. Juli 1986 verkündet[1096] und trat am 1. September 1986 in Kraft.[1097]

2. Die gesetzlichen Änderungen

Die IPR-Novelle änderte durch Art. 4 Nr. 10 - Nr. 13 einige ZPO-Vorschriften zum Schiedsverfahrensrecht.

1089 Amtsblatt des Kontrollrats in Deutschland 1945, S. 6.

1090 BGBl. 1969 I, S. 645, Art. 40 Abs. 2.

1091 Begründung des Gesetzesentwurfs der Bundesregierung vom 20. Oktober 1983, BT Drucks, 10. Wahlperiode, Nr. 504, S. 1.

1092 BT Drucks, 10. Wahlperiode, Nr. 504.

1093 BT Drucks, 10. Wahlperiode, Nr. 504, S. 3.

1094 *Basedow*, Neuregelung des IPR, in: NJW, 1986, S. 2979.

1095 BT Drucks, 10. Wahlperiode, Nr. 5632, S. 4.

1096 Gesetz zur Neuregelung des Internationalen Privatrechts vom 25. Juli 1986, BGBl. 1986 I, S. 1142 ff.

1097 Art. 7 § 2 des Gesetzes.

a) Die Unterzeichnung des Schiedsspruchs (§ 1039 Abs. 1 ZPO 1986)

Nach der bisherigen Rechtslage mussten alle Schiedsrichter den Schiedsspruch unterzeichnen, andernfalls wurde er nicht endgültig und konnte nicht vollstreckt werden, § 1039 Abs. 1 ZPO 1898.[1098] Nach der novellierten Regelung verhinderte die fehlende Unterschrift eines Schiedsrichters die Wirksamkeit des Schiedsspruchs nicht, sofern mehr als zwei Schiedsrichter das Schiedsgericht bildeten und die weiteren Schiedsrichter den Schiedsspruch unterzeichnet hatten.

Diese Neufassung des § 1039 Abs. 1 ZPO hatte der 6. Rechtsausschuss des Bundestags vorgeschlagen. Bereits bei der Vorbereitung der Novelle von 1924 hatte es einen entsprechenden Änderungsantrag des Abgeordneten *Fischers* gegeben, der allerdings nicht erfolgreich war.[1099] Es war in der Vergangenheit immer wieder zu Problemen gekommen, wenn Schiedsrichter, die an dem Schiedsspruch mitgewirkt hatten, aus persönlichen Gründen ihre Unterschrift auf dem Schiedsspruch verweigerten.[1100] Dadurch war der Schiedsspruch formal unvollständig und konnte nicht vollstreckt werden. In solch einem Fall war das Schiedsverfahren für die Parteien ergebnislos verlaufen, sofern die unterlegene Partei den Schiedsspruch nicht freiwillig erfüllte.

b) Die Bekanntmachung des Schiedsspruchs (§ 1039 Abs. 2 ZPO 1986)

Nach der neuen Regelung des § 1039 Abs. 2 ZPO 1986 konnten die Parteien anstelle der förmlichen Zustellung des Schiedsspruchs eine andere Bekanntmachungsart vereinbaren. Bislang war die förmliche Zustellung zwingende Voraussetzung für das vollständige Zustandekommen, mithin Voraussetzung der Vollstreckungsfähigkeit des Schiedsspruchs. Der 6. Rechtsausschuss hatte diese Neuregelung vorgeschlagen, um das Zustandekommen des Schiedsspruchs zu vereinfachen, da dies gerade bei internationalen Schiedsverfahren notwendig sei.[1101]

1098 So bereits die Entscheidungen des Reichsgerichts vom 13. April 1887, Rev. II. 413/86, RGZ 18, S. 369 - 372, S. 371 und 15. Januar 1896, Rev. I 305/95, RGZ 37, S. 412 - 415, S. 414.

1099 Siehe dazu S. 104 und Fn. 429 (Entstehung und Motive der Novelle von 1924).

1100 Bericht der Abgeordneten Eylmann und Stiegler zum Beratungsverfahren vom 6. Juni 1986, BT Drucks, 10. Wahlperiode, Nr. 5632, S. 47 zu Art. 4 Nr. 9a - § 1039 ZPO.

1101 Bericht der Abgeordneten Eylmann und Stiegler zum Beratungsverfahren vom 6. Juni 1986, BT Drucks, 10. Wahlperiode, Nr. 5632, S. 47 zu Art. 4 Nr. 9a - § 1039 ZPO.

c) Der Verzicht auf die Niederlegung (§ 1039 Abs. 3 ZPO 1986)

Bislang konnten die Parteien auf die Niederlegung des Schiedsspruches bei Gericht nach § 1039 Abs. 3 ZPO 1986 verzichten.[1102] Sollte aus dem Schiedsspruch jedoch in Deutschland vollstreckt werden, so musste er in jedem Fall niedergelegt werden. Nach der neuen Regelung war die Niederlegung auch für die Vollstreckung des Schiedsspruch nicht mehr zwingend erforderlich. Damit sollte eine weitere Vereinfachung bewirkt werden.[1103]

d) Änderungen in §§ 1041 Abs. 1 Nr. 2, 1044 Abs. 2 Nr. 2 ZPO 1986 (ordre public)

Die Fassung des § 1041 Abs. 1 Nr. 2 ZPO 1986, der in seiner bisher geltenden Fassung die Verurteilung zu einer nach deutschem Recht verbotenen Handlung regelte, wurde dem Wortlaut an die neue ordre public Klausel in § 328 Abs. 1 Nr. 4 ZPO 1986[1104] angepasst. Danach war die Anerkennung des Schiedsspruchs dann zu versagen, wenn der Schiedsspruch wesentlichen Grundsätzen des deutschen Rechts, insbesondere den Grundrechten, offensichtlich widersprach. Der früher im Gesetz enthaltene Verweis auf die verbotene Handlung war überflüssig geworden, da er neben dem ordre public Vorbehalt keine eigenständige Bedeutung gehabt hätte.[1105]

An die neue Formulierung der ordre public Klausel in § 328 Abs. 1 Nr. 4 ZPO wurde auch der Wortlaut des § 1044 Abs. 2 Nr. 2 ZPO 1986 angepasst. Nach dieser Regelung war die Anerkennung ausländischer Schiedssprüche zu versagen, wenn die Anerkennung einen Verstoß gegen die guten Sitten oder die öffentliche Ordnung bewirken würde. Dies sollte nach dem neuen Gesetzestext insbesondere dann der Fall sein, wenn die Durchsetzung des Schiedsspruchs zu einer nach deutschem Recht verbotenen Handlung führen würde. Mit der Neuregelung entfiel auch in § 1044 Abs. 2 Nr. 2 ZPO 1986 der Verweis auf den Regelfall des Verstoßes gegen verbotene Handlungen. Nach der Gesetzesbegründung war damit aber keine Rechtsänderung

1102 Bereits ein Jahrhundert zuvor hatte die Justizverwaltung Hamburgs eine entsprechende Änderung im Vorfeld der Novelle von 1898 vorgeschlagen, und zwar aus den gleichen Erwägungen, wie die Rechtsänderung mit der Novelle von 1985 begründet wurde. Der Vorschlag wurde damals nicht umgesetzt, die Gründe hierfür sind nicht ersichtlich, *Jakobs/Schubert*, Beratung des BGB, 2. Teilband, S. 1323, S. 1320, 1388, siehe dazu ab S. 93 (Entstehung und Motive der Novelle von 1898).

1103 Bericht der Abgeordneten Eylmann und Stiegler zum Beratungsverfahren vom 6. Juni 1986, BT Drucks, 10. Wahlperiode, Nr. 5632, S. 47 zu Art. 4 Nr. 9a - § 1039 ZPO.

1104 Diese Vorschrift regelt die Anerkennungsvoraussetzungen für ausländische Urteile.

1105 Begründung des (unveränderten) Gesetzesentwurfs der Bundesregierung vom 20. Oktober 1983, BT Drucks, 10. Wahlperiode, Nr. 504, S. 92 zu Nrn. 10 und 11.

verbunden. Vielmehr käme der verbotenen Handlung neben dem ordre public Vorbehalt keine eigenständige Bedeutung zu.[1106]

Zu einer neuen Rechtsprechung war der Bundesgerichtshof aufgrund der Gesetzesänderung jedoch nicht gelangt. Bereits mit Urteil vom 12. Mai 1958 hatte der Bundesgerichtshof einen Verstoß gegen die öffentliche Ordnung als eine *„wesentliche Störung des sozialen oder wirtschaftlichen Lebens"* definiert.[1107] Eine ähnliche Begriffsbestimmung wurde bereits zu § 1041 Abs. 1 Nr. 2 ZPO 1930 vertreten, wonach der Begriff der öffentlichen Ordnung durch zwingende Vorschriften auszufüllen sei, die die Grundlagen des staatlichen und wirtschaftlichen Lebens berührten.[1108]

e) Änderung in § 1045 ZPO 1986 (Zuständiges Gericht zur Niederlegung des Schiedsspruchs)

Das Gesetz enthielt in § 1045 ZPO Regelungen zur Zuständigkeit der ordentlichen Gerichte. Sollte ein ausländischer Schiedsspruch in Deutschland vollstreckt werden, war es möglich, dass nach bisher geltendem Recht kein Gericht für die Niederlegung des Schiedsspruchs als zuständig bezeichnet wurde. Die bisherige Regelung knüpfte zur Bestimmung des Niederlegungsgerichts an den deutschen Gerichtsstand der am Schiedsverfahren beteiligten Parteien an. Hatte jedoch keine der Parteien einen deutschen Gerichtsstand und war ein deutscher Gerichtsstand auch nicht vereinbart worden, fehlte es an einem für die Niederlegung zuständigen Gericht.

Auf Vorschlag des Rechtsausschusses[1109] wurde deshalb § 1045 Abs. 1 ZPO 1986 in Ziffer 3 ergänzt. Diese Vorschrift machte die Zuständigkeit der ordentlichen Gerichte von dem Ort des Schiedsverfahrens abhängig. Damit sollten solche Fälle erfasst werden, bei denen Ausländer in Deutschland ein Schiedsverfahren führten und keine der beteiligten Parteien einen deutschen Gerichtsstand hatte.

1106 Begründung des (unveränderten) Gesetzesentwurfs der Bundesregierung vom 20. Oktober 1983, BT Drucks, 10. Wahlperiode, Nr. 504, S. 92 zu Nrn. 10 und 11; eine inhaltliche Neuerung verneinte auch *Schwab/Walter*, Schiedsgerichtsbarkeit, Kap. 30 Rz. 18.

1107 Urteil des Bundesgerichtshofs vom 15. Mai 1958, VII Zr 436/56, NJW, 1958, S. 1538 - 1540, insbesondere S. 1539.

1108 Volkmar, Änderungen im schiedsrichterlichen Verfahren, in: Int. Jahrbuch III, S.9 f.; Vgl. Stein/Jonas/*Schlosser*, ZPO, 21. Auflage, 1994, § 1041 Rz. 23; Siehe dazu ab S. 164 (Novelle 1930).

1109 Bericht der Abgeordneten Eylmann und Stiegler zum Beratungsverfahren vom 6. Juni 1986, BT Drucks, 10. Wahlperiode, Nr. 5632 S. 47 zu Art. 4 Nr. 12 - § 1045 ZPO.

II. Die vollständige Neuregelung von 1997 (UNCITRAL Modellgesetz)

1. Zur Entstehung des Gesetzes

Die heutigen Regelungen des 10. Buches der ZPO wurden durch das Gesetz zur Neuregelung des Schiedsverfahrens vom 22. Dezember 1997 eingeführt.[1110] Grund hierfür waren die am Anfang dieses Abschnitts angesprochenen Nachteile des bisherigen deutschen Schiedsverfahrensrecht. Mit dieser Neuregelung sollte das deutsche Recht internationalen Standards angepasst werden. Die neuen Vorschriften beruhen auf dem Modellgesetz der UN-Kommission für internationales Handelsrecht (*United Nations Commission on International Trade Law, UNCITRAL*[1111]) vom 21. Juni 1985.[1112] Die UNCITRAL hatte im Jahr 1979 die Ausarbeitung eines Mustergesetzes beschlossen und beriet sich ab 1981 drei Jahre über das Modellgesetz.[1113] Die endgültige Fassung wurde den Mitgliedstaaten der UN von der UNCITRAL am 11. Dezember 1985 zur Annahme empfohlen.[1114]

Ziel dieses Modellgesetzes ist zweierlei:[1115] Zum einen soll den nationalen Gesetzgebern ein in sich geschlossenes Regelwerk zum Schiedsverfahren geboten werden, das ohne weitere Anpassungen in nationales Recht übernommen werden kann. Zweck der ausführlicheren Kodifikation des Schiedsverfahrens ist es, Streitigkeiten zwischen den Parteien vorbeugen, die sich aufgrund von Unklarheiten und Regelungslücken in Bezug auf den Verfahrensablauf ergeben können. Zum anderen soll das Modellgesetz zur internationalen Rechtsvereinheitlichung auf dem Gebiet des Schiedsverfahrensrechts beitragen.

Im Jahr 1991 erteilte das Bundesjustizministerium einer Kommission den Auftrag, ein neues Schiedsverfahrensrecht zu entwerfen. Daraus resultierte ein erster Diskussionsentwurf zur Neuregelung des Schiedsverfahrensrechts auf Grundlage des UNCITRAL-Modellgesetzes, der im Februar 1994 vom Bundesjustizministerium insbesondere an die betroffenen Bundesressorts und die Landesjustizverwaltungen verschickt wurde[1116] und in auf breite Zustimmung

1110 BGBl. 1997 I, S. 3224 ff.

1111 www.uncitral.org.

1112 www.uncitral.org/uncitral/en/uncitral_texts/arbitration/1985Model_arbitration.html, abgerufen am 1. Juni 2011.

1113 *Berger*, Schiedsgerichtsbarkeit, lit. B, S. 15.

1114 *Berger*, Schiedsgerichtsbarkeit, lit. B, S. 7 Fn. 30.

1115 Zum Nachfolgenden: *Berger*, Schiedsgerichtsbarkeit, lit. B, S. 7 ff.

1116 Bundesjustizministerium, Kommission zur Neuordnung des Schiedsverfahrensrechts, Bericht mit einem Diskussionsentwurf zur Neufassung des 10. Buches der ZPO, Februar 1994.

stieß.[1117] Danach sollte das UNICITRAL-Modellgesetz weitestgehend in die ZPO übernommen werden und das bisher geltende Recht ersetzen. Nachfolgend verfasste die Bundesregierung einen Regierungsentwurf, der im Wesentlichen den Diskussionsentwurf wiedergab.[1118] Zum Regierungsentwurf der Bundesregierung nahm der Bundesrat am 3. Mai 1996 in wenigen Punkten Stellung.[1119] Mit den durch die Bundesregierung zum Teil übernommenen Änderungsvorschlägen des Bundesrates wurde der Entwurf am 11. Juni 1996 an den Bundestag übersandt.[1120] Der Bundestag überwies am 10. Oktober 1996 den Entwurf an den 6. Rechtsausschuss zur weiteren Beratung.[1121] Der Rechtsauschuss nahm vereinzelt redaktionelle und inhaltliche Änderungen vor und verabschiedete den Entwurf am 12. November 1997.[1122] Am 22. Dezember 1997 beschloss der Bundestag das Gesetz, welches am 1. Januar 1998 in Kraft trat.[1123]

2. Überblick zu den Rechtsänderungen

a) Der Anwendungsbereich (§ 1025 ZPO 1997)

Das 10. Buch der ZPO wurde infolge des Neuregelungsgesetzes vollständig neu gefasst.[1124] In Bezug auf den Anwendungsbereich des neuen 10. Buches der ZPO wurde zwischen in- und ausländischen Schiedssprüchen nicht mehr differenziert, wie es seit der Novelle von 1930 der Fall war.

Anwendung findet das geltende Schiedsverfahrensrecht der ZPO nach Maßgabe des in § 1025 Abs. 1 ZPO festgeschriebenen Territorialitätsprinzips. Nach

1117 Näheres zu dem Diskussionsentwurf: BT Drucks, 13. Wahlperiode, Nr. 5274, S. 22 und BT Drucks, 13. Wahlperiode, Nr. 9124, S. 23 f.

1118 *Berger*, Schiedsgerichtsbarkeit, lit. B, S. 15; Der Diskussionsentwurf beruht auf der UNCITRAL Modellgesetz und sah – wie die spätere Neuregelung von 1997 – ein einheitliches Regelungswerk für nationales und internationale Schiedsverfahren vor, S. 9, 11 des Diskussionsentwurfs. Der Diskussionsentwurf ist vom Bundesjustizministerium 1994 veröffentlicht worden und beispielsweise bei der Deutschen Institution für Schiedsgerichtsbarkeit e. V. (DIS) online abrufbar: www.dis-arb.de/de/54/content/gesetzgebungsmaterialien-id41, abgerufen am 10. Mai 2012.

1119 Stellungnahme des Bundesrates vom 3. Mai 1996, BT Drucks, 13. Wahlperiode, Nr. 5274, S. 73 ff.

1120 BT Drucks, 13. Wahlperiode, Nr. 5274, S. 3.

1121 Siehe BT Drucks, 13. Wahlperiode, Nr. 9124, S. 43.

1122 Bericht der Abgeordneten Pofalla und Pick vom 12. November 1997, BT Drucks, 13. Wahlperiode, Nr. 9124, S. 43; Die Änderungen im Überblick: BT Drucks, 13. Wahlperiode, Nr. 9124, S. 6, 8, 10, 12, 14 - 18, 20, 22 f.

1123 Art. 5 Abs. 1 des Gesetzes; BGBl. 1997 I, S. 3224.

1124 Eine detaillierte Darstellung finden sich unter anderem bei *Berger*, Schiedsgerichtsbarkeit, insbesondere S. 131 f., S. 152 - 329 und *Jaeger*, Umsetzung des UNCITRAL-Modellgesetzes, S. 39 - 132.

diesem Grundsatz ist das deutsche Schiedsverfahren immer dann anzuwenden, wenn das Schiedsgericht seinen Sitz (nicht zwingend seinen Tagungsort) in Deutschland hat (sogenanntes Schiedsverfahrensstatut).[1125] Nach bisheriger Rechtslage war nach der Entscheidung des Bundesgerichtshofs vom 3. Oktober 1956 die verfahrensrechtliche Theorie maßgebend:[1126] Ein Schiedsverfahren dann nach deutschem Recht zu beurteilen, wenn die Parteien sich hierauf verständigt hatten oder wenn das Schiedsgericht tatsächlich deutsches Schiedsverfahrensrecht angewandt hatte. Früher hatte das Reichsgericht auf den Sitz des Schiedsgerichts abgestellt.[1127] Die verfahrensrechtliche Theorie konnte zu erheblichen Kompetenzkonflikten zwischen deutschen und ausländischen Gerichten führen, sofern das ausländische Schiedsverfahrensrecht das Territorialitätsprinzip anwandte und sich sowohl deutsche, als auch ausländische Gerichte für denselben Rechtsstreit für zuständig erachteten.[1128]

b) Der Schiedsvertrag (§§ 1029 - 1033 ZPO 1997)

Der Regelungen zum Schiedsvertrag befinden sich in den §§ 1029 bis 1033 ZPO 1997. Eine kollisionsrechtliche Bestimmung zum Schiedsvertragsstatut ist an dieser Stelle nicht vorgesehen, so dass die Bestimmung des auf den Schiedsvertrag anwendbaren Rechts (Schiedsvertragsstatut) nicht durch eine einheitliche Kollisionsnorm erfolgen kann.

Schiedsvereinbarungen gehören dem Internationalen Verfahrensrecht an.[1129] Das Übereinkommen von Brüssel über die gerichtliche Zuständigkeit und die Vollstreckung gerichtlicher Entscheidungen in Zivil- und Handelssachen von 1968 (Brüsseler Übereinkommen, EuGVÜ) bestimmte hierzu in Art. 17 Abs. 1 jedoch nur, dass ein vereinbarter Gerichtsstand zur ausschließlichen internationalen Zuständigkeit der Gerichte des jeweils vereinbarten Staates führen. Zu den materiell-rechtlichen Wirksamkeitsanforderungen wird im europäischen Internationalen Zivilverfahrensrecht der EuGVÜ jedoch keine Aussage getroffen.[1130] Der Schiedsvertrag wird jedoch nicht nur als verfahrensrechtliche, sondern auch materiell-rechtliche Vereinbarung über prozess-rechtliche Beziehungen qualifi-

1125 *Berger*, Schiedsgerichtsbarkeit, lit. B, S. 16.

1126 Urteil des Bundesgerichtshofs vom 3. Oktober 1956, V Zr 32/55. BGHZ 21, S. 365 - 370, S. 367 f.

1127 Urteil des Reichsgerichts vom 22. Februar 1927, Rev. VI 410/26, RGZ 116, S. 193 - 196, S. 194; Urteil vom 10. Dezember 1892, Rev. I 297/92, RGZ 30, S. 368 - 372, S. 370.

1128 *Berger*, Schiedsgerichtsbarkeit, lit. A, S. 5 f.

1129 Münchener Kommentar/*Martiny*, BGB, 5. Auflage, 2010, Art. 1 Rom I VO Rz. 57.

1130 Münchener Kommentar/*Martiny*, BGB, 5. Auflage, 2010, Vorbemerkung zu Art. 1 Rom I VO Rz. 52.

ziert.[1131] Insofern käme grundsätzlich die Verordnung (EG) Nr. 593/2008 vom 17. Juni 2008 über das auf vertragliche Schuldverhältnisse anzuwendende Recht (Rom I) zur Anwendung. Im Falle der Schiedsvereinbarung enthält Art. 1 Abs. 2 lit. e Rom I VO jedoch einen Anwendungsausschluss.

Soweit bilaterale Staatsverträge keine vorrangigen Regelungen beinhalten, ist daher autonomes Kollisionsrecht anzuwenden. Hier bestimmt § 1059 Abs. 2 Nr. 1 lit. a ZPO 1997 für das Verfahren zur Aufhebung von Schiedssprüchen, dass die Parteien das auf den Schiedsvertrag anwendbare Recht frei bestimmen können.[1132] Besteht keine ausdrückliche Vereinbarung der Parteien, so wird allgemein angenommen, dass sich das Schiedsvertragsstatut nach dem Hauptvertragsstatut richtet.[1133]

Ist der Schiedsvertrag nach deutschem Recht zu beurteilen, so ist nach § 1030 Abs. 1 ZPO 1997 Voraussetzung für eine wirksame Schiedsvereinbarung ein *vermögensrechtlicher* Streitgegenstand. Bislang war ein *vergleichsfähiger* Streitgegenstand erforderlich, was häufig zu Unklarheiten bei der Definition der Vergleichsfähigkeit geführt hatte.[1134]

Der Tatbestand des § 1025 Abs. 1 ZPO 1933, wonach Schiedsvereinbarungen, die eine Partei unter bestimmten Druck abgeschlossen hatte oder die einer Partei einseitig alle Schiedsrichterernennungen gestattete, unwirksam waren, wurde nicht in das neue Recht übernommen. Eine äußere Grenze einseitiger

---

1131 Musielak/*Voit*, ZPO, 9. Auflage, 2012, § 1029 Rz. 3 a. E.; *Jaeger*, Umsetzung des UNCITRAL-Modellgesetzes, S. 51; Baumbach/Lauterbach/Albers/*Hartmann*, ZPO, 69. Auflage, 2011, § 1029 Rz. 10; Urteile des Bundesgerichtshofs vom 30. Januar 1957, V Zr 80/55, NJW, 1957, S. 589 - 591, S. 590; 28. November 1963, Rev. VII Zr 112/62, NJW, 1964, S. 591 - 593, S. 592; 6. April 2009, Rev. II Zr 255/08, NJW, 2009, S. 1962 - 1967, S. 1964.

1132 Zum umstrittenen Verhältnis dieser Vorschrift zur Kollisionsnorm des Art. 3 Rom I VO bzw. zu dem durch die Rom I VO abgelösten Art. 27 EGBGB siehe Münchener Kommentar/*Martiny*, BGB, 5. Auflage, 2010, Vorbemerkung zu Art. 1 Rom I VO Rz. 90.

1133 Münchener Kommentar/*Martiny*, BGB, 5. Auflage, 2010, Vorbemerkung zu Art. 1 Rom I VO Rz. 91; Beschluss des Hanseatischen Oberlandesgerichts vom 24. Januar 2003, 11 Sch 06/01, SchiedsVZ 2003, S. 284 - 288, S. 287; Inwiefern über den Weg des Hauptvertragsstatuts die Rom I VO (Art. 3) mittelbar auch für Schiedsvereinbarungen gilt, obgleich diese eigentlich nach Art. 1 Abs. 2 lit. e Rom I VO vom Anwendungsbereich der Verordnung ausgeschlossen sind, ist umstritten, siehe dazu Münchener Kommentar/*Martiny*, BGB, 5. Auflage, 2010, Vorbemerkung zu Art. 1 Rom I VO Rz. 91; Handelt es sich um eine selbständige Schiedsvereinbarung ohne Bezug zu einem konkreten Hauptvertrag, wird vertreten, § 1059 Abs. 2 Nr. 1 lit. a ZPO 1997 als Sonderkollisionsnorm für den Schiedsvertrag anzuwenden, und zwar auch außerhalb des Aufhebungsverfahrens, für welches die Vorschrift unmittelbar vorgesehen ist, Musielak/*Voit*, ZPO, 9. Auflage, 2012, § 1029 Rz. 28.

1134 *Berger*, Schiedsgerichtsbarkeit, lit. A, S. 5.

Vertragsgestaltung ergibt sich durch das Verbot sittenwidriger Geschäfte nach § 138 BGB.

c) Die Schiedsrichter (§§ 1034 - 1039 ZPO 1997)

Ein wesentlicher Nachteil, der in dem deutschen Schiedsverfahrensrecht vielfach gesehen wurde, war die gesetzliche Annahme, Schiedsgerichte wären typischerweise mit zwei Schiedsrichtern besetzt, obgleich meist dreiköpfige Schiedsgerichte üblich waren, § 1028 ZPO 1898.[1135] In § 1034 Abs. 1 ZPO 1997 wurde daher der Regelfall eines Drei-Personen-Schiedsgerichts aufgenommen. Zudem wurde die bislang mit einer Woche sehr kurze Frist zu Ernennung eines Schiedsrichters nach §§ 1029, 1031 ZPO 1898 auf einen Monat verlängert, § 1035 Abs. 3, 1039 Abs. 1 ZPO 1997.

Fällt ein bereits im Schiedsvertrag benannter Schiedsrichter im Laufe des Verfahrens aus, so kommt es nicht mehr zum vorzeigten Abbruch des Schiedsverfahrens. Bislang war in einem solchen Fall das Schiedsverfahren beendet und die ordentlichen Gerichte zur Streitentscheidung berufen.[1136] Nach der neuen Regelung kann ein neuer Schiedsrichter bestellt werden, so dass das Schiedsverfahren fortgeführt werden kann.[1137]

d) Das Schiedsverfahren (§§ 1040 - 1050 ZPO 1997)

Ein Schwerpunkt des neuen Rechts sind die detaillierten, größtenteils dispositiven Verfahrensregelungen in Abschnitt 5 des 10. Buchs. Damit sollte der Kritik entgegengetreten werden, die das bisherige, Gesetzesrecht als zu lückenhaft und für ausländische Anwender schwer nachvollziehbar und unpraktikabel beurteilte.[1138]

Der Vorrang der Parteiautonomie wird ausdrücklich von § 1042 Abs. 3 ZPO 1997 berücksichtigt. Ferner sind in §§ 1042 bis 1048 ZPO 1997 Regelungen zu Ort und Beginn des schiedsrichterlichen Verfahrens, der Verfahrenssprache, zur Einreichung einer Klage und einer Klagebeantwortung, zur mündlichen Verhandlung, dem schriftlichen Verfahren sowie zum Fall der Säumnis einer Partei enthalten.

Die gerichtliche Kontrolle der schiedsrichterlichen Zuständigkeitsentscheidung kann nicht mehr durch Parteivereinbarung umgangen werden. Bislang durften die Parteien vereinbaren, dass das Schiedsgericht bindend über seine Zu-

1135 *Berger*, Schiedsgerichtsbarkeit, lit. A, S. 5.

1136 § 859 Nr. 1 CPO 1877 / § 1033 Nr. 1 ZPO 1898.

1137 §§ 1038, 1039 ZPO 1997.

1138 Vgl. auch zum Nachfolgenden: *Berger*, Schiedsgerichtsbarkeit, lit. B, S. 16; Nach § 1034 ZPO 1898 waren die Parteien in der Verfahrensgestaltung vielmehr frei, ein (dispositiver) Muster-Verfahrensablauf war nicht geregelt.

ständigkeit befinden konnte (sogenannte Kompetenz-Kompetenz-Klausel im Schiedsvertrag).[1139] Dies ist auch heute noch nach § 1040 Abs. 1 S. 1 ZPO 1997 möglich. Die ordentlichen Gerichte konnten nach dem abgelösten Recht jedoch nur die Wirksamkeit der Kompetenz-Kompetenz-Klausel überprüfen. Seit der neuen Regelung des § 1040 Abs. 3 S. 2 ZPO 1997 können die Parteien die Entscheidung des Schiedsgerichts hinsichtlich seiner eigenen Zuständigkeit jedoch gerichtlich prüfen lassen.

In Zusammenhang mit der Prüfung der Zuständigkeit des Schiedsgerichts bestimmt § 1040 Abs. 1 S. 2 ZPO 1997 zudem, dass Schiedsklauseln in Verträgen als eine von den übrigen Vertragsbestimmungen unabhängige Vereinbarung zu behandeln ist. Dieses sogenannte Autonomieprinzip gewährleistet, dass das Schiedsgericht in jedem Fall zuständig ist. Ist der Hauptvertrag, der eine Schiedsklausel enthält, unwirksam oder nichtig, bleibt es bei der Zuständigkeit des Schiedsgerichts. Einzig notwendige Voraussetzung ist also, dass überhaupt eine Schiedsklausel besteht.

Ferner ist es seit der Neuregelung des 10. Buches möglich, dass Schiedsgerichte einstweilige Rechtsschutzmaßnahmen, wie eine einstweilige Verfügung oder einen Arrest, anordnen, was das bisher geltende Recht nicht vorgesehen hatte.[1140]

e) Der Schiedsspruch und der Schiedsvergleich (§§ 1051 - 1058 ZPO 1997)

Das Schiedsverfahren kann durch einen Schiedsspruch oder durch einen Vergleich beendet werden, §§ 1056, 1053 ZPO 1997.

Kommt es zu einem Schiedsspruch, so muss der Rechtsstreit in Übereinstimmung mit den von den Parteien für anwendbar erklärten Rechtsvorschriften entschieden werden, § 1051 Abs. 1 ZPO 1997. Gibt es keine Parteivereinbarung über die anwendbaren Vorschriften und ist auch keine Billigkeitsentscheidung vereinbart worden, so ist das Schiedsgericht bei seiner Entscheidung an das materielle Recht des Staates gebunden, zu dem der Streitgegenstrand die engste Verbindung aufweist, § 1051 Abs. 2, Abs. 3 ZPO 1997. Ähnlich hatte bereits das Reichsgericht mit Urteil vom 19. November 1929 entschieden, wonach eine Billigkeitsentscheidung nur in Betracht kam, sofern die Parteien sich hierauf ausdrücklich geeinigt hatten.[1141]

Neu und im Vergleich zu den Genfer Übereinkommen besonders auffällig ist, dass mit § 1051 Abs. 1 S. 2, Abs. 2 ZPO 1997 erstmals ein Sonderkollisionsrecht geschaffen wurde, nach welchem das auf den streitgegenständlichen Sach-

---

1139 So z. B. das Urteil des Reichsgerichts vom 18. Oktober 1907, Rev. VII 12/07, JW, 1908, S. 17 - 18, Nr. 22.

1140 § 1041 ZPO 1997.

1141 Siehe dazu die Besprechung dieser Entscheidung, S. 209 (Bindung an materielles Recht).

verhalt anzuwendende Sachrecht zu ermitteln ist.[1142] Nach dem bislang geltenden Recht bestimmte § 1034 Abs. 2 ZPO 1898 lediglich, dass die Schiedsrichter das *Verfahren* frei gestalten konnten, eine Aussage zum anwendbaren Sachrecht traf das Gesetz dagegen nicht. Nach § 1051 Abs. 1 S. 1 ZPO 1997 hat das Schiedsgericht den Rechtsstreit nun nach den Regeln zu entscheiden, welches von den Parteien vereinbart wurde.[1143] Die Vorschrift bestimmt ferner, dass Rechtswahlklauseln als unmittelbare Verweisung auf das jeweilige Sachrecht auszulegen sind, so dass das jeweilige nationale Kollisionsrecht nicht zur Anwendung kommt.

f) Die Aufhebung und Vollstreckung des Schiedsspruchs (§§ 1059 - 1056 ZPO 1997)

Die Aufhebungsgründe sind nun in § 1059 ZPO Abs. 2 1997 geregelt. Sie können innerhalb eines Vollstreckungsbeschlussverfahrens zur Verteidigung gegen die Vollstreckbarerklärung über einen inländischen Schiedsspruch eingewandt werden, § 1060 Abs. 2 ZPO 1997. Liegt ein Aufhebungsgrund vor, so ist der Schiedsspruch aufzuheben und die Vollstreckbarerklärung zu versagen, § 1060 Abs. 2 S. 1 ZPO 1997. Dies entspricht der Rechtslage vor der Novelle von 1924 sowie ab der Novelle von 1930.

Handelt es sich um einen ausländischen Schiedsspruch, so sind das UN-Übereinkommen und dessen Aufhebungsgründe nach § 1061 Abs. 1 ZPO 1997 als innerstaatliches Recht anzuwenden, sofern nicht Staatsverträge anderes bestimmen. Damit wird aus dem UN-Übereinkommen innerstaatliches Bundesrecht, welches auch dann Anwendung findet, wenn der Schiedsort nicht in einem Mitgliedsstaat nach Art. 1 Abs. 1 UNÜ liegt. Liegt ein Aufhebungsgrund vor, wird der ausländische Schiedsspruch nicht aufgehoben, sondern lediglich die Vollstreckbarerklärung versagt und festgestellt, dass der betreffende Schiedsspruch im Inland nicht anerkannt wird, § 1061 Abs. 2 ZPO 1997. Wurde der Schiedsspruch im Ausland aufgehoben, so ist eine im Inland bereits erteilte

---

1142 Münchener Kommentar/*Münch*, ZPO, 3. Auflage, 2008, § 1051 Rz. 1.

1143 Der Begriff der „Rechtsvorschriften" weißt nicht zwingend nur auf staatlich gesetztes Recht hin. Denkbar ist daher auch die Vereinbarung nichtstaatlicher Rechtssätze, wie die UNIDROIT Principles of international commercial contracts, *Ritlewski*, Lex Mercantoria, in: SchiedsVZ, 2003, S. 134. Die UNIDROIT Principles sind allgemeine, unverbindliche Regeln, die die UNIDROIT (Institut International pour l'unification du droit prive) anhand bestehender Rechtsnormen des internationalen Handelsrechts erarbeitet hat. Sie sollen einen international einheitlichen und anerkannten Standard bei Handelsverträgen bilden, die durch Vertragsparteien vereinbart werden können, siehe dazu die Präambel der Principles, www.unidroit.org/english/principles/contracts/principles2010/blackletter2010-english.pdf, abgerufen am 10. Februar 2012.

Vollstreckbarerklärung auf Antrag nach § 1061 Abs. 3 ZPO 1997 aufzuheben. Im Wesentlichen entspricht dies der Rechtslage nach der Novelle von 1930.

Der Katalog der Aufhebungsgründe des § 1059 Abs. 2 ZPO 1997 umfasste folgende Fälle:

- Ungültigkeit der Schiedsvereinbarung,
- Verletzung des Anspruchs auf rechtliches Gehör,
- Überschreiten der Grenzen der Schiedsvereinbarung,
- Fehlerhafte Bildung des Schiedsgerichts, sofern anzunehmen ist, dass dieser
- Fehler Einfluss auf den Schiedsspruch hatte,
- Streitgegenstand nach deutschem Recht nicht schiedsfähig,
- Verstoß des Schiedsspruchs gegen die öffentlichen Ordnung (*ordre public*).

Die letzten beiden Aufhebungsgründe sind von dem Gericht von Amts wegen zu prüfen.

Die Aufhebungsentscheidung des Gerichts ergeht durch Beschluss. Der bisherige, kritisierte vollständige Instanzenzug bei gerichtlichen Vollstreckbar- oder Aufhebungsentscheidungen wurde zugunsten einer Rechtsbeschwerde ohne weitere Anfechtungsmöglichkeiten aufgegeben, §§ 1065 Abs. 1, 1062 Abs. 1 Nr. 2, Nr. 4 ZPO 1997.

Abschnitt 5: Zusammenfassung der Ergebnisse

Ziel dieser Arbeit war es, den Prozess der Entstehung und Entwicklung des Schiedsverfahrensrechts in Deutschland zwischen 1877 und 1945 detailliert darzustellen und einen Überblick für die Zeit nach 1945 zu geben. Ferner wurde der Frage nachgegangen, wie die Haltung Deutschlands gegenüber der privaten Schiedsgerichtsbarkeit in der Zeit zwischen 1877 und 1945 zu beurteilen ist. Die hierzu formulierten Thesen wurden im Anschluss an die jeweiligen Abschnitte der Arbeit überprüft. Nachfolgend wird ein Gesamtergebnis zu diesen Thesen formuliert.

Der Preußische Entwurf von 1866 und der Norddeutsche Entwurf von 1870 hatten erheblichen Einfluss auf das Schiedsverfahrensrecht der CPO von 1877. Die Ursache hierfür könnte zum einen in einer sorgfältigen Vorarbeit dieser beider Entwurfskommissionen liegen, zum anderen in dem Umstand, dass weitere Gesetzesvorhaben möglicherweise eine eingehendere Befassung mit dem Schiedsverfahrensrecht verhinderten. Zur Zeit der Entstehung der CPO von 1877 wurden die für das gesamte Deutsche Reich geltenden Reichs-Justizgesetze geschaffen. Dies bedeutete einen großen Aufwand, innerhalb kurzer Zeit wesentliche Rechtsbereiche einheitlich neu zu regeln und dabei die unterschiedlichen Besonderheiten der einzelnen deutschen Länder und ihres bisherigen Rechts zu berücksichtigen. Denkbar ist, dass aus diesem Grund das 10. Buch der CPO von 1877 nicht so umfassend ausgearbeitet werden konnte, als dass die kurz nach Inkrafttreten der CPO aufkommende Gesetzeskritik vermieden hätte werden können.

Ob aber die späteren Reformen durch eine intensivere Vorbereitung vermeidbar gewesen wären, bleibt fraglich, da überwiegend *praxisbezogene* Kritik Anlass für die jeweiligen Novellierungen war. So war insbesondere die Einführung des Vollstreckungsbeschlussverfahrens als Ersatz für das Vollstreckungsklagverfahren aufgrund eines in der Praxis geäußerten Wunschs erfolgt. Ebenso schlossen der vollstreckbare Schiedsvergleich und die Regeln zur Anerkennung und Vollstreckung ausländischer Schiedssprüche Lücken, die erst in der praktischen Rechtsanwendung deutlich geworden waren.

Zudem spricht einiges dafür, dass es im Vorfeld der CPO von 1877 nicht möglich war, den späteren Reformbedarf vorauszusehen. Nach Auffassung *Nußbaums* war das Gebiet des Schiedsverfahrensrechts zur Zeit der Entwurfsarbeiten zur CPO von 1877 praktisch und wissenschaftlich noch zu wenig durchdrungen und die Rechtsprechung zu wenig erprobt, so dass eine einwandfreie Konstruktion des Schiedsverfahrensrechts gar nicht möglich gewesen sei.[1144]

1144 *Nußbaum*, Neuordnung des Schiedsgerichtswesen, 1918, S. 3.

Hiervon unabhängig zeigte sich, dass der deutsche Gesetzgeber überwiegend das Ziel verfolgte, ein möglichst schiedsfreundliches Recht zu schaffen. Die für die Zeit von 1877 bis 1945 zur Überprüfung gestellten Thesen[1145] konnten mehrheitlich bestätigt werden:

These 1:
Der deutsche Gesetzgeber verfolgte zwischen 1877 und 1945 das Ziel, die Schiedsgerichtsbarkeit zu fördern und war insbesondere bestrebt, den Abschluss von Schiedsvereinbarungen und die Vollstreckung von Schiedssprüchen zu begünstigen.

Diese These ließ sich bestätigen. Erklärtes Ziel des Gesetzgebers der CPO von 1877 war es, das Schiedsgerichtswesen zu fördern.[1146] Aus diesem Grund wurden verschiedene Einschränkungen, die sich aus dem Preußischen und Norddeutschen Entwurf ergeben hatten, nicht in die CPO übernommen. Dazu zählten Formvorschriften bei Abschluss des Schiedsvertrags ebenso wie der Verzicht auf die Berufung gegen einen Schiedsspruch an die ordentlichen Gerichte. Daraus lässt sich ableiten, dass der Gesetzgeber der CPO die Schiedsgerichtsbarkeit zu fördern beabsichtigte und bestrebt war, den Abschluss von Schiedsvereinbarungen und die Vollstreckung von Schiedssprüchen zu begünstigen, wie es eingangs dieser Arbeit durch These 1 formuliert wurde. Vor allem der Umstand, dass die Verfasser der CPO von 1877 bewusst von der Einführung einer Berufung gegen den Schiedsspruch zu den ordentlichen Gerichten absahen, erlaubt den Schluss, dass das Schiedsgerichtswesen durch die Möglichkeit einer zügigen Vollendung des Schiedsverfahrens und die damit verbundene Möglichkeit der Zwangsvollstreckung dem Bedürfnissen der Parteien entsprechend ausgestaltet werden sollte.

Trotz einiger gesetzestechnischer Nachteile kann eine positive gesetzgeberische Haltung im Sinne der These 1 auch in Bezug auf die Novelle von 1924 belegt werden, da der Gesetzgeber an einer Verbesserung der Vollstreckung schiedsrichterlicher Entscheidungen interessiert war. Das hierzu eingeführte Vollstreckungsbeschlussverfahren erwies sich in der Praxis zwar als Nachteil im Zusammenhang mit der Aufhebung und Vollstreckung ausländischer Schiedssprüche, beabsichtigt war aber eine Beschleunigung der Verfahrensabläufe, was einem wiederholten Wunsch der deutschen Wirtschaft entsprach.[1147] Die Ein-

1145 Siehe dazu S. 28.

1146 Es wird ausgeführt, dass das „[…] *Bedürfniß nach schiedsrichterlicher Entscheidung von Rechtsstreitigkeiten unter der Herrschaft aller bisher zur Geltung gelangten Prozeßsysteme bestanden* […]“ habe, und eine „[…] *gedeihliche Entfaltung* […]“ des Schiedsgerichtswesens beabsichtigt sei, Begr.-CPO-E 3, S. 489.

1147 *Volkmar*, Prozessverordnung 1924, S. 211.

führung des vollstreckbaren Schiedsvergleichs mit der Novelle von 1924 war ebenfalls von diesem Gedanken getragen.

These 2:
Der deutsche Gesetzgeber war zwischen 1877 und 1945 insbesondere daran interessiert, die Anerkennung und Vollstreckung ausländischer Schiedssprüche zu vereinfachen.

Diese These ließ sich hinsichtlich der Novelle von 1930 bestätigen. Die Novelle von 1930 diente ausschließlich der Überarbeitung des Schiedsverfahrensrechts und stand mit anderen Gesetzesänderungen in keinem Zusammenhang. Anlass der Novelle waren die Genfer Übereinkommen von 1923/1927. Ein großes Interesse des Gesetzgebers bestand daran, die Anerkennung ausländischer Schiedsvereinbarungen zu vereinfachen und die Vollstreckung ausländischer Schiedssprüche zu ermöglichen. Das Reichsjustizministerium hatte dazu mit *Volkmar* einen Kenner des Verfahrensrechts nach Genf entsandt und wiederholt Vertreter der Wirtschaft und mit *Nußbaum* auch einen im internationalen Schiedsverfahrensrecht renommierten Wissenschaftler konsultiert. Die intensive Mitarbeit Deutschlands bei der Entstehung des Genfer Abkommens, die deutschen Änderungsanträge[1148] und die Absicht bedingungsloser Beteiligung an dem Genfer Abkommen lassen den Schluss zu,[1149] dass die Förderung der Schiedsgerichtsbarkeit eine hohe gesetzgeberische Priorität eingenommen hatte. Der deutsche Gesetzgeber war demzufolge stark daran interessiert, die Anerkennung und Vollstreckung ausländischer Schiedssprüche zu vereinfachen, wodurch These 2 gestützt wird.

These 3:
Der deutsche Gesetzgeber räumte der Parteiautonomie zwischen 1877 und 1945 eine Vorrangstellung bei der Gestaltung des Schiedsverfahrens ein.

Für die Richtigkeit dieser These ließen sich ebenfalls einige Belege auffinden. Bereits der Gesetzestext zeigt, dass den Parteien weitgehende Freiheit bei der Gestaltung des Verfahrens, eingeräumt wurde, § 1034 ZPO 1898. Mit dieser Vorschrift wurde der Grundsatz der Parteiautonomie berücksichtigt. So wurde das 10. Buch der ZPO allgemein als liberal eingestuft.[1150]

Ferner lässt die ausführliche Begründung des ersten CPO-Entwurfs zur fehlenden Berufungsmöglichkeit gegen einen Schiedsspruch den Schluss zu, dass der Wunsch der Parteien, einen Streitfall gerade nicht durch die staatlichen Gerichte beurteilen zu lassen, respektiert werden sollte. Später, im Zusammenhang

---

1148 Dazu ab S. 136 ff. (Genfer Übereinkommen, die deutschen Beiträge).

1149 Dazu ab S. 146 sowie Fn. 632 (Genfer Übereinkommen).

1150 *Berger*, Wirtschaftsschiedsgerichtsbarkeit, S. 38.

mit der Überarbeitung des § 1041 Abs. 1 Nr. 2 ZPO (Novelle von 1930) widersprach das Reichsjustizministerium ausdrücklich einem Antrag zu Änderung des § 1042 Abs. 2 ZPO, wonach die Möglichkeit vorgesehen werden sollte, einen Schiedsspruch, der zwingendes Recht unbeachtet lies, aufheben zu lassen.[1151] Das Reichsjustizministerium lehnte eine solche Rechtsänderung ab, um zu vermeiden, dass Schiedssprüche der inhaltlichen Überprüfung staatlicher Gerichte ausgesetzt würden. Damit zeigt sich ebenfalls, dass die Privatautonomie als ein wesentlicher Grundsatz im Schiedsverfahrensrecht behandelt wurde.

Die Novelle von 1933, die kurz nach Hitlers Machtergreifung erging, lässt sich zur Bestätigung einer der Thesen nicht heranziehen. Sie zeigte erste Anzeichen eines totalitären Staatsverständnisses, welches prinzipiell der privaten Schiedsgerichtsbarkeit ablehnend gegenüberstand. Der mit der Novelle erfolgte Ausschluss sogenannter „Nichtarier“ aus dem Schiedsgerichtswesen sollte zwar nicht vorrangig zur Einschränkung der Schiedsgerichtsbarkeit führen, wurde aber vermutlich aufgrund des Ausschlusses fachlich guter Schiedsrichter faktisch bewirkt. Positive, das Schiedsgerichtswesen ausdrücklich fördernde Aspekte sind mit der Novelle nicht zu verbinden, so dass die zur Überprüfung gestellten Thesen in Bezug auf die Novelle von 1933 nicht bestätigten werden können.

These 4:
Die Judikatur war zwischen 1877 und 1945 als schiedsfreundlich zu bezeichnen, insbesondere im Zusammenhang mit der inhaltlichen Überprüfung von Schiedssprüchen auf materiell-rechtliche Fehler, der Vollstreckung von ausländischen Schiedssprüchen sowie der Prüfung der Wirksamkeit von Schiedsvereinbarungen.

Weniger klar zeigen sich die Ergebnisse der Rechtsprechungsuntersuchung in Abschnitt 3.

Die untersuchte Rechtsprechung zur Gleichbehandlung von in- und ausländischen Schiedssprüchen sowie zur Durchsetzung von Schiedssprüchen durch die Erfüllungsklage lässt den Schluss zu, dass die Judikatur bestrebt war, die Vollstreckung ausländischer Schiedssprüche zu fördern. Diese Beurteilung bezieht sich auf den Zeitraum zwischen 1877 und 1930. Bis 1930 gab es keine gesetzlichen Regelungen in Bezug auf ausländische Schiedssprüche. Das Reichsgericht vertrat in dieser Zeit eine sehr liberale Rechtsprechung, nach der ausländische Schiedssprüche inländischen gleichzustellen waren und dann, wenn sie die Voraussetzungen einer Vollstreckbarerklärung nicht erfüllten, mit der Erfül-

1151 Siehe dazu ab S. 164 (Der ordre public Einwand).

lungsklage durchgesetzt werden konnten. Insoweit kann These 4 bestätigt werden.

Die weitere, untersuchte Rechtsprechung lässt den Schluss auf die Richtigkeit der These 4 nicht zu. Dazu mangelte es an eindeutigen Hinweisen in den Urteilsbegründungen, die eine derartige übergeordnete Haltung der Richter eindeutig hätte erkennen lassen. Gleiches gilt für die denkbare Antithese, nach der die überprüfte Rechtsprechung sich durch eine restriktive Haltung der Schiedsgerichtsbarkeit gegenüber gezeigt haben könnte. Aber auch hierfür gibt es keine hinreichenden Anhaltspunkte, da die untersuchten Urteile von Sachargumenten getragen waren und derartige Motivlagen nicht erkennen lassen.

Mit Ausnahme der Regierung Hitlers ist der Gesetzgeber in der Zeit von 1877 bis 1930 daher als schiedsfreundlich im Sinne der Thesen 1 - 3 zu bezeichnen. Für die Rechtsprechung lässt sich dies nur in einem sehr begrenzten Umfang belegen, ansonsten ist die These 4 weder zu bestätigen noch zu widerlegen gewesen.

Die in der Einleitung der Arbeit genannten, von *Berger* angesprochenen psychologischen Gründe der bis in die 1990iger Jahren „*kaum nennenswerte Rolle*“[1152] Deutschlands als Schiedsort[1153] können daher nicht auf die Haltung des deutschen Gesetzgebers für die 57 Jahre zwischen 1877 und 1930 zurückgeführt werden, im Gegenteil, im Zusammenhang mit nahezu allen gesetzgeberischen Maßnahmen wurde das Ziel verfolgt, das Schiedsgerichtswesen in Deutschland weiter zu fördern.

Der hier getroffene positive Bewertung der Haltung des Gesetzgebers gegenüber der Schiedsgerichtsbarkeit könnte entgegengehalten werden, dass das deutsche Recht objektive Schwächen aufwies, die das Schiedsverfahrensrecht der ZPO in der praktischen Anwendung als teilweise wenig praxisfreundlich erscheinen ließ. Dies ändert aber nichts an der Feststellung, dass die Akzeptanz der Schiedsgerichtsbarkeit bis zur Zeit des Nationalsozialismus hoch war und der Wille bestand, dem Schiedsgerichtswesen günstige Rahmenbedingungen zu verschaffen. Insofern spricht der denkbare Einwand objektiver Schwächen des deutschen Rechts nicht gegen die Feststellung einer schiedsfreundlichen *Haltung* des Gesetzgebers.[1154]

1152 So formulierte es die Kommission zur Neuordnung des Schiedsverfahrensrechts in ihrem Bericht zum Diskussionsentwurf zur Neufassung des 10. Buches der ZPO, Februar 1994, S. 3.

1153 Siehe dazu die Einleitung, S. 25.

1154 Ob im historischen Vergleich das deutsche Recht überdies als unpraktikabel einzuordnen ist oder ob Deutschland bereits im ausgehenden 19. Jahrhundert und der ersten Hälfte des 20. Jahrhunderts im Vergleich zu anderen Ländern über ein Schiedsverfahrensrecht verfügte, welches dem damaligen Recht anderer Staaten im Vergleich standhalten konnte, bliebe zu klären.

Anhang: Vorschriften der ZPO und der Genfer Übereinkommen

A. Das 10. Buch der CPO von 1877 und die Änderungen durch die Novelle von 1898

§ 851 / § 1025[1155]

Die Vereinbarung, daß die Entscheidung einer Rechtsstreitigkeit durch einen oder mehrere Schiedsrichter erfolgen solle, hat insoweit rechtliche Wirkung, als die Parteien berechtigt sind, über den Gegenstand des Streits einen Vergleich zu schließen.

§ 852 / § 1026

Ein Schiedsvertrag über künftige Rechtsstreitigkeiten hat keine rechtliche Wirkung, wenn er nicht auf ein bestimmtes Rechtsverhältniß und die aus demselben entspringenden Rechtsstreitigkeiten sich bezieht.

§ 853 / § 1027

Ist nach den Bestimmungen des bürgerlichen Rechts ein mündlich geschlossener Schiedsvertrag gültig, so kann jede Partei die Errichtung einer schriftlichen Urkunde über den Vertrag verlangen.

§ 854 / § 1028

Ist in dem Schiedsvertrag eine Bestimmung über die Ernennung der Schiedsrichter nicht enthalten, so wird von jeder Partei ein Schiedsrichter ernannt.

§ 855 / § 1029

(1) Steht beiden Parteien die Ernennung von Schiedsrichtern zu, so hat die betreibende Partei dem Gegner den Schiedsrichter schriftlich mit der Aufforderung zu bezeichnen, binnen einer einwöchigen Frist seinerseits ein Gleiches zu thun.

(2) Nach fruchtlosem Ablaufe der Frist wird auf Antrag der betreibenden Partei der Schiedsrichter von dem zuständigen Gericht ernannt.

1155 Die erste Paragraphen-Ziffer bezieht sich auf die CPO von 1877, die zweite Ziffer auf die Zählung nach der Novelle von 1898.

§ 856 / § 1030

Eine Partei ist an die durch sie erfolgte Ernennung eines Schiedsrichters dem Gegner gegenüber gebunden, sobald derselbe die Anzeige von der Ernennung erhalten hat.

§ 857 / § 1031

Wenn ein nicht in dem Schiedsvertrag ernannter Schiedsrichter stirbt oder aus einem anderen Grunde wegfällt oder die Uebernahme oder die Ausführung des Schiedsrichteramts verweigert, so hat die Partei, welche ihn ernannt hat, auf Aufforderung des Gegners binnen einer einwöchigen Frist einen anderen Schiedsrichter zu bestellen. Nach fruchtlosem Ablaufe der Frist wird auf Antrag der betreibenden Partei der Schiedsrichter von dem zuständigen Gericht ernannt.

§ 858 / § 1032

(1) Ein Schiedsrichter kann aus denselben Gründen und unter denselben Voraussetzungen abgelehnt werden, welche zur Ablehnung eines Richters berechtigen.
(2) Die Ablehnung kann außerdem erfolgen, wenn ein nicht in dem Schiedsvertrag ernannter Schiedsrichter die Erfüllung seiner Pflichten ungebührlich verzögert.
(3) Frauen, Minderjährige, Taube, Stumme und Personen, welchen die bürgerlichen Ehrenrechte aberkannt sind, können abgelehnt werden.

§ 859 / § 1033

Der Schiedsvertrag tritt außer Kraft, sofern nicht für den betreffenden Fall durch eine Vereinbarung der Parteien Vorsorge getroffen ist:

1. wenn bestimmte Personen in dem Vertrage zu Schiedsrichtern ernannt sind und ein Schiedsrichter stirbt oder aus einem anderen Grunde wegfällt oder die Uebernahme des Schiedsrichteramts verweigert oder von dem mit ihm geschlossenen Vertrage zurücktritt oder die Erfüllung seiner Pflichten ungebührlich verzögert;
2. wenn die Schiedsrichter den Parteien anzeigen, daß unter ihnen Stimmengleichheit sich ergeben habe.

§ 860 / § 1034

(1) Die Schiedsrichter haben vor Erlassung des Schiedsspruchs die Parteien zu hören und das dem Streite zu Grunde liegende Sachverhältniß zu ermitteln, soweit sie die Ermittelung für erforderlich erachten.

(2) In Ermangelung einer Vereinbarung der Parteien über das Verfahren wird dasselbe von den Schiedsrichtern nach freiem Ermessen bestimmt.

§ 861 / § 1035

(1) Die Schiedsrichter können Zeugen und Sachverständige vernehmen, welche freiwillig vor ihnen erscheinen.
(2) Zur Beeidigung eines Zeugen oder eines Sachverständigen und zur Abnahme eines Parteieides sind die Schiedsrichter nicht befugt.

§ 862 / § 1036

(1) Eine von den Schiedsrichtern für erforderlich erachtete richterliche Handlung, zu deren Vornahme dieselben nicht befugt sind, ist auf Antrag einer Partei, sofern der Antrag für zulässig erachtet wird, von dem zuständigen Gerichte vorzunehmen.
(2) Dem Gerichte, welches die Vernehmung oder Beeidigung eines Zeugen oder eines Sachverständigen angeordnet hat, stehen auch die Entscheidungen zu, welche im Falle der Verweigerung des Zeugnisses oder des Gutachtens erforderlich werden.

§ 863 / § 1037

Die Schiedsrichter können das Verfahren fortsetzen und den Schiedsspruch erlassen, auch wenn die Unzulässigkeit des schiedsrichterlichen Verfahrens behauptet, insbesondere wenn geltend gemacht wird, daß ein rechtsgültiger Schiedsvertrag nicht bestehe, daß der Schiedsvertrag sich auf den zu entscheidenden Streit nicht beziehe oder daß ein Schiedsrichter zu den schiedsrichterlichen Verrichtungen nicht befugt sei.

§ 864 / § 1038

Ist der Schiedsspruch von mehreren Schiedsrichtern zu erlassen, so ist die absolute Mehrheit der Stimmen entscheidend, sofern nicht der Schiedsvertrag ein Anderes bestimmt.

§ 865 / § 1039

Der Schiedsspruch ist unter Angabe des Tages der Abfassung von den Schiedsrichtern zu unterschreiben, den Parteien in einer von den Schiedsrichtern unterschriebenen Ausfertigung zuzustellen und unter Beifügung der Beurkundung der Zustellung auf der Gerichtsschreiberei des zuständigen Gerichts niederzulegen.

§ 866 / § 1040

Der Schiedsspruch hat unter den Parteien die Wirkungen eines rechtskräftigen gerichtlichen Urtheils.

§ 867 / § 1041

(1) Die Aufhebung des Schiedsspruchs kann beantragt werden:
   1. wenn das Verfahren unzulässig war;
   2. wenn der Schiedsspruch eine Partei zu einer Handlung verurtheilt, deren Vornahme verboten ist;
   3. wenn die Partei in dem Verfahren nicht nach Vorschrift der Gesetze vertreten war, sofern sie nicht die Prozeßführung ausdrücklich oder stillschweigend genehmigt hat;
   4. wenn der Partei in dem Verfahren das rechtliche Gehör nicht gewährt war;
   5. wenn der Schiedsspruch nicht mit Gründen versehen ist;
   6. wenn die Voraussetzungen vorliegen, unter welchen in den Fällen der Nr. 1 - 6 des § 543 die Restitutionsklage stattfindet.

(2) Die Aufhebung des Schiedsspruchs findet aus den unter Nr. 4, 5 erwähnten Gründen nicht statt, wenn die Parteien ein Anderes vereinbart haben.

§ 868 / § 1042

(1) Aus dem Schiedsspruche findet die Zwangsvollstreckung nur statt, wenn ihre Zulässigkeit durch ein Vollstreckungsurtheil ausgesprochen ist.

(2) Das Vollstreckungsurtheil ist nicht zu erlassen, wenn ein Grund vorliegt, aus welchem die Aufhebung des Schiedsspruchs beantragt werden kann.

§ 869 / § 1043

Nach Erlassung des Vollstreckungsurtheils kann die Aufhebung des Schiedsspruchs nur aus den im § 867 Nr. 6 bezeichneten Gründen und nur dann beantragt werden, wenn glaubhaft gemacht wird, daß die Partei ohne ihr Verschulden außer Stande gewesen sei, den Aufhebungsgrund in dem früheren Verfahren geltend zu machen.

§ 870 / § 1044

(1) Die Klage auf Aufhebung des Schiedsspruchs ist im Falle des vorstehenden Paragraphen binnen der Nothfrist eines Monats zu erheben.

(2) Die Frist beginnt mit dem Tage, an welchem die Partei von dem Aufhebungsgrunde Kenntniß erhalten hat, jedoch nicht vor eingetretener Rechts-

kraft des Vollstreckungsurtheils. Nach Ablauf von zehn Jahren, von dem Tage der Rechtskraft des Urtheils an gerechnet, ist die Klage unstatthaft.

(3) Wird der Schiedsspruch aufgehoben, so ist zugleich die Aufhebung des Vollstreckungsurtheils auszusprechen.

§ 871

(1) Für die Klagen, welche die Ernennung oder Ablehnung eines Schiedsrichters, das Erlöschen eines Schiedsvertrags, die Unzulässigkeit des schiedsrichterlichen Verfahrens, die Aufhebung eines Schiedsspruchs oder die Erlassung des Vollstreckungsurtheils zum Gegenstande haben, ist das Amtsgericht oder das Landgericht zuständig, welches in einem schriftlichen Schiedsvertrag als solches bezeichnet ist, und, in Ermangelung einer derartigen Bezeichnung, das Amtsgericht oder das Landgericht, welches für die gerichtliche Geltendmachung des Anspruchs zuständig sein würde.

(2) Unter mehreren hiernach zuständigen Gerichten ist und bleibt dasjenige zuständig, an welches sich zuerst eine Partei oder das Schiedsgericht (§ 865) gewendet hat.

§ 872

Auf Schiedsgerichte, welche in gesetzlich statthafter Weise durch letztwillige oder andere nicht auf Vereinbarung beruhende Verfügungen angeordnet werden, finden die Bestimmungen dieses Buchs entsprechende Anwendung.

Nachfolgende Vorschriften der Novelle von 1898 änderten die §§ 871, 872 CPO 1877:

§ 1045

(1) Für die gerichtlichen Entscheidungen über die Ernennung oder Ablehnung eines Schiedsrichters oder über das Erlöschen eines Schiedsvertrags oder über die Anordnung der von den Schiedsrichtern für erforderlich erachteten richterlichen Handlungen ist das Amtsgericht oder das Landgericht zuständig, welches in einem schriftlichen Schiedsvertrag als solches bezeichnet ist, und in Ermangelung einer derartigen Bezeichnung das Amtsgericht oder das Landgericht, welches für die gerichtliche Geltendmachung des Anspruchs zuständig sein würde.

(2) Die Entscheidung kann ohne vorgängige mündliche Verhandlung erfolgen. Vor der Entscheidung ist der Gegner zu hören.

(3) Gegen die Entscheidung findet sofortige Beschwerde statt.

§ 1046

Das in § 1045 Abs. 1 bezeichnete Gericht ist auch für die Klagen zuständig, welche die Unzulässigkeit des Schiedsrichterlichen Verfahrens, die Aufhebung eines Schiedsspruchs oder die Erlassung des Vollstreckungsurtheils zum Gegenstande haben.

§ 1047

Unter mehreren nach den §§ 1045, 1046 zuständigen Gerichten ist und bleibt dasjenige Gericht zuständig, an welches sich zuerst eine Partei oder das Schiedsgericht (§ 1039) gewendet hat.

§ 1048

Auf Schiedsgerichte, welche in gesetzlich statthafter Weise durch letztwillige oder andere nicht auf Vereinbarung beruhende Verfügungen angeordnet werden, finden die Bestimmungen dieses Buchs entsprechende Anwendung.

B. Die Änderungen durch die Novelle von 1924

§ 1042

(1) Aus dem Schiedsspruch findet die Zwangsvollstreckung nur statt, wenn er durch Beschluß für vollstreckbar erklärt ist.
(2) Der Beschluß ist nicht zu erlassen, wenn sich der Spruch über eine gesetzliche Vorschrift hinweggesetzt hat, auf deren Innehaltung die Parteien rechtswirksam nicht hätten verzichten können.
(3) Wird binnen einer vom Gerichte zu bestimmenden Frist nachgewiesen, daß die Klage auf Aufhebung des Spruches erhoben ist, so ist die Beschlußfassung bis zur Erledigung des Rechtstreits auszusetzen.

§ 1043 – entfallen.

§ 1044

(1) Die Klage auf Aufhebung eines für vollstreckbar erklärten Schiedsspruchs ist vor Ablauf der Notfrist eines Monats zu erheben.
(2) Die Frist beginnt mit dem Tage, an welchem die Partei von dem Aufhebungsgrunde Kenntnis erhalten hat, jedoch nicht vor eingetretener Rechtskraft des Beschlusses, welcher den Spruch für vollstreckbar erklärte. Nach Ablauf von zehn Jahren, von dem Tage der Rechtskraft des Beschlusses an gerechnet, ist die Klage unstatthaft.

(3) Wird der Schiedsspruch aufgehoben, so ist zugleich der ihn für vollstreckbar erklärende Beschluss aufzuheben.

§ 1044 a

(1) Hat sich der Schuldner in einem von dem Schiedsgerichte vermittelnde Vergleiche der sofortigen Zwangsvollstreckung unterworfen, so findet die Zwangsvollstreckung aus dem Vergleiche statt, wenn er durch Beschluß für vollstreckbar erklärt ist. Der Beschluß darf nur ergehen, wenn der Vergleich unter Angabe des Tages seines Zustandekommens von den Schiedsrichtern und den Parteien unterschrieben und auf der Gerichtsschreiberei des zuständigen Gerichts niedergelegt ist.
(2) Der Beschluß ist nicht zu erlassen, wenn der Vergleich der Rechtswirksamkeit entbehrt.
(3) § 1044 Abs. 3 findet entsprechende Anwendung.

§ 1045 Abs. 1

Für die gerichtlichen Entscheidungen über die Ernennung oder Ablehnung eines Schiedsrichters oder über das Erläschen eines Schiedsvertrags oder über die Anordnung der von den Schiedsrichtern für erforderlich erachteten richterlichen Handlungen und zur Erlassung der in den §§ 1042, 1044a bezeichneten Beschlüsse ist das Amtsgericht oder das Landgericht zuständig, welches in einem schriftlichen Schiedsvertrag als solches bezeichnet ist, und in Ermangelung einer derartigen Bezeichnung das Amtsgericht oder das Landgericht, welches für die gerichtliche Geltendmachung des Anspruch zuständig sein würde.

§ 1046

Das im § 1042 Abs. 1 bezeichnete Gericht ist auch für die Klagen zuständig, welche die Unzulässigkeit des schiedsrichterlichen Verfahrens oder die Aufhebung eines Schiedsspruchs zum Gegenstande haben.

C. Die Änderungen durch die Novelle von 1930

§ 1041

(1) Die Aufhebung des Schiedsspruchs kann beantragt werden:
   1. wenn dem Schiedsspruch ein gültiger Schiedsvertrag nicht zugrunde liegt oder der Schiedsspruch sonst auf einem unzulässigen Verfahren beruht;
   2. wenn die Anerkennung des Schiedsspruchs gegen die guten Sitten oder die öffentliche Ordnung verstoßen würde;

3. wenn die Partei in dem Verfahren nicht nach Vorschrift der Gesetze vertreten war, sofern sie nicht die Prozeßführung ausdrücklich oder stillschweigend genehmigt hat;
4. wenn der Partei in dem Verfahren das rechtliche Gehör nicht gewährt war;
5. wenn der Schiedsspruch nicht mit Gründen versehen ist;
6. wenn die Voraussetzungen vorliegen, unter welchen in den Fällen der Nr. 1 - 6 des § 543 die Restitutionsklage stattfindet.

(2) Die Aufhebung des Schiedsspruchs findet aus dem unter Nr. 5 erwähnten Gründe nicht statt, wenn die Parteien ein Anderes vereinbart haben.

§ 1042

(1) Aus dem Schiedsspruch findet die Zwangsvollstreckung nur statt, wenn er für vollstreckbar erklärt ist.

(2) Der Antrag ist unter Aufhebung des Schiedsspruchs abzulehnen, wenn einer der in § 1041 bezeichneten Aufhebungsgründe vorliegt.

§ 1042 a

(1) Über den Antrag auf Vollstreckbarerklärung kann ohne vorgängige mündliche Verhandlung durch Beschluß entschieden werden; vor der Entscheidung ist der Gegner zu hören. Im Falle einer vorgängigen mündlichen Verhandlung durch Endurteil entschieden.

(2) Wird ein Aufhebungsgrund geltend gemacht, so ist , sofern nicht die alsbaldige Ablehnung des Antrags gerechtfertigt erscheint, mündliche Verhandlung anzuordnen.

§ 1042 b

(1) Dem Antrag soll die für die Zustellung erforderliche Zahl von Abschriften beigegefügt werden.

(2) Wird die mündliche Verhandlung angeordnet, so ist der Termin den Parteien von Amts wegen bekanntzumachen. Im Verfahren vor den Landgerichten soll die Bekanntmachung die Aufforderung gemäß § 215 enthalten.

§ 1042 c

(1) Der Beschluß, durch den der Schiedsspruch für vollstreckbar erklärt wird, ist für vorläufig vollstreckbar zu erklären.

(2) Gegen den Beschluß findet Widerspruch statt. Wird Widerspruch erhoben, so ist über die Vollstreckbarerklärung des Schiedsspruchs durch Endurteil

zu entscheiden. Die Vorschriften der §§ 707, 717 finden entsprechende Anwendung.

(3) Der Beschluß, durch den der Antrag auf Vollstreckbarerklärung abgelehnt wird, unterliegt der sofortigen Beschwerde.

§ 1042 d

(1) Der Widerspruch ist innerhalb einer mit der Zustellung beginnenden Notfrist von zwei Wochen durch Einreichung einer Widerspruchsschrift einzulegen. § 339 Abs. 2 gilt entsprechend. Die Widerspruchsfrist soll zugleich dasjenige enthalten, was zur Vorbereitung der mündlichen Verhandlung erforderlich ist.

(2) Der Termin zur mündlichen Verhandlung ist den Parteien von Amts wegen bekanntzumachen. Mit der Bekanntmachung ist der Gegenpartei die Widerspruchsschrift von Amts wegen zuzustellen. Die erforderliche Zahl von Abschriften soll die Parteien mit der Widerspruchsschrift einreichen.

§ 1043

(1) Ist der Schiedsspruch rechtskräftig für vollstreckbar erklärt, so kann seine Aufhebung nur aus den in § 1041 Nr. 6 bezeichneten Gründen und nur dann beantragt werden, wenn glaubhaft gemacht wird, daß die Partei ohne ihr Verschulden außerstande gewesen ist, den Aufhebungsgrund in dem früheren Verfahren geltend zu machen.

(2) Die Klage ist innerhalb einer Notfrist von einem Monat zu erheben. Die Frist beginnt mit dem Tage, an welchen die Parteien von dem Aufhebungsgrunde Kenntnis erhalten hat, jedoch nicht vor eingetretener Rechtskraft der Entscheidung über die Vollstreckbarerklärung. Nach Ablauf von zehn Jahren, von dem Tage der Rechtskraft der Entscheidung an gerechnet, ist die Klage unstatthaft.

(3) Wird der Schiedsspruch aufgehoben, so ist zugleich die Vollstreckbarerklärung aufzuheben.

§ 1044

(1) Ein ausländischer Schiedsspruch, der nach dem für ihn maßgebenden Recht verbindlich geworden ist, wird, soweit nicht Staatsverträge ein anderes bestimmen, in dem für inländische Schiedssprüche vorgeschriebenen Verfahren für vollstreckbar erklärt. § 1039 ist nicht anzuwenden.

(2) Der Antrag auf Vollstreckbarerklärung ist abzulehnen:

1. wenn der Schiedsspruch rechtsunwirksam ist; für die Rechtswirksamkeit des Schiedsspruchs ist, soweit nicht Staatsverträge ein anderes bestimmen, das für das Schiedsverfahren geltende Recht maßgebend;

2. wenn die Anerkennung des Schiedsspruchs gegen die guten Sitten oder die öffentliche Ordnung verstoßen würde, insbesondere wenn der Spruch eine Partei zu einer Handlung verurteilt, deren Vornahme nach den deutschen Gesetzen verboten ist;
3. wenn die Partei nicht ordnungsmäßig vertreten war, sofern sie nicht die Prozeßführung ausdrücklich oder stillschweigend genehmigt hat;
4. wenn der Partei in dem Verfahren das rechtliche Gehör nicht gewährt war.

(2) An die Stelle der Aufhebung des Schiedsspruchs tritt die Feststellung, daß er im Inland nicht anzuerkennen ist.

(3) Wird der Schiedsspruch, nachdem er für vollstreckbar erklärt worden ist, im Ausland aufgehoben, so kann im Wege der Klage die Aufhebung der Vollstreckbarerklärung beantragt werden. Auf die Klage sind die Vorschriften des § 1043 Abs. 2, 3 mit der Maßgabe entsprechend anzuwenden, daß die Notfrist mit der Kenntnis der Partei von der rechtskräftigen Aufhebung des Schiedsspruchs beginnt.

§ 1044 a

(1) Hat sich der Schuldner in einem schiedsrichterlichen Vergleich der sofortigen Zwangsvollstreckung unterworfen, so findet die Zwangsvollstreckung aus dem Vergleich statt, wenn er für vollstreckbar erklärt ist. Der Vergleich darf nur für vollstreckbar erklärt werden, wenn er unter Angabe des Tages seines Zustandekommens von den Schiedsrichtern und den Parteien unterschrieben und auf der Geschäftsstelle des zuständigen Gerichts niedergelegt ist.

(2) Die Vollstreckbarerklärung ist abzulehnen, wenn der Vergleich der Rechtswirksamkeit entbehrt oder seine Anerkennung gegen die guten Sitten oder die öffentliche Ordnung verstoßen würde.

(3) Die Vorschriften der §§ 1042a bis 1042d finden entsprechende Anwendung; die Geltendmachung der Rechtsunwirksamkeit des Vergleichs steht der Geltendmachung von Aufhebungsgründen gegen einen Schiedsspruch gleich.

§ 1045 Abs. 1

Für die gerichtlichen Entscheidungen über die Ernennung oder Ablehnung eines Schiedsrichters oder über das Erläschen eines Schiedsvertrags oder über die Anordnung der von den Schiedsrichtern für erforderlich erachteten richterlichen Handlungen ist das Amtsgericht oder das Landgericht zuständig, welches in dem Schiedsvertrag als solches bezeichnet ist, und in Ermangelung einer derartigen

Bezeichnung das Amtsgericht oder das Landgericht, welches für die gerichtliche Geltendmachung des Anspruch zuständig sein würde.

§ 1046

Das im § 1045 Abs. 1 bezeichnete Gericht ist auch für die Vollstreckbarerklärung von Schiedssprüchen und schiedsrichterlichen Vergleichen sowie für Klagen zuständig, welche die Unzulässigkeit des schiedsrichterlichen Verfahrens, die Aufhebung eines Schiedsspruchs oder der Vollstreckbarerklärung eines solchen oder die Rechtsunwirksamkeit eines schiedsrichterlichen Vergleichs zum Gegenstand haben.

D. Die Änderungen durch die Novelle von 1933

§ 1025 Abs. 2

Der Schiedsvertrag ist unwirksam, wenn eine Partei ihre wirtschaftliche oder soziale Überlegenheit dazu ausgenutzt hat, den anderen Teil zu seinem Abschluß oder zur Annahme von Bestimmungen zu nötigen, die ihr im Verfahren, insbesondere hinsichtlich der Ernennung oder Ablehnung der Schiedsrichter, ein Übergewicht über den anderen Teil einräumen.

§ 1027

(1) Der Schiedsvertrag muß ausdrücklich geschlossen werden und bedarf der Schriftform; andere Vereinbarungen als solche, die sich auf das schiedsgerichtliche Verfahren beziehen, darf die Urkunde nicht enthalten. Der Mangel der Form wird durch die Einlassung auf die schiedsgerichtliche Verhandlung zur Hauptsache geheilt.
(2) Die Vorschrift des Abs. 1 findet keine Anwendung, wenn der Schiedsvertrag für beide Teile ein Handelsgeschäft ist und keine der Parteien zu den im § 4 des Handelsgesetzbuchs bezeichneten Gewerbetreibenden gehört.
(3) Soweit der Schiedsvertrag nach Abs. 2 der Schriftform nicht bedarf, kann jede Partei die Errichtung einer schriftlichen Urkunde über den Vertrag verlangen.

§ 1032 Abs. 3 S. 2

Abgelehnt werden können ferner Nichtarier im Sinne des Gesetzes zur Wiederherstellung des Berufsbeamtentums vom 7. April 1933 (RGBl. I S. 175) und der dazu ergangenen Durchführungsverordnungen.

§ 1034

(1) Die Schiedsrichter haben vor Erlassung des Schiedsspruchs die Parteien zu hören und das dem Streit zugrunde liegende Sachverhältnis zu ermitteln, soweit sie die Ermittlung für erforderlich halten. Rechtsanwälte dürfen als Prozeßbevollmächtigte nicht zurückgewiesen werden; entgegenstehende Vereinbarungen sind unwirksam. Personen, die nach § 157 von dem mündlichen Verhandeln vor Gericht ausgeschlossen sind, dürfen zurückgewiesen werden.

(2) Im übrigen wird das Verfahren, soweit nicht die Parteien eine Vereinbarung getroffen haben, von den Schiedsrichtern nach freiem Ermessen bestimmt.

§ 1035 Abs. 2

Zur Beeidigung eines Zeugen oder eines Sachverständigen oder einer Partei sind die Schiedsrichter nicht befugt.

E. Das Genfer Protokoll über die Schiedsklauseln im Handelsverkehr vom 24. September 1923

Die unterzeichneten gehörig bevollmächtigten Vertreter erklären, dass sie im Namen der von ihnen vertretenen Länder die folgenden Bestimmungen annehmen:

Artikel 1

Jeder der vertragsschliessenden Staaten erkennt Schiedsabreden und Schiedsklauseln, durch welche sich in Handelssachen und anderen Angelegenheiten, bei denen eine Regelung durch vertraglich vereinbartes Schiedsverfahren zulässig ist, die Parteien eines Vertrages verpflichten, Streitfragen aus diesem Vertrage ganz oder zum Teil einem Schiedsverfahren zu unterwerfen, zwischen Personen, die der Gerichtsbarkeit verschiedener vertragsschliessender Staaten unterworfen sind, als gültig an, und zwar auch dann, wenn das Schiedsverfahren in einem anderen Staate stattfindet als dem, dessen Gerichtsbarkeit jede der Parteien unterworfen ist.

Jeder vertragsschliessende Staat behält sich die Freiheit vor, die oben genannte Verpflichtung auf diejenigen Verträge zu beschränken, die durch seine Landesgesetzgebung als Handelsangelegenheiten behandelt werden. Wenn einer der vertragsschliessenden Teile von dieser Befugnis Gebrauch macht, so wird er hiervon dem Generalsekretär des Völkerbundes5 zum Zwecke der Benachrichtigung der anderen vertragsschliessenden Staaten Mitteilung machen.

Artikel 2

Für das Verfahren in Schiedssachen, einschliesslich der Zusammensetzung des Schiedsgerichts ist der Parteiwille und die Gesetzgebung des Landes massgebend, auf dessen Gebiet das Schiedsverfahren stattfindet.

Die vertragsschliessenden Staaten verpflichten sich, die Verfahrensverhandlungen, die auf ihrem Gebiete vorgenommen werden müssen, nach Massgabe der Bestimmungen zu erleichtern, die nach ihrer Gesetzgebung für das Verfahren in Schiedssachen kraft Vereinbarung massgebend sind.

Artikel 3

Jeder vertragsschliessende Staat übernimmt die Verpflichtung, dass die Vollstreckung der auf seinem Gebiete gemäss den vorstehenden Artikeln erlassenen Schiedssprüche durch seine Behörden und nach Massgabe der Bestimmungen seiner Landesgesetzgebung gewährleistet wird.

Artikel 4

Wenn den Gerichten der vertragsschliessenden Staaten ein Rechtsstreit aus einem Vertrage zwischen den unter Artikel 1 erwähnten Personen unterbreitet wird, und der Vertrag eine Schiedsabrede oder eine Schiedsklausel enthält, die nach dem genannten Artikel gültig ist und zur Ausführung gebracht werden kann, so werden sie die Beteiligten auf Antrag eines von ihnen zwecks Entscheidung des Rechtsstreites vor die Schiedsrichter verweisen.

Diese Verweisung hat keine bindende Wirkung hinsichtlich der Zuständigkeit der Gerichte in dem Falle, dass aus irgendeinem Grunde die Schiedsabrede, die Schiedsklausel oder das Schiedsverfahren hinfällig oder unausführbar geworden sind.

Artikel 5

Das gegenwärtige Protokoll, dessen Zeichnung allen Staaten freisteht, soll ratifiziert werden. Die Ratifikationsurkunden sollen sobald als möglich bei dem Generalsekretär des Völkerbundes hinterlegt werden, der die Hinterlegung allen Vertragsstaaten mitteilen wird.

Artikel 6

Das gegenwärtige Protokoll soll in Kraft treten, sobald zwei Ratifikationsurkunden hinterlegt sind. Späterhin soll das Protokoll für jeden vertragsschliessenden Staat einen Monat nach der Mitteilung des Generalsekretärs des Völkerbundes[7] über die Niederlegung seiner Ratifikationsurkunde in Kraft treten.

Artikel 7

Das gegenwärtige Protokoll kann von jedem der vertragsschliessenden Staaten mit einer Frist von einem Jahr gekündigt werden. Die Kündigung soll durch eine schriftliche Mitteilung an den Generalsekretär des Völkerbundes8 erfolgen. Letzterer wird diese Mitteilung sofort allen anderen Vertragsstaaten in Abschrift unter Angabe des Tages des Eingangs mitteilen. Die Kündigung soll ein Jahr nach dem Tage der Mitteilung an den Generalsekretär wirksam werden. Sie soll nur für denjenigen vertragsschliessenden Staat gelten, der sie vorgenommen hat.

Artikel 8

Den vertragsschliessenden Staaten steht es frei, zu erklären, dass von der durch sie erfolgten Annahme des gegenwärtigen Protokolls die nachstehenden Gebiete, und zwar insgesamt oder zum Teil, ausgeschlossen sind, nämlich: Kolonien, überseeische Besitzungen oder Gebiete, Protektorate oder Gebiete, über die sie ein Mandat ausüben.

Diese Staaten können später dem Protokoll besonders für jedes der auf diese Weise ausgeschlossenen Gebiete beitreten. Die Beitrittserklärung soll sobald als möglich dem Generalsekretär des Völkerbundes9 übermittelt werden, der sie allen Vertragsstaaten mitteilen wird, und sie soll einen Monat nach ihrer Mitteilung durch den Generalsekretär an alle Vertragsstaaten in Kraft treten.

Die vertragsschliessenden Staaten können in gleicher Weise das Protokoll besonders für jedes der vorbezeichneten Gebiete kündigen. Der Artikel 7 findet auf diese Kündigung Anwendung.

F. Das Genfer Abkommen zur Vollstreckung ausländischer Schiedssprüche vom 26. September 1927

Artikel 1

(1) In den Gebieten eines der hohen vertragschließenden Teile, auf die dieses Abkommen anzuwenden ist, wird ein Schiedsspruch, der auf Grund einer Schiedsabrede oder einer Schiedsklausel ergangen ist, wie sie in dem seit dem 24. September 1923 in Genf aufgelegten Protokoll über die Schiedsklauseln vorgesehen sind, als wirksam anerkannt und gemäß den Verfahrensvorschriften des Landes, in dem er geltend gemacht wird, zur Vollstreckung zugelassen, wenn er im Gebiete eines der hohen vertragschließenden Teile, auf das dieses Abkommen anzuwenden ist, und zwischen Personen

ergangen ist, die der Gerichtsbarkeit eines der hohen vertragschließenden Teile unterstehen.

(2) Zu dieser Anerkennung oder Vollstreckung ist ferner notwendig:
a) daß der Schiedsspruch auf Grund einer Schiedsabrede oder einer Schiedsklausel ergangen ist, die nach der auf sie anwendbaren Gesetzgebung gültig sind;
b) daß nach dem Rechte des Landes, in dem der Schiedsspruch geltend gemacht wird, der Gegenstand des Schiedsspruchs einem schiedsgerichtlichen Verfahren unterworfen werden kann;
c) daß der Schiedsspruch von dem Schiedsgericht gefällt wurde, das in der Schiedsabrede oder der Schiedsklausel vorgesehen oder gemäß der Vereinbarung der Parteien und den auf das Schiedsverfahren anwendbaren Rechtsvorschriften gebildet worden ist;
d) daß der Schiedsspruch in dem Lande, in dem er ergangen ist, eine endgültige Entscheidung darstellt; er gilt nicht als endgültig, wenn er dem Einspruch, der Berufung oder der Richtigkeitsbeschwerde unterworfen ist (in den Ländern, in denen diese Rechtsbehelfe bestehen), oder wenn nachgewiesen wird, daß ein Verfahren zwecks Anfechtung der Gültigkeit des Schiedsspruchs anhängig ist;
e) daß die Anerkennung oder Vollstreckung des Schiedsspruchs nicht der öffentlichen Ordnung oder den Grundsätzen des öffentlichen Rechts des Landes, in dem er geltend gemacht wird, widerspricht.

Artikel 2

(1) Auch wenn die im Artikel 1 vorgesehenen Voraussetzungen gegeben sind, ist die Anerkennung und Vollstreckung des Schiedsspruchs zu versagen, wenn der Richter feststellt,
a) daß der Schiedsspruch in dem Lande, in dem er ergangen ist, für nichtig erklärt worden ist;
b) daß die Partei, gegen die der Schiedsspruch geltend gemacht wird, nicht zeitig genug von dem schiedsgerichtlichen Verfahren Kenntnis erlangt hat, um ihre (Angriffs- und Verteidigungs-)Mittel geltend machen zu können, oder daß sie im Falle ihrer Prozeßunfähigkeit nicht ordnungsmäßig vertreten war;
c) daß der Schiedsspruch nicht die in der Schiedsabrede erwähnten oder unter die Bestimmungen der Schiedsklausel fallenden Streitpunkte betrifft, oder daß er Entscheidungen enthält, welche die Grenzen der Schiedsabrede oder der Schiedsklausel überschreiten.

(2) Wenn der Schiedsspruch nicht alle dem Schiedsgericht unterbreiteten Fragen entschieden hat, kann die zuständige Behörde des Landes, in dem die

Anerkennung oder Vollstreckung nachgesucht wird, die Anerkennung oder Vollstreckung, wenn sie dies für angebracht hält, aussetzen, oder von einer Sicherheitsleistung abhängig machen, die sie zu bestimmen hat.

Artikel 3

Wenn die Partei, zu deren Ungunsten der Schiedsspruch ergangen ist, dartut, daß sie nach den auf das Schiedsverfahren anwendbaren Rechtsvorschriften die Gültigkeit des Schiedsspruchs aus einem anderen Grunde als den im Artikel 1 lit. a und c und Artikel 2 lit. b und c erwähnten Gründen gerichtlich anzufechten berechtigt ist, kann der Richter nach seinem Ermessen die Anerkennung oder Vollstreckung versagen oder sie aussetzen und der Partei eine angemessene Frist bestimmen, um vor dem zuständigen Gericht den Ausspruch der Nichtigkeit herbeizuführen.

Artikel 4

(1) Die Partei, die den Schiedsspruch geltend macht oder seine Vollstreckung beantragt, hat insbesondere vorzulegen:
1. Die Urschrift des Schiedsspruchs oder eine Abschrift, die nach der Gesetzgebung des Landes, in dem er ergangen ist, alle für ihre Beweiskraft erforderlichen Bedingungen erfüllt;
2. die Urkunden und Unterlagen, die dartun, daß der Schiedsspruch in dem Lande, in dem er ergangen ist, eine endgültige Entscheidung im Sinne des Artikel 1 lit. d darstellt;
3. erforderlichenfalls die Urkunden und Unterlagen, die dartun, daß die im Artikel 1 Abs. 1 und Abs. 2 lit. a und c bestimmten Voraussetzungen vorliegen.

(2) Auf Verlangen ist eine Übersetzung des Schiedsspruchs und der anderen in diesem Artikel erwähnten Urkunden in die amtliche Sprache des Landes, in dem der Schiedsspruch geltend gemacht wird, beizubringen.Diese Übersetzung muß von einem diplomatischen oder konsularischen Vertreter des Landes, dem die Partei, die den Schiedsspruch geltend macht, angehört oder von einem beeidigten Dolmetscher des Landes, in dem der Schiedsspruch geltend gemacht wird, als richtig bescheinigt sein.

Artikel 5

Die Bestimmungen der vorangehenden Artikel schließen nicht aus, daß eine Partei von einem Schiedsspruch nach Maßgabe der Gesetzgebung oder der Verträge des Landes, in dem er geltend gemacht wird, Gebrauch macht.

Artikel 6

Dieses Abkommen findet nur auf Schiedssprüche Anwendung, die nach dem Inkrafttreten des in Genf seit dem 24. September 1923 aufgelegten Protokolls über die Schiedsklauseln ergangen sind.

Rechtsprechungsverzeichnis

A. Entscheidungen des Reichsgerichts

Datum	Aktenzeichen	Fundstelle
5. November 1881	Rev. I 595/81	RGZ 5, S. 397 – 403
8. November 1882	Rev. V 469/82	GruchotsBeitr 1883, S. 1053 - 1057
30. Juni 1886	Rev. I 183/86	RGZ 16, S. 427 - 436
29. Dezember 1888	Rev. I 294/88	JW 1889, S. 169 - 170
11. April 1890	Rev. III 9/90	RGZ 26, S. 371 - 376
30. April 1890	Rev. I 54/90	JW 1890, S. 203 Nr. 7
17. Januar 1891	Rev. I 311/90	RGZ 27, S. 378 - 381
3. November 1892	Rev. IV 183/92	JW 1893, S. 61 - 62, Nr. 16
10. Dezember 1892	Rev. I 297/92	RGZ 30, S. 368 - 372
27. Februar 1893	Rev. VI 247/92	RGZ 31, S. 370 - 375
25. März 1893	Rev. I 469/92	RGZ 31, S. 397 - 400
23. November 1895	Rev. I 237/95	JW 1896, S. 7 Nr. 25
15. Januar 1896	Rev. I 305/95	RGZ 37, S. 412 - 415
23. Oktober 1896	Rev. II 169/96	RGZ 38, S. 392 - 396
16. Dezember 1896	Rev. I 266/96	JW 1897, S. 84 Nr. 23
27. Oktober 1897	Rev. I 217/97	JW 1897, S. 632 - 633, Nr. 14
11. Februar 1888	Rev. I 382/87	SeuffArchiv, 1889, S. 124 - 126, Nr. 77
30. April 1901	Rev. II 48/01	ZIP 1902, S. 445 - 448 bzw. JW 1901, S. 424 Nr. 6
29. Oktober 1901	Rev. VII 278/01	RGZ 49, S. 401 - 411
14. November 1903	Rev. I 244/03	RGZ 56, S. 19 - 24
18. Mai 1904	Rev. I 76/04	RGZ 58, S. 151 - 156
25. April 1905	Rev. VII 100/05	JW 1905, S. 401 Nr. 28
18. Oktober 1907	Rev. VII 12/07	JW 1908, S. 17 - 18, Nr. 22
28. Januar 1908	Rev. VII 185/07	RGZ 69, S. 52 - 56
16. November 1911	Rev. 168/11	RGZ 77, S. 315 - 317
22. Dezember 1911	Rev. VII 411/11	WarnRspr., 1912, S. 154 - 155, Nr. 139, SeuffArchiv, 1912, S. 426 - 428, Nr. 240 oder in Nußbaum, Internationales Jahrbuch für Schiedsgerichtswesen in Zivil- und Handelssachen Band I, S. 276 - 278.
17. April 1914	Rev. VII 47/14	JW, 1914, S. 773 - 774, Nr. 19
17. Oktober 1914	Rev. VII 261/14	RGZ 85, S. 391 - 396
20. November 1914	Rev. VII 314/14	WarnRspr., 1915, S. 95 - 96, Nr. 68
19. Juni 1915	Rev. V 51/15	RGZ 87, S. 211 - 215
17. Oktober 1916	Rev. VII 198/16	LZ, 1917, S. 339 - 340, Nr. 12
11. Februar 1918	Rev. VI 424/17	LZ, 1918, S. 858 - 859, Nr. 24

11. April 1919	Rev. II 349/14	WarnRspr., 1919, S. 318 - 320, Nr. 21
1. März 1921	Rev. VII 349/20	RGZ 101, S. 392 - 397
28. März 1924	Rev. VII 455/23	RGZ 108, S. 139 - 144
24. November 1924	Rev. VII 49/22	RGZ 105, S. 386 - 387
26. März 1926	Rev. VI 555/25	WarnRspr., 1926, S. 203 - 204, Nr. 141
25. Juni 1926	Rev. VI. 79/26	RGZ 114, S. 165 - 171
28. Januar 1927	Rev. VI 468/26	RGZ 116, S. 76 - 78
22. Februar 1927	Rev. VI 410/26	RGZ 116, S. 193 - 196
1. Juli 1927	Rev. (VII) VI 13/27	RGZ 117, S. 386 - 388
7. Februar 1928	Rev. VII 436/27	Nußbaum, Int. Jahrbuch III, S. 321 - 322; JW 1928, S. 1223 Nr. 2
15. Mai 1928	Rev. VII 6/28	JW 1928, S. 1853 - 1853
19. November 1929	Rev. VII 38/29	JW, 1930, S. 1862 - 1863, Nr. 2
7. Februar 1930	Rev. II 247/29	RGZ 128, S. 1 - 18
26. April 1932	Rev. VII 336/31	JW 1932 S. 2877 - 2878, Nr. 25
5. März 1935	Rev. II 294/34	JW 1935, S. 2617 Nr. 1

B. Entscheidungen des Reichsoberhandelsgerichts

Datum	**Aktenzeichen**	**Fundstelle**
1. September 1873	Rep. 444/73	ROHG-E 10, S. 391 - 402
21. April 1875	Rep. 1340/74	ROHG-E 17, S. 425 - 428

C. Entscheidungen des Bundesgerichtshofs

Datum	**Aktenzeichen**	**Fundstelle**
3. Oktober 1956	V Zr 32/55	BGHZ 21, S. 365 - 370
30. Januar 1957	V Zr 80/55	NJW 1957, S. 589 - 591
25. Februar 1960	II ZR 144/58	MDR 1960, S. 472
28. November 1963	VII Zr 112/62	NJW 1964, S. 591 - 593
6. März 1969	VII Zr 163/69	WM 1969, S. 671 - 673; KTS 1970, S. 30 - 35
15. Mai 1958	VII Zr 436/56	NJW 1958, S. 1538 - 1540
27. Februar 1970	VII Zr 68/68	NJW 1970, S. 1046 - 1047
21. Oktober 1971	VII Zr 45/70	BGHZ 57, S. 153 - 159
22. September 1977	III Zr 144/76	NJW 1978, S. 212 - 213
26. September 1985	III Zr 16/84	NJW 1986, S. 1436 - 1438
6. April 2009	II Zr 255/08	NJW 2009, S. 1962 - 1967

D. Oberlandesgerichtsentscheidungen

Gericht	Datum	Aktenzeichen	Fundstelle
BayObLG	20. Oktober 1928	Reg. I Nr. 16/28	JW 1929, S. 866 - 867
HansOLG	15. Januar 1932	Bf. V 470/31	HRR 1932, Nr. 1615.
HansOLG	24. Januar 2003	11 Sch 06/01	SchiedsVZ 2003, S. 284 - 288

Quellenverzeichnis

A. Bundesarchiv, Berlin-Lichterfelde

I. Generalakten des Reichsjustizministeriums

1. Aktentitel: Umgestaltung des Zivilprozeßverfahrens
   Signatur R 3001, Nr. 8155, Band 1 (Okt. 1920 - Mai 1923)
   Signatur R 3001, Nr. 8156, Band 2 (Juni 1923 - März 1924)
   Signatur R 3001, Nr. 8158, Band 4 (Juni 1924 - Okt. 1925)
   Signatur R 3001, Nr. 8159, Band 4 (Mai - Juni 1925)
   Signatur R 3001, Nr. 8161, Band 6 (Juni 1928 - Juli 1931)
   Signatur R 3001, Nr. 8174, Band 3 (Jan. 1924 - März 1925)
2. Aktentitel: Schiedsgerichtsverfahren
   Signatur R 3001, Nr. 8451, Band 1 (Jan. 1925 - Nov. 1933)

II. Akten der Reichskanzlei

1. Aktentitel: Zivilprozeßordnung und bürgerliche Rechtsstreitigkeiten
   Signatur R 43 II, Nr. 1529, Band 2 (Apr. 1933 - Okt. 1933)
2. Aktentitel: Rechtsanwaltschaft und Notariat
   Signatur R 43 II, Nr. 1534, Band 3 (Feb. 1933 - Dez. 1935)

III. Akten des Reichsgerichts (Generalia)

Aktentitel: Einzelne Gerichtsverfahren/Maßnahmen gegen Reichsgerichtsrat i. R. Dr. Großmann auf Grund des § 4 des Gesetzes zur Wiederherstellung des Berufsbeamtentums
Signatur R 3002, Nr. 240 (Juni 1933 - Apr. 1934)

IV. Akten des Auswärtigen Amtes (Internationale Rechtssachen, Rechtshilfe/Völkerbund)

1. Aktentitel: Verhandlungen des Völkerbundes über Schiedsklauseln im Handelsverkehr Protokoll vom 24. Sept. 1923
   Signatur R 901, Nr. 27291 (Sept. 1923 - Apr. 1932)
2. Aktentitel: Verhandlungen über ein internationales Abkommen zur Vollstreckung ausländischer Schiedssprüche
   Signatur R 901, Nr. 27292, Band 1 (Aug. 1926 - Juli 1927)
   Signatur R 901, Nr. 27293, Band 3 (Okt. 1927 - Mai 1928)
   Signatur R 901, Nr. 39873, Band 2 (Juli 1927 - Okt. 1927)

B. Politisches Archiv, Auswärtiges Amt, Berlin-Mitte

Aktentitel: Rechtsfragen und Verträge, Schiedsklauseln im Handelsverkehr (Sonderreferat Völkerbund)
Signatur R 96690, Band 1 (Nov. 1924 - Okt. 1934)

C. Parlamentaria und Völkerbunddrucksachen

- Drucksachen des Deutschen Bundestags (zit.: BT Drucks, Wahlperiode, Nr.)
- Drucksachen des Deutschen Reichsrats (zit.: RR Drucks, Jahrgang, Band, Nr.)
- Verhandlungen des Deutschen Reichstags (zit.: RT Drucks, Wahlperiode, Band, Nr.)
- Die Tätigkeit des Völkerbunds, Auskunftsabteilung des Völkerbunds, Genf (Drucksachen) (zit.: VB Drucks, Jahr, Seite)

Literaturverzeichnis

Aasgaard, Reider, Über den norwegischen Zivilprozeßentwurf in: ZZP, 1914, S. 178 - 192 (zit.: Aasgaard, Norwegischer Zivilprozeßentwurf, in: ZZP, 1914)

Adickes, Franz, Grundlinien durchgreifender Justizreform, Berlin, 1906

Adickes, Franz, Zur Verständigung über die Justizreform, Berlin, 1907

Adler, Sebastian, Das Verhältnis von Richter und Parteien in der preußischen und deutschen Zivilprozeßgesetzgebung, Marburg, 2005 (zit.: Adler, Zivilprozeßgesetzgebung)

Adolphsen, Jens, Europäisches Zivilverfahrensrecht, Heidelberg, 2011

Ahrens, Martin, Prozessreform und einheitlicher Zivilprozess, Einhundert Jahre legislative Reform des deutschen Zivilverfahrensrechts vom Ausgang des 18. Jahrhunderts bis zur Verabschiedung der Reichszivilprozessordnung, Tübingen, 2007 (zit.: Ahrens, Prozessreform)

Alfons, Claudia, Recognition and Enforcement of Annulled Foreign Arbitral Awards, An Analysis of the Legal Framework and its Interpretation in Case Law an Literature, Frankfurt a. M., 2010 (zit.: Alfons, Foreign Arbitral Awards)

Arbeitsfachgemeinschaft „Zivilprozessrecht" des Bundes Nationalsozialistischer Deutscher Juristen, Leiter: Landgerichtsrat Dr. Müller (Hrsg.), Entwurf einer Zivilprozessordnung, Hannover, 1936 (zit.: BNSDJ Entwurf 1936)

Aretin, Karl Ottmar Frhr. von , Vom Deutschen Reich zum Deutschen Bund, Göttingen, 1980

Bärwald, Ludwig, Der "ordre public" in der Rechtsprechung des Reichsgerichts, Düsseldorf, 1935

Basedow, Jürgen, Die Neuregelung des Internationalen Privat- und Prozeßrechts, in: NJW, 1986, S. 2971 - 2979 (zit.: Basedow, Neuregelung des IPR, in: NJW, 1986)

Baumbach, Adolf, Zivilprozeßordnung mit Gerichtsverfassungsgesetz, 3. Auflage, Berlin 1926 (zit.: Baumbach, ZPO, 3. Auflage, 1926)

Baumbach, Adolf, Zivilprozeßordnung mit Gerichtsverfassungsgesetz, 8. Auflage, Berlin, 1933 (zit.: Baumbach, ZPO, 8. Auflage, 1933)

Baumbach, Adolf, Zivilprozeßordnung mit Gerichtsverfassungsgesetz, 12. Auflage, Berlin, 1936 (zit.: Baumbach, ZPO, 12. Auflage, 1936)

Baumbach, Adolf, Zivilprozeßordnung mit Gerichtsverfassungsgesetz, 15. Auflage, Berlin, 1939 (zit.: Baumbach, ZPO, 15. Auflage, 1939)

Baumbach, Adolf/Lauterbach, Wolfgang, Zivilprozeßordnung mit Gerichtsverfassungsgesetz und anderen Nebengesetzen, 29. Auflage, Berlin, 1966 (zit.: Baumbach/Lauterbach/Bearbeiter, ZPO, 29. Auflage, 1966)

Baumbach, Adolf/Lauterbach, Wolfgang/Albers, Jan/Hartmann, Peter, Kommentar zur Zivilprozessordnung mit FamFG, GVG und anderen Nebengesetzen, 69. Auflage, München, 2011 (zit.: Baumbach/Lauterbach/Albers/Hartmann, ZPO, 69. Auflage, 2011)

Berard, Mechthild, Die Aufhebung des Schiedsspruchs wegen Verfahrensverstoßes (§ 1041 Abs. 1 Nr. 1 und Nr. 4 ZPO), Freiburg i. B., 1976 (zit.: Berard, Aufhebung des Schiedsspruchs)

Berger, Klaus Peter, Das neue Recht der Schiedsgerichtsbarkeit - The New German Arbitration Law, Köln, 1998 (zit.: Berger, Schiedsgerichtsbarkeit)

Berger, Klaus-Peter, Formalisierte oder "schleichende" Kodifizierung des transnationalen Wirtschaftsrechts, Berlin, 1996 (zit.: Berger, Transnationales Wirtschaftsrecht)

Berger, Klaus-Peter, Internationale Wirtschaftsschiedsgerichtsbarkeit, Berlin, 1992 (zit.: Berger, Wirtschaftsschiedsgerichtsbarkeit)

Berneker, Erich, Zur griechischen Rechtsgeschichte, Darmstadt, 1968

Bernuth, Marie-Lousie von, Die Doppelkontrolle von Schiedssprüchen durch staatliche Gerichte, Frankfurt a. M., 1995

Böckstiegel, Karl-Heinz, Die Schiedsgerichtsbarkeit in Deutschland – Standort und Stellenwert, in: SchiedsVZ, 2009, S. 3 - 8 (zit.: Böckstiegel, Schiedsgerichtsbarkeit in Deutschland, in: SchiedsVZ, 2009)

Book, André, Die Justizreform in der Frühzeit der Bundesrepublik, Frankfurt a. M., 2005 (zit.: Book, Justizreform der BRD)

Bornhak, Conrad, Schiedsvertrag und Schiedsgericht nach geschichtlicher Entwicklung und geltendem Recht in: ZZP, 1902, S. 1 - 46 (zit.: Bornhak, Schiedsvertrag, in: ZZP, 1902)

Bredow, Jens, Das neue 10. Buch der ZPO - ein Überblick in: BB, Beilage 2, 1998, S. 2 - 6 (zit.: Bredow, Das neue 10. Buch der ZPO in: BB Beilage 2, 1998)

Breit, James, Schiedsrichter und staatliches Recht, in: LZ, 1918, S. 1176 - 1188 (zit.: Breit, Staatliches Recht, in: LZ, 1918)

Brödermann, Eckart/Rosengarten, Joachim, Internationales Privat- und Zivilverfahrensrecht (IPR/IZVR), Köln, 2010 (zit.: Brödermann/Rosengarten, IPR/IZVR)

Brodersen, Theodor, Bedeutet es eine Unzulässigkeit des Verfahrens (§ 1041 Ziff. 1 ZPO), wenn sich das Schiedsgericht im Schiedsspruch über unverzichtbare gesetzliche Vorschriften hinweggesetzt hat (§ 1042

Abs. II ZPO)?, Pritzwalk, 1928 (zit.: Brodersen, Unzulässigkeit des Verfahrens)
Bruns, Rudolf, Zur Reform der Vollstreckung internationaler Schiedssprüche (Genfer Abkommen von 1927) in: ZZP, 1957, S. 7 - 24, (zit.: Bruns, Reform der Vollstreckung internationaler Schiedssprüche, in: ZZP, 1957)
Bundesministerium der Justiz (Hrsg.), Kommission zur Neuordnung des Schiedsverfahrensrechts, Bericht mit einem Diskussionsentwurf zur Neufassung des Zehnten Buches der ZPO, Februar 1994, Bonn
Bülow, Arthur, Zur Revision des Genfer Abkommens über die Vollstreckung ausländischer Schiedssprüche in: RiW 1956, S. 37 - 42 (zit.: Bülow, Revision des Genfer Abkommens, in: RiW 1956)
Cahn, Hugo, Der zukünftige deutsche Rechtsstreit, in: ZZP, 1917, S. 445 - 457 (zit.: Cahn, Rechtsstreit, in: ZZP, 1917)
Conrady, Otto, Ist der Schiedsrichter bei der Entscheidung eines Rechtsstreits am das materielle Recht gebunden?, Berlin, 1929
Dahlmanns, Gerhard J., Neudrucke zivilprozessualer Kodifikationen und Entwürfe des 19. Jahrhunderts, Band 3 und Band 4, Aalen, 1975
Damrau, Jürgen, Die Entwicklung einzelner Prozeßmaximen seit der Reichszivilprozeßordnung von 1877, Paderborn, 1975 (zit.: Damrau, Prozeßmaximen)
Dannreuther, Dieter, Der Zivilprozeß als Gegenstand der Reichspolitik im Deutschen Reich 1871 - 1945, Frankfurt a. M., 1987 (zit.: Dannreuther, Zivilprozeß)
David, Leo, Die wirtschaftliche Bedeutung des kaufmännischen Schiedsgerichtswesens nebst Entwurf eines Gesetzes zur Abänderung des X. Buches der Zivilprozeßordnung, Berlin, 1932 (zit.: David, Die wirtschaftliche Bedeutung des kaufmännischen Schiedsgerichtswesens)
Deutsche Liga für Völkerbund (Hrsg.), Deutschland und der Völkerbund, Berlin, 1926 (zit.: Deutsche Liga für Völkerbund)
Endemann, Wilhelm, Der Deutsche Civilprozeß, Band 3, Berlin, 1879 (zit.: Endemann, CPO, 1879)
Entwurf einer Proceß-Ordnung in bürgerlichen Rechtsstreitigkeiten für den Preußischen Staat, Berlin, 1864 (Motivstellen zit. als: Mot.-PE, Vorschriften zit. als: Prß-E)
Entwurf einer Deutschen Civilprozeßordnung nebst Begründung, Berlin, 1871
Entwurf einer Deutschen Civilprozeßordnung nebst dem Entwurfe eines Einführungsgesetzes, Berlin, 1872
Entwurf einer Civil-Prozeß-Ordnung für das Deutsche Reich mit Motiven und Anlagen, Berlin, 1874
Entwurf einer Zivilprozeßordnung, Berlin, 1931 (zit.: Entwurf von 1931)

Entwurf eines Gesetzes betreffend Änderungen des Gerichtsverfassungsgesetzes, der Zivilprozeßordnung, des Gerichtskostengesetzes und der Gebührenordnung für Rechtsanwälte, Halle a. S., 1908 (zit.: Autor in: Entwurf der Amtsgerichtsnovelle 1909)

Ernemann, Andreas, Zur Anerkennung und Vollstreckung ausländischer Schiedssprüche nach § 1044 ZPO, Begriff - anzuwendendes Verfahrensrecht - Rechtswirksamkeit, Bielefeld, 1979 (zit.: Ernemann, Vollstreckung ausländischer Schiedssprüche)

Förster, Adolf/Kann, Richard, Die Zivilprozeßordnung für das Deutsche Reich, 3. Auflage, Berlin, 1926 (zit.: Förster/Kann, ZPO, 3. Auflage, 1926)

Francke, Walter, Die Entscheidungen ausländischer Gerichte über bürgerliche Rechtsstreitigkeiten in ihrer Wirksamkeit nach Deutschem Reichsrecht, in: ZZP, 1885, S. 1 - 128 (zit.: Francke, Entscheidungen ausländischer Gerichte, in: ZZP, 1885)

Freudenthal, Hugo/Sauerländer, Johann David, Zivilprozeßordnung nebst Einführungsgesetz und den zugehörigen Nebengesetzen, 4. Auflage, München, 1926 (zit.: Freudenthal/Sauerländer, ZPO, 4. Auflage, 1926)

Fuchs, Victor, Ausbau des Schiedsverfahrens in: DJZ, 1919, S. 423 - 426 (zit.: Fuchs, Ausbau des Schiedsverfahrens, in: DJZ, 1919)

Gaupp, Ludwig/Stein, Friedrich, Die Civilprozeßordnung für das Deutsche Reich, Band 2, 3. Auflage, Freiburg i. B., 1898 (zit.: Gaupp/Stein/Bearbeiter, ZPO, 3. Auflage, 1898)

Gaupp, Ludwig/Stein, Friedrich, Die Civilprozeßordnung für das Deutsche Reich, Band 2, 8./9. Auflage, Tübingen, 1908 (zit.: Gaupp/Stein/Bearbeiter, ZPO, 8./.9. Auflage, 1908)

Gentinetta, Jörg, Die Lex Fori internationaler Handelsschiedsgerichte, Bern, 1973

Giese, Friedrich, Die Verfassung des Deutschen Reiches, 8. Auflage, Berlin, 1931 (zit.: Giese, WRV, 8. Auflage 1931)

Goldschmidt, James, Die neue Zivilprozeßordnung vom 13. Mai 1924, Berlin, 1924

Greminger, Hans-Walter, Die Genfer Abkommen von 1923 und 1927 über die internationale private Schiedsgerichtsbarkeit, Winterthur, 1957 (zit.: Greminger, Genfer Abkommen)

Günzenhauser, J. (Rechtsanwalt aus München), Das schiedsrichterliche Verfahren nach deutschem, verglichen mit dem englisch-amerikanischen Recht in: ZZP, 1930, S. 481 - 494 (zit.: Günzenhauser, Schiedsverfahren nach deutschem und englisch-amerikanischem Recht in: ZZP, 1930)

Haas, Ulrich, Die Anerkennung und Vollstreckung ausländischer und internationaler Schiedssprüche, Berlin, 1991 (zit.: Haas, Anerkennung und Vollstreckung)

Habscheid, Walther J., Das Schiedsgutachten, Ein Grenzgebiet zwischen materiellem Recht und Prozeßrecht in: Das deutsche Privatrecht in der Mitte des 20. Jahrhunderts, Festschrift für Heinrich Lehmann zum 80. Geburtstag, Band II, S. 789 - 811, Berlin, 1956 (zit.: Habscheid, Schiedsgutachten)

Habscheid, Walther J., Nationale oder supranationale Schiedssprüche? Zur Reform des Genfer Abkommens über die Vollstreckung ausländischer Schiedssprüche vom 26.9.1927 in: ZZP, 1957, S. 25 - 60 (zit.: Habscheid, Nationale oder supranationale Schiedssprüche?, in: ZZP, 1957)

Haeger, Walther, Die Vollstreckung von Urteilen und Schiedssprüchen im internationalen Rechtsverkehr, Berlin, 1910 (zit.: Haeger, Vollstreckung von Schiedssprüchen)

Haeger, Walther, Schiedsgerichte für die Rechtsstreitigkeiten der Handelswelt, Berlin, 1910 (zit.: Haeger, Schiedsgerichte)

Hafke, Heinz Christian, Anmerkung zum Urteil des Bundesgerichtshofs vom 26. September 1985, III ZR 16/84, in: WuB VII A § 1041 Abs. 2 ZPO 1.86, S. 505 - 508.

Hahn, Carl (Hrsg.), Die gesamten Materialien zu den Reichs-Justizgesetzen, Zweiter Band: Materialien zur Civilprozeßordnung vom 30. Januar 1877, Erste sowie Zweite Abteilung, Berlin, 1880 (zit.: Hahn, Materialien zur CPO 1877)

Hahn, Carl/Mugdan, Benno (Hrsg.), Die gesamten Materialien zu den Reichs-Justizgesetzen, Achter Band: Materialien zum Gesetz betr. Änderungen der Zivilprozeßordnung, Gerichtsverfassungsgesetz und Strafprozeßordnung, Berlin, 1898 (zit.: Hahn/Mugdan, Materialien zu den Reichs-Justizgesetzen 1898)

Hartung, Fritz, Die Preußische Schiedsmannsordnung in der vom 1. Januar 1925 an geltenden Fassung, Berlin, 1927 (zit.: Hartung, SchiedsmannsO)

Hassels, Angela/Hommerich, Christoph, Frauen in der Justiz, Köln, 1993

Hausmaninger, Herbert/Selb, Walter, Römisches Privatrecht, 8. Auflage, Wien, 1997 (zit.: Hausmaninger/Selb, Römisches Privatrecht, 8. Auflage 1997)

Hayum, Simon, Der Schiedsvertrag, Tübingen, 1892

Hellweg, August, Geschichtlicher Rückblick über die Entstehung der deutschen Civilprozeß-Ordnung, in: AcP, 1878, S. 78 - 140 (zit.: Hellweg, Entstehung der CPO, in: AcP 1878)

Hermes, H., Über Rechtsfindung durch den Schiedsrichter nach der Zivilprozeßordnung, in: GruchotsBeitr, 1920, S. 702 - 709 (zit.: Hermes, Rechtsfindung durch den Schiedsrichter, in: GruchotsBeitr., 1920)

Heymann, Ekkehardt von, Der ordre public in der privaten Schiedsgerichtsbarkeit, Bielefeld, 1969

Historische Kommission bei der Bayerischen Akademie der Wissenschaften (Hrsg.), Akten der Reichskanzlei, Regierung Hitler 1933-1938, Teil I, Band 2, Boppard am Rhein, 1983 (zit.: Historische Kommission bei der Bayerischen Akademie der Wissenschaften (Hrsg.), Akten der Reichskanzlei, Regierung Hitler, Teil I, Band 2, Dokument Nr.)

Hülsen, Hans-Viggo von, Die Gültigkeit von internationalen Schiedsvereinbarungen, Berlin, 1973 (zit.: Hülsen, Internationale Schiedsvereinbarungen)

Husserl, Gerhart, Die Neufassung des § 1042 ZPO in: JW, 1925, S. 715 - 717 (zit.: Husserl, Neufassung des § 1042 ZPO, in: JW, 1925)

Jacoby, Hugo, Die Vollstreckung von Schiedssprüchen nach der Novelle, in: LZ, 1925, S. 122 - 128 (zit.: Jacoby, Vollstreckung nach der Novelle, in: LZ, 1925)

Jaeger, Jana Dominique, Die Umsetzung des UNCITRAL-Modellgesetzes über die internationale Handelsschiedsgerichtsbarkeit im Zuge der nationalen Reformen, Frankfurt a. M., 2001 (zit.: Jaeger, Umsetzung des UNCITRAL-Modellgesetzes)

Jakobs, Horst Heinrich/Schubert, Werner (Hrsg.), Die Beratung des Bürgerlichen Gesetzbuches in systematischer Zusammenstellung der unveröffentlichten Quellen, Einführungsgesetz zum Bürgerlichen Gesetzbuch und Nebengesetze (Zivilprozeßordnung, Konkursordnung und Gesetz über die Angelegenheiten der freiwilligen Gerichtsbarkeit), 2. Teilband, Berlin, 1990 (zit.: Jakobs/Schubert, Beratung des BGB, 2. Teilband)

Jonas, Martin, Anerkennung und Vollstreckung ausländischer Schiedssprüche, in: JW, 1927, S. 1297 - 1301 (zit.: Jonas, Vollstreckung ausländischer Schiedssprüche, in: JW, 1927)

Kahn, Oskar, Vollstreckung ausländischer Schiedssprüche im Inland in: ZZP, 1930, S. 114 - 110 (zit.: Kahn, Vollstreckung ausländischer Schiedssprüche, in: ZZP, 1930)

Kann, Richard, Zivilprozeßordnung und Nebengesetze, Berlin, 1924 (zit.: Kann, ZPO, 1924)

Kaser, Max, Handbuch der Altertumswissenschaft, zehnte Abteilung, dritter Teil, vierter Band, Das Römische Zivilprozessrecht, München, 1996 (zit.: Kaser, Römisches Zivilprozessrecht, 1996)

Kellenbenz, Hermann, Deutsche Wirtschaftsgeschichte, Band II, Vom Ausgang des 18. Jahrhunderts bis zum Ende des Zweiten Weltkriegs, München, 1981 (zit.: Kellenbenz, Deutsche Wirtschaftsgeschichte)

Kessler, Joachim, Die Bindung des Schiedsgerichts an das materielle Recht, Köln, 1964

Kilgus, Stefan, Zur Anerkennung und Vollstreckbarerklärung englischer Schiedssprüche in Deutschland, Berlin, 1995 (zit.: Kilgus, Anerkennung und Vollstreckbarerklärung)

Kisch, Wilhelm, Anmerkung zum Urteil des Bayerischen Obersten Landesgerichts vom 20. Oktober 1928, Rep. Nr. 16/28, in: JW, 1929, S. 866 - 867 (zit.: Kisch, Anm. zum Urteil des BayObLG vom 20. Oktober 1928, Rep. Nr. 16/28, in: JW, 1929)

Kisch, Wilhelm, Anmerkung zum Urteil des Reichsgerichts vom 1. Juli 1927, Rev. VI 13/1927, in: JW, 1928, S. 713 - 713 (zit.: Kisch, Anm. zum Reichsgerichtsurteil vom 1. Juli 1927, Rev. VI 13/1927, in: JW, 1928)

Kisch, Wilhelm, Anmerkung zum Urteil des Reichsgerichts vom 22. Februar 1927, Rev. VI 410/26, in: JW, 1927, S. 1375 - 1376 (zit.: Kisch, Anm. zum Reichsgerichtsurteil vom 22. Februar 1927, Rev. VI 410/26, in: JW, 1927)

Kisch, Wilhelm, Beiträge zum Schiedsverfahren, Klagezurücknahme, Klagänderung, Widerklage, Klageverbindung, Mannheim, 1933 (zit.: Kisch, Beiträge zum Schiedsverfahren)

Kisch, Wilhelm, Probleme des Schiedsgerichtswesens, in: DJZ, 1934, S. 6 - 10 (zit.: Kisch, Probleme des Schiedsverfahrens, in: DJZ, 1934)

Kollmann, Julius, Die internationale Rechtsverfolgung im Wege des schiedsrichterlichen Verfahrens in: DJZ, 1914, S. 969 - 973 (zit.: Kollmann, Internationale Rechtsverfolgung, in: DJZ, 1914)

Kornblum, Udo, Probleme der schiedsrichterlichen Unabhängigkeit, München, 1968

Köster, Anette, Die Beschleunigung der Zivilprozesse und die Entlastung der Zivilgerichte in der Gesetzgebung von 1879 bis 1993 Teil 1, Teil 2, Frankfurt a. M., 1995 (zit.: Köster, Beschleunigung und Entlastung)

Krafzik, Bernd, Die Spruchpraxis der Hanseatischen Schiedsgerichte unter besonderer Berücksichtigung des Gedankens der Rechtsfortbildung, Berlin, 1974 (zit.: Krafzik, Spruchpraxis der Hanseatischen Schiedsgerichte)

Krause, Hermann, Die geschichtliche Entwicklung des Schiedsgerichtswesens in Deutschland, Berlin, 1930 (zit.: Krause, Entwicklung des Schiedsgerichtswesens)

Krause, Hermann, Entwicklungslinien des deutschen Schiedsgerichtswesens in: Internationales Jahrbuch für Schiedsgerichtswesen in Zivil- und Handelssachen Band III, S. 220 - 240 (zit.: Krause, Entwicklungslinien, in: Int. Jahrbuch III)

Kuno, Motosi, Die Novelle der japanischen Zivilprozeßordnung vom 24. April 1926 in: ZIP, 1929, S.409 - 417 (zit.: Kuno, Japanische ZPO, in: ZIP, 1929)

Laufs, Adolf, Rechtsentwicklung in Deutschland, Berlin, 2006

Leo, Carl, Anmerkung zum Urteil des Reichsgerichts vom 1. Juli 1927, Rev. VI 13/1927, in: ZZP, 1928, S. 46 - 48 (zit.: Leo, Anm. zum Reichsgerichtsurteil vom 1. Juli 1927, Rev. VI 13/1927, in: ZZP, 1928)

Leo, Carl, Anmerkung zum Urteil des Reichsgerichts vom 15. Mai 1928, Rev. VII 6/28, in: JW, 1930, S. 1862 - 1863 (zit.: Leo, Anm. zur Reichsgerichtsurteil vom 15. Mai 1928, Rev. VII 6/28, in: JW, 1930)

Leo, Carl, Anmerkung zum Urteil des Reichsgerichts vom 7. Februar 1928, Rev. VII 436/27 in: JW, 1928, S. 1453 - 1454 (zit.: Leo, Anm. zum Reichsgerichtsurteil vom 7. Februar 1928, Rev. VII 436/27, in: JW, 1929)

Leo, Carl, Die Unbrauchbarkeit der neuen Bestimmungen über das schiedsgerichtliche Verfahren, in: HansRZ, 1924, S. 579 - 592 (zit.: Leo, Unbrauchbarkeit der neuen Bestimmungen, in: HansRZ, 1924)

Leo, Carl, Welche Hauptgrundsätze sind für die Neuregelung des Schiedsgerichtswesens zu empfehlen? Gutachten des Herrn Rechtsanwalts Dr. Carl Leo, Hamburg in: Verhandlungen des Vierunddreißigsten Deutschen Juristentages (Köln), Erster Band (Gutachten), S. 179 – 257, Berlin 1926 (zit.: Leo, Welche Hauptgrundsätze sind für die Neuregelung des Schiedsgerichtswesens zu empfehlen? in: 34. DJT, Band 1)

Liebmann, Jakob, Die Vollstreckung ausländischer Schiedssprüche, in: DJZ, 1915, S. 807 - 808 (zit.: Liebmann, Vollstreckung ausländischer Schiedssprüche, in: DJZ, 1915)

Lindenau, Heinrich, Schiedsrichterliche Erfahrungen, in: DJZ, 1923, S. 354 - 356 (zit.: Lindenau, Erfahrungen, in: DJZ, 1923)

Littauer, Rudolf, Schiedsgerichtsbarkeit und materielles Recht, in: ZZP, 1930, S. 1 - 38

Lüdemann-Ravit, Hermann August Albert Arthur, Schiedsrichter und staatliches Recht, in: LZ, 1919, S. 553 - 561 (zit.: Lüdemann-Ravit, Staatliches Recht, in: LZ, 1919)

Lüdicke, Lars, Die neue Staatenwelt nach 1918 in: Aus Politik und Zeitgeschichte, Bundeszentrale für politische Bildung, 50-51/2008, 8. Dezember 2008, S. 25 - 31 (zit.: Lüdicke, Staatenwelt 1918, in: APuZ BPB 2008)

Maier, Hans Jakob, Europäisches Übereinkommen und UN-Übereinkommen über die Internationale Schiedsgerichtsbarkeit, Köln, 1966 (zit.: Maier, Europäisches und UN-Übereinkommen)

Marx, Ludger, Der verfahrensrechtliche ordre public bei der Anerkennung und Vollstreckung ausländischer Schiedssprüche in Deutschland, Frankfurt a. M., 1994 (zit.: Marx, Anerkennung und Vollstreckung ausländischer Schiedssprüche)

Mathies, Otto, Das Schiedsgerichtswesen des Großhandels in Hamburg - Zugleich Versuch einer Statistik in: Festschrift zum XXIV. Deutschen Anwaltstag, 1929, S. 270 - 301 (zit.: Mathies, Schiedsgerichtswesen des Großhandels, in: FS Deutscher Anwaltstag 1929)

Mathies, Otto, Die ständigen Schiedsgerichte des Hamburger Großhandels, Hamburg, 1921 (zit.: Mathies, Ständige Schiedsgerichte)

Mayer, Bernhard, Die Vereinbarung schiedsrichterlicher Rechtsstreitentscheidung nach früherem und jetzigem gemeinen Recht, Eine historisch-dogmatische vergleichende Darstellung, Erlangen, 1888 (zit.: Mayer, Schiedsrichterliche Rechtsstreitentscheidung)

Mittelstein, Max, Schiedsgerichts-Fragen, in: HansRZ, 1925, S. 1 - 16 (zit.: Mittelstein, Schiedsgerichts-Fragen, in: HansRZ, 1925)

Moeller (Oberlandgerichtsrath aus Marienwerder), Vollstreckungsurtheil in Beziehung auf einen Schiedsspruch (Besprechung zum Urteil des Reichsgerichts vom 5. November 1881, Rev. I 595/81, RGZ 5, S. 397 - 403), in: ZZP, 1882, S. 275 - 287 (zit.: Moeller, Vollstreckungsurtheil, in: ZZP, 1882)

Moltzahn, Ellen, Außergerichtliche Wirtschaftsmediation, Rechtliche Rahmenbedingungen in Deutschland im Vergleich zu rechtlichen Rahmenbedingungen auf europäischer und internationaler Ebene, Frankfurt a. M., 2011 (zit.: Moltzahn, Wirtschaftsmediation)

Müller, Ernst, Bayerische Reformgedanken und Reformpläne in: DJZ, 1919, S. 857 - 865 (zit.: Müller, Reformgedanken, in: DJZ, 1919)

Musielak, Hans-Joachim (Hrsg.), Kommentar zur Zivilprozessordnung mit Gerichtsverfassungsgesetz, 9. Auflage, München, 2012 (zit.: Musielak/Bearbeiter, ZPO, 9. Auflage, 2012)

Neubauer, Georg, Schiedsvertrag und Schiedsrichter nach der neuen Fassung der ZPO vom 8. November 1933, Hamburg, 1936 (zit.: Georg Neubauer, Schiedsvertrag und Schiedsrichter)

Neubauer, Wilhelm Konrad, Das schiedsrichterliche Verfahren der Civilprozessordnung, in: Zeitschrift für Deutschen Zivilprozeß, 1893, S. 506 - 515 (zit.: Neubauer, Schiedsrichterliches Verfahren I, in: ZZP, 1893)

Neubauer, Wilhelm Konrad, Das schiedsrichterliche Verfahren der Civilprozessordnung, in: Zeitschrift für Deutschen Zivilprozeß, 1895, S. 322 - 331 (zit.: Neubauer, Schiedsrichterliches Verfahren II, in: ZZP, 1895)

Neukamp, Ernst, Handkommentar zur Civilprozeßordnung in der am 1. Januar 1900 in Kraft getretenen Fassung nebst dem Einführungsgesetze, Göttingen, 1900 (zit.: Neukamp, CPO, 1900)

Neukirch, Carl, Angliederung des schiedsgerichtlichen Verfahrens an die ordentlichen Gerichte, in: JW, 1923, S. 680 - 681 (zit.: Neukirch, Schiedsgerichtliches Verfahren, in: JW, 1923)

Nienaber, Volker, Die Anerkennung und Vollstreckung um Sitzstaat aufgehobener Schiedssprüche, Frankfurt a. M., 2002 (zit.: Nienaber, Anerkennung und Vollstreckung aufgehobener Schiedssprüche)

Nußbaum, Arthur (Hrsg.), Internationales Jahrbuch für Schiedsgerichtswesen in Zivil- und Handelssachen Band I, II und III, Berlin, 1926, 1928, 1931 (zit.: Int. Jahrbuch I, II oder III)

Nußbaum, Arthur, Die gesetzliche Neuordnung des Schiedsgerichtswesens, Denkschrift, Berlin, 1918 (zit.: Nußbaum, Neuordnung des Schiedsgerichtswesens, 1918)

Nußbaum, Arthur, Internationale Schiedsgerichte in Zivil- und Handelssachen, in: DJZ, 1925, S. 1453 - 1457 (zit.: Nußbaum, Internationale Schiedsgerichte, in: DJZ, 1925)

Nußbaum, Arthur, Neuere Entwickelung und Ausbau des Schiedsgerichtswesens in: ZZP, 1912, S. 254 - 306 (zit.: Nußbaum, Ausbau des Schiedsgerichtswesens, in: ZZP, 1912)

Nußbaum, Arthur, Probleme des internationalen Schiedsgerichtswesens in: Internationales Jahrbuch für Schiedsgerichtswesen in Zivil- und Handelssachen Band I, S. 7 - 37 (zit.: Nußbaum, Internationales Schiedsgerichtswesen, in: Int. Jahrbuch I)

Nußbaum, Arthur, Schiedsgerichte und Rechtsordnung, in: JW, 1926, S. 13 - 18 (zit.: Nußbaum, Schiedsgerichte und Rechtsordnung, in: JW, 1926)

Oertmann, Paul, Schiedsrichter und staatliches Recht, in: ZZP, 1918, S. 105 - 149 (zit.: Oertmann, Staatliches Recht, in: ZZP, 1918)

Oppenheimer, Fritz, Anmerkung zum Urteil des Court of Appeal, London, vom 2. Februar 1925 in der Sache Bankers & Shippers Insurance Company New York v. Liverpool Marine & General Insurance Company Ltd. [New York Law Journal Bd. 72 (1925) S. 126], in: Internationales Jahrbuch für Schiedsgerichtswesen in Zivil- und Handelssachen Band I, S. 295 - 296 (zit.: Oppenheimer, Anm. zu Bankers & Shippers Insurance Company New York v. Liverpool Marine & General Insurance Company Ltd. (London Court of Appeal vom 2. Februar 1925), in: Int. Jahrbuch I)

Pappenheim, Walther/Rheinstein, Max, Die Vollstreckung deutscher Schiedssprüche im Auslande, Berlin, 1930 (zit.: Pappenheim/Rheinstein, Vollstreckung im Ausland)

Peters, W./Gronow, Elsner von, Zivilprozessordnung, Berlin, 1903 (zit.: Peters/Gronow, ZPO, 1903)

Pfundtner,Hans/Neubert,Reinhard (Hrsg.), Das neue Deutsche Reichsrecht, Rechtspflege, Band II a, b 1 - 20, Berlin, 1940 (zit.: Pfundtner/Neubert/Bearbeiter, Das neue Deutsche Reichsrecht)

Planck, Julius Wilhem, Lehrbuch des Deutschen Civilprozessrechts, Zweiter Band, Besonderer Theil, München, 1896 (zit.: Planck, Lehrbuch)

Raeschke-Kessler, Hilmar, Neuere Entwicklungen im Bereich der Internationalen Schiedsgerichtsbarkeit, in: NJW, 1988, S. 3041 - 3051 (zit.: Raeschke-Kessler, Internationale Schiedsgerichtsbarkeit, in: NJW, 1988)

Raeschke-Kessler, Hilmar/Lehne, Hans K., Aktuelle Rechtsfragen der Schiedsgerichtsbarkeit, Köln, 1989 (zit.: Raeschke-Kessler/Lehne, Schiedsgerichtsbarkeit)

Rauscher, Thomas/Wax, Peter/Wenzel, Joachim (Hrsg.), Münchener Kommentar zur Zivilprozessordnung, mit Gerichtsverfassungsgesetz und Nebengesetzen, Band 3, 3. Auflage, München, 2008 (zit.: Münchener Kommentar/Bearbeiter, ZPO, 3. Auflage, 2008)

Rebmann, Kurt/Säcker, Franz Jürgen/Rixecker, Roland (Hrsg.), Münchener Kommentar zum Bürgerlichen Gesetzbuch, Band 1, Allgemeiner Teil, §§ 1 - 240, AGB-Gesetz, 4. Auflage, München, 2001 (zit.: Münchener Kommentar/Bearbeiter, BGB, 4. Auflage, 2001)

Reincke, Otto Ludwig Karl/Wienstein R., Die Zivilprozeßordnung, 6. Auflage, Berlin, 1910 (zit.: Reincke/Wienstein, ZPO, 6. Auflage, 1910)

Reinhard, Paul, Vom schiedsrichterlichen Verfahren und seinen Mängeln in: Das Recht, 1905, S. 406 - 411 (zit.: Reinhard, Mängel, in: Recht 1905)

Rheinstein, Max, Anmerkung zum Urteil des Schweizer Bundesgerichts vom 26.03.1920, in: Internationales Jahrbuch für Schiedsgerichtswesen in Zivil- und Handelssachen Band II, S. 348 - 351 (zit.: Rheinstein, Anm. zur Bundesgerichtsentscheidung vom 26.03.1920, in: Int. Jahrbuch II)

Richter, Ernst, Das deutsche Schiedsverfahren, nach der Praxis des Reichsgerichts gemeinverständlich dargestellt, Berlin, 1927 (zit.: Richter, Schiedsverfahren)

Ritlewski, Kristoff, Die Lex Mercantoria in der schiedsgerichtlichen Praxis in: SchiedsVZ, 2003, S. 130 - 139 (zit.: Ritlewski, Lex Mercantoria, in: SchiedsVZ, 2003)

Ritter, Gerhard A., Der Sozialstaat, Entstehung und Entwicklung im internationalen Vergleich, 2. Auflage, München, 1991 (zit.: Ritter, Der Sozialstaat)

Rosenberg, Leo, Die Neuregelung der Zwangsvollstreckung aus Schiedsspruch und Schiedsvergleich, in: DJZ, 1930, S. 1226 - 1230 (zit.: Rosenberg, Neuregelung der Zwangsvollstreckung, in: DJZ, 1930)

Sachse (Oberlandesgerichtsrath, Geh. Justizrat, Breslau), Bemerkungen über das schiedsrichterliche Verfahren, insbesondere über Neuerungen, die durch die ZPO vom 13. Februar 1924 eingeführt sind, in: GruchotsBeitr, 1927, S. 444 - 465 (zit.: Sachse, Bemerkungen über das schiedsrichterliche Verfahren, in: GruchotsBeitr., 1927)

Sachse (Oberlandesgerichtsrath, Geh. Justizrat, Breslau), Die Anfechtbarkeit der Schiedssprüche wegen Verletzung des materiellen Rechts, in: GruchotsBeitr, 1931, S. 574 - 587 (zit.: Sachse, Verletzung des materiellen Rechts, in: GruchotsBeitr, 1931)

Säcker, Franz Jürgen/Rixecker, Roland (Hrsg.), Münchener Kommentar zum Bürgerlichen Gesetzbuch, Band 10, Internationales Privatrecht, Rom I-Verordnung, Rom II-Verordnung, Einführungsgesetz zum Bürgerlichen Gesetzbuch (Art. 1 - 24), 5. Auflage, München, 2010 (zit.: Münchener Kommentar/Bearbeiter, BGB, 5. Auflage, 2010)

Sandrock, Otto, Zügigkeit und Leichtigkeit versus Gründlichkeit, in: JZ, 1986, S. 370 - 378

Sauerländer, Johann David, Über die Vollstreckbarerklärung von Schiedssprüchen, in: LZ, 1928, S. 512 - 529 (zit.: Sauerländer, Vollstreckbarerklärung von Schiedssprüchen, in: LZ, 1928)

Sawang, Judith, Geheimhaltung und rechtliches Gehör im Schiedsverfahren nach deutschem Recht, Tübingen, 2010

Schlosser, Peter, Notwendige Reformen des deutschen Rechts der Schiedsgerichtsbarkeit - Eine Studie im Lichte der Rechtsvergleichung, in: ZIP, 1987, S. 492 - 500 (zit.: Schlosser, Notwendige Reformen des deutschen Rechts der Schiedsgerichtsbarkeit in: ZIP, 1987)

Schönke, Adolf (Hrsg.), Die Schiedsgerichtsbarkeit in Zivil- und Handelssachen in Europa, Band I, Berlin, 1944

Schönke, Adolf, Das Schiedsgerichtsverfahren nach dem heutigen deutschen Recht, 2. Auflage, Berlin, 1954 (zit.: Schönke, Schiedsgerichtsverfahren)

Schröder, Horst, Die Genfer Abmachungen über die Schiedsgerichtsbarkeit in: Schönke, Die Schiedsgerichtsbarkeit in Zivil- und Handelssachen in Europa, Band 1, S. 15 - 49 (zit.: Schröder, Genfer Abmachungen, in: Schönke, Schiedsgerichtsbarkeit I)

Schubert, Werner (Hrsg.), Entstehung und Quellen der Civilprozessordnung von 1877, Erster und zweiter Halbband, Frankfurt a. M., 1987 (zit.: Schubert, Entstehung und Quellen zur CPO 1877)

Schubert, Werner (Hrsg.), Protocolle der Commission zur Berathung einer allgemeinen Civilprozeßordnung für die deutschen Bundesstaaten, Band 2, Frankfurt a. M., 1985

Schubert, Werner (Hrsg.), Protokolle der Kommission zur Ausarbeitung des Entwurfs einer Civilprozeßordnung für die Staaten des Norddeutschen Bundes, Band 5, Frankfurt a. M., 1985 (Protokollstellen zit. als: Prot.-ND-E, Vorschriften zit. als: ND-E)

Schubert, Werner (Hrsg.), Zivilprozeß und Gerichtsverfassung - Ausschüsse der Akademie für Deutsches Recht und "Ämter" des Reichsministeriums von 1934 - 1944, Frankfurt a. M., 1997 (zit.: Schubert, Akademie für Deutsches Recht, Zivilprozeß und Gerichtsverfassung)

Schubert, Werner (Hrsg.), Zivilprozessreform in der Weimarer Zeit, Quellen zur Emminger-Zivilprozessverordnung vom 13.2.1924 und zu den Arbeiten der Zivilprozesskommission des Reichsjustizministeriums (1922 - 1930), Frankfurt a. M., 2005 (zit.: Schubert, Zivilprozessreform in der Weimarer Zeit)

Schulze, Jörn-Christian, Grenzen der objektiven Schiedsfähigkeit im Rahmen des § 1030 ZPO, Frankfurt a. M., 2003 (zit.: Schulze, Schiedsfähigkeit)

Schütze, Rolf A., Rechtsverfolgung im Ausland, Prozessführung vor ausländischen Gerichten und Schiedsgerichten, 4. Auflage, Berlin 2009 (zit.: Schütze, Rechtsverfolgung)

Schütze, Rolf A./Tscherning, Dieter/Wais, Walter, Handbuch des Schiedsverfahrens, Praxis deutscher und internationaler Schiedsgerichtsbarkeit, Berlin, 1990 (zit.: Schütze/Tscherning/Wais, Handbuch des Schiedsverfahrens)

Schwab, Karl Heinz/Walter, Gerhard, Schiedsgerichtsbarkeit, 5. Auflage, München, 1995

Schwartz, Johann Christoph, Die Novelle vom 17./20. Mai 1898 und die künftige Civilprozessreform, Berlin, 1902

Seuffert, Lothar von , Die neue Civilprozeßordnung in: DJZ, 1899, S. 1 - 5 (zit.: Seuffert, Neue CPO, in: DJZ, 1899)

Seuffert, Lothar von, Zur Revision der Civilprozessordnung bei Einführung des Bürgerlichen Gesetzbuches, in: ZZP, 1892, S. 277 - 325 (zit.: Seuffert, Revision der CPO, in: ZZP, 1892)

Seuffert, Lothar von/Walsmann, Hans, Kommentar zur Zivilprozeßordnung, 12. Auflage, München, 1933 (zit.: Seuffert/Walsmann/Bearbeiter, ZPO, 12. Auflage, 1933)

Seuffert, Lothar von/Walsmann, Hans, Kommentar zur Zivilprozeßordnung, Nachtrag, 12. Auflage, München, 1934 (zit.: Seuffert/Walsmann/Bearbeiter, ZPO, Nachtrag, 12. Auflage, 1934)

Siemann, Wolfram, Vom Staatenbund zum Nationalstaat, Deutschland 1806-1871, München, 1994 (zit.: Siemann, Vom Staatenbund zum Nationalstaat)

Sievers, Nadja, Mediation als alternative Konfliktlösungsmöglichkeit auch in Deutschland? Eine rechtsvergleichende Untersuchung am Beispiel der argentinischen mediación previa, Frankfurt a. M., 2001 (zit.: Sievers, Mediation)

Spohnheimer, Frank, Gestaltungsfreiheit bei antezipiertem Legalanerkenntnis des Schiedsspruchs, zugleich ein Beitrag zur Gewährung rechtlichen Gehörs in Schiedsverfahren und zur Aufhebung von Schiedssprüchen, Tübingen, 2010 (zit.: Spohnheimer, Gestaltungsfreiheit bei antezipiertem Legalanerkenntnis des Schiedsspruchs)

Spörl (Rechtsanwalt in Augsburg), Grundsätzliches zum Schiedsverfahren in: DJZ, 1935, S. 1282 - 1285 (zit.: Spörl, Schiedsverfahren in: DJZ, 1935)

Staff, Adolf von, Das Schiedsgerichtsverfahren nach dem heutigen deutschen Recht, Ein Handbuch für Schiedsrichter und Schiedsparteien, Berlin, 1926 (zit.: Staff, Schiedsgerichtsverfahren)

Staff, Adolf von, Das Schiedsgerichtsverfahren nach der neuen Zivilprozessordnung, in: Zeitschrift für Deutschen Zivilprozeß, 1925, S. 104 - 110 (zit.: Staff, Neue ZPO, in: ZZP, 1925)

Staff, Adolf von, Welche Hauptgrundsätze sind für die Neuregelung des Schiedsgerichtswesens zu empfehlen in: Festgabe der Deutschen Juristen-Zeitung zum 34. Deutschen Juristentage in Köln 1926, S. 51 - 54 (zit.: Staff, Neuregelung des Schiedsgerichtswesens, in: Festgabe der DJZ, 1926)

Staff, Adolf von, Zu § 1044a ZPO, in: Zeitschrift für Deutschen Zivilprozeß, 1926, S. 335 - 351 (zit.: Staff, Zu § 1044a ZPO, in: ZZP, 1925)

Staff, Adolf von, Zwei Streitfragen betreffend das neue Schiedsgerichtsverfahren in: ZZP, 1925, S. 177 -188 (zit.: Staff, Neues Schiedsgerichtsverfahren in: ZZP, 1925)

Stammler, Wolfgang/Erler, Adalbert/Kaufmann, Ekkehard (Hrsg.), Handwörterbuch zur deutschen Rechtsgeschichte, Band 2, Berlin, 1978 (zit.: Erler/Kaufmann/Bearbeiter, HRG, Band 2)

Stammler, Wolfgang/Erler, Adalbert/Kaufmann, Ekkehard (Hrsg.), Handwörterbuch zur deutschen Rechtsgeschichte, Band 4, Berlin, 1990 (zit.: Erler/Kaufmann/Bearbeiter, HRG, Band 4)

Stein, Friedrich, Nochmals: Schiedsrichter und staatliches Recht, in: LZ, 1920, S. 265 - 274 (zit.: Stein, Staatliches Recht, in: LZ, 1920)

Stein, Friedrich/Jonas, Martin (Hrsg.), Kommentar zur Zivilprozeßordnung für das Deutsche Reich, 12./13. Auflage, Tübingen, 1926 (zit.: Stein/Jonas, ZPO, 12./13. Auflage, 1926)

Stein, Friedrich/Jonas, Martin, Die Zivilprozessordnung für das Deutsche Reich, Ergänzungsheft, Die Novelle zum schiedsrichterlichen Verfahren, das Genfer Abkommen zur Vollstreckung ausländischer Schiedssprüche, das deutsch-schweizerische Vollstreckungsabkommen und weitere Nachträge, Tübingen, 1930 (zit.: Stein/Jonas/Bearbeiter, Die Novelle zum schiedsrichterlichen Verfahren, 1930)

Stein, Friedrich/Jonas, Martin, Kommentar zur Zivilprozeßordnung, Band 2, 15. Auflage, Tübingen, 1934, mit Nachträgen von 1935 (zit.: Stein/Jonas/Bearbeiter, ZPO, 15. Auflage, 1934/1935)

Stein, Friedrich/Jonas, Martin (Hrsg.), Kommentar zur Zivilprozeßordnung, 3. Band, 19. Auflage, Tübingen, 1975 (zit.: Stein/Jonas/Bearbeiter, ZPO, 19. Auflage, 1975)

Stein, Friedrich/Jonas, Martin (Hrsg.), Kommentar zur Zivilprozessordnung, Band 4/2, 20. Auflage, Tübingen, 1988 (zit.: Stein/Jonas/Bearbeiter, ZPO, 20. Auflage, 1988)

Stein, Friedrich/Jonas, Martin (Hrsg.), Kommentar zur Zivilprozessordnung, Band 7/2, 21. Auflage, Tübingen, 1994 (zit.: Stein/Jonas/Bearbeiter, ZPO, 21. Auflage, 1994)

Stein, Wilm von, Der gegenwärtige Stand der Schiedsgerichtsbewegung in der Industrie, in: JW, 1914, S. 605 - 607 (zit.: Wilm von Stein, Schiedsgerichtsbewegung in der Industrie, in: JW, 1914)

Steinwenter, Artur, Die Streitbeendigung durch Urteil, Schiedsspruch und Vergleich nach griechischem Rechte, München, 1925

Struckmann, Johannes/Koch, Richard, Die Civilprozeßordnung für das Deutsche Reich nebst den auf den Civilprozeß bezüglichen Bestimmungen des Gerichtsverfassungsgesetzes und den Einführungsgesetzen, 7. Auflage, Berlin, 1900 (zit.: Struckmann/Koch, CPO, 7. Auflage, 1900)

Stürmer, Michael, Das ruhelose Reich, Deutschland 1866 - 1918, Berlin, 1983

Teßmer, Hugo, Das Schiedsverfahrensrecht nach deutschem Recht, Leipzig, 1915 (zit.: Teßmer, Schiedsverfahrensrecht)

Teßmer, Hugo, Der Schiedsvertrag als Voraussetzung und Grundlage des schiedsrichterlichen Verfahrens nach deutschem Recht, Berlin, 1912 (zit.: Teßmer, Schiedsvertrag)

Thomas, Will, Das privatrechtliche Schiedsgerichtsverfahren, 2. Auflage, Münster, 1957

Volkmar, Erich, Das Genfer Abkommen über die Vollstreckung ausländischer Schiedssprüche vom 26. September 1927 in: Internationales Jahrbuch für Schiedsgerichtswesen in Zivil- und Handelssachen Band II, S. 125 - 144 (zit.: Volkmar, Genfer Abkommen in: Int. Jahrbuch II)

Volkmar, Erich, Das Genfer Abkommen über die Vollstreckung ausländischer Schiedssprüche vom 26. September 1927 und das Gesetz zur Änderung einiger Vorschriften der Zivilprozeßordnung über das schiedsrichterliche Verfahren vom 25. Juli 1930 in: JW, 1930, S. 2745 - 2752 (zit.: Volkmar, Genfer Abkommen und die Novelle von 1930 in: JW, 1930)

Volkmar, Erich, Die Änderungen im schiedsrichterlichen Verfahren der deutschen Zivilprozeßordnung in: Internationales Jahrbuch für Schiedsgerichtswesen in Zivil- und Handelssachen Band III, S. 1 - 17 (zit.: Volkmar, Änderungen im schiedsrichterlichen Verfahren, in: Int. Jahrbuch III)

Volkmar, Erich, Die Verordnung über das Verfahren in bürgerlichen Rechtsstreitigkeiten vom 13. Februar 1924 in: JW, 1924, S. 345 - 354, Leipzig, 1924 (zit.: Volkmar, Prozessverordnung 1924 in: JW, 1924)

Volkmar, Erich, Die Verordnung über das Verfahren in bürgerlichen Rechtsstreitigkeiten vom 13. Februar 1924, Mannheim, 1924 (zit.: Volkmar, Prozessverordnung 1924)

Volkmar, Erich, Die Verordnung zur Beschleunigung des Verfahrens in bürgerlichen Rechtsstreitigkeiten vom 22. Dezember 1923, Mannheim, 1924 (zit.: Volkmar, Beschleunigungsverordnung 1923)

Wach, Adolf, Die Rechtspflege im deutschen Volksstaat in: DJZ, 1919, S. 3 - 8 (zit.: Wach, Rechtspflege im deutschen Volkstaat, in: DJZ, 1919)

Wach, Adolf, Handbuch des Deutschen Civilprozessrecht, Erster Band, Leipzig, 1885 (Wach, Handbuch)

Warneyer, Otto, Zivilprozeßordnung in der seit 1. Januar 1924 geltenden Fassung erläutert durch die Rechtsprechung, 5. Auflage, Leipzig, 1924 (zit.: Warneyer, ZPO, 5. Auflage, 1924)

Wehberg, Hans, Grundprobleme des Völkerbundes, Berlin, 1926

Wehler, Hans-Ulrich, Das Deutsche Kaiserreich 1871 - 1918, Göttingen, 1977

Weinkauff, Hermann/Wagner, Albrecht, Die deutsche Justiz und der Nationalsozialismus, Teil I, Stuttgart, 1968 (zit.: Weinkauff/Wagner, Justiz und Nationalsozialismus, Teil I)

Wetzmüller, Horst, Der "internationale" Schiedsspruch im UN-Übereinkommen über die Anerkennung und Vollstreckung ausländischer Schiedssprüche vom 10.6.1958 von New York, Mainz, 1966

Wieczorek, Bernhard/Schütze, Rolf A., Zivilprozeßordnung und Nebengesetze, Erster Band, Einleitung, §§ 1 - 127a, Berlin, 3. Auflage, 1994 (zit.: Wieczorek/Schütze/Bearbeiter, ZPO, 3. Auflage, 1994)

Wieruszowski, Alfred Ludwig, Anmerkung zum Urteil des Reichsgerichts vom 1. Juli 1927, Rev. (VII) VI 13/27, in: Internationales Jahrbuch für Schiedsgerichtswesen in Zivil- und Handelssachen Band II, S. 308 - 309 (zit.: Wieruszowski, Anm. zum Reichsgerichtsurteil vom 1. Juli 1927, Rev. (VII) VI 13/27, in: Int. Jahrbuch II)

Wieruszowski, Alfred Ludwig, Anmerkung zum Urteil des Reichsgerichts vom 22.02.1927, Rev. VI 410/26, in: Internationales Jahrbuch für Schiedsgerichtswesen in Zivil- und Handelssachen Band II, S. 305 - 307 (zit.: Wieruszowski, Anm. zum Reichsgerichtsurteil vom 22.02.1927, Rev. VI 410/26, in: Int. Jahrbuch II)

Wieruszowski, Alfred Ludwig, Anmerkung zum Urteil des Reichsgerichts vom 28. Januar 1927, Rev. VI 468/26, in: Internationales Jahrbuch für Schiedsgerichtswesen in Zivil- und Handelssachen Band II, S. 302 - 303 (zit.: Wieruszowski, Anm. zum Reichsgerichtsurteil vom 28. Januar 1927, Rev. VI 468/26, in: Int. Jahrbuch II)

Wilmowski, Gustav Karl Adolf von/Levy, Meyer, Civilprozeßordnung und Gerichtsverfassungsgesetz für das Deutsche Reich nebst den Einführungsgesetzen, mit Kommentar in Anmerkungen, Zweiter Band, Berlin, 1895 (zit.: Wilmowski/Levy, CPO, 1895)

Wolff, Ernst, Die Gültigkeit der Schiedsklausel im internationalen Privatverkehr, in: JW, 1925, S. 1202 - 1204 (zit.: Wolff, Schiedsklauseln im internationalen Privatverkehr, in: JW, 1925)

Zechlin, Egmont, Die deutsche Einheitsbewegung, Berlin, 1967 (zit.: Zechlin, Einheitsbewegung)

Zechlin, Egmont, Die Reichsgründung, Berlin, 1967

Zöller, Richard, Zivilprozessordnung mit FamFG und Gerichtsverfassungsgesetz, den Einführungsgesetzen, mit Internationalem Zivilprozessrecht, Kostenanmerkungen, 20. Auflage, Köln, 1997 (zit.: Zöller/Bearbeiter, ZPO, 20. Auflage 1997)

Zöller, Richard, Zivilprozessordnung mit FamFG und Gerichtsverfassungsgesetz, den Einführungsgesetzen, mit Internationalem Zivilprozessrecht, EU-Verordnungen, Kostenanmerkungen, 29. Auflage, Köln, 2012 (zit.: Zöller/Bearbeiter, ZPO, 29. Auflage 2012)

RECHTSHISTORISCHE REIHE

Die nachfolgende Liste führt die Titel der "Rechtshistorischen Reihe" ab Band 300 auf.
Eine vollständige Übersicht aller bisher in der Reihe erschienenen Bücher
finden Sie auf www.peterlang.de.

Band 300 Jan Kohlmann: Der Marsch zu den Gräbern von Karl und Rosa. Geschichte eines Gedenktages. 2004.

Band 301 Christian Rainer Schlicht: Die kumulative Schuldübernahme in der Rechtsprechung des Reichsgerichts und in der zeitgenössischen Literatur. 2004.

Band 302 Hans Peter Glöckner: Positive Vertragsverletzung. Die Geburt eines Rechtsinstituts. 2006.

Band 303 João Manuel Azevedo Alexandrino Fernandes: Die Theorie der Interpretation des Gesetzes bei Francisco Suárez. 2005.

Band 304 René Funk: Die Wahlprüfung der volksgewählten Abgeordneten der Volksvertretungen im Frühkonstitutionalismus. Eine Untersuchung der Wahlprüfung in den Kammern der Abgeordneten des Großherzogtums Baden, des Königreichs Württemberg und des Großherzogtums Hessen. 2005.

Band 305 Carolin O'Sullivan. Die Ahndung von Rechtsbrüchen der Seeleute im mittelalterlichen hamburgischen und hansischen Seerecht (1301-1482). 2005.

Band 306 Martin Jürgens: Staat und Reich bei Ernst Rudolf Huber. Sein Leben und Werk bis 1945 aus rechtsgeschichtlicher Sicht. 2005.

Band 307 Florian G. Dürselen: Franz Beyerle (1885-1977). Leben, Ära und Werk eines Rechtshistorikers. 2005.

Band 308 Kai Bandilla: Urheberrecht im Kaiserreich. Der Weg zum Gesetz betreffend das Urheberrecht an Werken der Literatur und Tonkunst vom 19. Juni 1901. 2005.

Band 309 Stefan Mieth: Die Entwicklung des Denkmalrechts in Preußen 1701-1947. 2005.

Band 310 Catharina Lodemann: Die Geschichte des französischen *acte de gouvernement*. 2005.

Band 311 Christina Wicke: Kodifikationsbestrebungen und Wissenschaft in Hessen-Darmstadt im vorkonstitutionellen Zeitalter. Zu der Beteiligung der Gießener Rechtsprofessoren an den Gesetzgebungsarbeiten in Hessen-Darmstadt in der Zeit zwischen 1769 und 1820. 2005.

Band 312 Christiane Chlosta: Nur dem Gesetz unterworfen? Eine rechtsgeschichtliche Untersuchung zu Idee und Wirklichkeit richterlicher Gesetzestreue unter besonderer Berücksichtigung der Aufwertungsrechtsprechung und des richterlichen Prüfungsrechts. 2005.

Band 313 Kathrin Dirr: Hoheitsrechtliche Streitigkeiten zwischen den Kölner Erzbischöfen und der Stadt Köln auf Grundlage reichskammergerichtlicher Verfahren des 16. und 17. Jahrhunderts. 2005.

Band 314 Michael Racky: Die Diskussion über Gewaltenteilung und Gewaltentrennung im Vormärz. 2005.

Band 315 Petra Thiemrodt: Die Entstehung des Staatshaftungsgesetzes der DDR. Eine Untersuchung auf der Grundlage von Materialien der DDR-Gesetzgebungsorgane mit zeitgeschichtlichen Bezügen. 2005.

Band 316 Julius F. Reiter: Entstehung und staatsrechtliche Theorie der italienischen *Carta del Lavoro*. 2005.

Band 317 André Book: Die Justizreform in der Frühzeit der Bundesrepublik. Die Beratungen der Kommission zur Vorbereitung einer Reform der Zivilgerichtsbarkeit in den Jahren 1955 bis 1961. 2005.

Band 318 Frank Zentz: Das amerikanische Strafverfahren als Element der Besatzungspolitik in Deutschland. Erziehung zur Demokratie durch den *Court of Appeals* 1948-1955. 2005.

Band 319 Friederike Quaisser: Mietrecht im 19. Jahrhundert. Ein Vergleich der mietrechtlichen Konzeptionen im Allgemeinen Landrecht für die Preußischen Staaten von 1794 und dem gemeinen Recht. 2005.

Band 320 Stefan Burghard: Professor Dr. Wilhelm Kahl – Leben zwischen Wissenschaft und Politik. 2005.

Band 321 Günter Baranowski: Die *Russkaja Pravda* – ein mittelalterliches Rechtsdenkmal. 2005.

Band 322 Christina Schneider: Die SS und das „Recht". Eine Untersuchung anhand ausgewählter Beispiele. 2005.

Band 323 Werner Schubert (Hrsg.): Zivilprozessreform in der Weimarer Zeit. Quellen zur Emminger-Zivilprozessverordnung vom 13.2.1924 und zu den Arbeiten der Zivilprozesskommission des Reichsjustizministeriums (1922-1930). Eingeleitet und herausgegeben von Werner Schubert. 2005.

Band 324 Felix Gaul: Der Jurist Rudolf Isay (1886-1956). Ein verantwortungsbewusster Vermittler im Spannungsfeld zwischen dynamischer Rechtsschöpfung, ökonomischem Wandel und technischem Fortschritt. 2005.

Band 325 Konstanze Braun: Dr. Otto Georg Thierack (1889-1946). 2005.

Band 326 Eckart Klein / Stefan Chr. Saar / Carola Schulze (Hrsg.): Zwischen Rechtsstaat und Diktatur. Deutsche Juristen im 20. Jahrhundert. 2006.

Band 327 Stefan Botor: Das *Berliner Sühneverfahren* – Die letzte Phase der Entnazifizierung. 2006.

Band 328 Andreas Köhler: Die Sorgerechtsregelungen bei Ehescheidung seit 1945. Scheidungsstrafe und verordnete Gemeinsamkeit. 2006

Band 329 Lars Düwel: Die Nichtigkeit und Anfechtbarkeit der Ehe in der Rechtsprechung des Reichsgerichts zwischen 1900 und 1945. 2006.

Band 330 Katalin Polgar: Das Oberappellationsgericht der vier freien Städte Deutschlands (1820-1879) und seine Richterpersönlichkeiten. 2007.

Band 331 Julia Schweitzer: Schiffer und Schiffsmann in den Rôles d'Oléron und im Llibre del Consolat de Mar. Ein Vergleich zweier mittelalterlicher Seerechtsquellen. 2007.

Band 332 Diana-Catharina Kurtz: Das Institut der Adoption im preußischen Allgemeinen Landrecht und im französischen Code civil zwischen Rezeption römisch-rechtlicher Prinzipien und verändertem Familienverständnis. 2006.

Band 333 Dino Joakim Duderstadt: Spiel, Wette und Differenzgeschäft (§§ 762-764 BGB) in der Rechtsprechung des Reichsgerichts und in der zeitgenössischen Literatur. 2007.

Band 334 Ronald Hoffmann: Die Domänenfrage in Thüringen. Über die vermögensrechtlichen Auseinandersetzungen mit den ehemaligen Landesherren in Thüringen nach dem Ersten Weltkrieg. 2006.

Band 335 Joachim Windmüller: *Ohne Zwang kann der Humanismus nicht existieren...* – „Asoziale" in der DDR. 2006.

Band 336 Sven Christian Gläser: Die Mediatisierung der Grafschaft Wertheim. Der juristische Kampf eines kleinen Reichsstandes gegen den Verlust der Landesherrschaft und seine Folgen. 2006.

Band 337 Benjamin Schleyer: Friedrich Wilhelm Bornemann (1798-1864). Eine Juristenkarriere im Preußen des 19. Jahrhunderts. 2006.

Band 338 Die Reform des Ehescheidungsrechts von 1976. Quellen zum Ersten Gesetz vom 14.6.1976 zur Reform des Ehe- und Familienrechts (Parlamentarische Ausschussprotokolle – Anglikanische Denkschrift von 1966 zur Scheidungsrechtsreform – Schlussabstimmung 1969 in der Eherechtskommission des Bundesministeriums der Justiz). Eingeleitet und herausgegeben von Werner Schubert. 2006.

Band 339 Andreas Feld: Das Bayerische Gesetz zum Schutz des Eigentums an Erzeugnissen der Literatur und Kunst gegen Nachdruck vom 15.04.1840. Vorgeschichte und Zustandekommen. 2007.

Band 340 Bernd Wörner: Adelbert Düringers Einfluß als Richter am Reichsgericht in Leipzig auf dem Gebiet des Personengesellschaftsrechts. 2007.

Band 341 Jan Jelle Kähler: Französisches Zivilrecht und französische Justizverfassung in den Hansestädten Hamburg, Lübeck und Bremen (1806-1815). 2007.

Band 342 Jörn Eckert / Pia Letto-Vanamo / Kjell Modéer (Hrsg.): Juristen im Ostseeraum. Dritter Rechtshistorikertag im Ostseeraum 20.-22. Mai 2004. 2007.

Band 343 Ferdinand von Weyhe: A.E. Wassermann. Eine rechtshistorische Fallstudie zur „Arisierung" zweier Privatbanken. 2007.

Band 344 Martin Klaus Römermann: Kündigungen und Kündigungsschutz im Franquismus. 2007.

Band 345 Thomas Hoffmann: Der Landrechtsentwurf David Hilchens von 1599. Ein livländisches Rechtszeugnis polnischer Herrschaft. 2007.

Band 346 Ingo Ullmann: Die rechtliche Behandlung holsteinischer Leibeigener um die Mitte des 18. Jahrhunderts. Dargestellt unter besonderer Berücksichtigung der Schmoeler Leibeigenschaftsprozesse von 1738 bis 1743 sowie von 1767 bis 1777. 2007.

Band 347 Petra Fischer-Langosch: Die Entstehungsgeschichte des Familiengesetzbuches der DDR von 1965. 2007.

Band 348 Lasse O. Johannsen: Die rechtliche Behandlung ausreisewilliger Staatsbürger in der DDR. 2007.

Band 349 Ralf Schlottau: Deutsche Kolonialrechtspflege. Strafrecht und Strafmacht in den deutschen Schutzgebieten 1884 bis 1914. 2007.

Band 350 Hartwig Brandt / Ewald Grothe (Hrsg.): Rheinbündischer Konstitutionalismus. 2007.

Band 351 Nora Lutze: Der Verwandtenunterhalt nach den §§ 1601 bis 1603 und §§ 1610 bis 1612 BGB in der Rechtsprechung des Reichsgerichts. Unter Berücksichtigung der Entstehung des BGB. 2007.

Band 352 Frank Thiäner: Das Verhältnis von Aufsichtsrat und Abschlussprüfern in der rechtshistorischen Entwicklung bis 1937. 2007.

Band 353 Britta Heymann: Ernst Melsheimer (1897-1960). Eine juristische Karriere in verschiedenen staatlichen Systemen. Mitarbeiter im Preußischen Justizministerium in der Weimarer Republik, im Justizministerium Preußens und des Reiches sowie Richter am Kammergericht in der NS-Zeit und Erster Generalstaatsanwalt der Deutschen Demokratischen Republik. 2007.

Band 354 Susanne Adlberger: Wilhelm Kisch – Leben und Wirken (1874-1952). Von der Kaiser-Wilhelms-Universität Straßburg bis zur nationalsozialistischen Akademie für Deutsches Recht. 2007.

Band 355 Moritz Waibel: Josef Berchtold (1833-1894). Ein Leben gegen den Ultramontanismus. 2007.

Band 356 Aline Levin: Erinnerung? Verantwortung? Zukunft? Die Beweggründe für die gemeinsame Entschädigung durch den deutschen Staat und die deutsche Industrie für historisches Unrecht. 2007.

Band 357 Ferdinand Krause: Die hergebrachten Grundsätze des Berufsbeamtentums. Eine rechtshistorische Analyse. 2008.

Band 358 André Tiebel: Die Entstehung der Schutztruppengesetze für die deutschen Schutzgebiete Deutsch-Ostafrika, Deutsch-Südwestafrika und Kamerun (1884-1898). 2008.

Band 359 Holger Ruff: Sittenwidrige Rechtsgeschäfte in der späten Kaiserzeit. Die Entwicklung der reichsgerichtlichen Rechtsprechung zu § 138 BGB von 1900 bis 1914. 2007.

Band 360 Frank Rohrer: Strafjustiz im Dritten Reich und in der SBZ/DDR. Die personelle und organisatorische Neuordnung des Justizapparates in den totalitären Diktaturen (1933-1955) mit ihren Auswirkungen auf die Rechtsprechung zum politischen Strafrecht. 2007.

Band 361 Hans-Georg Knothe / Marc Liebmann (Hrsg.): Gerichtskultur im Ostseeraum. Vierter Rechtshistorikertag im Ostseeraum. 18.-20. Mai 2006 in Greifswald. 2007.

Band 362 Christina Meß: Das Vertragsrecht bei Adam Smith. 2008.

Band 363 Quellen zur dänischen Rechts- und Verfassungsgeschichte (12.-20. Jahrhundert). Herausgegeben von Ditlev Tamm, Werner Schubert und Jens Ulf Jørgensen. 2008.

Band 364 Günter Baranowski: Die Gerichtsurkunde von Pskov. 2008.

Band 365 Mark Spengler: Die Entstehung des Scheckgesetzes vom 11. März 1908. 2008.

Band 366 Ivan Biliarsky / Radu G. Păun (eds./éds.): The Biblical Models of Power and Law. Les modèles bibliques du pouvoir et du droit. Papers of the International Conference, Bucharest, New Europe College 2005. Actes du colloque international, Bucarest, New Europe College 2005. 2008.

Band 367 Thomas A. Roth: Ausgestaltungen der Rechtsfähigkeit im 19. und 20. Jahrhundert. Zur Rechtspersönlichkeit natürlicher Personen in den bedeutenden deutschen Zivilrechtsordnungen. 2008.

Band 368 Björn Alexander Rautenberg: Der Fiskal am Reichskammergericht. Überblick und exemplarische Untersuchungen vorwiegend zum 16. Jahrhundert. 2008.

Band 369 Thorsten Miederhoff: *Man erspare es mir, mein Juristenherz auszuschütten.* Dr. iur. Kurt Tucholsky (1890-1935). Sein juristischer Werdegang und seine Auseinandersetzung mit der Weimarer Strafrechtsreformdebatte am Beispiel der Rechtsprechung durch Laienrichter. 2008.

Band 370 Philipp Nordloh: Kölner Zunftprozesse vor dem Reichskammergericht. 2008.

Band 371 Judith Freund: Die Wechselverpflichtung im 19. Jahrhundert. 2008.

Band 372 Hans-Michael Empell: Gutenberg vor Gericht. Der Mainzer Prozess um die erste gedruckte Bibel. 2008.

Band 373 Rainer Schröder: Die DDR-Ziviljustiz im Gespräch – 26 Zeitzeugeninterviews. 2008.

Band 374 Christian Neschwara: Ein österreichischer Jurist im Vormärz. „Selbstbiographische Skizzen" des Freiherrn Karl Josef Pratobevera (1769-1853). 2009.

Band 375 Stefan Ullrich: Untersuchungen zum Einfluss des lübischen Rechts auf die Rechte von Bergen, Stockholm und Visby. 2008.

Band 376 Johanna Gertrude Schmitzberger: Das nationalsozialistische Nebenstrafrecht 1933 bis 1945. 2008.

Band 377 Christian Brom: Urteilsbegründungen im „Hoge Raad van Holland, Zeeland en West-Friesland" am Beispiel des Kaufrechts im Zeitraum 1704-1787. 2008.

Band 378 Christian Böse: Die Entstehung und Fortbildung des Reichserbhofgesetzes. 2008.

Band 379 Tobias Röhnelt: Timm Kröger. Leben und Werk. 2009.

Band 380 Andrea Elisabeth Sebald: Der Kriminalbiologe Franz Exner (1881-1947). Gratwanderung eines Wissenschaftlers durch die Zeit des Nationalsozialismus. 2008.

Band 381 Angela Kriebisch: Die Spruchkörper Juristenfakultät und Schöppenstuhl zu Jena. Strukturen, Tätigkeit, Bedeutung und eine Analyse ausgewählter Spruchakten. 2008.

Band 382 Nana Ozawa: Louis Adolphe Bridel – Ein Schweizer Professor an der juristischen Fakultät der Tokyo Imperial University. Die geschichtliche Bedeutung der Yatoi zur späten Meijizeit. 2010.

Band 383 Christian Weißhuhn: Alfred Hueck 1889-1975. Sein Leben, sein Wirken, seine Zeit. 2009.

Band 384 Andreas Hunkel: Eduard Dietz (1866-1940) – Richter, Rechtsanwalt und Verfassungsschöpfer. 2009.

Band 385 Meike Guskow: Entstehung und Geschichte der Europäischen Charta der Regional- oder Minderheitensprachen. 2009.

Band 386 Markus J. Jahnel: Das Bodenrecht in „Neudeutschland über See“. Erwerb, Vergabe und Nutzung von Land in der Kolonie Deutsch-Südwestafrika 1884-1915. 2009.

Band 387 Matthias Günter Steiner: Die Klöster und ihr Wirken – eine der Wurzeln des Stiftungswesens? 2009.

Band 388 Cornelia Staats: Die Entstehung des Bundes-Immissionsschutzgesetzes vom 15. März 1974. 2009.

Band 389 Cai Niklaas E. Harders: Das Bundesjagdgesetz von 1952 sowie die Novellen von 1961 und 1976. Vorgeschichte, Entstehung des Gesetzes sowie Problemfelder. 2009.

Band 390 Matthias Pohlkamp: Die Entstehung des modernen Wucherrechts und die Wucherrechtsprechung des Reichsgerichts zwischen 1880 und 1933. 2009.

Band 391 Sebastian Baur: *Vor vier Höllenrichtern...* Die Lizentiats- und Doktorpromotionen an der Juristischen Fakultät der Universität Heidelberg. 2009.

Band 392 Christoph Salmen-Everinghoff: Zur *cautio damni infecti*: Die Rückkehr eines römischrechtlichen Rechtsinstituts in das moderne Zivilrecht. 2009.

Band 393 Till Meno Sellschopp: Der Weg zum Revokationsrecht der Ehegatten nach § 1368 BGB. Zugleich ein Beitrag zur Geschichte des ehelichen Güterrechts. 2009.

Band 394 Marc Biermann: Das Staatseigentum an öffentlichen Sachen im Gemeingebrauch in der ersten Hälfte des 19. Jahrhunderts. Die Theorie des reinen Hoheitsrechts an den öffentlichen Sachen von Rudolph von Jhering und Friedrich Ludwig Keller im Zusammenhang mit dem Baseler Schanzenstreit von 1859/62. 2009.

Band 395 Markus Tüxen: Kollegialprinzip oder Einzelrichter. Die Entwicklung des zivilrechtlichen Spruchkörpers bei den Landgerichten sowie den Oberlandesgerichten seit 1879 unter besonderer Berücksichtigung der Reformen von 1974 und 1976. 2009.

Band 396 Adam Polkowski: Die polnische Zivilprozessordnung von 1930/33. Unter Berücksichtigung des deutschen, österreichischen, russischen und französischen Rechts. 2009.

Band 397 Barbara Riedi: Die Porten der Unteren Strasse, ihr Ladungsrecht und der Strassenunterhalt. Rechtshistorische Betrachtungen zur Verkehrs- und Wirtschaftsgeschichte Graubündens. 2009.

Band 398 Stefanie Jessica Loroch: Zeitungsrubrik: Gerichtssaal. Strafprozessberichterstattung in Münster im 19. Jahrhundert (1848-1890). 2009.

Band 399 Dirk Henning Hofer: Karl Konrad Werner Wedemeyer (1870-1934). Ein Juristen- und Gelehrtenleben in drei Reichen. Eine Biographie. 2010.

Band 400 Thomas Simon (Hrsg.): Hundert Jahre allgemeines und gleiches Wahlrecht in Österreich. Modernes Wahlrecht unter den Bedingungen eines Vielvölkerstaates. 2010.

Band 401 Dörte Mentz: Die Beweislastumkehr in der Rechtsprechung des Reichsgerichts. 2010.

Band 402 Werner Schubert (Hrsg.): Oberster Gerichtshof für die Britische Zone (1948-1950). Nachschlagewerk Strafsachen – Nachschlagewerk Zivilsachen. Präjudizienbuch der Zivilsenate. Eingeleitet und herausgegeben von Werner Schubert. 2010.

Band 403 Yong Lei: Auf der Suche nach dem modernen Staat. Die Einflüsse der allgemeinen Staatslehre Johann Caspar Bluntschlis auf das Staatsdenken Liang Qichaos. 2010.

Band 404 Andreas Schwenk: Die Formbestimmung des § 313 BGB a. F. (§ 311 b Abs. 1 BGB n. F.) bei Verträgen über Grundstücke in der Rechtsprechung des Reichsgerichts. 2010

Band 405 René Schorsch: Eberhard Georg Otto Freiherr von Künßberg (1881-1941). Vom Wirken eines Rechtshistorikers. 2010.

Band 406 Ulrike Köbler: Werden, Wandel und Wesen des deutschen Privatrechtswortschatzes. 2010.

Band 407 Björn Florian Faulenbach: Rolle und Bedeutung der Lehre in der Rechtsprechung der Internationalen Gerichtshöfe im zwanzigsten Jahrhundert. 2010.

Band 408 Guangyu Fu: Das Causaproblem im deutschen Bereicherungsrecht. Eine rechtshistorische Untersuchung. 2010.

Band 409 Andreas Kimmelmann: Die Folter im Beweisverfahren der Leges Visigothorum. Chindasvinths Gesetzgebung im Spiegel der westgotischen Rechtsentwicklung. 2010.

Band 410 Jacqueline Schmaltz: Die Entwicklung der Industrie- und Handelskammern. Zwischen Pflicht und Kür. 2010.

Band 411 Hermann Nehlsen: Bayerische Rechtsgeschichte vom frühen Mittelalter bis zum 20. Jahrhundert. 2011.

Band 412 Kathrin Spoerr: Recht und Revolution. Deutsche Ökonomen und ihr Einfluss auf das Recht der Weimarer Republik – eine Zeitschriftenschau 1917-1920. 2011.

Band 413 Moritz von Köckritz: Die deutschen Oberlandesgerichtspräsidenten im Nationalsozialismus (1933-1945). 2011.

Band 414 Annika Lillemor Lara Rabaa: Die Ehe als Rechtsinstitut im Badischen Landrecht von 1810. Unter besonderer Berücksichtigung der gesellschaftlichen Entwicklungen im 19. Jahrhundert. 2011.

Band 415 Christian Hattenhauer / Klaus-Peter Schroeder (Hrsg.): 200 Jahre Badisches Landrecht von 1809/1810. Jubiläumssymposium des Instituts für geschichtliche Rechtswissenschaft der Ruprechts-Karls-Universität Heidelberg und der Heidelberger Rechtshistorischen Gesellschaft vom 23. bis 26. September 2009. 2011.

Band 416 Tobias Alexander Krammerbauer: Die Ministerverantwortlichkeit und die Vorformen sonstiger Verfassungsgerichtsbarkeit in Württemberg zwischen 1815 und 1918. 2011.

Band 417 Werner Schubert (Hrsg.): Quellen zur GmbH-Reform von 1958 bis zum GmbH-Änderungsgesetz von 1980. Eingeleitet und herausgegeben von Werner Schubert. 2011.

Band 418 Gisela Emling: Johannes Heckel. Leben und Wirken (1889-1963). 2011.

Band 419 Jochen Kirschbaum: Die Etablierung der Historischen Rechtsschule an der Ludoviciana (1814-1824). 2011.

Band 420 Sören Koch: Unaufgeforderte Hilfeleistung in Notsituationen. Eine rechtshistorische und rechtsvergleichende Studie zu den zivilrechtlichen Aspekten der Nothilfe mit besonderer Berücksichtigung des Rechts der Geschäftsführung ohne Auftrag. 2011.

Band 421 Friedrich Carl von Savigny: Die Prinzipienfragen in Beziehung auf eine neue Strafprozeß-Ordnung. Ausgearbeitet im Justizministerium für die Gesetzrevision. Eingeleitet und herausgeben von Werner Schubert. 2011.

Band 422 Stephan Faulwetter: Von der Zunft zur Handelskammer. Zur Entwicklung des Gewerberechts in thüringischen Staaten. 2011.

Band 423 Moritz Eisenhardt: Sanierung statt Liquidation. Die Geschichte des Vergleichs zur Abwendung des Konkurses unter besonderer Berücksichtigung der Vergleichsordnung von 1927 und 1935. 2011.

Band 424 Gerd Kleinheyer: Beiträge zur Strafrechtsgeschichte. Herausgeben von Franz Dorn, Mathias Schmoeckel und Jan Schröder. 2011.

Band 425 Ralf Maertens: Das Landgericht Altona (1879-1937) und die Anfänge des Landgerichts Itzehoe (1937-1945). Unter besonderer Berücksichtigung ihrer Tätigkeitsberichte und rechtspolitischen Stellungnahmen. 2011.

Band 426 Mark Friedrich: Ferdinand von Martitz (1839-1921). Rechtshistoriker, Staatsrechtler und Völkerrechtler zwischen dem Ende des Deutschen Bundes und dem Beginn der Weimarer Republik. 2012.

Band 427 Sebastian Krusche: Die Bundesrechtsanwaltsordnung vom 1. August 1959. Vorgeschichte und Entstehung. 2012.

Band 428 Marju Luts-Sootak / Sanita Osipova / Frank L. Schäfer (Hrsg./eds.): Einheit und Vielfalt in der Rechtsgeschichte im Ostseeraum. Unity and Plurality in the Legal History of the Baltic Sea Area. Sechster Rechtshistorikertag im Ostseeraum, 3.-5. Juni 2010 in Tartu (Estland) / Riga (Lettland). 6th Conference in Legal History in the Baltic Sea Area, 3rd-5rd June 2010 Tartu (Estonia) / Riga (Latvia). 2012.

Band 429 Margret R. I. Bootz: Die Hamburger Rechtsprechung zum Arbeitsrecht im Nationalsozialismus bis zum Beginn des 2. Weltkriegs. 2012.

Band 430 Heiko Zech: Die soziale Frage im Konkursrecht 1879-1900. 2012.

Band 431 Jan C. Lorenzen: Das Bundesnaturschutzgesetz vom 20. Dezember 1976. Die Entwicklung des Naturschutzrechtes in Deutschland von den Anfängen bis zur Neukodifikation des Bundesnaturschutzgesetzes von 1976. 2012.

Band 432 Ulrike Ingrid Bernhardt: Geschichte des Weinrechts im Deutschen Kaiserreich (1871-1918). Mit einem Überblick zur Vorgeschichte und Weiterentwicklung bis zur Gegenwart. 2012.

Band 433 Elisabeth Otto: Das Verwaltungsrecht in der SBZ / DDR bis zur Verwaltungsneugliederung im Jahr 1952. 2012.

Band 434 Werner Schubert: Zur Geschichte der Justizverfassung in Schleswig-Holstein im 19. und 20. Jahrhundert. Quellen und Studien. 2012.

Band 435 Stefan Ellenberg: Herrschaft und Reform. Zur Diskussion um die Aktienrechtsreform und den Konzern in der Weimarer Zeit. 2012.

Band 436 Jasmin Sonntag: Gesetzgebung und Verwaltung im Dalbergstaat 1802-1810. 2012.

Band 437 Martin Komusiewicz: Die Diskussion um das Verhältnis von Rechtsanwaltschaft und Notariat seit dem Ende des 18. Jahrhunderts bis zum Erlass der Bundesnotarordnung. 2012.

Band 438 Henriette von Breitenbuch: Karl Neumeyer – Leben und Werk (1869-1941). 2013.

Band 439 Günter Baranowski: Russische Rechtsgeschichte: Texte und Erläuterungen. Teil 1: Von den Anfängen bis 1612/13. 2013.

Band 440 Werner Schubert (Hrsg.): Staatsanwaltschaftsrecht (1934-1982). Quellen zu den Reformprojekten (Organisation – Innerer Dienstbetrieb – Ermittlungsverfahren – Verhältnis der Staatsanwaltschaft zur Polizei) und zur Anordnung über Organisation und Dienstbetrieb der Staatsanwaltschaft (OrgStA). Eingeleitet und herausgegeben von Werner Schubert. 2013.

Band 441 York Zieren: Das Schiedsverfahrensrecht der ZPO (1877-1933) unter Berücksichtigung der Genfer Übereinkommen von 1923 und 1927 sowie der Rechtsprechung des Reichsgerichts. 2013.

www.peterlang.de